AMICUS
MORTIS

LEE HOINACKI

아미쿠스 모르티스

AMICUS MORTIS

죽음을 함께 맞이하는 친구

리 호이나키
LEE HOINACKI

부희령 옮김

삶창

나의 형제 버나드 호이나키(1929~1999)를 기억하며.
그는 죽어가는 과정이 삶의 방식과 다르지 않음을
나에게 가르쳐주었다.

일러두기

*원문에는 없지만 필요한 경우 옮긴이 또는 편집자 주석을 넣었다. 이 경우 '주(註)'로 표기
  했고, 원주는 별도 표기하지 않았다.

차
례

머
리
말

　성 토마스 아퀴나스가 정의를 기본적 덕목으로 분석하고 이
해한 것과 마찬가지로 나는 이 책을 정의감의 발로에서 썼다.
이 책을 쓸 때 많은 사람들이 도와주었다. 나의 형제 버나드, 이
반 일리치, 바바라 더든과 독일 친구들, 부모님과 다른 가족들,
제랄드 모리스 형제, C.M., 로즈 델라니, 그리고 도미니칸 수
도회의 급우들이 도움을 주었다. 나는 반드시 이 책을 써야만
했다. 그들에게 고마움을 표현하기 위해 쓰지 않을 수 없었다.
　펜실베이니아 주립 대학, 독일의 브레멘, 멕시코 오코테펙의
여러 사람들 그리고 원고를 읽고 비평을 해준 아론 팰벌, 주디
스 반 헤릭, 진 부르카르트, 알렉스 우드, 데이빗 케일리에게 고
마움을 전하고 싶다. 그들이 수정하고 제안한 것들이 큰 도움
이 되었다.
　특별히 필라델피아 예술가 로버트 F 맥거번이 제작한 훌륭
한 목판화와 성 말라카이 성당 존 맥나미 신부가 베푼 친절에

고마움을 전한다.

이 시대의 죽음에 대해 살펴보고 있는 이 책은 열두 부분으로 이루어져 있다. 앞의 열한 장은 내가 들은 이야기들이고, 마지막 장에서는 현대의 새로운 병원균이라고 할 수 있는, 무조건적인 건강 추구에 대해 이론적으로 더 깊이 검토해보았다. 이야기들 대부분은 죽어가거나 죽음과 대면한 사람들로부터 직접 혹은 간접적으로 전해 듣고 기록했다. 그들 대부분은 나와 아주 가까운 이들이었다.

이야기들 중 많은 수가 테크놀로지에 지배당하는 죽음을 묘사하고 있다. 또한 그런 죽음을 피하고자 하는 까다로운 사람이 그 이야기를 해석한 것이기도 하다. 전반적인 책 내용은 서구의 전통이기도 한 인본주의적 죽음에 초점을 맞추었다. 기독교, 특히 가톨릭을 믿는 사람들이 적절한 시점에 취해야 할 입장을 보여주었다.

죽음에 대해 들여다보는 것은 내가 보고 경험하는 것을 이해할 수 있게 해준다. 죽음에 대한 설명은 어쩌면 우리 세계의 광기를 해결할 열쇠가 될지도 모른다.

이 글은 내가 알고 있는 이반 일리치, 그러니까 1960년부터 2002년에 사망하기까지 그가 살아온 삶과 그의 저술에 영향을 받았다. "고통을 다루는 기술"이라는 장은 고통과 함께 하는 그의 삶의 방식과 관련이 있다.

이 책을 쓰는 내내 나는 어떤 생각들에 강박적으로 사로잡혀 있었다. 예를 들어, 현재의 삶에 도구가 미치는 영향에 대한 생각들이었다. 그 기원은 희미하지만 도구는 혁명적인 추진력 속에서 천 년 동안 테크놀로지로 발전했고, 이즈음에는 폭발적으로 성장하여 엄청난 헤게모니를 지닌 권력이 되었다. 그것들은 이제 중립적이지 않으며, 아마도 그것들에 대해 걱정해야 할 시기에 이르렀다고 본다.

도구로부터 달아날 탈출구는 없는가? 나는 바위에 묶인 채 독수리에게 매일 내장을 내줘야 하는 프로메테우스 같은 불행한 결말을 맞게 될 것인가? 현대성은 정말 나를 감금하는 악몽인가?

아마도 그리스에서, 어떤 선지자가 거짓된 꿈에 굴복했을 것이다. 정신노동이 육체노동보다 더 고귀한 것이라는 환상 말이다. 서양은 이 환상을 수용했고 기독교는 이를 신성화했으므로 우리의 두 손에는 굳은살이 생길 수 없었다.

게다가 우리는 유전자 기술에 관한 질문들과 직면한다. 유전자 이식 조작이 곧 자연의 신성함을 거부하는 것일까? 그 질문들은 죽음, 즉 '나의' 죽음과 관련이 있을까?

건강이라는 개념을 이해하기 어렵게 보일 때가 많다. 하지만 인간의 건강 상태 즉, '나는 고통에 시달린다,' '나는 장애로 고생하고 있다,' '나는 틀림없이 죽을 것이다,' 라는 것은 항상 진실이었다. 어떤 이들은 엄청난 고통을 겪고, 또 다른 이들은 심신이 쇠약해지는 장애를 겪는다. 그러나 그들 모두 죽음을 맞이한다. 첨단기술 "해법들"의 광휘에 매료된 많은 이들이 치료용 약품들을 간절하게 믿고, 그것이 모든 고통과 악을 제압할 것이라고 오해하고, 어떤 대가를 치르더라도 죽음을 연기할 방법을 찾는다.

신앙의 힘이 실재한다는 극적인 증거는 1970년 루이스 브뉘엘의 작품인 《밀키웨이*The Milky Way*》에서 찾아볼 수 있다. 그 기이한 영화는 산티아고 데 콤포스텔라santiago de compostela로 가는 순례를 바탕으로 만들어졌는데, 중세 후반에 콤포스텔라로 가는 길은, 걷고 있노라면, 어디에서나 은하수가 보였기 때문에 '밀키웨이'라고 불렸다.

많은 초현실적인 장면들 중 하나에서 브뉘엘은 마르키스 드 사드가 어린 소녀를 성적으로 괴롭히고 고문하는 것을 묘사한다. 관객들은 오직 다리에 사슬이 묶인 아이의 맨발과 발목을 볼 수 있으며 아이가 끊임없이 흐느끼는 소리를 들을 뿐이다. "믿습니다… 믿습니다…" 계산된 잔인함이 드러난 사드의 얼굴 앞에서, 아이는 계속해서 신에 대한 믿음을 표현한다.

그녀의 완강한 믿음 속에서 우리는 신앙의 힘이 보여주는 진실과 대면하지 않을 수 없다. 사드가 가하는 모든 고통, 수모, 그리고 수치심은 그녀의 믿음을 흔들어놓지 못한다. 역사상 위대한 영화감독이기도 한 브뉘엘은 잊을 수 없는 이미지를 묘사한다. 그 장면을 보면서 나는 어린 소녀가 믿음의 실재를 굳건하게 긍정하는 것에 커다란 감동을 느꼈다.

의료화와 법제화를 강조하면서 치료와 법률로 죄를 대속하는 게 점점 더 정당한 일이 되고 있으며, 세상을 점점 더 치료 만능의 사회로 만들고 있지 않은가?

나는 세계가 환상, 다시 말해서 현대 서양 의학이 우리를 더 건강하게 만들고 있다는 혼란스러운 망상으로 뒤덮여 있음을 본다. 그런 착각은 어떤 의미로는 실재가 시스템 그 자체에 의해서만 규정되는 것을 반영하는 것이다. 의료 시스템은 전문가의 지위 확대가 불러온 자만심과 소비에 길들여진 대중의 탐욕을 통해 번성했다. 진짜 문화는 배제된 채, 뿌리가 없고 균열된 세상 속에서 사람들은 길을 잃고 절망하며 공포에 떨고 있다.

관습적인 소비 행태에 몰두하면서, 우리가 알고 있는 오직 하나뿐인 곳, 살기 좋고 편안한 자리를 우리 손으로 직접 파괴했다. 그리고 이제 고칠 수 없는 묘비명을 썼다. "인간의 격정을 지배한 것은 네크로필리아(시체애호증)였다."

리 호이나키
필라델피아
2006년 10월

1

나 자신으로 죽기 위해

내 눈에 처음 띈 것은 가로 막대를 꽉 붙잡고 있는 아버지의 두 손이었다. 늙은 손, 거의 80년 동안 지속된 노동이 새겨져 있는 겁먹은 손. 손가락은 섬세하지 않았고, 손톱은 다듬어져 있지 않았다. 먼 어린 시절의 기억 속에서 어머니의 목소리가 들려왔다. "손톱을 깨끗이 하셔야죠." 우리가 일요일 아침에 교회에 갈 준비를 할 때 어머니는 다정하게 아버지에게 상기시켰다. 그러면 그는 어린 나의 지나치게 여린 감수성을 흔드는 행동을 했다. 날카로운 주머니칼로 손톱을 청소하고 깎다니!

나는 다시 여러 기계들과 연결된 채 병원 침대 창살 뒤에 조용히 누워있는 사람에게 눈길을 돌렸다. 나는 금세라도 토할 것 같았다. 우리들과 함께 명예롭게 살던 사람에게 무슨 짓을 한 거지? 보살핌이라고 불리는 이런 치료가 도대체 뭐란 말인가? 불평하고 울게 만들고 혹은 그렇게 하라고 요구하는 것인가? 인본주의적 충동이 왜곡되면서 어떤 일이 시작되었나? 선의의 배려가 세계를 향해 외치는 예언의 목소리에 의해 도전을 받아야 할 때인가? 이것은 공정하지 않다! 이 사람은 자신의 삶의 존엄성과 노동의 가치에 어울리는 대우를 받아야 한다! 이 칭찬받을 시민에게 수치스러운 결말을 강요하는 죄인은 누구인가? 나는 너무 걱정이 되어 이 낯설고 새로운 장소에 있는 아버지를 침착하게 지켜볼 수 없었다. 전에는 한 번도 아버지에게 그토록 강한 애정을 느낀 적이 없었다.

아버지가 눈을 뜨더니, 나를 보았고, 그리고 다시 눈을 감았다. 나는 말을 할 수 없었다. 아버지가 나를 알아보았나? 왜 말을 하지 않는 거지? 무슨 생각을 하고 있지? 공포 비슷한 것이 천천히 덮쳐왔다. 하지만 나는 너무 혼란스러워 아무 말도 하지 못한 채 멍하니 그 자리에 서 있을 수밖에 없었다. 내가 무엇을 할 수 있었을까? 나는 시간이 필요했다…… 아니, 지식이 필요했다…… 어쩌면 이해가…… 혹은 지혜가…… 궁극적으로는 영감과 은총이.

몇 분이 지났을까? 혹은 몇 시간? 방이 어두워졌다. 병원의 소음들, 효율적인 테크놀로지의 소음들이 조금 줄어들었다. 나는 초점 없는 눈길로 허공을 노려보며 멍하니 서 있었다. 마음이 혼란스러웠다. 내가 살고 있는 농장에서 수백 킬로미터 떨어져 있는 병원에 처음 도착했을 때, 의사는 나에게 경과 보고서를 줬다. 나는 즉시 많은 것을 알아차렸다. 교과서에 나오는 언어, 언어라고 할 수 없는 건조한 언어로 연결된 일련의 범주들, 가치 판단이 배제된 객관적 지식으로 간주되는 몇 가지 분류들. 오늘날에는 이러한 세탁물 목록 같은 것들이 현실을 보여준다는 주장을 하는 이들이 있다. 하지만 나는 스스로에게 물었다. 이 건조한 서술과 내 눈앞에 보이는 것은 어떤 관계가 있는가? 만약…… 이것이 내 아버지가 아니라면? 아버지가 현대 의학의 필요에 의해 다른 생물로 변해버렸다면? 그가 이미 죽었다면? 하지만 죽어가는 과정이 없었다면? 나는 다시 오싹한 공포를 느꼈다.

나는 어둠 속에서 빛을 찾으며 밤새 머물러 있었다. 나는 그가 있는 곳, 그늘들 사이로 달려가고 싶었다…… 나는 기다렸다…… 나는 침묵했다……. 그러고 나서, 서서히, 생생하고 선명하지만 그래도 여전히 불투명한 영상들이 내 앞에 떠올라 주위를 맴돌았다. 나는 전에도 여러 번 병원에 와 본 적이 있다. 나는 이런 장소들에 지나치게 익숙하지만, 그곳에서 이루어지는 약속들에 대해 회의적이고, 그곳에 만연한 망상에 냉담했다. 때로는 그곳 직원들을 보고 혼란스러울 때도 있었다…… 천박한 환경에서도 품위 있는 사람들을 종종 만날 수 있었으니까. 그런데 그날 밤 나는 새로운 무엇인가를 느꼈다. 나는 미로에서 길을 잃은 것 같았다. 그림자가 다가왔다가 물러났다. 그 순간 깜짝 놀랄 장면이, 배경이 되는 이야기와 함께 선명하게 떠올랐다.

나는 이곳 내 고향에 몇 주 전에 아들 벤과 함께 왔었다. 할아버지와 가족을 보러오는 정기적인 여행이었다. 어느 날 우리는 요양원에 살고 있는 늙은 고모를 방문했다. 고모에게는 자식이 없었고, 남편은 세상을 떠났다. 하지만 가족들이 정기적으로 고모를 보러 갔다. 요양원 정문으로 들어가다가, 그 시간이 점심식사 시간이라는 것을 알았다. 그래서 우리는 프란시스 고모가 보행 가능한 다른 사람들과 함께 있는 것을 볼 수 있으리라고 생각하면서 식당으로 향했다. 그곳에서는 사람들 모두 각자 정해진 자리에 앉아 있었다. 한 탁자에 네 명씩, 자신의 무릎을 내려다보며, 조용히 식사를 기다리고 있었다. 예전에 방문했을 때도 눈치 챘다. 죽기 전까지 하루에 세 번 같은 탁자에 앉아 얼굴을 마주보는 노인들이지만 대화를 나누는 것처럼 보이지 않았다. 서로에게 한 마디 말도 건네지 않는 경우가 흔했다. 벤과 내가 식당 안으로 들어가자, 거의 모든 사람들에게 느린 속도의 전기 충격이 가해졌다. 파블로프의 개처럼, 백발의 머리들을 천천히 들어 올렸고 흐릿한 눈길들이 우리를 찾았다. 그 애처로운 간청은 익숙한 것이었다. 그 시설을 방문할 때마다 매번 일어났던 일이다. 내가 유리벽이 있는 TV 휴게실을 지나 프란시스 고모의 방으로 갈 때마다, 사람들의 기대에 찬 눈길이 나와 눈을 맞추려 시도했다. 그들의 입술이 달싹였고 뭔가 중얼거리는 것처럼 보였다. 그들은 나에게 질문을 하려는 건가? 당신이 내 남편인가요? 내 아들인가요? 마침내 당신이 온 건가요? 나를 보려고 온 건가요? 당황하고 괴로워하면서, 아마도 죄책감 때문에 나는 고개를 돌렸다. 그리고 프란시스 고모의 방에 도착할 때까지 억지로 앞만 보면서 복도를 걸어가려 애썼다.

그 날, 테이블들 사이를 뚫고 지나갈 때, 나는 프란시스 고

모를 향해 가는 것이 아니라 고모에게서 멀어지는 것 같았다. 그 방은 사라져 갔고, 가련한 피조물들은 일어나 먼 거리의 파노라마 속 흐릿한 모습으로 변했다. 마치 뭉크의 그림 《절규》 속에 있는 희미하고 알아볼 수 없는 복제인간처럼. 나는 불편했고, 초조했다. 하지만 예전에 방문했던 경험을 통해 그 식당에 앉아 있는 사람들이 가장 "남 앞에 내놓을 만한" 환자들임을 알고 있었다. 만약 누군가가 2층에서 자리보전을 하고 있는 환자들의 방을 들여다본다면, 훨씬 더 수치스러운 광경이 기다리고 있을 것이다. 그것을 보면 정말 의심하게 된다. 여기 웅크리고 있는 육체가 사람인가? 여전히 누군가의 어머니인가?

언젠가 다른 고모 한 분이 이곳 2층에 머물고 있을 때, 나와 여동생이 고모가 식사하는 것을 시중들기 위해 점심시간에 왔었다(나의 여동생과 형제들은 매일 교대로 그 일을 했다). 휠체어로 움직일 수 있는 노인 몇 명이 식사를 하는 공용 공간으로 올 수 있었다. 여동생이 고모의 식사를 돕는 동안, 나는 도우미 한 명이 또 다른 여자 노인에게 음식을 먹이는 것을 지켜보았다. 도우미는 커다란 플라스틱 주사기에 으깬 이유식처럼 보이는 것을 채워 넣었다. 그리고 강제로 노인의 입을 열고, 주사기 속 내용물을 주입한 다음, 유동식(流動食)으로 가득 찬 입을 눌러서 닫았다. 노인이 음식을 삼키고 난 뒤, 다시 그 절차가 반복되었다─그녀가 충분히 음식을 섭취할 때까지. 나는 헛구역질을 하지 않기 위해 자제력을 발휘해야 했다. 그 자리에 앉아있는 피조물은 자신이 떠날 시간이라는 것을 오래 전, 영혼의 한 부분에서 이미 이해했음을 명백히 볼 수 있었다. 죽음을 받아들일 적절한 기회를 헛되이 거부하지 않으려 그녀는 먹는 것을 멈추는 것을 택했다. 자신의 본성에 의해 인간으로서 필요한 일을 하고 있었다. 아마도 이러한 분별 있는 행동을 말로는 설명할 수 없었을 것이다. 그녀는 무엇을 해야 할지 알고 있었고, 우주의 법칙을 이해하고 있었으며, 그것을 따를 준비가 되어있었다. 하지만 최근에 개발된 서비스 혹은 복지 시스템이 개입하여, 그녀를 신에게 순종하는 자녀에서 서비스를 소비하는 대상으로 변화시켰다. 그녀의 몸은 여전히 경제적으로 쓸모가 있다. 그 몸은 요양원이라는 거대하고 새로운 사업의 성장을 지원하는 데 소용된다. '선한 일'을 하려는 사람들이 바로 이렇게 소비를 인위적으로 확대하는 일에 동참하게 된다. 이반 일리치는 다음과 같이 썼다.

인간이 생산자로서 뿐만 아니라 소비자로서도 쓸모없을 때 비로소 사회적으로 공인된 죽음이 발생한다. 이 순간이 엄청난 비용에 길들여진 소비자가 마침내 완전한 손실로 치부되는 시점이다. 죽어가는 일은 소비자 저항의 궁극적 형태가 되었다.[1]

요양원에서 그 여자 노인을 보면서, 그리고 먹고 마시지 않는 것으로 죽음을 시도했던 사람들에 대해 알게 되면서, 나는 사회가 닥터 케보키언Dr. Kevorkian[2]을 만들어낸 당위성을, 불가피하게 자신들을 죽게 해줄 수 있는 의사를 찾으려 했던 사람들을 이해했다. 테크노-의학은 공상과학과 할리우드 영화 속 상상의 산물을 뛰어넘는 괴이한 인종을 창조했다. 이 피조물들도 한때는 진정한 인간이었다. 마침내 어떤 이들은 괴물이 되는 고통 대신 그냥 죽는 것을 요구하면서 저항하기 시작했다. 하지만 많은 이들이 테크놀로지에 설득되어 어느 정도까지는 기술적인 인공물이 되어 버렸다. 모든 이들에게 테크놀로지적 죽음의 형태가 깊숙이 배어들었다. 사람들은 평생 동안 전문가들의 치료를 받으면서 죽는 방법에 대한 지식을 지워버렸다. 이제 일종의 해결책인 마지막 요청을 해야 할 때가 온다. "내가 태어나기 전으로 거슬러 올라가서부터, 선전과 개입을 통해 당신은 나를 현재의 나로 만들었다…… 나는 당신의 발명품이고, 당신의 생산품이다. 나는 충분히 살았다. 이제 죽을 시간이다. 나를 죽여 달라. 당신이 나를 창조했으므로, 그것은 당신의 의무다…… 당신의 손에 내 영혼을 맡긴다……."

하지만 기술과학이 현대의 삶을 전적으로 결정하는 것은 아니다. 보험회사들이 요구하는 조치도 있고, 관료적 절차도 여전히 필요하다. 다른 전문가들과 반드시 상담을 해야 하며 이론적 근거들도 궁리해야만 한다. 적당한 독약이나 기구가 선택되어야 하고, 서류들을 작성해야만 한다. 필요한 서명도 반드시 받아내야 한다. 오직 그런 경우에만 죽음에 이를 수 있다.

기술사회에서 적절하게 여겨지는 죽음은 그런 방식으로 일어난다. 결국 현대 과학이 끼친 주요한 영향 중 하나는 각 개인을 더욱 더 무력하게 만들고, 자율성을 점점 더 남김없이 제거한다는 것이다. 죽음은 반드시, 즉 복지 전문가들과 성실한 관료들의 통제 밑으로 완전히 들어가야 한다. 연민이 있는 의사들은 마지막 순간까지 그들의 책임을 저버리지 못한다. 단순히 먹고 마시는 것을 멈추는 행동임에도, 아무도 그것을 허용하지 않는다.

나는 현대의 보호 시설에서 벌어지는 마지막 장면을 지켜보았다. 서양에서 이루어진 과학적 진보의 필연적 결과는 죽음에 의학적 개입을 허용하게 된 것이다. 따라서 내가 본 장면은 오늘날에는 옳다고 하는 일이다! 오직 과학기술을 신봉하고 맹종하는 사람들만이 이 자리에 서서 볼 수 있다. 그들은 시간이라는 것을, 이따금 끊어지거나 다시 지속되지만, 되돌릴 수는 없는 일직선으로 생각한다. 그 직선은 발견들과 발명들을 통해 이어진다. 때 맞춰 이루어지는 진보 덕분에 우리는 항상 정상에 있고, 항상 최첨단에 있으며, 항상 최신식 퍼포먼스를 즐긴다. 게다가 당연히, 우리가 현재 이 순간에 살고 있다는 지극히 평범한 이유로 인해, 경험 없음으로 인한 우를 범하는 일은 절대 없다. 우리는 영원히 옳을 뿐만 아니라, 가능한 한 그 어느 때보다 더 옳다. 얼마나 깔끔한가! 얼마나 논리적인가!

하지만 나는 무엇인가 끔찍하게 잘못되고 있다는 기분이 든다. 이런 장면은 꿈에도 상상하지 못했다. 의과대학에 가거나 생명을 연장하는 놀라운 약을 연속적으로 개발하기 전에 단테의 지옥을 묵상하는 게 필요하리라는 생각을 한 사람은 아무도 없었을 것이다. 요양원에 있는 사람들을 보았을 때, 나는 새로운 인종일지도 모를, 테크놀로지에 의한 좀비들을 보았다. 휠체어를 타거나 침대에 누워 있는 가련한 프랑켄슈타인 같은 괴이한 존재들이었다. 개개인은 태어나기 이전부터 죽을 준비를 하는 환자가 될 때까지, 평생 동안 점점 강도가 증가하는 의학 치료를 통해서 매우 늙은 나이까지 인공적으로 생명을 유지하게 되었다. 누군가의 아버지거나 할머니 혹은 어떤 이름으로 불렸던 개인들이 이제 장수의 추상적인 표본으로 살아가고 있다. 이것이 바로 통계 숫자들이 나타내는 것이다! 그렇지만 아무도 이 잔인한 범죄들을 보지 못하는 게 분명하다. 모두가 연루되어 있는 일이기 때문에 사람들은 부분적으로 눈이 멀었다. 대부분 산업에 의존해서 살아가야 하므로 죄책감을 나눠 갖고 있다. 산업이라는 과학을 믿고, 산업에 의해 만들어진 생산품을 사거나 먹고, 산업에서 얻어지는 이윤으로 부유해진다. 거의 모든 이들이 공모자들이다. 자유롭게 옆으로 물러나거나, 현대 의학의 환상 밖에 서 있거나, 그 속에 무엇이 있는지 독립적으로 볼 수 있는 장소를 찾아내는 사람은 아무도 없다. 사람들 하나하나가 그 속에 갇혔다.

나는 생각을 멈추려고 애썼다. 아마도 병원 침대에 누워있는 아버지를 보고 충격을 받았던 것 같다. 밤에는 감정이 고조되기 때문에 상상이 과열되고 혼란스러워져 생각이 기이하게 연결되는 것일 수 있었다. 어쩌면 그저 잠이 부족한 것일지도 몰랐다.

고모가 지금 살고 있는 성 클라라 요양원은 여러 면에서 모범적인 환경이었다. 요양 목적에 맞추어 설계된 새 건물은, 조명과 색채 그리고 첨단 과학 기술적 치료를 위한 효율적인 구조로 이루어져 있었다. 매일 다양한 활동 프로그램이 제공됐다. 사제들부터 목사에 이르기까지, 환자들에게 위안을 주기 위한 자원봉사자들이 왔다. 그곳은 작은 도시였으므로, 요양원에서 일하는 직원들 대부분은 환자와 그 가족들을 알고 있었다. 요양원이 세워진 뒤부터 몇 년 동안 내가 여러 친척들을 보러 그곳에 갈 때마다 나처럼 자신의 가족인 노인들을 방문하러 온 다른 사람들과 우연히 마주치곤 했다. 내 형제나 자매들처럼, 많은 젊은 세대들이 자신이 태어난 그 도시에 머물렀고 친척 노인들과 친밀하고 지속적으로 만났다. 어쩌면 나는 오늘날의 치료라는 게 어떻게 기능하는지 이해하지 못할 뿐인지도 모른다.

하지만 만약 아버지가 정통한 전문가들이 제공하는 최상의 치료를 받고 있는 것이라면, 나는 왜 그렇게 기분이 나빴을까? 잘 운영되고 있는 요양원에서 왜 나는 혐오감을 느꼈을까? 이 병원은 왜 나에게 구역질이 나게 하는 걸까? 내가 사랑하는 사람들이 점점 죽음에 다가가고 있다는 인식 말고 그 이상의 어떤 통찰이 이곳에 있을까? 내가 절망적으로 납득하려 애쓰고 있다는 지각의 극한에 있다는 것? ……나와 가까운 사람들에 대한 사랑 때문에. 나는 이것이 죽기에 좋은 방식이라는 것을 믿을 수가 없다. 죽음은 그렇게 기괴한 형태를 지녀서는 안 된다. 죽음은 통제되면 될수록 더욱 더 끔찍해지기 마련이다. 아니면, 테크놀로지에 지배되는 죽음은 현대의 인간이 당연히 마주해야 하는 것인가? 어떤 형태로든 죽음은 항상 잔인하거나, 무의미하거나, 부당하거나, 고통스럽거나, 외롭거나, 혹은 무섭다.

나는 좋은 죽음을 위해 기도하는 기독교인들을 전혀 이해하지 못한다. 그들은 현대 의학의 힘으로 더 오래 살 수 있다고 주장한다. 그렇다. 무엇인가가 계속되기는 한다. 하지만 여기

매달려 있는 이 피조물들은 무엇인가? 어쨌든 수명이 길어지는 것은 좋은 죽음과 아무 상관없다. 나는 확신한다. 더 나아가, 나는 의료 전문가들이 대중으로부터 더 많은 돈, 더 많은 권력을 뽑아내기 위해 소위 더 긴 수명이라는 미끼를(바라건대, 무의식적으로) 사용하는 게 아닌지 강력하게 의심한다. 노인들의 몸은 이 프로젝트를 홍보하기 위해 사용되고 있다. 20세기 후반부터 보험 회사들이 환자의 치료를 더욱 좌지우지하게 되었고, 수익의 측면을 더욱 강조했다. 미다스의 욕망은 여전히 강력하다. 탐욕은 계속 유혹하고, 때로는 강요한다. 고대에는 으뜸가는 죄악(탐욕)이던 것이 인간의 불행으로부터 돈을 버는 역겨움까지 극복하도록 허용하고 있다. 하지만 지금 내 앞에서 벌어지고 있는 일에 집중해야만 한다. 지금 이 순간 내 삶의 진실은 그 속에서 찾을 수 있을 것이다.

아버지의 내면과 주위에서 지금 내가 보고 있는 것은 테크놀로지적 죽음이라는 시끌시끌한 드라마다. 하지만 오늘날 이 세상에서의 삶과 마찬가지로, 그것은 단지 많고 적음의 문제이지 않을까? 아무도 테크놀로지의 혐오스러운 틈입이나 왜곡의 가능성에서 완전히 자유롭지 않다. 어떻게 판단을 내려야 할까? 내가 듣기로는 아미쉬파Amish派3)는 경험과 상식에 입각한 법칙을 사용한다고 한다. 그런데 이러한 방식을 적용하고 사용한다면 지역 공동체에 어떻게 영향을 미칠까? 하지만 아미쉬파를 제외한 우리들 가운데 거의 아무도 그러한 공동체에 속해 있지 않다. 우리는 다른 기준을 찾아야만 한다. 심지어 오늘날에도, 나는 그것을 자아의 개념 속에서 발견할 가능성이 있다

24

는 생각을 했다. 그러한 방식이 자아, 그러니까 나 자신에게 어떻게 영향을 미칠까?

자아는 주체가 타율적이 아니라 자율적으로 감각하고, 인지하고, 상상하고, 생각하고, 알고, 말하고 행동하는 한 존재한다. 테크놀로지를 다루는 데 있어서 중요한 문제는, 테크놀로지 장치들이 자아를 어떻게, 얼마나 부식시킬지를 결정하는 것이다. 이런 맥락 속에서 나는 자아의 소중함을 유지할 수 있다. 또한 자아는 나의 생각과 욕망에 관계없이 지상에서 시간을 보내기 위해 주어진 척도이기도 하다. 그러나 이따금 종말에 이르러 몇 년 동안 격렬하게 투여되는 약물과 치료에 의해 나의 시간을 변화시킬 수도 있다. 이것은 테크놀로지가 자아를 장악하고 절도하려는 심각한 시도인가? 우리 시대의 거대한 제도적 악마들 가운데 하나인가?

몇 시간이 지났다. 자고 있는 아버지를 바라보았다. 나는 여동생이 나를 불렀을 때 즉시 일을 그만두고 이곳에 왔다. 여동생은 집에서 아버지를 돌보며 살고 있었다. 몇 년 동안 아버지는 활동이 점점 줄어들었지만, 거의 관심을 필요로 하지 않았다. 아버지는 몇 년 전 어머니가 돌아가신 이후, 혼자 생활하는 일에 익숙했다. 내가 도착한 날 아침에 나는 다시 의사와 만났다. 그 도시로 온 지 얼마 안 되는 새로운 얼굴이었지만, 여동생은 그를 좋아했다. 줄담배를 피워 손가락이 노랗던 우리 가족 주치의는 오래전에 죽었다. 새로운 젊은 의사는 나에게 양심적으로 이야기했다. 그렇기는 해도 한때 의대생이었던 이가 할 수 있는, 교과서에서 볼 수 있는 논리적 주저함과 박식

함에 대한 유아적 환상이 엿보이는 회피성 설명이었다. 명백한 우려를 내비치면서 그는 말을 마쳤다. "불행하게도, 우리는 정확한 결과를 예측할 수 없습니다."

"하느님, 감사합니다!" 나는 충동적으로, 열정적으로, 거의 비명을 지르듯 대답했다. "하느님께 감사합니다! 세계와 그 피조물들에게 무슨 일이 일어날지를 당신이 예측할 수 없어서!" 그는 깜짝 놀랐고, 눈에는 두려움과 당황한 빛이 역력했다. 의사에게 무례하게 맞서는 이 거친 남자는 누구인가? 의사에게 마땅히 보여야 할 존경과 존중은 어디에 있는 것인가? 하지만 다음 순간 그의 얼굴에 나타난 감정이 완전히 변했다. 그는 나의 폭발이 무엇을 의미하고 암시하는지 충분히 이해할 수 있는 영리한 사람이었다. 그는 바닥을 내려다 본 뒤 돌아서서, 말없이 천천히 걸어갔다. 그는 나에게 정직한 사람이라는 인상을 남겼다.

나는 병원에서 나와 아버지의 집까지 몇 블록을 걸어갔다. 그 도시는 쾌적한 규모였다. 그곳에서 자랄 때, 나는 많은 이들을 알고 지냈던 것 같다. 하지만 많은 것이 변했다. 이제는 낯선 이들이 많다. 나는 최근에 아버지를 보러 왔을 때를 돌이켜보았다. 아버지는 정산을 하기 위해 여기저기 데려다 달라고 부탁했다. 아버지는 살면서 한 번도 지불계좌를 갖지 않았다. 신용카드는 계산을 했다고 믿게 만들어서 계속 빚을 지게 만드는 일종의 금전적 속임수라고 믿었다. 그는 소비도 믿지 않는 것처럼 보였다. 매달 그는 현금으로 전화, 전기, 가스, 물, 그리고 하수요금을 지불하기 위해 여러 관공서를 직접 방문했다.

매달 오직 공공요금만, 해마다 오직 세금 고지서만을 받았다.

그는 자제력을 발휘했고 절약을 했으며, 빚을 신뢰하지 않았다. 힘든 노동을 하면서 자신이 산 모든 것을 현금으로 지불했다. 아버지는 돈이 없으면 물건을 사면 안 된다고 믿었다. 예전에 아버지는 매달 낡은 자전거를 타고 의식을 치르러 다녔다. 그런 일 때문에 차에 시동을 거는 것은 낭비였으니까. 하지만 이제 아버지는 자전거를 타기에는 너무 쇠약해졌다. 이미 2년 전에 차도 팔아버렸다. 그래서 나는 여동생의 차를 대신 운전하며 아버지를 태우고 거리를 돌아다녔다.

마침내 아버지의 집에 도착했다. 몇 년 전에 아버지가 심은 거대한 나무들이 집을 둘러싸고 있었고, 그 나무들의 그림자가 마당에 드리워져 있었다. 이웃과 다른 가족들을 위해 아버지가 얼마나 많은 나무를 심었던가! 아버지가 심은 나무들 대부분은 도시 주변에 여전히 남아있는 숲에서 찾아낸 것이다. 아버지는 우선 숲에 가서 필요한 나무가 있는지 뒤져봐야 한다고 믿었고, 그런 종류의 나무를 찾을 수 없을 때에 한해서 돈을 지불하고 묘목을 샀다. 아버지는 그 지역에 서식하는 나무의 종류를 모두 알고 있었고, '야생'에 있는 나무를 캐서 성공적으로 옮겨 심는 방법을 알고 있었다. 아버지의 집이 얼마나 매력적으로 보였는지!

하지만 가까이 다가가 보니 집을 둘러 싼 관목 숲에 관리가 필요하다는 게 눈에 보였다. 그런 허드렛일들을 아버지는 더 이상 할 수 없었다. 그런 일들을 방치했음이 중요한 사실은 아니었다. 그 보다 지난 몇 년 동안, 아버지는 거의 모든 일들에 관심을 잃어왔다. 그것이 아버지가 평생 살아왔던 방식에서 일어난 근본적인 변화라는 사실을 나는 깨달았다. 내 기억 속에 아버지가 아무 일도 안 하며 게으름을 부렸던 모습은 없다. 아버지는 한 번도 영화를 보러가지 않았고, 유흥을 위한 행사에도 가지 않았으며, 레스토랑에도 가지 않았다. 아버지가 오락을 즐기거나 외식을 할 필요를 느끼지 못했던 것은 명백하다. 휴가 기간 동안에는 우리 집이나 혹은 다른 친척 집에서 일을 했다. 항상 해야만 하는 목수일, 페인트칠과 전기 작업, 조경과 정원일 같은 것이었다.

과거 몇 년 동안, 내가 방문할 때마다 아버지는 점점 더 말수가 적어졌다. 그럼에도 나는 정기적으로 아버지를 보러갔다. 나는 아버지의 집을 찾는 게 좋았다. 내가 존경하고 존중하게 된 삶이 어떤 것인지를 반영하는 현상이었다. 나는 또한 아버지가 말해야만 하는 일들을 듣고 싶었다. 아버지가 나에게 들려줄 어떤 주제의 이야기들, 인생의 기억들을 가지고 있을 것이라고 믿었다. 하지만 그는, 어느 날 대뜸 이야기를 들려달라고 요청했을 때, 그 자리에 함께 앉아 이런저런 이야기를 털어놓는 그런 사람이 아니었다. 다른 사람들과 마찬가지로 아버지도 해야 할 이야기가 있는 사람이었다.

그는 내적 리듬을 지닌 기이한 비밀을 따라가는 것처럼 보였다. 아무도 그러한 기억들에 대해 명령하거나 통제할 수 없었다. 나는 기다릴 준비를 하면서 엄청난 인내를 경험해야 했다. 진실한 이야기는 슈퍼마켓에서 간단히 들고 나올 수 있는 상품이 아니다. 그는 마음이 내킬 때마다 한 번에 한 가지씩 이야기를 해주었다. 나는 그저 집에 찾아가, 느긋하게 앉아 기다릴 뿐이었다. 그가 완전히 말문을 닫았을 때, 나는 그것으로 끝이라는 것을 알았다. 그는 마지막 이야기를 마쳤다……. 죽음의 순간이 다가왔다.

다시 나는 병원으로 돌아가 간호를 계속했고 아버지가 깨어나는 것을 보았다. 아버지는 나를 보더니 곡물 분쇄기를 가지고 있는지 물었다. 그러고 나서 다시 잠에 빠져드는 것 같았다. 아버지는 겨울에 새들에게 먹이로 줄 옥수수를 빻는 분쇄기를 가지고 있었다. 해마다 가을에 아버지는 친구인 농부의 밭에서 옥수수 알갱이를 주워 모았다. 아버지는 내가 농장에서 키우는 병아리들에게 줄 옥수수와 곡물을 준비하기 위해 그 분쇄기를 가져가기를 바랐다. 오늘날 사람들에게 익숙한, 이미 만들어진 닭 사료를 산다는 건 아버지가 상상하기 어려운 일이었을 것이다. 그가 그 일을 떠올린 것은 이상한 일이었다.

아버지가 나에게 분쇄기를 가지라고 말한 것은 몇 주 전이었다. 어떻게 아버지는 약물과 약에 취한 잠에서 깨어나 자신이 정말 이상한 장소에 있다는 것을 알 수 있었을까? 평생 동안 거의 모든 밤마다 오직 자기 자신의 침대에서만 잠들었던 사람이? 그리고 단지 태어난 지 며칠밖에 안 됐지만 어미닭도 없이 말 그대로 무력한 동물인 병아리들에 대한 걱정 말고는 아무 말도 하지 않다니? 나는 혼란스러운 노인의 불평 섞인 가련하고 두서없는 말을 들을 줄 알았다.

나는 나의 상상과 마음을 비우며 앉아 있었다. 어쩌면 아버지에게는 아직 해야 할 다른 이야기가 있을지도 모른다. 복도를 북적이며 오고가는 소리, 기계들, 방송의 소음이 사라지자 침묵이 작은 병원 안에 내려앉았다. 이 고요한 어둠속에서, 나는 아버지의 삶…… 그리고 죽음의 진실에 대한 중요한 것을 보았다. 마지막 이야기가 있었다! 의사가 아침 회진을 돌 때 나는 내가 듣고 본 것을 말했다.

아버지의 남은 삶은 명백히 자신의 의지보다는 우리의 생각에 달려 있다고, 나는 의사에게 말했다. 그것은 아버지가 살아온 방식으로 보자면 폭력적인 변화다. 이것에 대한 직접적인 책임은 우선 나와 나머지 가족들에게 있지만, 의사인 당신에게도 있다. 당신은 그를 위해서, 이 남자를 위해서 실제로 무언가를 할 수 있는 기회가 있다. 그 말은 여기 있는 의사인 당신이 지나치게 단순화된 교과서적 개념과 공식을 수없이 무시해야 한다는 의미다. 당신은 당신 앞에 있는 남자를 보려고 노력해야만 한다. 그는 환자라는, 일반화되고 단정적이며 추상적인 개념이 아니다. 내가 하는 말을 명확히 할 수 있는 작은 예를 들어보겠다. 이 이야기는 그의 인생에서는 정말 전형적인 일이다. 나는 그것에 대해 곱씹으면서 하룻밤을 보냈다.

오래 전에 아버지는 크고 오래된 2층 목조 주택을 사서 혼자 힘으로 해체했다. 그는 매일 우체국 일이 끝난 뒤 여가 시간에 이 일을 했다. 그 때 아버지는 모든 자재들을 살려두려고 애썼다. 가능하면 아무것도 버리지 않으려고 했다. 새로 집을 지을 때 쓸 수 있는 모든 것을 다시 이용할 의도였다.

그 낡은 건물에는 옛날식으로 속에 윗가지가 들어있는 석고 벽이 있었다. 그는 섬세하게 모든 석고를 잘게 부수고, 거칠게 톱질된 윗가지가 부러지거나 쪼개지지 않도록 조심스럽게 제거했다. 그리고 모든 못을 뽑았다. 그는 윗가지를 꾸러미로 묶어서 잘 챙겨두었다. 어디에 두었는지 나는 기억나지 않는다. 그곳은 큰 집이었고, 많은 꾸러미들이 있었다.

몇 년에 걸쳐서 그는 수천 개의 윗가지를 손대패를 써서 매끄럽고, 가늘며, 긴 막대로 만들었다. 그것들 가운데 몇 개로 그는 우리 집과 친지들의 마당에 격자 모양의 울타리를 만들어 주었다. 한 사람이 셀 수 없는 시간 동안 작업대 앞에 서서 수년에 걸쳐 천천히 이 모든 작업을 직접 손으로 한다는 것은 상상하기 힘든 일이다. 하지만 그것이 그가 자신의 인생에 부여한 형태였기에 그는 그 일을 할 수 있었다. 그건 그가 주도하기로 선택한 적극적인 삶이었다. 그는 무엇인가를 만들어내는 조용한 만족감과 기쁨을 이해하는 사람이었다. 그는 손으로 하는 일을 했다.

오래 전, 마르크스는 사람이 더 이상 기능공으로 일할 수 없을 때 무슨 일이 일어나는지를 묘사하려 했다. 아버지는 게다가 다른 사람들이 아직 그런 생각을 하기 전에, 창의적인 재활용을 실천했다. 아버지의 재활용은 고도의 노동집약적인 행동을 통해, 쓰레기를 유용하고 매력적인 공예품으로 바꾸어 다른 이들이 쓸 수 있도록 하는 방법을 찾는 일이었다. 잘 손질한 공구들을 가지고, 그는 평생 많은 시간 동안 직접 만든 견고한 작업대 앞에 서서 가족과 친구들을 위해 잡동사니들을 새장과 인형 집으로 바꾸는 일을 했다.

몇 년 전에 당신들, 의사들이 아버지에게 방광에 종양이 있으니 제거해야 한다고 말했다. 당신들은 종양을 떼어냈다. 그리고 약 1년 전에, 어떤 전문가들이 그에게 심박 조율기가 필요하다고 주장했다. 당신들은 그것을 달아주었다. 당신들은 현대 의학이 아버지의 삶을 연장시켰다고 주장할 것이라고 나는 추측한다. 글쎄, 그것이 아버지에게 무언가를 하기는 했다. 이번에 당신들은 아버지의 삶에 개입해서 그 방식을 철저하게 바꿔버렸다. 여든여덟 살인 그는, 평생 하던 대로, 매일 아침 여섯시에 일어나 아침식사로 오트밀을 요리한다. 하지만 그 다음에 곧바로 침대로 돌아간다! 전에는 한 번도 그러지 않았다. 이 몇 년 동안 당신들 덕분에 그는 정오에 일어나서 저녁 무렵에 내 여동생이 준비한 음식을 먹는 생활을 했다. 나머지 시간 동안 그는 침대에서 잠을 자거나 누워있다. 하루 종일, 밤새도록 그렇다. 단 한 번의 예외라면 일요일에 교회에 가기 위해 일어나는 것이다. 그는 평생 동안 취미였던 저녁 시간의 독서를 그만두었다. 그는 이제 텔레비전도 보지 않는다. 그는 전혀 다른 존재로 변했다. 예전의 그 사람이 아니다. 나는 그를 알아볼 수 없다. 우리는—당신들, 나의 형제, 자매, 나 자신—그를 우리가 지금 보고 있는 저 방에 누워있는 알 수 없는 존재로 만들어버렸다. 저 사람, 혹은 저것은 무엇인가?

사실은 그가 의사표시를 분명히 하는 것은 아니다. 하지만 그는 자기 삶과 자기 방식으로 언제나 의사표시를 했다. 그리고 지금 역시 명백하고 모호하지 않게 말하고 있다. 그는 이제 죽을 시간이라는 것을 우리에게 말하고자 하고 있다. 그는 지난 몇 년 동안 우리에게 그렇게 말하고 있었다. 이보다 더 명백하고, 더 논란의 여지가 없는 게 무엇이 있겠는가? 내가 눈이 멀어 이제까지 그것을 보지 못했던 것 같다. 너무 내 생각 속에 파묻혀 있었다. 어쩌면 우리는 인위적으로 그의 삶을 늘이는 죄를 지었는지도 모른다. 이런 식으로, 우리는 그를 공격했고, 그를 유린했다. 그를 오직 의학 치료에 소비되고 고통 받기에 알맞은 피조물로 바꿔놓았다. 이제 당신들은 또 다른 짓을 하고 싶어 한다! 고통의 형벌을 강화하고 더 연장하기 위해서!

글쎄, 그는 이미 충분히 겪었다. 연구를 위한 수술이나 그의 몸에 대해 그 어떤 침해도 더 이상 없어야 한다. 그가 고통스럽다고 말할 때, 즉시 진통제를 주면 된다. 기다릴 필요도 없다. 분명한 일 아닌가?

그는 몇 년 동안 고통 속에서 살았다. 그는 늘 조용했고, 결코 불평하지 않았으며, 오직 휠체어에서 일어나는 순간만 얼굴을 찡그렸다. 이따금 그 모습을 볼 때마다 나는 묻곤 했다. "그렇게 하는 게 아픈가요? 고통스러우세요?" 그는 한결 같이 대답했다. "아니." 만약 지금 고통스럽다고 말한다면, 바로 그의 말을 받아들일 것이다. 당신은 그의 고통을 상상할 수 없다. 하지만 그가 일관되게 살아온 방식으로 미루어볼 때, 그가 고통스럽다고 말한다면 그것은 정말 극단적인 상황에 처한 것이며 그를 도와주는 것은 우리의 의무이다. 언젠가 그의 집을 방문했을 때, 나는 아스피린을 찾으려고 약 보관함을 열어보았다. 아무 약도 없었다. 집에는 아무것도 없었다. 어떤 종류의 약도 없었다! 그때 그는 여든이 넘을 때였다.

우리는 불길하고 무서운 생각을 피하지 말아야 한다. 어쩌면 그가 지금 고통을 겪고 있는 것은 반복된 의학적 개입, 놀라운 현대적 최첨단 건강관리가 가져온 필연적 결과일지도 모른다. 그러한 불행은 그가 살아오면서 겪은 많은 고통을 훨씬 넘어서는, 전적으로 부자연스럽고, 가공할 정도로 왜곡된 것이다. 이 사람에게서 우리는 현대적 의료 관리가 야기한 고통을 볼 수 있다. 악의 얼굴을 말이다.

하지만 본다는 것은 현대사회에 살고 있는 모든 이들에게 문제의 여지가 많은 일이다. 나는 당신이 이 남자의 진실을 보리라고 기대할 수가 없다. 그를 '보기 위해서'는 그와 함께 살고, 몇 년 동안 그를 보는 게 필요하다. 다른 사람을 보는 일은 경이롭고도 기품 있는 일이다. 전문적인 관찰과는 전혀 다른 영역의 일이다. 그러니 당신은 나의 눈을 통해서 그를 바라보아야만 한다. 만약 기회가 주어진다면, 그제야 당신은 그를 제대로 볼 수 있다. 그러면 당신은 그를 더 이상 환자로 취급하지 않고 누군가의 아버지로 보게 될 것이다. 당신의 책임은 결코 모호하지 않으며 분명하다. 당신이 할 일은 그가 죽는 것을 돕는 것이며, 그것은 그를 혼자 내버려 두면 된다.

나는 침착하게 말하지 않았다. 그리고 아마도 내가 기억하는 것보다 보호시설의 의료처치에 대해 신랄하게 언급했을 것이다. 하지만 장광설을 마무리하면서 나는 어떤 부분에 대해 사과를 했다. 나는 의사에게 그가 대표하는 세계, 그 사람 개인에게가 아니라 복지시스템이라고 불리는 괴물을 끝없이 증식시키는 세계에 대해 원칙적이고 직설적으로 말했다고 양해를 구했다. 그 때 나의 격렬한 비판으로 인해 의사가 완전히 당황했을 거라고 추측했다.

밤새도록 지켜보던 어둠과 침묵이 밝고 생생하게 변했다. 아버지는 내가 아버지를 이해할 수 있게 만들었다. 그리고 내가 살고 있는 세상에 대해 무엇인가 깨닫게 해주었다. 아버지 덕분에 이제 나는 오래전부터 지옥 같고 사악하다고 느꼈던 것의 화신들, 즉 첨단 기술의 의료 산업, 그것에 대한 믿음과 야망, 관행과 신화를 더 선명하게 보게 되었다. 아버지는 현대 의학의 광기에 희생된 수많은 희생자 가운데 하나가 되었다. 그는 악마의 고문실에 감금되었다. 괴로움과 구역질을 느끼며 나는 그가 정말 환자가 되었음을 깨달았다. 이제는 무슨 짓이든 허용되었다.

일반적으로 누구나 나치의 행동이 사악했다고 믿는다. 예를 들어, 나는 집단 학살 수용소에 대해 들었고, 그 중 한 군데인 아우슈비츠를 방문했다. 나는 쇠로 된 글자들, Arbeit macht frei(노동이 너희를 자유롭게 하리라) 아래 있는 문을 통과해 천천히 걸어 들어가, 마당을 지나, 건물 안으로 들어갔다. 흐린 겨울날의 어둑어둑한 늦은 오후에 홀로, 침묵 속에서, 궁금해 했다. 히틀러의 증오와 공포로 가득한 계획은 오직 뚜렷한 특징을 지닌 개인만을 선택했다. 그 안에 무서운 합리성이 있음을 알 수 있다. 아무 생각 없이 저지른 학살이 아니었다.

나치는 수용소에 보낼 사람들을 선택하는 데 절대 실수하지 않았다. 아우슈비츠의 선반들 중 하나에는 펼쳐진 기록부가 있다. 각 사람들의 이름, 성별, 그리고 Beruf("직업")이 정확하게 적혀있다. 하지만 테크놀로지에 지배당하는 죽음은 그렇게 명확한 구분을 하지 않는다. 모든 사람을 경멸당하는 집시거나 미움 받는 유대인, 고집스러운 여호와의 증인들, 혹은 동성애자들처럼 취급한다. 어떤 차이도 두지 않는다. 부유한 세계에 사는 모든 이들이, 심지어 태어나기 전에도, 유전학적 검토와 다른 의학적 개입의 잠재적 실험 대상이 된다. 태어난 뒤에는 약품들, 장기 이식과 과학적으로 조작되는 실험의 연장된 목록에 오르는 실험 대상이 된다. 돈이 떨어지기 전까지는 모두들 살아가는 동안 내내 테크놀로지적 구조의 부속품이 되고 과학적 죽음에 적합한 대상이 되도록 강요받는다.

나치의 질서가 지닌 합리성은 오늘날 사람들이 공통적으로 가지고 있는 게 무엇인지 잘 이해할 수 있게 도와준다. 교묘하게 복잡하면서 난해한 테크놀로지가 생산한 도구들과 조직들, 감시 장치와 보조 기구들에 의해 사람들이 지각하고, 느끼고, 생각하고 행동하는 방식이 포섭되고 있다. 내가 요양원과 병원에서 목격한 것은 나치와 유의미하게 구분되는 또 다른 질서이다. 어떤 의미로는 차이가 너무 커서 비교 자체가 불가능하다.

오늘날, 고문이란 다른 모든 이들의 동의와 함께 다른 이의 '선'을 침해하는 일이다. 그러한 조치는 사회에서 존중받고, 테크놀로지에 의해 지원되는 기관들은 합리적인 사람들에 의해 칭찬받고 지지를 받는다. 그러나 테크놀로지 프로젝트가 모든 사람들을 점점 더 무기력하게 만드는 것에 주목하는 소수의 사람들이 있다. 개인들이 영향을 받는 것과는 독립적으로 이제 시스템이라는 테크놀로지가 지배하는 거대사회에서 개입은 필수적이면서 불가피하다. 더 나아가, 누군가의 마지막 나날들은 사회조직들의 영향을 받을 수밖에 없으며, 그것은 사회가 기능하는 방식이기도 하다. 죽음은 가스를 틀면 오는 게 아니라 기계장치를 꺼버리면 온다. 궁극적으로, 죽어가는 사람이나 가족과는 상관없이, 기계의 명령에 따라 그리고 이차적으로는 오직 전문가의 판단으로 죽음은 온다.

지난 몇 년 동안의 경험으로 나는 산업 생산 방식이 농업과 교육에 어떻게 적용되는지 알게 되었다. 이제 고통스러운 상황에서 나는 테크놀로지적 의료 행위에 대해 중요한 것을 배웠다. 이런 개념들과 관련된 모든 조치들은 보호시설에서 나온 것이었다. 그렇다면 이러한 보호시설들은 일종의 거짓말인가? 모두 하나같이? 그들은 자연스럽지 않은 프로젝트인가? 보호시설 또한 오늘날 악의 주요한 근원 중 하나인가? 사도 바울이 우리에게 경고했던 악의 전략이 동시대적 형태로 나타난 것으로 보아야만 할까?

> 우리의 씨름은 혈과 육을 상대하는 것이 아니요, 통치자들과 권세들과 이 어둠의 세상 주관자들과 하늘에 있는 악의 영들을 상대함이라. (에베소서 6:12)

현대의 모든 시설들은 생겨나고 늘어나는 과정에서 권리라는 개념을 어느 정도 빌려왔다. 보편적이거나 특수하거나 어떤 권리를 주장하는 것 자체는 매우 의심스러운 것이다. 시몬 베유는 다음과 같이 지적했다.

의무의 개념은 권리의 개념에 우선하며, 권리는 의무에 종속적 관계이다. 권리는 그것 자체로 유효한 것이 아니라, 그것에 상응하는 의무와의 관계 안에서만 유효하다. 권리의 행사는 그것을 소유한 개인으로부터 비롯되는 것이 아니라, 그들 자신이 특정한 의무를 가지고 있다고 여기는 사람들로부터 비롯되는 것이다. 의무를 인식하는 것이 권리를 유효하게 만든다. 의무는 아무도 인식하지 않는다고 해도 그 존재의 모든 힘을 조금도 잃지 않는다. 그러나 누구에게도 인식되지 않는 권리는 전혀 가치가 없다.[4)]

1789년 프랑스 지식인들에 의해 제시된 구호들에 대한 그녀의 통찰력은 권리 수호에 대한 오늘날의 주장을 약화시킨다. 거부권에 대한 논의, 사람들은 교육 받을 권리가 있다는 주장, 효과적인 식품 시스템, 건강 보호, 고용과 기타 등등. 덧붙여 권리라는 개념 자체에 대한 존중과 그것들의 미심쩍은 성향들은 혼란의 요인일 수도 있다. 어쩌면 사회적 명령이라는 훨씬 더 많은 압박이 있는지도 모른다. 예를 들면, 사람들의 삶에 포괄적인 개입을 할 필요라는 것과 더불어 이러한 보호시설의 형태에 대한 비판적 평가에 굴복하는 것과 같은 것들.

나는 병원에 있으면서, 아버지를 통상적인 관리절차로부터 보호하려면 지속적으로 세심하게 관찰해야 한다는 사실을 곧 알아차렸다. 예를 들어, 젊은 여자 간호사는 혈액 샘플을 여러 번 반복해서 채취하는 것은 일상적인 관례라고 말했다. 그녀가 노화한 혈관을 발견하기 위해 여러 번 주사바늘을 찌를 때마다 아버지는 움찔하고 신음했다. 그녀가 하는 짓을 보고 나는 펄쩍 뛰고 따져 물었다. "그건 왜 하는 거예요?" "실험을 위해서 혈액 샘플이 필요해요." 이렇게 명료할 수 있을까? "아니요, 그러지 마세요." 나는 화가 나서 소리쳤다. "절대로 다시는 아버지에게서 또 다른 혈액 샘플을 가져가지 마세요."

나는 간호실로 성큼성큼 걸어가서, 그들에게 단호하게 명령했다. 의사가 나타나자 그에게 면담을 요구했다. 나중에 그 절차의 어리석음과 잔인함을 목격한 뒤, 그는 그것이 불필요하다는 사실을 인정했다. 그래서 더 이상 그런 일은 일어나지 않았다. 병원에 가능한 오래 머물면서 나는 의료진들이 아버지에게 하려는 모든 행위에 대해 질문을 했다. 그렇게 해서 무의미한 고문을 막을 수 있었다. 마침내, 아버지는 평화롭게 남았다. 죽기 위해.

많은 환자들이 의료진에게 질문하고 도전할 만큼 용기가 있거나 확신을 갖지 못한다. 더욱이 질병과 노화로 약해져 있는 상태이기에 의사와 정면으로 부딪치지 못한다. 아무리 많은 가족이나 친지들이 자주 방문한다고 해도, 당사자가 아닌 이들은 모든 치료 절차와 약의 의미에 대해 조사할 수 없으므로, 환자들을 보호해줄 사람이 없다. 하지만 밤낮으로 함께 앉아 지켜 줄 사랑하는 사람이 없는 고립된 환자들의 가혹한 외로움은 어쩌란 말인가? 오랜 시간 동안 그들은 규칙적인 박자의 소음과 깜빡거림과 함께, 기계와의 차가운 공존이 주는 미칠 것 같은 부조리 속에 혼자 있어야 한다. 아마도 어떤 전문가도 관여하지 않은 채 자신의 아파트나 집에서 혼자 죽어가는 사람들이 더 축복받은 것일지도 모른다.

아버지의 죽음을 기다리는 동안, 의사와 나는 '오해를 푸는' 바람직한 대화를 여러 번 나누었다. 처음에 몇 번 만나서 짧은 대화를 하게 되면서 그는 내게 두 가지 질문을 던졌는데, 그가 지적한대로, 두 질문은 관련된 절차가 시작되기 전과 후가 매우 달랐다. "당신은 환자가 먹는 것과 마시는 것을 멈추면, 우리가 그에게 음식을 공급하기를 원합니까? 그리고 당신은 우리가 생명연장 장치를 사용하기를 바랍니까?"

맏이로서, 나는 그 문제를 형제자매들과 논의했고 그들의 동의를 얻은 뒤 그에게 말했다. "어떤 종류의 생명연장 조치도, 그리고 정맥주사로 음식이나 물을 공급하는 것도 원하지 않습니다." 우리가 24시간 내내 병실에 있는 것은 아니기 때문에, 어떤 상황에 대해 명쾌한 태도를 보이는 게 꼭 필요했다.

언젠가 그가 자신의 두려움을 드러내보였다. 몇몇 가능한 테스트나 절차를 수행하지 않고 방치할 경우, 우리가 그를 고소할지도 모른다는 걱정을 은연중에 내비쳤다. 그는 불필요한 치료를 원하지 않는 가족을 상대하는 것에 대해 혼란을 느끼고 있었다. 이 경우에 있어서 그것은 더 이상의 '치유력이 있는' 조치들을 하지 않는다는 것을 의미했다. 그는 그런 소송이 도덕적으로 옳지 않다고 여기는 가족과 마주하고 있음을 믿기 어려워했다. 그러므로 의논해봐야 소용없는 일이었다.

다른 만남에서 그는 정부와 보험회사 관료들이 어떻게 의사들의 기록을 검토하는지 걱정스럽게 설명했다. 그는 그들로부터 환자에게 활용하고 사용할 수 있는 치료를 하는 데 실패했다는 이유로 처벌을 받을 수도 있었다. 나에게 그것은 우리 가족의 문제가 아니라 그의 문제처럼 느껴졌다.

우리의 간호가 끝나갈 무렵에 의사는 자기에게 아버지가 있다면 우리와 같은 방식의 행동을 했을 것이라고 고백했다. 추측하건대, 그는 좋은 사람이 되고 싶어 하는 것 같았다. 직업적인 훈련을 받고, 비도덕적인 사업에 고용되어 있음에도, 그는 여전히 몇 조각의 품위를 유지하고 있었다. 조금 정도가 약하지만 그는 오스카 쉰들러와 비슷했다. 아주 세속적인 사람이었던 쉰들러는 엄청난 개인적 위험을 무릅쓰고 수천 명의 유대인들을 가스실에서 구해냈다. [5]

나는 병원 직원들이 격려와 친절이 깃든 행동을 하는 것을 자주 목격했다. 그런 행동들이 일종의 균형을 잡고 있다고 말할 수 있을까? 사람이 다른 사람을 보듬고, 다른 사람을 위해 시간을 내고, 기꺼이 다른 사람을 만나려 하던 상냥한 삶의 방식이라는 유적들, 이 흔적들이 현대 시설 속에 존재하는 악의에 찬 힘 때문에 세상이 조직된 지옥으로 떨어지는 것을 막을 수 있을까? 흥미롭고 중요한 사실이기도 한데, 내가 병원이나 대학 그리고 다른 장소들에서 경험한 바로는, 대체로 가장 하급 직원들이 환자나 방문객들을 하나의 개인으로, 즉 이름과 얼굴 그리고 고유의 사연을 지녔으며 누군가에게 친절하게 대할 수 있는 한 사람으로 대했다.

이반 일리치는 펜실베이니아 주립 대학에서 현대의 보호시설이 지닌 성격에 대해 학생들에게 강연했다. 일리치의 말에 감동을 받은 한 젊은 여성이 손을 들고 질문했다. "우리가 무엇을 하면 좋을까요?" 일리치는 그녀의 눈에서 그녀의 성격에서 무엇인가를 보았고, 그 즉시 대답했다. "여름 방학이 되면 공립병원에서 가장 낮은 직급에 속하는 일을 해 보세요. 예를 들어, 요강을 비우는 일이라든가, 그리고 당신이 돌봐야 하는 사람들과 직원들과, 보호시설이 가야할 방향을 보려고 노력하고, 보려고 시도해 보세요." 그는 다음 학생의 질문으로 넘어갔다.

이 경험에서 나온 중심 주제가 내 앞에 나타났다. 이 특화된 현대적 형태의 악마성으로부터 어떻게 내가 사랑하는 사람들을 지킬 것인가? 나는 사랑이 가득한 친밀함의 실천에 그 해답이 있다고 믿는다. 이것은 시간과 인내가 필요한 일이다. 보는 법과 듣는 법을 배워야 하는 일이다. 다른 사람에 대해 알고, 미묘한 의도를 알아차리는 습관이 필요한 일이다. 내 경우에, 평생 동안 아버지에게 가벼운 무관심을 가지고 있었으나, 다행히 그가 살아있던 마지막 몇 년 동안 어떻게든 더 관심을 가지려 애썼고, 지속적으로 방문했다. 아버지가 말하기를 기다리고, 그 말에 귀를 기울이고, 아버지 인생이 어떤 것이었는지 배우려고 점점 더 노력했다. 내가 이것을 알았을 때, 내가 그를 알게 되었을 때, 그가 죽는 것을 돕는 방법을 알게 될 것이다. 또한 전문가들과 맞설 수 있는 용기를 가질 수 있을 것이다. 이 매우 특별하고 개인적인 지식이 지닌 강도와 정확성에 많은 것이 달려있다. 다른 사람에 대해 친밀하게 알고 있어야 한다. 예를 들어, 그의 옆에 앉아서 나는 기억 속에 여러 장면들과 사건들이 떠오르는 것을 몇 시간이고 그냥 내버려두었다. 그러자 잊고 있던 일들이 생각났고 그것들을 완전히 새롭게 보게 되었다.

아버지는 폴란드의 농촌 지역에서 태어났다. 하지만 그의 부모님은 그가 두 살 때 미국으로 이주해 왔고, 그는 평생을 보내게 될 일리노이의 링컨이라는 작은 마을에서 자랐다. 땅과 땅에서 하는 일에 이끌리는 성향은 소작농 혈통을 지닌 그에게 강하게 남아있었다. 오래 전부터 땅에서 살았던 조상들의 경험은 많은 세대에 걸쳐 축적되었다. 결혼 생활 내내 성실하게 일해서 얻은 소득을 충분히 저축했을 때, 아버지는 작은 농장을 사고 싶어 했다.

그가 중등학교를 마치고 시작한 첫 번째 일은 그 지역 온실에서 식물들을 돌보는 일이었다. 그는 집 근처에 있는 두 도시 넓이의 거대한 밭을 관리했다. 결혼을 한 뒤 아버지와 어머니는 모두 땅에서 일을 했다. 아직 어렸을 때 나는 아버지를 도와 밭에서 일해야 하는 것에 대해 불평했던 기억이 난다. 이제는 아버지와 어머니가 가족이 먹을 음식을 자급자족하려고 그랬다는 것을 안다. 아버지와 어머니 역시 다른 이들의 도움을 받았다. 나의 외할머니는 여전히 시골에 살고 있었으며 닭을 키우고 있었다. 프라이드치킨이 빈번하게 일요일 저녁식사로 나왔다. 돼지들을 도살하고 나면, 아버지가 우편배달을 가는 시골의 농부들이 신선한 소시지를 선물로 보내주었다.

우리 가족 모두는 운이 좋았다. 비록 우리가 대공황 속에서 성장하긴 했지만, 아버지는 우체국에서 영구적인 직업을 가지고 있었다. 그 기간 동안 봉급을 많이 받지는 못했지만, 절약하는 가족에게는 충분했다. 봉급뿐만 아니라 아버지는 겨울 식탁에 고기를 제공했다. 그는 버려진 낡은 잡동사니들로 토끼를 잡을 수 있는 덫을 많이 만들었다. 농부들 하나하나에게 허락을 구한 뒤, 그는 숨겨진 장소에, 하지만 길에서 볼 수 있는 장소에 덫을 놓았다. 우편배달을 하러 지나다니면서 그는 덫들도 관리했다. 토끼가 걸려 넘어진 덫을 발견하면 그는 토끼를 자루에 집어넣었다. 하지만 덫을 확인할 때는 극도로 조심해야만 했다. 언젠가 덫에 스컹크가 걸린 적이 있었기 때문이다. 아버지는 집에 도착하면 그날 잡은 것들을 꺼내 능숙하게 목을 자르고, 뒷다리를 휘어서 못을 박은 다음, 가죽을 벗기고 내장을 꺼냈다. 대공황 때 추운 날씨에는 일주일에 몇 번 씩 야생 토끼를 잡았다. 아버지는 따뜻한 날씨에 토끼를 잡는 것을 꺼려하셨는데 그것은 질병의 위험 때문이었다. 나머지 토끼들은 씻고 손질해서 가족과 친구에게 주었다.

하지만 농촌 마을에 사는 것과 넓은 밭에서 일하는 것으로도 땅에 대한 그의 갈망은 충분히 충족되지 않았다. 그는 링컨에서 멀지 않은 곳에 매물로 나온 작은 농장을 찾아냈고, 그것을 사고 싶어 했다. 그는 직업을 유지하겠지만 우리 가족이 그곳으로 이사를 하게 되면, 자신은 일정한 시간 동안 농부가 될 수 있다는 것이었다. 그는 조심스럽게 자신의 계획을 설명했다. 그의 욕망은 분명히 진지해 보였다. 하지만 우리 어머니는 안 된다고 말했다. 어머니는 단호했다. 어머니는 농장에서 태어난 네 명의 딸 중에서 맏이였다. 태어난 아들들은 살아남지 못했다. 그래서 농장의 대출을 갚기 위해 딸들이 열심히 일해야만 했다. 그래서 어머니는 이미 집을 소유하고 있는 도시 남자와 결혼을 했다. 그는 먼저 집을 짓고 그 다음에 아내가 될 사람을 찾았다. 어머니는 도시에서 생활하는 것을 행복해 했고, 잠시 방문하는 것을 제외하고는 절대로 시골로 돌아가고 싶어 하지 않았다. 그래서 아버지는 평생 동안 가장 강렬히 갈망했던 것을 아내에 대한 사랑 때문에 포기했다. 한 번 시골로 이사 가자는 생각을 꺼내고 그것이 이루어지지 않을 것처럼 보이자, 그는 그것에 대해 다시는 언급하지 않았다. 서운한 마음도 드러내 보이지 않았다. 오히려 반대로, 내가 기억하는 한, 아버지는 아내와 우리 모두를 위해 가능한 가장 훌륭한 가정을 만드는 일에 양심적으로 성실하게 헌신했다.

세 자녀가 생기자 그가 결혼할 때 마련한 집이 너무 좁아져 버렸다. 그래서 부모님은 모퉁이에 있는 위치가 좋아서 이층집을 샀다. 그들은 몇 년에 걸쳐서 그 집을 해체하기로 계획했다. 그들은 함께 설계를 했고, 그 자리에 원래 있던 집의 자재들을 최대한 활용하면서 새 집을 짓기 위해 건축업자를 고용했다.

아이들이 집을 떠나자 어머니는 자신이 '꿈꾸는 집', 편리하게도 모든 것이 한 층에 있고, 빈민가가 아닌 좀 더 나은 구역에 자리 잡은 또 다른 집에 대해 이야기했다. 어머니는 자신의 소명에 대해 조금도 거리낌이 없었고 확신이 있었다. 결혼 전에 어머니는 회사에서 회계 장부 담당자로 일했다. 하지만 결혼을 한 뒤 그녀는 주부로서 열정적이고 즐겁게 헌신했다. 아가씨였을 때 그녀는 T형 모델[6]을 운전할 수 있었지만, 가사 일에 전념한 뒤에는 한 번도 새로 나온 모델을 운전하지 않았다. 아버지가 새로운 집에 대해 느끼는 그런 종류의 흥분을 나는 이해할 수 없지만—그 때 나는 멀리 해병대에 있었고 그 다음에는 대학에 갔다—어머니 덕분에, 나는 아버지가 그 동네에서 가장 멋진 땅에 새로운 건물을 짓는 것을 대단히 즐거워했음을 알게 되었다.

나는 또한 아버지가 아이들, 친척들, 친구들, 이웃들에게 자신과 그들을 연결하는 유대감에 비추어 반복적으로 연락을 취하면서 관계를 유지했던 방식들을 기억해냈다. 나는 아버지가 자기 본위로 행동하는 것을 본 기억이 없다. 그는 근대적인 자의식을 지니고 있지 않은 것처럼 보였다. 하지만 그가 자신의 독립성을 주장했던 사소한 방식들도 많이 기억하고 있다. 예를 들어, 그의 첫 번째 자동차는 결혼 전에 구입했던 검은색 T형 모델이었고, 구할 수 있는 유일한 색이 검은색이었다. 그리고 매번 그가 새로운 차를 살 때마다 다른 제품이나 색상을 지지했던 가족들과의 언쟁에도 불구하고 그는 평생을 검은색 포드와 함께 했다.

여러 가지 면에서 아버지는 현대라는 세계를 거부하는 것처럼 보였다. 그런데 그 세계는 마침내 그를 외면하더니 그에게서 그 자신의 죽음을 빼앗아버렸다. 그가 사는 동안 했던 행동들을 반추하면서, 나는 그 정형화된 양식들과 그 의미를 찾아보았다. 그러자 중세의 어떤 개념이 머릿속에 떠올랐다.

천 년 동안, 철학자들과 신학자들은 삼위일체에 대해 설명하고자 했다. 그들 중 몇 사람에게서 나온 관념 가운데 하나가 '실재의 관계a relatio subsistens'이다. 중세 학자들이 탐구했던 전통에 의하면, 두 단어는 다른 하나에 모순이 되므로 그 표현은 비논리적이고 터무니없다. 두 존재 사이의 관계는 스스로 존재하지 않을 때만 성립한다. 그리고 실재는 존재하기 위해 다른 것들을 필요로 하거나 인정할 필요가 없는 완전히 독립적인 존재를 의미한다. 중세의 학자들은 '실재의 관계'라는 관념을 사용해서 삼위일체인 사람들에 대해, 오직 다른 둘과의 관계로만 존재하며 아무도 그 자체로 존재할 수 없다고 설명했다.[7]

아버지가 독실한 믿음을 지닌 사람이 되면서부터—내가 그 사실을 알아차리게 된 것은 기도하는 방식 같은 사례들에서였다—나는 아버지가 생활 방식에서 자신의 믿음을 직접 표현할 것이라고 예상했고, 실제로 그렇게 했다. 아버지의 삶은—내가 감각할 수 있는 한—고대의 개념이 느껴지는 것이었다. 놀랍게도 그 개념들은 다시 그의 삶을 밝혀주었다. 그러므로 나에게 남긴 아버지의 마지막 선물은, 비록 얼마 되지 않지만, 그가 평생 해왔던 대로 내가 나 자신이 아니라 누군가에게 주의를 집중할 수 있도록 했던 것이다. 그렇게 나는 아버지가 스스로 죽음을 맞이할 수 있도록 도왔다.

2

오후의 선물

그레이하운드 버스가 최종 목적지에 도착했다. 나는 버스에서 내려서 짐칸에 있는 가방을 꺼내든 다음 기지개를 켰다. 이제 나는 일흔 살이 넘었고 예전보다 버스 타는 일이 더 힘들게 느껴질 때가 가끔 있다. 하지만 이번에는 고된 여행이 아니었다. 나는 고작 주립대학에서 블루밍턴으로, 펜실베이니아 동부에서 센트럴 일리노이로 여행했을 뿐이다. 잠을 잘 못 자긴 하지만, 버스에서 하룻밤을 보내는 것은 전혀 부담스럽지 않다. 하지만 이틀 밤을 보내는 것이 한계다. 버스 좌석에 앉아서 그 시간들을 보내고 나면 정말 침대로 가고 싶어 몸살이 난다. 그것은 읽고 있는 책에 계속 집중할 수 없음을 의미하기도 한다.

어떤 상태에 안주하지 않도록 주의를 기울여야만 한다. 그렇지 않으면 필연적으로 일종의 독선에 빠지게 된다. 비행기보다는 버스를 타는 게 더 좋다는 말이 옳다. 우선 내 영혼에 끼치는 영향, 두 번째로 지구 환경에 관심이 있다면 말이다. 그러나 아직은 걷는 게 더 좋다. 스페인에서 머나먼 거리를 버스가 아니라 걸어서 움직였을 때 그것을 배웠다. 나는 목적지인 콤포스텔라[1]까지 32일 동안 걸었다. 최근에 했던 여행들이 이틀 이내였던 것과 대비된다. 그 당시 나는 아직 일흔 살이 되지 않았을 때였지만, 이제 나는 거의 여든 살이 되어가고 있으니 차이가 날 수밖에 없다.[2]

걸어서 홀로 스페인을 가로지르며, 한 달 내내 아무것도 안 읽으면서 나의 정신을 깨끗하게 하고, 이미지들로 이루어진 상상을 잠재우며 시간과 공간을 통해 움직이는 다양한 차원들에 대해서 성찰할 수 있었다. 나는 어떤 여행이든 질문을 던지는 일이 필요하다고 믿게 되었다. 성육신[3]을 믿고 참여하고자 하는 이의 주된 관심은, 예를 들어, 내가 있을 자리, 나에게 어울리는 집, 내가 속한 지점을 찾아서 그곳에 스스로를 집어넣고 그곳에 머무는 것이다. 성육신에 대한 나의 동일시는 조물주의 창조 속에서 내 삶이 얼마나 깊이 있는 것인가에 달려있다. 결국 그것은 주위 환경과 얼마나 친숙한지, 그리고 특정 장소에 얼마나 자신을 투여하고 있는지에 달려있다. 여기저기 여행을 다니는 것으로는 성취할 수 없다.

내가 콤포스텔라까지 걸어가야만 한다고 느낀 것은 어떤 내면의 목소리가 나를 그곳으로 불렀기 때문이다. 이미 지난 천년 동안 유럽 곳곳에서 온 백만 명이 넘는 순례자들의 발걸음으로 축복받은 여정이 나를 불렀던 것이다. 어제 나는 버스를 타고 가족을 방문하기 위한 여행을 했다. 그것은 펜실베이니아에 있는 나의 일시적인 집을 떠날 적합한 이유처럼 보였다.

몇 년 동안 나는 미국에서 버스를 타고 다니는 여행이 비행기 여행과 상당히 다르다는 사실을 체험했다. 태평양 연안 북서부 지방을 제외하고는, 미국에서 버스 승객들은 경제적으로 낮은 계층 출신이며, 나와 동승한 승객들 대부분이 흑인이었다. 내가 버스에서 만난 거의 모든 사람들은 가족을 방문하거나 직업을 찾으러 가는 길이었다. 휴가를 즐기러 가는 사람들은 특별히 전세를 내지 않는 이상 보통은 버스를 타지 않는다.

몇 년에 걸쳐 미국 대부분의 구역을 종횡으로 가로지르면서 나는 단 하나의 불만을 가졌는데, 바로 음식의 질과 가격이었다. 전혀 풍족해 보이지 않는 사람들이 자동판매기에 돈을 넣거나 혹은 맥도날드의 금전등록기 뒤에 서 있는 점원에게 돈을 건네는 장면을 목격하는 것은, 나를 두 배로 고통스럽게 만들었다. 버스에 타기 전 빈 물병과 질 좋은 음식을 챙기는 것이 얼마나 쉬운 일인지를 되돌아보며 가슴 아팠다. 내가 버스에서 보내야 할 시간 동안 먹을 수 있는 영양가 있고 값싼 음식을 구하는 건 어렵지 않은 일이고, 대부분의 장소에서 내가 원할 때마다 무료로 물병에 물을 채워 넣는 것이 가능했다. 정크 푸드를 살 필요가 없는 것이다.

버스는 내 가족이 살고 있는 링컨이라는 작은 도시에 이제는 들르지 않기 때문에 나는 30마일 떨어진 이웃도시에 내려야 했다. 여동생이 나를 데리러 올 예정이었지만, 그녀는 아이들을 봐주는 일을 하는 중이라 버스가 도착한 뒤 다섯 시간이 지나서야 올 수 있었다. 나는 여동생에게 내가 얼마나 기다려야 하는지에 대해서는 말하지 않았다. 오직 여동생이 나를 데리러 오기 전에 블루밍턴에 도착할 것이고, 나는 읽을 책이 있고, 또 근처에 맥도날드가 있다는 것만 말했다. 나는 여동생에게 그 곳으로 나를 찾으러 와달라고 부탁했다.

블루밍턴의 버스터미널은 오직 출발 직전의 버스표만 파는 것처럼 보이는 작은 건물이었다. 그 안에는 앉을 수 있는 공간이 없었다. 하지만 터미널 근처에 콘크리트 벤치와 테이블에 둘러싸인 몇몇 작은 나무들이 있었다. 더운 날씨에 햇빛 속에서 서 있을 필요는 없다. 다섯 시간이긴 했지만 나는 더 편해지기로 결정했다. 과거의 경험으로 미루어 볼 때, 콘크리트 벤치에 앉아 있으면 더 힘든 시간을 보내게 될 것임을 안다. 나는 짐을 들고 맥도날드까지 70미터 정도를 걸어갔다. 안에 들어가서 작은 소프트콘을 사고 한적한 구석에 있는 자리에 앉았다. 그리고 책을 펼쳤다. 시몬 베유의 『신을 기다리며』였다.[4]

한 시간쯤 흘렀을 때, 한 젊은 여성이 나의 테이블로 다가와 혹시 주문한 것을 기다리고 있느냐고 물었다. 멍하니 그리고 흘끗 쳐다보며 나는 대답했다. "아뇨, 괜찮아요. 나는 그냥 누굴 기다리고 있어요." 나는 실제로 그녀를 보지는 않았지만 희미한 생각이 마음속으로 스쳐 지나갔다. 그녀는 분명 손님에게 필요한 것을 확인해 보는 종업원일 것이다. 그러고 나서 계속 책을 읽는 동안 혼란스러운 생각이 나를 방해했다. 손님은 카운터에 가서 돈을 낸 다음 주문을 한다…… 어떻게 내가 주문을 기다리고 있다고 생각했지? 하지만 나는 의문을 계속 따라

가지는 않았다.

한 시간 혹은 두 시간 뒤, 아마도 아까와 같은 사람인 듯한 젊은 여성이 다가와 나에게 무엇이라도 가져다줄까를 물었다. "아뇨, 괜찮아요." 나는 대답했다. "나는 여기서 만나기로 한 여동생을 기다리고 있는 중이에요." 이번에는 그녀를 올려다보았다. 그리고 그녀가 미소를 지은 뒤에, 뒤돌아서 걸어가는 것을 계속 지켜보았다. 그 순간 나에게 강한 호기심이 일어났다. 그녀가 조금 전에 왔던 사람이라는 사실이 나에게 말해주는 바가 있었다. 왜 맥도날드의 종업원은 내 자리에 두 번이나 왔나? 그리고 왜 같은 사람이 왔나?

나는 그녀의 얼굴이 그다지 '정상'이 아니라는 것을 알아차렸다. 조금 뒤틀리고 가지런하지 못했다. 게다가 그녀의 몸은 다소 균형이 맞지 않았고, 다소 굽떠보였으며, 거의 기형이었다. 그녀는 이상하게 흔들리는 움직임으로 걸어갔는데, 아마도 약간 절뚝거리는 것 같았다. 확실히 패션모델의 표준 신체형과 얼굴형에는 전혀 부합하지 않았다. 나는 서서히 그녀가 장애인이라 불리는 사람들에 속한다는 결론에 이르렀다. 나는 그녀가 관례적인 지능 테스트에서 좋은 점수를 얻지는 못하리라고 확신했다. 하지만 그녀의 성격에는 매우 특이하고 완전히 눈에 띄는 빛나는 부분이 있었다. 그녀는 매력적이었고, 명백히 열려있었고, 친절했다.

여동생과 함께 맥도날드를 떠나면서 나는 그 직원에 대해서 계속 생각했다. 단순하고 명료한 사실 하나는, 그녀가 그 다섯 시간 동안 나에게 온 유일한 종업원이었고 유일한 장애인이었다는 것이다. 다른 직원들을 기억해내려고 노력하면서, 나는 그녀가 유일하게 직원의 자질을 타고난 사람이라는 생각을 했다. 아마 다른 젊은 직원들도 내가 그 자리에 앉아 있는 것을 알았을 것이다. 그녀와 두 번의 짧은 만남을 신중하게 돌이켜 보았을 때, 누군가 나를 확인하기 위해 그녀를 보냈거나, 그녀가 호기심 때문에 나를 보러 온 것이 아니라는 결론을 내렸다.

몇 분 동안 나는 집중해서 그녀에 대해 생각했다. 그녀가 보여준 태도에서 나는 그녀가 단 하나의 동기, 순수한 마음으로 움직이고 있음을 읽을 수 있었다. 그녀는 나와 소통하고 나에게 도움이 되기를 바라고 있었다. 내가 전혀 낯선 사람이었음에도, 그녀에게는 내가 편안하게 잘 있는 것이 가장 중요한 일이었다. 그녀는 오직 '나'에게 주의를 기울였다.

이 결론이 확실하다는 것을 마침 내가 그 때 읽고 있던 책으로 확인할 수 있었다. 시몬 베유는 주의를 기울이는 것에 큰 중요성을 부여했다.

만약 진짜 욕망이 있다면, 만약 욕망되는 대상이 정말 빛이라면, 빛에 대한 욕망은 빛을 만들어낸다. 주의를 기울이려는 노력이 있을 때, 진짜 욕망이 있다. 만약 다른 모든 보상이 없다면, 우리는 정말로 빛을 욕망한다.

내가 그 젊은 여성에게 주의를 기울이게 된 것은 빛, 그러니까 그 상황 속에서 그녀가 누구인지 이해하고자 하는 빛을 욕망했기 때문이다. 내가 그 사실을 확실하게 인지했다는 것도 같은 책에 있는 시몬 베유의 관찰을 통해 확인할 수 있었다.

이런 종류의 확실성들은 실험적이다. 하지만 우리가 그것들을 경험하기 전부터 믿지 않는다면, 최소한 우리가 그것들을 믿는 것처럼 행동하지 않는다면, 우리는 절대 그런 확실성에 도달하는 경험을 할 수 없다. 여기에 일종의 모순이 존재한다. [5]

그 젊은 여성의 얼굴과 눈, 그 때 했던 행동과 성격에는 어떤 섬광과 어떤 빛이 있었다. 그녀는 아름다운 일을 했지만 어떤 종류의 아름다움인가? 그것을 어떻게 이해할 것인가? 그녀는 홀로 앉아 있는 낯선 사람인 나에게 다가왔다. 나는 그녀의 행동이 오직 진실과 선량함 가운데 하나였으리라 결론지을 수 있을 뿐이다. 내가 복음에서 찾던 바로 그 진실과 선량함이다. 하지만 나는 어떤 형언할 수 없는 아름다움으로 반짝이는 것처럼 보이던, 그녀의 눈 속에 있는 빛을 계속 떠올렸다.

나는 하나가 다른 하나를 유발하는 두 행동을 하게 되었다. 나는 더 향상된 실재의 흔적을 보여주는 어떤 불꽃을 인지했다. 아마 아리스토텔레스 신봉자들이 형상이라고 불렀을만한 것이다. 말하자면 그녀를 특별한 인간으로 만드는 그녀라는 인간 실재의 변형이다. 그러니까 나는 그녀의 형상에 사로잡혀, 그녀를 잊어버릴 수 없었다. 한스 우르스 폰 발타자르Hans Urs von Balthasar에 따르면, 나는 도취되어 있었다. "만약 아름다움이 토마스 아퀴나스가 형상species과 광휘lumen라고 부른 두 순간의 교차 지점에 객관적으로 위치한다면, 이들의 만남은 두 순간의 바라봄과 도취됨에 의해서 특징지어진다."[6] 중세 연구가들이 '닮은 꼴'species이라고 부른 형상은, 내가 보는 것을 통해 매력을 드러냈고, 그러자 형상species은 '아름다운 것'speciosa으로 변했다. 왜냐하면 그녀에게 어떤 광휘가 빛나고 있었기 때문이다. 나는 우리의 만남을 묘사하기 위해 그리스인의 생각과 중세의 개념으로 돌아가야만 한다고 생각했다.

그 젊은 여성의 아름다움으로 인해 일련의 유사점들을 보는 나의 시야가 열렸다. 그녀의 조금 절룩거리는 장애는 자연의 장애 혹은 성경의 장애와 같다. 둘 다 더 높은 질서, 더 진실한 아름다움을 숨기고 있는 것이다. 내가 『신곡』을 소리 높여 읽는 것을 들으면 나는 그저 무의미한 말들을 횡설수설한다고 알아들었을 것이다. 이탈리아어를 모르기 때문에 그 의미가 숨어버리는 것이다. 나는 그 시적인 아름다움을 알아들을 수 없을 것이다. 이것은 소크라테스가 그의 다이몬daimon에서 찾아낸 "무지"와 비슷하다. 감각과 영혼의 어두운 밤에 빠져 성령을 찾아 헤매는 십자가의 성 요한 같은 상태다.

인지학자들은 진실을 파악하고 있었다. 그들이 캠프힐 공동체로 기꺼이 받아들인 장애인들로부터, 그들은 숨겨진 정신·영혼·아름다움을 보았다. 관습적으로는 어리석음으로 해석되는 그 젊은 여성의 행동, 즉 자의식의 부재로 인해 이방인인 나에게 다가온 그녀의 행동 속에서 우리는 도스토예프스키의 『백치』에 나오는 어리석음, 즉 러시아의 전통 속의 성스러운 바보를 발견할 수 있다.

나는 그날 맥도날드 안에서 아름다움의 현현을 경험했다.

또한 무한하면서 더욱 포괄적인 시야를 인정하게 되었다. 내가 본 것은 믿음을 향한 길이었다. 그것은 아름다움의 영원한 실재에 대한 믿음이며 동시에 진실과 선량함이 깃든, 더 나아가 신에 대한 믿음으로 진입할 수 있는 초월적인 것이기도 했다. 세상의 순수하고 아름다운 모든 것들은 존재의 깊은 곳에 가려져 있거나 숨겨져 있다가 뚫고 나오는 신의 출현이며 빛이고, 장엄이다. 궁극적으로 믿는 자들에게 신의 출현은 세상에서 발견되는 아름다운 형상speciosa 안에 신이 드러나는 것이다.

그 젊은 여성은 나에게 실재를 드러내 보였다. 신과 영혼의 관계는 영혼·정신과 감각의 관계와 같다. 그러므로 나는 그녀를 통해서 나와 신 사이의 관계를 보았다. 성육신에 대한 나의 믿음은 더 나아가 그 날 오후 맥도날드에서 무슨 일이 있었는지 나에게 보여준다. 신과 말씀the Word의 관계는 나와 언어 words의 관계와 같다. 아담의 이야기에서처럼, 나에게도 이름을 짓는 능력이 있다. 나는 은총을 통한, 다시 말해 주님에 대한 나의 믿음을 통해 얻은 이 능력을 즐거워한다. 나는 참여하는 능력을 얻었다.

존재the esse, 이 모든 비유적 존재 그 자체는 내 믿음의 근거가 되고 있다. 그리고 그것은 신에 대한 순명 혹은 히브리어 성서 또는 소크라테스나 신플라톤주의자들처럼 확실한 곳에서 언급하는 성령에 대한 순명을 의미한다. 한 번 성육신이 나타나고, 한 번 그리스도가 인간이 되면, 모든 자연과 역사가, 믿음으로 은총을 받은 사람들을 위한 구원의 이미지들로 채워지게 된다.

내가 언급한대로, 그 젊은 여성은 내가 시몬 베유의 『신을 기다리며』를 읽고 있는 동안 나에게 다가왔다. 시몬 베유는 아름다움에 대해 썼다. "아름다움은 하늘 아래 이 세상에 존재하는 단 하나의 변경 불가능한 궁극성이다." 나중에 그녀는 이것이 진실이라고 다음과 같이 설명했다.

왜냐하면 아름다움은 목적을 품고 있지 않기 때문이다. 그 아래 세상에 진정한 목적이란 없다. 우리가 목적이라고 생각하는 모든 것은 수단이다. 그것은 명백한 진실이다. 돈은 물건을 사는 수단이고, 권력은 명령하기 위한 수단이다. 우리가 좋다고 하는 모든 것들은 거의 다 이런 식이다. 오직 아름다움만이 다른 무엇의 수단이 아니다. 아름다움만이 그 자체로 선하다. 우리는 그 속에서 특별히 좋거나 유익한 점을 찾을 수 없다. 아름다움은 그 자체가 하나의 징후이지, 장점은 아닌 것처럼 보인다. 아름다움은 그 자체를 줄 뿐이다. 결코 다른 것을 주지 않는다.[7]

이것은 내가 키가 작고 기형인 자녀, 그 젊고 특이한 여성에게서 느낀 것이다. 그녀는 자신의 아름다움 외에는 아무것도 나에게 주지 않았다.

그 날 오후를 돌이켜 볼 때마다 나는 그 극단적인 애매모호함으로 인해 혼란스러워졌다. 주위를 둘러보면, 우리 삶의 방식이 지구를 더 추한 곳으로 만들고 있는 것이 보인다. 부지불식간에 세상에 궁핍한 사람들의 비율이 늘어나고 있는 것을 숙고해야 하는 것인지, 아니면 하느님의 창조가 파괴되고 있는 것에 대해서 숙고해야 하는 것인지 맥도날드에 앉아 우울한 생각들을 하고 있을 때 눈부신 아름다움이 지나갔다. 그러나 슬프게도, 나는 그곳에 앉아 여동생을 기다리며 읽었던 시몬 베유의 글에 동의할 수밖에 없다.

오늘 백인들이 세계의 아름다움에 대한 모든 느낌을 거의 잃어버렸다고 생각할 수 있을지도 모른다. 게다가 그들의 군대, 그들의 무역과 그들의 종교가 침투해 들어간 모든 대륙에서 아름다움을 사라지게 한 책임이 있다.

소위 자유 시장이라는 이념이 강력하게 지배하는 한편, 맥도날드는 분명 모든 곳에 그들의 시장을 설립하고자 밀어붙이는 미국인들의 욕구를 상징한다. 세계에 무기를 공급하는 주요한 무기상으로서 미국은 대부분의 다른 나라들로 깊이 침투한다. 미국식 생활양식은 헤게모니를 장악하게 되었다. 전 세계에서 텔레비전과 극장 스크린을 지켜보는 모든 이들에게 '행복'이 실현되었거나 혹은 그러한 욕망이 좌절되었음을 인식하게 하면서 말이다.

그러나 여전히 현재에도, 백인들의 나라들 안에서 세상의 아름다움은 신이 우리를 관통하도록 용인할 수 있는 유일한 길이다.

그녀는 나중에 다음과 같이 덧붙인다.

아름다움의 감각은 비록 훼손되고, 왜곡되고, 더럽혀지더라도 강력한 보상으로 인간의 가슴속에 뿌리 내린 채로 남아있다. 그것은 세속적 삶에서 무엇보다 중요한 문제로 현존한다. 만약 그것이 진실하고 순수해지면, 그것은 몸속에 있는 세속적 삶을 버리고 하느님의 발 밑으로 향하게 할 것이며, 믿음의 성육신을 가능하게 만들 것이다.[8]

자신을 현대의 인간으로 인식할수록, 도구가 된 인간으로서의 자신도 더욱 더 인식하게 된다. 아마도 옛날에는 자신을 방어하거나 굶주림으로부터 벗어나기 위해 돌을 집어 들어 동물에게 던질 때도 있었을 것이다. 아마도 프로메테우스는 신들에게서 불을 훔쳐서 인간들에게 그 경이로운 도구를 제공했을 것이다. 아마도 엘륄[9]의 개념인 기술la technique이란, 그의 논의에서 내가 내린 결론과 마찬가지로, 오늘날의 삶을 지배하고 조종하는 도구적인 수단을 말한다.[10] 이 명제들의 진위여부가 무엇이든, 나는 현대 세계가 거의 모든 것을 도구로 삼도록 배열되어 있다고 느낀다. 그 결과로, 궁극적으로는 우리 각자가 완전히 돌이킬 수 없게 도구가 될 위험에 처하게 된다.

나의 모든 행동들, 생각들, 욕망들, 꿈들, 목적들까지. 그럼에도 불구하고, 플라스틱 세계의 음울한 현실이 그 날 오후의 어느 순간에 날아가 버렸다. 이름도 모르고, 아마도 다시는 볼수 없을 그 젊은 여성은 자신의 아름다움으로 나에게 은총을 내렸고 그렇게 함으로써 잠깐 동안 도구가 된 삶으로부터 나를 자유롭게 풀어주었다. 풍요로운 현실로 향하는 길을 가르쳐주었다.

더 나아가 내가 경험한 일의 모호한 측면은 큰 의문을 불러일으킨다. 왜? 왜 이 젊은 여성은 장애로 괴로움을 당하는가? 왜 세상에는 그렇게 분명한 결함이 존재하는가? 자연의 실수인가? 하지만 역설적으로, 내가 그녀를 주목하게 만든 그 흠결이 한편으로는 아름다움을 인지하도록 이끌었다.

나는 역사를 통틀어 많은 문제를 야기했던 질문으로 돌진했다. 궁극적으로, 세상에 왜 악이 존재하는가? 성 아우구스티누스처럼 나는 악을 선의 부재라고 생각할 수 있다. 그것은 명백한 결핍의 성격을 지니고 있다. 존재해야만 하는 어떤 것이 부재하는 것이다. 시몬 베유는 이 질문에 대한 견해에 있어서 분명하고 일관성이 있다. 예를 들어, 내가 읽은 책에서 그녀는 이렇게 쓰고 있다.

만약 우리가 진정한 관심을 가지고 인간 사회와 영혼을 세밀히 들여다본다면, 우리는 어디에나 초자연적 빛의 미덕이 부재하며, 모든 것이 중력의 법칙만큼이나 정확하고 또 그만큼 맹목적인 기계적 법칙에 종속되어 있음을 알게 될 것이다.

우리의 현재 입장에서 그리고 인간의 관점에서 보면 필요의 메커니즘은 완전히 맹목적이다. 그러나 만약 우리의 마음을 우리 자신 너머로, 우주 너머로, 우리의 아버지가 살고 있는 공간과 시간 너머로 옮겨간다면, 그리고 만약 그곳에서 우리가 이 메커니즘을 본다면, 그것은 완전히 다르게 보일 것이다. 필요는 순명이 될 것이고 세계의 아름다움 속에서 사랑의 대상이 될 것이다. 11)

시몬 베유의 생각대로라면, 나는 그 젊은 여성의 상태가 특정 원인들에서 나왔음을 인식할 수 있으며 그것은 자연의 원인이라 불린다. 시몬 베유는 자신의 견해에 대해 한 번도 동요하지 않았다. "자연은 기계적 필요들이 맹목적인 유희를 벌이는 가운데에 있다."[12] 필요가 사랑의 목적이 되는 지역에 내가 들어가려고 시도한다면 애매모호함은 미스터리가 된다. 내가 시몬 베유만큼 재능이 있는 건 아니기 때문에, 나는 중세의 표현을 어쩔 수 없이 받아들인다. 부조리이기 때문에 나는 그것을 믿는다. credo quia absurdum est 그녀는 부조리의 인지가 되는 곳을 간단하게 언급했다.

불가능, 즉 명백하게 인식되는 철저한 불가능이자 부조리는 초자연에 이르는 문이다. 우리는 다만 그 문을 두드릴 뿐이다. 문을 여는 자는 또 다른 누군가이다.[13]

그 젊은 여성이 나에게 준 충격을 생각하면서, 나중에 나는 마태복음을 펼쳐서 팔복에 대해 다시 읽었다. 그녀는 팔복에 들어맞는 사람 같았다. 예를 들어, "마음이 깨끗한 사람은 행복하다. 그들은 하느님을 뵙게 될 것이다." 하지만 최후의 심판에 관한 마태의 설명을 다시 읽어보는 것 또한 필요했다. 그녀는 또한 거기에도 적합해 보였다. 예를 들어, "내가 이방인이었는데, 너희가 나를 안으로 데려갔다."

나는 이 익숙한 말들을 읽으면서 처음으로 깜짝 놀랐다. 더 나아가, 그것들은 긴급한 실재로, 정신이 번쩍 드는 진실로 변했다. 나는 더 깊은 무엇인가를 발견했다. 내가 '본 것'은 전혀 다른 방식으로 본 것이라는 사실이었다. 나는 예전에는 한 번도 지금 그 말들을 이해한 방식으로 이해한 적이 없었다. 예전에는 한 번도 그러한 방식으로 보지 않았다. 갑자기 나는 팔복을 내 독특한 상황 속에서, '저 밖에' 누군가를 들먹이지 않고 깨달았다. 그것은 참조하고, 묘사하고, 이름 붙이고 혹은 다른 무엇인가에 들르지 않았다는 의미다. 오히려 밖에 있는 누군가가 그 말들을 나에게 가져와서, 나에게 내려놓고, 나의 자아 깊숙이 침투하게 했다. 그녀는 나를 보았다. 나는 그녀가 안으로 데리고 들어간 이방인이었다. 그녀는 순수한 눈으로 나를 보았다. 그녀는 신을 보았다. 만약 그런 일이 일어났다면, 그리고 내가 그 일을 확신한다면, 그녀는 나에게 더할 나위 없이 소중한 선물, 내가 그녀가 될 수도 있는 선물을 준 것이다!

나는 천지창조가 얼마나 은총 어린 일이었는지 확신하지 못한다. 그러므로 그 젊은 여성이 나를 축복한 것에 대해 어떤 의미로는 그녀가 특별한 은총을 주었고, 그 은총이 나에게 성서의 길을 열어준 것에 대해 어떻게 말해야 할지 모르겠다. 하지만 나는 그녀 덕분에 지금까지 나에게 숨겨져 있던 진실을 보게 되었음을 안다. 그리고 그것은 나의 전부를 채우는 경험이었다. 그녀는 나 자신에게 나를 드러나게 했고, 내가 누구인지 말해주었고, 더 정확하게는, 내가 누가 될 수 있는지 말해주었다. 이런 깨달음과 함께 나는 강한 욕망을 느꼈다. 드러난 진실이 바로 내가 되는 것. 나는 그 언어들의 진실이 되고 싶었다.

그 젊은 여성이 준 선물을 통해 내 인생에 한 번도 없던 방식으로 성서의 길이 나에게 생생하게 살아났다. 그때 내가 왜 그날 그렇게 오랜 시간 동안 맥도날드에 앉아있어야 했는지 이해했다. 나는 마침내 필연의 불가해한 신비와 즉각적인 접촉을 하는 상태에 이르렀다. 그것은 시몬 베유가 우주의 법칙이라고 주장한 필연이었다. 주어진―알 수 있다는 제한적인 의미에서―어떤 물리적 원인들에 의해, 그 젊은 여성이 기형으로 태어나는 건 필연이었다. 하지만 내가 이해할 수 없는 방식으로 육체의 필연성은 신의 섭리가 담긴 통치인 더 높고 영원한 법칙과 조화를 이룬다.

그러나 이긴 사람이 전례 없는 명성과 재산을 얻게 되는 극심한 국제적 경쟁이 생명과학을 지배하고자 위협하고 있다. 우생학을 통한 이득을 꿈꾸는 환상주의자 과학자들과 법학자들은 어떤 사람도 '비정상적으로' 태어나지 않는 일이 보장되기를 원한다.

이론적으로나 실천적으로나 모두 우생학은 이 세상에서 장애인들을 없앨 방법을 찾는다. 내가 보았던 필연성은, 아름다움에 대한 나의 시야를 열리게 한 필연성은 더 이상 존재하지 않을 것이다.

나는 우생학적 단종을 처음으로 단행했던 1907년 그러한 실행을 보장하는 첫 번째 법이 통과된 국가의 시민이다. 1927년에 대법원은 이 법령을 존속시켰다. 이것은 캘리포니아의 우생학적 단종법이 1933년과 이듬해의 나치 정책에 영향을 주었음을 시사해준다. 나치의 패전 이후 유럽에서 터져 나온 폭로와 공포는 그러나 미국 남부에서 정부가 승인한 단종법에 영향을 주지 못했다. 의회의 조사 이후에, 그러한 정책은 1973년에서야 겨우 중단되었다. [14]

이 프로그램들은 이중의 목적을 가지고 있었다. 달갑지 않은 사람들을 없애는 것과 인종을 개선시키는 것. 그것은 과학적 전문가들이 지체자라고 지정한 이들을 제거하는 일과 이른바 우월한 사람들의 번식을 촉진시키는 일을 뜻했다. 어떤 이들은 나치가 우생학의 평판을 나쁘게 했다고 주장할 것이다. 그 주장 뒤에는 우생학과 유전 상담 사이에 거짓된 구분을 두려는 시도가 있는 것처럼 의심된다. 그러한 상담에 찬성하는 이들은 스스로 나치와 매우 멀리 떨어져 있다고 생각한다.

그건 사실이다. 그들은 나치가 아니다. 그들이 제안하는 게 훨씬 더 나쁘다. 일련의 동시대적 오류들 아래서, 예를 들어, 생식의 '권리', 선택, 자유, 그리고 개인의 자유에 대한 왜곡된 이해 밑에 숨어서, 과학과 정부와 언론의 기획자들은 정교한 테크놀로지의 개입과 소수만 이해하는 통계적인 공식을 변호한다. 그것은 교육을 제대로 받지 못하고 유행을 따라 다니는 혼란스러운 대중들에게 그들 아이들의 육체적 특징과 정신적 특징의 미래가 그들 손에 있어야만 한다는 것을 납득시키기 위해서이다.

그것은 모든 것을 야심차고 공격적인 최신기술을 지닌 과학 전문가들에게 맡겨야 한다는 것을 의미한다. [15] 작고 고요한 목소리로 묻는 것을 듣기는 힘들다. 천지창조는 어떻게 된 것인가? 그것의 기원은 무엇인가? 그것의 끝은? 선이란 무엇인가?

유전 공학과 유전 상담을 포함한 유전자 조작은 내가 맥도날드에서 만난 그 젊은 여성이 이 세상에 절대 존재하게 될 수 없도록 설계되어 있다. 이 현대 과학은 통계적인 필연성에 기초한 새로운 종의 '인간'을 창조함으로써 자연에서 이런 종류의 필연성을 피해가도록 한다. 그러한 모든 노력은 하나의 목적 혹은 결과를 지시한다. 내가 경험한 아름다움을 거부하는 것.

만약 그런 일이 일어난다면 내가 본 것을 아무도 볼 수 없을 것이다. 나는 스스로에게 물었다. 소위 선진국이라 불리는 많은 국가들이 가진 공중건강의 궁극적인 목적이 세상의 아름다움을 제거하는 것인가? 나는 세상에 이런 아름다움이, 그 젊은 맥도날드 직원의 아름다움이, 그 아름다움의 존재가 필요하다는 게 진실이라고 믿는다.

만약 그들이 첫 번째로 장애인의 아름다움을 제거하는 데 성공한다면, 무한한 전체의 극미하지만 필수적인 부분은 파괴되어갈 것이다. 더 높고, 누구나 동의하는 신비로운 선의 필수적인 부분은 사라질 것이다. 중세의 철학적 진리 안에서 초월적 요소로서 선과 아름다움은 존재론적으로 하나다. 하느님의 창조 안에서 그들은 우리 중 누구나 위협할 수 있는 깨지기 쉬운 전체로 여겨진다. 우리의 존재 이유는 그들을 폄하하고 없애버리는 것이 아니라, 그들을 욕망하고 찾는 것이다.

나는 내가 그 날 오후 맥도날드에서 봤던 아름다움이 테크놀로지가 지배하는 세상에서 사라질까봐 두렵다. 그 젊은 여성의 아름다움을 보면서, 나는 우주의 아름다움, 코스모스의 아름다움에 대한 영감을 얻었다. 더 나아가, 나는 진실과 선과 아름다움이 그들의 초월적인 성격 안에서 통일되는 것을 보았다. 그들은 현존으로서, 믿는 사람들이 하느님이라고 이름붙인 실재로서 존재했다.

죽어가는 과정은 죽음이 아니다

믿음과 교양

내가 복음을 믿길 원하고, 또 복음의 방식으로 행동하길 바랐음에도 만약 신의 현현이 일어나지 않았다면, 내 인생은 아무런 의미도 없었을 것이다. 테크놀로지가 나와 세계에 주는 영향과 충격과 관련해서 무엇을 할 수 있을까? 항상 변화하는 그림자들 속을 배회하는 것처럼 느껴지는 충격적인 질문들에 내가 어떻게 대답할 수 있을까? 1998년 크리스마스 두 주일 전에 내 형제로부터 편지를 받았고, 나는 독일 브레멘의 내 방에 앉아 편지를 읽으면서 곰곰이 생각해 보았다.

정말 특이한 일이었다. 왜냐하면 나는 전에 버나드로부터 편지를 받아본 기억이 없기 때문이다. 비록 내가 50년 전에 고향을 떠나 라틴아메리카와 유럽의 다양한 나라에서 살아오긴 했지만, 우리 가족 가운데 편지를 쓰는 일은 항상 여성들이 하는 일이었다. 첫 번째는 어머니가, 두 번째는 여동생이 모든 가족들에게 편지를 썼다. 나는 이따금 아버지와 형제들에게 편지를 보냈으나 그들은 한 번도 답장을 하지 않았다. 대체로 테크놀로지를 이용한 도구에 대해 느끼는 불편함 때문에, 그리고 나와 내가 관심을 갖는 사람 사이에 끼어드는 도구를 특히 꺼려했기 때문에, 지극히 긴급한 상황을 제외하고는 한 번도 전화를 쓰지 않았다.

그 12월의 어느 날에, 버나드는 여동생 엘리자베스를 통하지 않고 나에게 자신의 근황에 대해서 썼다(부모님은 이미 돌아가신 뒤였다). 되돌아보면, 나는 그가 마음먹고 첫 편지를 썼음을 알 수 있었고 그는 남은 인생 동안 계속 편지를 보냈다. 그의 첫 편지에는 1998년 12월 16일이라고 적혀 있었다. 그 사실에 대해서 어떻게 생각해야 할까? 1999년 12월 16일에 버나드는 죽었다.

중학교에 다니기 시작한 이래로 약 12년 동안 나는 매일 편지를 썼다. 많은 경우, 선생이나 친구로서 나는 사람들이 하고 싶은 말을 쓸 수 있도록 도왔다. 나는 책을 많이 읽는 편이다. 아마도 너무 많이 읽는다고 말하는 게 더 정확할 것이다.

추측하건대 버나드는 거의 글을 쓰지 않았고 책도 거의 읽지 않았을 것이다. 그렇기 때문에, 그리고 더욱 중요하게는 편지 내용 그 자체 때문에, 그가 편지에서 자신을 표현하는 방법이 정말 특이하다는 사실을 발견했다. 나는 한 번도 그가 쓴 글의 문체와 비슷한 글을 만난 적이 없다. 물론 '문체'는 적절한 단어가 아니다. 그가 글을 쓰는 방식은 언젠가 내가 대중 강연에서 만난 아일랜드인 친구에게 받았던 인상과 유사했다. 그 친구는 말을 할 때 자기 어깨 너머를 돌아보지 않았다. 그는 근본적으로 남의 눈을 신경 쓰지 않는 태도를 보였다.

대부분의 사람이 나와 같다고 나는 굳게 믿고 있다. 우리는 항상 어깨 너머를 뒤돌아본다. "내가 어떻게 해야 되지?" 계속 나 자신에게 묻는다. 내가 어떻게 보이지? 나는 어떤 인상을 주고 있지? 자의식의 다양한 측면과 정도를 언급하는 목록은 엄청나게 길어질 수 있다. 버나드의 편지에는 그러한 태도가 완전히 빠져있었다. 그는 내가 한 번도 가능하리라고 생각하지 않은 단순명쾌함을 간단하게 성취하고 있었다. 그런 글을 읽어본 적은 없지만, 내가 고민해왔던 부분을 알아차릴 수 있었다. 드러낼 의도가 없음을 의식하지도 못한 채 자신을 투명하게 드러내는 것. 내가 거의 불가능하다고 주장해왔던 것을 나는 목격하고 있었다. 불가능하다고 생각했던 일이 일어난 것이다! 내가 읽은 희귀한 문장들 가운데 하나를 인용한다.

이 짧은 편지는 형에게 내 건강 상태를 알려주려고 보내는 거야. 나는 딱딱한 음식을 소화시키는 데 어려움을 겪고 있어. 나는 진찰을 받기 위해 의사를 찾아 갔어. 의사는 내가 식도에 종양이 있다고 말했어. 그리고 그건 암이래.

그가 사는 소도시 링컨의 의사는 그를 위해서 인근에 있는 더 큰 도시 스프링필드의 전문의를 소개시켜 주었다. 버나드는 모든 X레이 촬영을 마친 뒤 의사가 한 말을 옮겨 썼다. "내 몸에서 다른 암세포는 보이지 않는다고(하나의 종양을 제외하고) 말했어." 스프링필드의 의사는 버나드에게 종양을 제거하자고 제안했다. "위를 들어 올려 남은 식도에 다시 붙이는 거야. 의사는 이런 수술은 늘 일어나는 흔한 일이라고 했어." (버나드는 한 번도 수술하자는 제의를 받아들인 적이 없었다.)

그 동안 일어난 일에 대해 버나드가 한 말과 의사가 했다는 행동으로부터 나는 버나드와 의사들 사이에 날카로운 입장 차이가 있음을 인지했다. 내가 아는 한, 그 차이는 버나드가 투병했던 일 년 내내, 당사자들이 점점 더 자신의 위치에서 극단적이 되어가면서 전혀 좁혀지지 않았다. 각자 자신의 방향으로 더 깊이 나아갔다. 버나드는 점점 더 현실로 깊이 나아갔고, 의사들 역시 점점 더 비현실, 즉 현대의 테크놀로지가 창조한 환상의 세계 속으로 깊이 들어갔다.

나는 의사들이 헤매는 모습을 여러 번 목격했다. 겉보기에는 바쁘고, 자신들이 뭘 하는지 분명히 아는 것 같지만, 현실에서는 길을 잃은 채 바로 자기 앞에 있는 사람과 제대로 소통하지 못하고, 그 사람에게 무슨 일이 일어나고 있는지 이해하지 못했다. 그 사람이 어디로 가고 있는지 이해하지 못하는 의사들도 많았다. 많은 의사들이 새로운 종류의 좀비로 변하고 있다. 아마도 자기 세계의 보호막에 고착되었거나 중독되어 있는 모범생 집단의 특성과 관련이 있을 것이다. 하지만 내가 그 일 년 동안 더 분명히 깨달은 것은, 내가 만난 사람 가운데 버나드야말로 모든 광고, 모든 거짓 약속들, 의료 전문가들의 모든 주술적 현현들, 의료 시스템의 모든 미신들을 의연하게 뿌리친 첫 번째 사람이었다.

버나드는 이렇게 '첫 편지'를 끝맺었다. "형이 좋은 크리스마스를 보내길 바라며."

그 해가 끝나기 전에 두 개의 편지·기록이 더 도착했다. 첫 편지에서 내가 알아차린 입장 차이는 계속 진행되고 있었다. 버나드는 자기 앞에 놓인 현실을 직시하고 있었고 의사들은 결코 존재하지 않을 환상의 나라로 향하고 있었다. 한 의사가 이렇게 말했다고 그는 전했다. "의사는 나에게 세 가지 선택지가 있다고 말했어. 방사선, 수술, 화학 요법. 아니면 그 셋 모두." 내가 들은 바에 의하면 이것은 요즘 몇몇 의사들의 전략이다. 환자들이 결정하게 돼라! 이것은 분명히 환자에게 책임을 전가하겠다는 의미다. 궁극적으로는 환자가 주도한 것으로 간주되는 것이다.

보는 즉시 내가 알아차린 것처럼, 의사는 불완전한 선택지들을 제시했다. 그렇게 해서 버나드의 세계를 조작하고자 한 것이다. 대중요법의 의료 시스템을 모두 거부하고 진료실에서 걸어 나가는 가장 급진적인 선택에서 시작해서 다양한 대안적 방법들에 이르기까지, 버나드는 사실상 결정할 수 있는 엄청난 선택지들을 마주하고 있었다. 나중에 나는 그 해 내내 일어난 부조리한 일들에 던졌던 질문의 답을 찾았다. 버나드는 어떻게 그 속임수들을 간파했을까? 그는 그냥 평범한 사람이었고, 혹은 내 짐작이 그러했다. 그는 TV 보는 것을 즐겼고, 시카고

베어스의 팬이었고, 정기적으로 친구들과 푼돈 내기 포커를 쳤다. 버나드와 그의 아내는 가끔씩 쇼핑하고 외식하는 것을 좋아했다.

스스로를 돌이켜보니, 나는 진짜가 아닌 세계, 책들의 세계에 살고 있었다. 나는 상황이 어떻게 돌아가는지 알기 위해 테크놀로지 프로젝트들에 대한 정치한 비판들을 많이 접해야 한다고 믿었다. 더 나아가 의료 시스템의 환상적인 주장을 적절한 회의주의로 검토하고, 그 허영심과 과장을 지워버릴 수 있기 위해서는 그리스인들이 자만심에 대해 가르친 것을 알아야 할 필요가 있다. 성서를 받아들이는 사람들은 전도서의 지혜에 몰입하면 마음속을 꿰뚫어보는 빛을 얻을 수 있다.

나중에 버나드는 더 정교한 검사들(예를 들어 MRI)을 받은 결과를 전했다. "…내 왼쪽 다리뼈에 적은 양의 암세포가 있대. 그(의사)는 그것이 별 거 아니라고 말했어." 속임수이거나 고의적인 거짓말일까? 버나드는 간결하게 적었다. "그것(암)이 어쩌면 내 몸에 퍼지고 있는지도 모르겠어."

새해(1999년) 첫 날이 지나고 난 직후에 쓴 편지에서, 그는 화학 요법을 받고 있다고 언급하면서 "통증이 없어서 기분이 괜찮다"라고 썼다. 하지만 그는 화학 요법 치료에 대해 횟수와 기간을 제외하고는 세부적으로 설명하지 않았다. 그는 의사가 더 많은 X레이를 찍었다고 하면서 덧붙였다. "의사는 종양이 확장되지 않았다고 말했어. 종양은 더 이상 자라지 않는대." 나는 이것을 의사가 또 다른 환상을 조장하는 것으로 해석했다. 치료는 효과가 있으며, 버나드는 나아지고 있고, 아마도 그는 치유될 것이다……. 그 환상이 무엇을 의미하든 입장의 차이는 여전히 남아 있었다.

초월

그러고 나서 버나드가 1999년 2월 1일에 쓴 편지를 받았다. 내 형제에 대해, 내 연구에 대해, 테크놀로지의 비판에 대해, 세상에 대해, 우주에 대해, 저 세상에 대해 나의 관점을 완전히 변화시킨 편지였다. 편지를 받은 다음 줄곧 나는 이게 나 혼자만이 아니라, 내 친구, 동료 가톨릭 신자, 우리 시대의 혼돈에 어쩔 줄을 모르는 이들, 그리고 질문을 던지는 모든 사람들의 일이라고 느꼈다. 편지를 읽은 날부터 나는 계속 고민했다. 이 일과 관련해서 내가 해야만 하는 일에 대해 이해하려고 노력했다. 한 마디로 말하자면 어떻게 나눌 것인지, 이 더할 나위 없이 소중한 선물을 어떻게 함께 나눌 것인지를 고민했다.

식도에 악성 종양이 있다는 진단에 대한 첫 소식으로부터 두 달이 지난 뒤, 그는 내게 전혀 다른 편지를 보냈다. 내가 살면서 한 번도 듣도 보도 못한 그런 편지였다. 그 편지를 읽고, 나는 이제 그가 의사의 진료실에 있지 않다는 사실을, 더 이상 의료 시스템 안에 있지 않으며, 더 이상 감각의 세계와 일상의 경험 속에 있지 않다는 사실을 알게 되었다.

그는 죽음이 눈앞에 닥치기 전까지는 거의 아무도 궁금해 하지 않는 진실을 완전히 이해한 것 같았다. 널리 알려진 위대한 사상가들이 알고자 애썼던 어떤 진실을, 그는 아마도 경험을 통해서 이해하고 느꼈던 것 같다. 이 모든 것은 자기 자신과 그의 아버지, 그리고 미래의 아내가 힘을 모아 지은 집에서 살아온 한 남자의 이야기다. 평범한 집들이 모여 있는 동네에 자리 잡은 평범한 집. 언론인이 지나가다가 힐끗 보면서, '그래, 물론, 중하층계급의 집이군.'이라는 유형에 집어넣을 만한 집이었다.

편지는 이렇게 시작했다. "이것은 사랑의 편지야. 나의 하느님, 형, 리즈, 제프, 에단, 켈리, 그리고 마릴린, 나의 아내에 대한 사랑 말이야." 그는 살아있는 혈연들의 이름을 부르면서 아내의 이름을 덧붙였다.

확실하지는 않지만 그는 질병이나 약물 가운데 하나가 자기 생각에 변화를 일으켰다고 했다. 하지만 그는 자기 생각의 기원에 대해서는 의심하지 않았다.

나는 마릴린에게 하느님이 내 머릿속에 이런 생각들을 넣어줬다고 말했어. 나는 애쓰지 않고 어떤 생각을 선택했고 그냥 마음에 담아 두었어. 꿈을 꿀 때도, 나는 애쓰지 않고 내가 바라는 꿈을 꿔. 하느님이 꿈을 내 머릿속에 넣어 주었어. 나는 하느님이 나에게 선물을 주었다고 믿어. 하느님을 더 잘 보라고, 형의 일을 더 잘 이해하라고 말이야. 엘리자베스와 나머지 가족들을 더 많이 사랑하면서 보라고.
가끔 나는 하느님이 이렇게 말한다고 생각해. "나를 따라오너라. 오늘 네가 나와 함께 천국에 있으면 좋겠구나." 그러면 나는 대답해. "선량하신 아버지, 평생 동안 당신을 보길 기다려왔습니다. 지상의 모든 죄악들로부터 벗어나 죄가 없고 모든 것이 선한 천국에서 행복해지기 위해서요."

나는 다시 어머니와 아버지를 볼 수 있길 바래. 마릴린과 나는 지난 37년 동안의 결혼생활 어느 때보다 더욱 가까워졌어. 나는 마릴린과 내가 지금 서로를 사랑하는 것보다 다른 이를 더 사랑할 수 있을 거라 생각하지 않아. 하느님은 그와 우리의 사랑으로 우리를 서로 더욱 강하게 만들어주었어.

우리 아버지를 아주 잘 알고 있는 사람들은 표현을 거의 제대로 못하는 그의 말에 익숙했다. 아버지에게는 별로 할 말이 없었고, 내가 알고 있는 한 자신의 내밀한 생각이나, 소망, 그리고 꿈을 말한 적이 없었다. 나는 항상 버나드가 이런 성격을 물려받았다고 믿었다. 끝없이 머릿속에 있는 생각을 말하고 쓰는 나는, 평소에 자신의 감정이나 내면의 생각을 드러내기 꺼려하는 우리 가족 안에서 유별난 존재였다. 편지의 끝 부분에서, 그는 다시 한 번 그에 대한 아내의 사랑에 대해 썼다. 편지를 마무리하면서 그는 결론지었다.

한 인간에게 더 이상 어떤 사랑이 필요하겠어? 나에 대한 형의 모든 사랑에 대해 하느님의 축복이 내리길. [그는 다시 한 번 하느님, 어머니와 아버지, 살아있는 친척들의 이름을 분명하게 언급했다.]

초기의 진단 이후 반년 동안 버나드는 다른 편지들도 썼다. 그가 의사들을 방문한 것과, 검사를 받은 것과, 결과들, 결과

에 대한 의사들의 진단과, 시행된 치료들에 대해서 간단히 적어
놓은 보고서였다. 모든 편지들에는 다음과 같은 문장들이 포
함되어 있었다. "나는 기분이 좋아." 또는 "나는 기분이 괜찮
아." 가끔씩 그가 하는 말들은 나를 멈추고 생각하게 했다. 나
는 또 다시 스스로에게 물어보았다. "그가 어디서 이런 통찰력
을 얻은 거지? 이런 일들을 받아들일 수 있는 그 용기의 근원은
뭐지?" 예를 들어 3월에 쓴 편지에서 그는 이렇게 말했다.

병 때문에 나는 형을 더 잘 알게 되었다고 느껴져. 뿐만 아니라 가족,
하느님, 교회, 나의 결혼, 모든 삶과 죽음을 더 잘 알게 된 거 같아.
나는 하느님이 질병과 함께 선물을 주었다고 생각해. 나의 삶과 결
혼이 이제까지 살아온 어느 때보다 더 좋아졌다는 것을 깨달았어.
나는 날마다 형과 아버지, 어머니를 생각해.

버나드가 더욱 현실을 깊이 꿰뚫고 있는 것처럼 보이는 동안
의사들은 점점 더 깊이 그들의 화학적 세계로 들어가고 있었다.
288시간의 화학 요법 이후에 요법을 중단했고, 그 다음에 X레
이 같은 다양한 검사를 했다. 담당 의사는 그를 다시 검사해본
다음 말했다. "모든 것이 괜찮아 보여요."
이번에는 버나드가 다음과 같이 썼다.

나에게 고작 2개월이나 2년이 남았다면, 나는 받아들이겠어. 나는
내 몸이 영원히 살 수 없다는 것을 알아… 내가 아픈 것도 괜찮고 우
울하지 않아. 내 삶은 의사들이 아니라 하느님의 손에 달려있다고

믿어. 하느님은 나에게 삶을 주셨고 그 시간이 다 되면 도로 가져가시겠지. 그 순간은 내가 하느님을 볼 수 있는 위대하고 행복한 날일 거야.

"모든 것이 괜찮아 보인다"고 말했던 담당 의사는 그에게 방사선 전문의를 만나기를 권했다! 방사선 치료를 시작하기 위해서! 그 후의 검사들에서 의사들은 버나드의 혈액, 왼쪽과 오른쪽 다리에서 암세포를 발견했다고 말했다. "내 몸에 다른 암들이 있을지도 몰라." 하지만 의사들은 이렇게 말했다. "모든 것이 괜찮아 보여요."

7월에 그는 새로운 X레이를 찍었고, 다섯 명의 의사가 그를 검사했다. 가장 권위가 있는 방사선 전문의가 말했다. "모든 것이 좋아 보인다." 그는 버나드에게 "더 이상 치료가 필요 없을 것"이라고 덧붙였다. 버나드는 그곳 날씨가 덥다고 말했다. 하지만 덧붙였다. "화학 요법을 받은 다음부터는, 나는 더위를 못 느껴."

사순절을 찬양하며

1999년, 사순절의 시작인 '재의 수요일'은 2월 17일이었다. 그 날이 시작되기 직전에 나는 사순절 기간 동안 날마다 그가 2월 1일에 나에게 썼던 편지를 생각하기로 결심했다. 그리고 그가 아낌없이 나에게 나누어준 것에 대해 이해하고자 했다.

아침 기도와 성찰이 끝난 뒤 나는 그에게 편지를 쓸 생각이었다. 나는 사순절 내내 4월 4일, 그에게 마지막 편지를 쓸 때까지 하루도 빠짐없이 그렇게 했다.

가톨릭 신자들은 전통적으로 사순절의 40일 동안 부활절이라는 위대한 축제를 준비하기 위해 스스로 어떤 형태의 고행, 금욕, '자아를 버리는 행위'를 하는 것을 의무로 여겼다. 예를 들어, 종교적인 질서 안에서 사는 이들은 성스러운 기간 동안 고기를 전혀 먹지 않기도 했다. 지난 몇 년 동안, 아마도 방종에 굴복하여, 나는 상당히 편한 의식을 선택하곤 했다. 항상 날마다 이런저런 것들을 쓰고 있었기 때문에, 버나드에게 날마다 편지를 쓰는 것은 진짜 희생은 아니었다.

그 해의 첫 날이 지난 뒤 얼마 지나지 않아 나는 또 다시 하느님을 찬양하는 영광송에 대해 생각했다. 가톨릭의 전통에서는 목청 그리고 정신과 심장을 끌어올리는 것을, 특히 신에 대한 공식적 숭배의식인 예배의식에서 강조한다. 가장 정성스럽고 엄숙한 예배의식은 매해 종려 주일에서부터 사순절의 끝인 부활절까지 성주간聖週間에서 표현된다. 나는 성주간 예배의식에 할 수 있는 한 최선의 방법으로 참가하기로 결심했다.

독일에 살기 때문에, 나는 위대한 완전함과 장엄함으로 예배의식이 시행되는 유럽의 다양한 장소를 검색해 보거나 그런 곳을 아는 사람들을 찾아보았다. 나는 가장 적당하고 유익해 보이는 방법으로 사순절을 끝내기로 마음먹었다. 그것은 수도원의 성주간 의식에 참여하려는 것이었다. 예배의식의 아름다움을 경험하기에 가장 좋은 수도원은 어디일까? 사정에 밝은 사람들이 훌륭한 찬양으로 유명하다는 점에서 스위스의 취리히 근처 아인지델른에 있는 베네딕틴 수도원을 추천했다. 나는 수도원의 방문객 책임자에게 편지를 써서 성주간 동안 수도원에 자리를 예약해달라고 부탁했다.

버나드의 편지들을 다시 읽었을 때, 2월 1일의 편지가 나에게 주었던 충격이 되살아났다. 그 편지를 읽은 뒤에는 내 요청에 대한 방문객 책임자의 친절하고 긍정적인 답변을 받아들일 수 없었다. 아인지델른의 수도사들은, 내가 있으나 없으나 일주일 동안 목소리를 높이고, 리드미컬하게 절을 하고, 일어나고 앉으며 아름다운 찬양을 할 것이다. 그 수도원이 유럽 전역에서 유명해진 다음부터 예배의식을 사랑하는 사람들은 성주간을 지내기 위해 그러한 장소들에 떼를 지어 몰려들었다. 그곳에 가지 않으면 나보다 더 독실한 참가자에게 방을 양보하는 일이 될 것이다.

수도원의 전통과 생활이 주는 혜택이나 수행 없이도, 내 동생은 죽음을 마주하면서 우리 믿음이 초월적 진실에 도달하는 것을 방해하는 것들, 특히 우리 시대의 환상들을 뿌리치고 나아가는 극적인 본보기를 보여 주었다. 멀리 떨어져 있는 유명한 수도원까지 여행하면서 나 자신의 소위 종교적 감성을 소중하게 여기는 것은, 명백히 당황스럽고, 어쩌면 수치스러운 일일지도 모른다. 나는 즉시 동네 여행사를 찾아가 직원에게 2주 뒤에 미국에 갈 수 있는 가장 싼 비행기 편을 달라고 부탁했다.

버나드는 내가 중세 철학을 공부할 때 생각한 것을, 그러나 한 번도 제대로 이해하지 못한 것을 보여주었다. 그것은 '행위는 존재를 따른다agere sequitur esse'는 것이다. 나는 내가 행동을 할 수 있기 전에, 아니 엄밀하게 말해서, 존재하기 위해서는 진실을 분명하고 자세하게 표현하거나 설명해야 한다고 믿는 경향이 있었고, 그것은 내가 정말로 '존재는 행위를 따른다esse sequitur agere'를 믿는 것으로 변해버렸다. 그렇다, 버나드는 행동했다. 그러나 그는 그가 현재 어떤 사람인지, 그가 어떤 사람이었는지로부터, 즉 중세 철학자들이 "무엇임quidditas"이라고 불렀던 것으로부터 나온 행동을 했다. 그의 행동과 말의 근원은 바로 그것이었다.

내 책상에 앉아서, 나는 암 진단이 좋은 일이라는 생각을 하게 되었다. 그것을 통해, 나는 조만간 죽게 될 것이라는 사실을 확실히 알게 될 것이다. 하지만 암이라는 진단을 알게 된 사람들에 대한 나의 실제 경험은 힘들었다. 그런 진단에 직면한 친구들 가운데는 정말로 죽음에 이르게 되는 병임에도, 그저 일시적인 병으로 잠시 고통을 받을 뿐이라는 소설을 만들어내는 이들이 있었다. 그리고 그들이 그러한 태도를 계속 유지하다가 죽음에 이르는 것도 보았다! 또 다른 친구들은 의사들과 의학 시설에 희망을 걸었다. 그들은 암과 싸우고 암을 정복할 수 있을 거라 확고히 믿는 것처럼 보였다. 그들은 의사들과 동행해서 어두운 상상의 구역으로 진입해 들어갔다.

버나드에게도 편지로 써서 보냈지만, 그는 나에게 이탈리아의 시실리에서 유래된 것으로 알려진 옛이야기를 떠올리게 했다. 그 이야기는 민중의 지혜 속에 들어있는 보편적 진실을 드러내기 위해 몇몇 사람들의 이야기로 윤색된 것일지도 모르겠다. 두 가족 사이에 유혈의 복수가 반복되는 위험할 정도로 격렬한 불화가 있었다. 한쪽 가족의 젊은이가 어떤 심각한 범죄를 저질렀고, 피해를 입은 가족의 형제들이 복수할 계획을 짰다. 그들이 상상할 수 있는 최악의 방식으로 젊은 범죄자에게 해를 가하기로, 이 세상에서 누군가에게 할 수 있는 가장 지독한 방식으로 상처 입히기로 했다.

그들은 여동생을 시켜 젊은이를 유혹하도록 했다. 유혹이 실제로 성공해서 연인들이 한창 기쁨 속에 있을 때, 형제들이 젊은이를 살해했다. 그가 그 순간에 죽으면 치명적인 죄(간음의 행위를 저지르고 있었기에)의 상태에서 죽게 될 것이라고 믿었기 때문이다. 그가 죄를 뉘우칠 시간과 기회가 없으면 그는 영원히 지옥에 머무는 저주를 받게 된다.

이 이야기가 문자 그대로 진실인지 아닌지는 문제가 아니다. 그것은 어떤 진실, 즉 알려지지 않은 사후 세계에 대한 진실을 표현하고 있기 때문이다. 복음을 믿는 사람에게는 말이다. 버나드의 편지에서, 나는 그가 그리스도의 말씀에 대한 진실한 믿음에서 비롯된 죽음의 진실을 껴안는 것을 보았다. 그는 좋은 죽음을 준비하는 것이 무엇인지 이해하고 있었다.

의사가 버나드에게 보여준 선택지들을 제대로 이해하기만 한다면, 어떤 진실이 숨겨져 있음을 알 수 있다. 주류 의학은 암에 대해 오직 세 가지 가능성을 제공한다. 그것을 제거하거나(수술), 태워버리거나(방사선 치료), 혹은 독살(화학 요법)하고자 한다. 그들이 '최종적' 치료를 하고 있다는 착각을 하지 않는 이상, 이러한 치료를 인간의 질병에 대한 현실적 대응으로 받아들일 수 있다. 살게 되거나 죽게 되거나 모두 최종적 치료는 없으니까 말이다. 요리책에 나오는 레시피 같은 것은 존재하지 않는다. 기쁘게 살아가려면, 심지어 누군가가 황량함이나 불행에 깊이 빠져 있을 때조차도, 신학적 가치들, 즉 믿음, 희망, 사랑 그리고 습득된 어떤 도덕적 가치들, 시시각각으로 필요한 용기나 겸손 같은 것들이 매순간 필요하다. 정말 처절한 궁핍 속에 있는 사람은 바깥에서 무엇인가를, 즉 초월적 개입 같은 것을 찾아야 할 필요성과 마주한다.

버나드의 편지를 읽으면서 나는 그와 마릴린 모두 이 사실을 이해하고 있음을 알았다. 그들은 화학 물질이나 방사능으로 태우는 것보다 더 근본적인 것이 있음을 충분히 잘 알고 있었다. 즉, 전체적인 상황 속에서 그들의 근본적인 태도, 입장, 믿음 같은 것들이다. 둘 다 그들이 서 있는 자리를 알고 있었다. 그들은 단단한 땅 위에 서 있었다. 그들은 시간과 영원 사이의 '거리'를 이어주는 다리가 필요했다.

버나드가 편지에서 인정했듯이, 치료들은 상처를 입히고 살해하는 데 엄청난 능력을 가지고 있었다. 그렇지 않다면 암세포에 대항하는 데는 효과적이지 못할 것이다. 나는 버나드의 담당 의사들이 궁금했다. 이전의 역사에서 의사들은 한 번도 그런 강력한 힘을 지닌 적이 없었다. 사려 깊음과 성실성이 균형을 이루어, 그렇게 위험한 개입을 할 때는 반드시 경외감이나 놀라움을 잃지 말아야 한다. 나는 그들의 접근방식을 더 잘 이해할 수 있을 것 같았다. 버나드에게 세 개의 가능한 선택지를 주고, 그가 추구하고자 하는 것을 결정하게 시키는 것. 그러한 접근법은 그들이 그들 자신으로 살아가는 것을 더 쉽게 만들어준다. 의사들이 무슨 짓을 하든, 그들의 환자는 모두 죽는다.

그러나 환자들의 불편이나 극심한 통증이 치료에 의해 불필요하게 연장되는 경우가 자주 있다. 그런 환자들은 자신에게 주어진 시간을 넘어서 산다. 만약 그 사람이 고통을 견디는 개인적 능력을 기르고 싶고 고통과 괴로움을 경험하고자 선택한 것이라면 아무 문제가 없을 것이다. 마음을 주님에게 고정시키고 예수에게 내맡겨, 육체적이고 정신적인 고통을 받아들이면서 심지어는 환영했던 신자들에 대한 역사적 기록이 많이 남아 있다. 고통을 다루는 능력에 대한 생각이나 실천은 역사 속에서 얼마든지 되살려낼 수 있다.

하지만 '법칙'들을 알고 그것들을 적용하는 기술을 획득하기 위해, 다른 모든 능력들과 마찬가지로 이 능력 또한 바람직하다는 것을 받아들여야 한다. 왜냐하면 오늘날은 대부분 발칙한 심리학에 물들어 있기 때문에, 많은 이들이 고통을 다루는 능력을 혐오한다. 그럼에도 한 명이나 여러 명이 그러한 능력을 실천할 방법을 찾는다면 진실은 남는다. 이것이 다양한 문화에 알려진 모든 능력들이 어려움을 겪는 이유다.

의사들의 말을 그대로 옮긴 버나드의 솔직 담백한 편지를 보면서, 나는 그들이 고통을 다루는 능력에 관한 단단한 현실 인식이 없다는 사실을 확인했다. 더 정확히 말하면, 그들은 멋진 세상에서 편안하게 자리를 잘 잡은 것처럼 보였다. 어쩌면 그들은 자기기만의 상태, 예전에는 정신병원에 갔어야 마땅했던 그런 정신 상태에 있는 것인지도 모른다. 또한 나는 스스로에게 물어보았다. 기만을 꿰뚫어 볼 수 있고 시스템에 대항할 수 있는 빛과 힘을 버나드는 어디에서 얻었을까?

17세기에 프랑스의 가톨릭 신자들 사이에서는 거대하고 복잡한 논쟁이 있었다. 그리고 오늘날에도 사상가들의 도덕적 추론에서는 서로 대립하는 입장들이 포착된다. 조잡하게도, 엄밀함과 모호함의 대결이 거론되기도 한다. 역사적으로 엄정주의자들은 완벽한 공동체(혹은 교회)를 추구하곤 했다. 다른 쪽에서는 더 관대해져야 하며, 사람들을 지금 있는 상태로 받아들여야 하고, 불가능한 요구를 할 수는 없고 가끔은 이상적인 것보다 좀 못한 상태로 나아가야 한다고 주장하기도 한다.[1]

버나드에 대해 알게 되면서 내가 깨닫게 된 것, 편지들에 의해서 감동적으로 확인한 이 앎은, 그가 양 극단이 어떻게 진실이며 어떻게 하나로 합쳐지는지 보여준 것이다. 그는 평범한 삶을 살았고 중산층의 풍요로움이 주는 작은 기쁨들을 즐겼으며, 매우 불완전한 세계에서 자신의 방식을 취하며 살았다. 갑자기 그는 평범하지 않은 것과 마주쳤고, 우리가 반드시 직면하게 되는 무서운 어려움과 얼굴을 마주하게 되었다. 그것은 바로 잘 죽는 방법이다. 이 순간, 관용과 합의는 도움이 되지 않는다. 누군가에겐 과잉의 격렬함이, 의료 시스템이 주는 환상이나 가짜 확언 같은 영웅주의가 필요할 것이다. 버나드는 스스로 이러한 시험에 대응할 수 있음을 증명했다.

순례자의 운명

사순절의 끝 무렵에 나는 미국의 펜실베이니아 주립대학으로 돌아갔다. 매일 아침 대학 연구실로 향하는 길에 나는 떠오르는 태양을 똑바로 마주보곤 했다. 아직 잎이 별로 없어 흔들림 없는 나뭇가지 사이로 햇빛이 비치는 것을 보면서, 그리고 자연의 아름다움이 주는 무상의 아름다움을 아침마다 즐기며, 나는 그 사랑스러움에 경탄했다. 나는 일출의 다른 모습들을 기억해냈다. 예를 들어 한번은 그레이하운드 버스의 창문 너머로 밤이 서서히 사라지면서 하늘이 점점 변하고 황량한 텍사스의 평야가 다채로운 색으로 밝아지는 광경 속에서 눈을 떴다. 세상에는 정말 많은 아름다움이 있다.

또한 아침마다 나는 그러한 현상들의 필연성, 세계의 필연성에 대한 시몬 베유의 견해에 대해서 생각했다. 그녀는 세상에서 일어나는 모든 일들이 절대적이고 엄격한 필연성에 의해 일어난다고 주장했다.[2] 물리적 의미로는 매일 아침 해 뜨는 광경은 매우 평범한 현상일 뿐이다. 내가 아는 사람들 중 얼마나 많은 이가 매일 아침 넋을 잃고 해 뜨는 것을 볼까?

버나드의 편지들에서는, 내가 일출을 필연적이라고 여기는 것만큼이나 그가 종양의 존재와 성장을 필연으로 여기고 있음을 깨달았다. 두 개의 필연성이 매우 다르다고 주장할 사람들도 있을 것이다. 하나는 사랑스럽고 기분 좋지만 다른 것은 무섭고 고통스럽다. 하지만 각각의 필연성은 모두 받아들여져야만 한다. 둘 다 자연발생적인 것이니까. 궁극적으로 하나가 다른 하나에 적대적이 아니기 때문에 서로 저항하는 것으로 이해해서는 안 된다. 물론 종양에 대해서는 분노나 억울한 감정을 품을 수 있다. 하지만 버나드의 편지에는 그러한 감정적 발산이 없었다. 그는 단순한 정보에서 시작해서 깨달음과 평화, 지혜로…… 고마움으로 진보하고 있었다.

자신의 상황을 진실하게 인식하기 위해 버나드는 종양과 일출 너머를, 세계 그 자체의 너머를 보았다. 그는 이해하기 위해 어느 곳을 바라보아야 하는지 알고 있었다. 그의 그러한 태도는 극심한 두려움을 안겨주는 개인적 위기와 맞부딪쳤을 때 어떻게 행동해야 되는지를 보여주는 본보기가 되었다.

부활절 직후에 나는 버나드와 나머지 가족을 만나러 일리노이를 방문했다. 여름이 끝날 즈음에 다시 돌아와 가족들과 함께 1999년 9월 2일 버나드의 일흔 번째 생일을 축하했다. 그리고 두 달 뒤, 독일로 돌아왔다. 그리고 버나드가 12월을 넘기지 못하리라는 생각에 귀국 날짜를 계산하여 왕복 티켓을 샀다.

그동안 버나드는 병원에 가는 것을 그만두었고, 의사들을 찾아가지도 않았다. 그리고 호스피스 프로그램에 등록했다. 호스피스 간호사가 처음 방문했을 때, 버나드는 그에게 자기 집에 들를 필요가 없다고 말했다. 비록 그는 쇠약해졌지만 매우 이성적이었다. 나중에 알고 보니 버나드는 그의 인생 마지막 두 달 동안 의사를 만나지 않았고, 나는 그것이 분명 축복이라 생각했다. 그는 암 치료의 관례적 절차들을 따라가다가 의식적으로 성장하고 성숙해졌으며, 그러한 치료들이 효과와 통찰의 면에서 제한적임을 깨달았다. 여전히 가족과 함께하고 아내와 외출하는 기쁨을 즐길 수 있는 동안, 그는 심각하게 아픈 모든 사람들이 반드시 이루어야하는 본질적이고 결정적인 마지막 행동을 해냈다. 자신의 삶을 완전히 바꾸고, 치료에 대한 노력과 오직 고통 완화를 위한 처치에만 매달리는 것을 그만두는 일이다.

언젠가, 시카고 교외에 살고 있는 사촌이 버나드에게 전화를 걸어 자신이 시카고에 있는 유명한 종양학자를 만나도록 약속을 잡아줄 수 있는데, 그를 만나려면 각별한 영향력을 발휘해야 하는 매우 바쁜 사람이라는 말도 덧붙였다. 버나드는 말했다. "사양할게. 그 사람이 나에게 할 수 있는 유일한 일은 내가 곧 죽는다고 말해주는 것뿐일 것이고, 나는 이미 그것을 알고 있거든."

미국으로 돌아가는 비행기를 예약하기 며칠 전, 엘리자베스가 전화를 해서 나에게 버나드가 곧 죽을 것 같다고 호스피스 간호사가 말했다고 전했다. 나는 즉시 시내전차를 타고 공항의 항공사 카운터로 갔고 비행날짜를 바꿔달라고 요청했다. 젊은 여직원은 해결책을 찾기 위해 힘들게 노력했는데, 왜냐하면 내가 날짜를 바꿀 수 없는 값싼 티켓을 가지고 있었기 때문이다.

1999년 12월 12일 일요일, 나는 펜실베이니아에서 야간버스를 타고 버나드와 마릴린의 집에 도착했다…… 그곳에 모여 있던 가족들과 짧게 인사를 나누고…… 침실에 들어가 37년 동안의 결혼 생활 내내 마릴린과 함께 썼던 침대에 누워있는 버나드를 보았다…… 나는 침대 위에 누워 있는 어떤 것 혹은 누군가를 잘 알아보지 못했다…… 시트가 떠받치고 있는 두 개의 혹이 시선을 사로잡았다…… 얼마 지난 뒤에 그것들이 버나드의 엉덩이 뼈라는 것을 알아차렸다…… 그의 팔다리는 쪼그라들어 주름진 갈대 같았다…… 위와 복부가 있어야 할 자리에는 깊고 움푹 꺼진 공간이 있었다…… 그는 여러 날 동안 아무것도 먹지 않았다…… 이따금 작은 얼음 조각을 먹을 뿐이었다…… 보통 그는 축축한 수건을 얼굴에 덮은 채 눈을 감고 있었다……그가 눈을 뜬다…… 아주 약간 깜빡이거나 혹은 내가 거의 알아차릴 수 없을 정도로 희미하게 반짝인다…… 그는 나를 알아본다…… 나는 앉는다…… 그리고 기다린다…… 그의 존재와 동화하기 위해 안간힘을 쓰면서…… 나의 관심을 그에게 집중하면서…… 일흔 살인 나의 동생에게…… 이 사람이 나에게 편지로 나에게 울림을 줬던 그 사람인가…… 나는 마침내 그를 알게 될 수 있을까?

얼마간의 시간이 지난 뒤, 나는 일어나서 부엌으로 걸어갔다. 마릴린과 아들 제프는 나에게 복사된 서류 한 장을 건네주면서 그것을 읽어달라고 부탁했다. 그 내용을 읽는 동안, 나는 그들이 나의 표정을 살피고 있음을 눈치 챘다. 왜일까?

그것은 전문적인 노인병학에 대한 최근의 신문기사였다. 주요한 논점은, 죽어가는 사람에게 탈수가 의학적으로 유익하다는 내용이었다. 호스피스 간호사가 그들에게 이 기사의 복사본을 건네주었다.[3]

나중에 나는 그들이 버나드와 마릴린의 가까운 친구들로부터 오늘날(이 말은 사람들 대부분이라는 의미다)의 의학적 사고를 근거로 세워진 가설에서 비롯된 거센 비판을 받았다는 사실을 알게 되었다. 마릴린이 남편을 적절한 정맥주사, 약물, 전문적인 관리, 그리고 그 외의 모든 것들을 의사들이 관리하는 병원으로 데려갔어야 한다는 것이다!

그러한 선의의 비판들…… 그들 스스로가 옹호하는 그런 행동들이 누군가의 지상에서의 시간을 몇 분, 몇 시간, 며칠 연장하는 대신 인간의 죽음을 의학적 통계로 바꾼다는 사실을 한 번이라도 고려해 봤을까? 그러한 비난의 목소리들, 특히 친구들로부터 듣는 질책은 교활하게도 깊은 죄책감을 안겨줄 수 있다.

나는 마릴린과 제프에게 말했다. "단순하게 보세요. 버나드가 보내는 신호들을 보세요. 그런 상황에 있는 사람들은 보통 스스로 무엇이 최선인지 알아요. 먹어야 할지 말아야 할지, 어떤 액체가 '필요'한지 그렇지 않은지 잘 알고 있어요. 그는 말을 하거나 설명을 할 필요가 없어요. 그는 무엇을 해야 하는지 분명하게 우리에게 알려 주고 있어요."

그들의 집에서 보낸 첫날밤 새벽 네 시쯤이었다. 월요일 새벽에 마릴린이 나를 깨웠다. 그녀는 버나드가 있는 방에 붙어 있는 침실에서 자고 있었고, 나는 다른 방에서 자고 있었다. 버나드가 복도 건너편에 있는 화장실에 가고 싶어 한다는 것이다!

나중에 마릴린은 버나드가 침대 옆에 휴대용 변기를 갖다놓는 것을 거부했고, 높낮이를 조절할 수 있는 환자용 침대를 제공하겠다는 것을 두 사람 다 거절했다고 말했다. 그들은 자기 집이 병원으로 변하는 것을 원하지 않았다!

나는 마릴린에게 휴대용 소변기를 주문하라고 권했다. 그리고 내가 버나드 옆에서 지켜볼 테니 그녀에게 침대로 돌아가라고 설득했다. 나는 여전히 시차의 영향을 받고 있었으므로 나는 아직 깨어있을 시간이었다.

마릴린의 직장 상사는 그녀가 출근하는 군 서기 사무실에서 무기한 결근을 할 수 있도록 허용해주었다. 그곳은 작은 도시라 사람들이 다른 이들의 사정을 잘 알고 있었고, 규칙을 더 관대하게 적용할 수도 있었다.

재림절이 끝나가고 있었다. 교회는 성찰의 무한한 주제인 시간에 대해 명상할 수 있도록 우리를 초대했다. 버나드는 시계로 잴 수 있는 시간이 아닌 다른 시간 속으로 이동해 가고 있는 것처럼 보였다. 아마도 나는 그의 시간 속으로 들어갈 수 있을 것이고, 재림절의 시간 속으로 들어갈 수 있을 것이다. 그의 시간은 재림절의 시간과 일치하는 것처럼 보였다. 며칠 전에 그는 마릴린에게 자신을 위해 기도하는 모든 사람들에게 할 말을 다 했다고 말했다. 그는 이제 죽을 준비를 마쳤다. 그것은 재림절의 시간, 주님이 오실 시간 속에서 사는 것임에 분명했다.

그의 얼굴, 특히 눈을 응시할 때마다, 나는 히포크라테스의 얼굴이 떠오른다.[4] 얼마나 명료한가! 얼마나 평온해 보이는가! 그의 얼굴과 눈에서는 그 끔찍한 "나는 어찌할 바를 모르겠어요" "나는 혼란스러워요" "나는 두려워요" "무슨 일이 일어나고 있는 거지?" 같은 감정이 드러나거나 표현되고 있지 않음이 분명했다.

버나드는 질문하지만 대답을 기대하지는 않는다. 더 나아가, 그 질문들은 수사적 의문들이 아니었다. 그것들은 진짜이고, 지속되는 것이다. 동시에 해답을 구하는 질문을 넘어선 것이다. 그는 해답이 없다는 것을, 설명할 수 없다는 것을 알고 있었다. 오직 그가 움직여가고 있고 살고 있는 시간인 경이롭고 이상한 중간 세상이 있을 뿐.

그는 휴대용 소변기에 소변을 볼 수 있었다. 소변을 뽑아내는 도관 없이! 그는 산소호흡을 위해 오직 관 하나만을 연결했다.

침실의 벽에 복제화는 걸려 있지 않았다. 나이 든 가톨릭 신자들의 집에서 흔히 볼 수 있는 '질병 치료'를 위한 십자가상이 하나 걸려 있었다.[5] 나는 침실에 걸려 있는 십자가상에 대해서 늘 의구심을 가졌다. 버나드의 침실에 걸려 있는 십자가상은 적절하고 제대로 된 이미지처럼 보였다.

마릴린은 버나드가 내가 도착하는 것을 기다렸다고 말했다. 아마도 얼음 조각이 기다리는 일에 도움이 되었을 것이다.

죽음에 다가갈 때, 가져갈 수 있는 것은 아무것도 없다. 그래서 버나드의 몸은 완벽하게 준비되어 있었다. 먹고 싶은 욕구조차 사라졌다. 그는 효과적으로 죽을 준비가 되어 있었다. 그의 엉덩이 뼈 사이에 움푹 팬 거대한 빈자리는 살아있는 비유이자 그의 죽음에 대한 지배적인 은유이고, 적합한 상징이기도 했다. 마지막 여행을 위한 준비로 자신의 몸 대부분을 포함한 모든 것을 처분하는 것이다.

그는 마릴린과 제프에게 의존했지만, 아주 적은 도움만을 필요로 했다. 그는 거의 존재하지 않았다. 그는 욕구를 최소로 줄여야 한다는 소로Thoreau의 이상주의에 새로운 의미를 더해 주고 있었다. 6)

이따금 그는 눈을 뜨고 바라보았다. 아마도 여기에 누가 있는지를 보고자 했을 것이다. 그러나 그는 아무 말도 하지 않았다. 오직 조용히 바라볼 뿐이었다.

어느 날 밤, 그는 산소관을 제거했다. 우리에게 무엇을 전달하고자 했을까? 그는 더 이상 산소를 필요로 하지 않는 것일까? 우린 얼마나 조심스러워야 하는지…… 우리가 더 우월한 힘을 갖고 있기 때문에 더 '잘' 안다는 것으로 그의 인격을 침해해서는 안 된다.

나는 앉아서 묵주기도를 올렸다. 신비로움에 대해 묵상하려 노력하지 않고 오직 기도자의 언어를 반복해서 말하는 것만이 최선 같았다. 이러한 경우/때occasion/time에는 침묵이나 정돈된 묵상이 아니라 행동을, 말을 하는 것이 중요하다. 7)

마릴린과 나는 그 날 밤에 교대로 침대 곁에 앉아 그를 지켜보았다. 마릴린은 나보다 반 이상의 더 긴 시간 동안 머물렀다. 나도 그렇게 할 수 있지만, 그녀의 뜻에 따르는 게 당연했다. 48년 동안 충실함과 사랑으로 함께 한 그녀에게 우선권이 있었다. 만약 내가 시간을 똑같이 나누려고 노력했다고 해도, 나는 버나드의 시간, 재림의 시간 속으로 들어갈 수 없었을 것이다.

버나드 옆에서 지켜보는 시간이 길어질수록, 어떤 하나의 문법적 형식이 버나드가 살았던 현실로 들어가는 열쇠임을 더욱더 확신하게 되었다. 현상을 명사가 아니라 동사로 바라보고 이해할 필요가 있다. 버나드는 죽어가고 있으며, 그것은 그가 살아있다는 것이기도 하다. 나는 앉아서 그를 바라보면서, 하늘에 계신 우리 아버지와 성모 마리아에게 영광 돌립니다, 라고 말로 기도문을 외웠다.

친구들과 친척들은 우리가 먹을 음식을 가져오거나 보내주었다. 그들은 버나드의 재림 시간에 다가갈, 어쩌면 들어갈 수 있는 기회를 부여받았다. 그가 그들에게 이런 선물을 주었다. 그들이 음식을 준비하고 가져다준 행동보다 더 큰 선물을.

그곳에 앉아서 나는 강렬한 소망, 밀어붙이는 욕망, 끈질긴 희망이 지껍게 느껴졌다. 내가 버나드가 죽어가는 것을 지켜봤던 것처럼 내 아이들 벤과 베스도 내가 죽어가는 것을 보게 되는 특권과 선물을 받기를…… 그러면 그들의 수태와 탄생이 시작되는 세대의 순환이 완성될 것이다. 이러한 순환, 즉 인간의 삶을 완성하기 위해 필요한 순환, 충만한 순환은 일반적으로 의료 시스템에 의해 깨지게 된다. 순환 속에 있는 지금 이 순간, 버나드는 나에게 정말 많은 것을 가르쳐 준다. 나는 어떤 면에서 그의 경험이 나의 몸, 정신, 마음, 영혼으로 들어오는 것을 느낀다. 내가 죽어가는 것을 지켜보는 경험보다 내 아이들에게 줄 수 있는 더 좋은 유산이 무엇일까!

여기 이 자리에서는 정말 많은 이들이 동참한다. 병원에서는 오직 전문가들만이 죽음에 적극적으로 관여할 뿐이다. 환자들, 친척들, 친구들은 말없이 누워 있거나 앉아 있다. 다시금 나는 버나드와 마릴린의 지혜를 기억한다. 집에서만, 오직 집에서 일상을 유지할 때만, 가족과 친구들은 적극적으로 죽음에 동참할 수 있다.

마릴린은 그가 약해지고 있다고 말한다. 그는 죽음을 향해 가고 있다!

버나드는 자기 자신으로서 그냥 존재한다. 하지만 그는 또한 다른 사람들 각자의 볼 수 있는 능력 속에, 눈 속에, 시선 속에 존재한다. 그는 자신을 볼 수 없으므로, 우리가 그를 보는 방식으로 존재한다. 더 나아가서 나는 그가 스스로를 의식하지 못하는 게 아닐까 의심한다. 그는 그러한 활동 저 너머에 멀리 있다. 그저 우리에게 그가 보일 뿐이다. 그러면 질문은 우리 각자에게 남는다. 나는 진정으로 존재하는 그를 보고 있을까?

만약 사진에 영향을 받는 사람이 있다면—나는 사진에 감염된다고 말하곤 하지만—그는 지금 이 순간의 버나드를 알아볼 수 없을 것이다. 겉으로 드러난 모습에서, 그는 사진에 찍힌 '평소의' 버나드와는 매우 다르게 보인다. 나중에 장례식장 관리자는 마릴린에게 버나드의 칼라 사진을 부탁했다. 시신에 방부처리를 하던 사람들이 그가 어떻게 생겼는지를 알고 싶어 하다니! 얼마나 기이한 일인가.

장례식 관리자는 사진에서 보이는 모습이 시신에 나타나도록 가짜 이미지를 준비하거나 창조하려는 것 같았다. 방부 처리하는 사람들은 시각적 효과를 만들어내는 일에 숙련되어 있었다. 경야經夜를 함께 하면서도, 내가 본 버나드, 매 순간 많은 것을 깨닫게 한 버나드, 무한한 보물을 나눠주려 했던 버나드를 아무도 볼 수 없을 것이다. 삶에서 죽음으로 가는 길목에 있는 그를 볼 기회가 주어진 사람들은 그들이 본 것을 잊어버릴지도 모른다. 만약 그렇다면 우리는 버나드의 진실, 그가 살아간 방식이 그가 지금 존재하는 방식이라는 진실을 잃어버리게 될 것이다.

화학 물질과 장치들이 만들어내는 기이한 결과는, 우리 시대의 환상과 왜곡을 보여준다. 모든 사람들에게 당신의 죽음을 보여주지 않기 위한 것이다! 이것은 우리가 알고 있고 사랑했던 사람의 기억에 대한 위협일까, 죽어서 무방비 상태가 된 사람에게 해를 끼치는 것일까? 이것은 내가 격분해야만 하는 죄악일까? 이것 또한 버나드가 나에게 일깨워준 진실일까? 그는, 침묵했다…… 나는, 침묵했다…… 하지만 여러 생각들로 매우 혼란스러웠다.

버나드는 이 작은 도시에서 잘 알려져 있기에 많은 이들이 경야에 올 것이다. 집에 찾아왔던 사람들보다, 장례 미사에 참여했던 사람들보다, 묘지에 함께 갈 사람들보다 더 많이 올 것이다. 하지만 우리 가운데 몇 명만이 버나드의 '히포크라테스의 얼굴'을 잠깐 볼 수 있는 특권을 가질 것이다. 지금 이 순간 버나드는 그의 고요한 얼굴을 통해서 우리가 무엇을 해야 하는지, 우리가 무엇이 되어야 하는지 알려줄 것이다. 그가 취한 행동들, 즉 걱정하고 미심쩍어 하는 얼굴과 쪼그라들고 비틀린 몸을 통해서. 많은 이들이 방부 처리를 하는 사람들의 겉치레 작업을 한 이후의 그를 볼 텐데 그는 결코 아무 말도 들려주지 않을 것이고, 사람들은 미용 전문가들이 작업한 밀랍 인형이,

누워있는 것 말고는 아무것도 볼 수 없을 것이다. 이것은 우리의 '문화' 속에 자리잡고 있는 기만의 또 다른 예인가?

경야에 와서 버나드가 남긴 것을 보고자 했던 그의 친구들, 먼 친척들, 그리고 이 도시의 지인들은 오직 그들의 머릿속에 있는 명사들과 환상들만을 보게 될 것이다. 그들에게 어떤 동기가 될지도 모를, 움직이는 동사로서의 버나드의 삶이라는 중대한 충격을 경험하지 못할 것이다. 그의 얼굴, 나무토막 같은 팔과 다리, '배'에 있는 깊은 허공을 이해하는 진정 중요한 해석학적 작업은, 그 많은 빈곤한 사람들에게서 결코 일어나지 않는다. 얼마나 많은 사람들이 그래야만 하는가! 미국의 모든 도시와 마을 안에서, 현대적 죽음의 방식에 영향을 받는 세계의 모든 지역에서, 사람들은 새로운 빈곤에 고통 받고 있다.

모든 인류의 역사에서 시간의 흐름에 따라 죽음은 변화해왔다. 예를 들어, 유럽에서는 '죽음의 기술ars moriendi'의 시기들을, 섬뜩한 춤 혹은 죽음의 춤, 자연적 죽음, 임상적 죽음, 집중적 관리를 받는 죽음, 요양원에서의 죽음, 의사에 의한 죽음 등으로 확인할 수 있다. [8] 역사 속에 적은 양으로 기록된 부분들에 대해서 생각하면서 버나드 옆에 앉아있으니, 죽어가는 사람과 그와 접촉하는 모든 사람에게 시대를 거듭할수록 더욱 거대하고 거대한 잔인함이 가해지고 있는 것 같았다.

버나드를 지켜보면서 내가 잘 알지 못했던 쇠약해진다는 것, 즉 누군가가 쇠약해져가는 모습을 알게 되었다. 그즈음 버나드의 외모는 오늘날의 그로스테크한 이미지 같았을지도 모르겠다. 엘리자베스는 버나드와 마릴린과 아주 가까웠던 어떤 친구들이, 아픈 사람을 보는 것을 '받아들일' 수 없다고 항변하면서 그를 보러오지 않았다고 말해 주었다. 나는 궁금했다. 그들이 상상하고 견딜 수 있는 것 너머에서 그들을 혼란스럽게 만드는 혐오의 개념이 마음속에 숨어있는 것은 아닌지 의심스러웠다. 그들은 자신이 언젠가는 죽어야 한다는 사실을 상기하게 되는 것이 두려웠고, 그 가능성을 보여주는 극적인 대면을 회피했다. 그러한 사람들에게 그로테스크는 진실에 대한 환상이 될 수도 있었다.

정말 많은 사람들이 친족들을 살균되고 인간미 없는 의료 시스템의 첨단 기술세계로 보낸다. 병원 직원들은 면회 시간 전에 매우 세심하게 환자들을 준비시킨다. 방문객들은 '역겨운' 어떤 것도 보고 싶어 하지 않는다. 그러한 절차들은 실제로 비용이 더 비싼 기관에서 가장 효율적으로 이루어진다. 나는 오히려 잘 관리되는 환자들이 갇혀 있는 병동과 병원에서 이루어지는 인간 축소의 현실을 더 많이 목격했다. 많은 비용이 요구되는 시설에서는 혐오스럽게 보일 가능성이 있는 모든 것들이 제거되고 살균된다.

이 순간 버나드의 모든 행동들은 필연적으로 보인다. 그는 이 세상의 시간을 떠나 재림의 시간으로 들어갔다. 나의 어떤 행동 또한 필연적이다. 예를 들어, 병원 대기실에서 멍청하게 앉아있는 건 피해야 한다. 버나드의 상황에서, 내가 선의 영역, 이제 버나드가 살고 있는 영역으로 들어가려면 적절한 행동을 취하는 것만이 유일한 길이다.

역시 묵주기도만이 이 장소, 시간, 행동에 적절한 완벽한 기도처럼 보인다. 나는 책에 적혀 있는 단어들을 읽는 것보다 더 기초적이고 근본적인 행위인 묵주의 느낌이 필요하다. 단어들을 말하면서 묵주를 천천히 만지는 움직임이 나의 행동을 나를 땅으로 내려오게 했다. 내가 뿌리를 내려야 할 곳에 뿌리내리게 했다.

나는 '하늘에 계신 우리 아버지'를 반복하고 반복하는 나 자신을 발견했다. 나는 평범한 묵주기도 암송의 순서를 따라가지 않았다. 천천히, 나는 각각의 단어 속으로 깊이 들어갔고, 기도문의 구절들은 나의 영혼을 더욱 철저하게 관통했다. 기도의 감정과 의미는 더욱 풍부해졌고 더욱 확실해졌다. 마치 처음으로 기도를 하는 것처럼 새롭게 깨닫는 시간이었다. 아마도 그 시간은 버나드가 나에게 선물한 시간이었을 것이다.

나는 멋지고 자연스러운 자유를 경험했다. 이것은 내가 알고 있던 것과는 다른 느낌이었다. 역설적으로, 나는 '하늘에 계신 우리 아버지'를 반복하는 일이 결코 지겹지 않았다. 동시에 내가 계속 아버지를 찾을 수 있고 아버지가 기도자들에게 들어올 수 있음이 느껴졌다. 더 나아가서, 나는 어쩌면 재림의 시간에 들어갈 수도 있었다. 버나드의 존재와 그 행동을 통해 내 인생에서 한 번도 없었던 기도를 알게 된 것 같았다.

나는 이제 내 아버지로부터 배운 진실 속에서 살고 있는 느낌이 든다. 나는 존재론적으로, 아니 정말로 초월적으로…… 나 자신이 되어가고 있었다…… 서서히 내 아버지에게서 보았던 것, 살아있는 존속적 관계relatio subsistens가 되어간다.

중세의 사상가들은 감히 그들 믿음의 주요하고 가장 불가해한 진실에 대해서 썼다. 나도 내 믿음에 대해 그럴 수 있기를 희망한다. 삼위일체의 실재, 그들 자체가 실체(subsistere, 견딘다는 의미의 동사에서 유래했으며, 그것 자체로 존재하는 것, 예를 들어, 이 의자)와 관계(relatio, 오직 두 실체 사이에서 존재하는 것, 이것은 실제 존재가 아니다. 이것은 정신의 실재ens rationis이지, 실제존재ens reale, 실제 독립체가 아니다. 예를 들어, 나와 버나드가 형제인 것)라는 아리스토텔레스의 개념에 근거하고 있다. 이런 사유로부터 그들은 존속적 관계라는 개념을 형성했으나, 그들이 신봉한 논리로 엄격히 따지면 존재하는 관계라는 개념은 모순이다. 성부는 오직 성자와 성령의 관계 안에서만 존재한다. 성자는 오직 성부와 성령의 관계 안에서만 존재한다. 성령은 오직 성부와 성자와의 관계 안에서 존재한다.[9]

우리 각자는 존속적 관계가 되기 위해, '나' 혹은 에고를 버리기 위해 오직 나를 태어나게 해준 이들과의 관계 속에서 기원을 공유하거나, 우정으로 맺어진 이들과의 관계 속에서 내가 되기 위해 신의 섭리 속으로 초대된다. 나는 오직 아버지의 아들이고, 두 자녀의 아버지이고, 형제자매의 형제이고, 아내의 남편이고, 친구들의 친구이다. 나의 실재, 나의 진실은 오직 이 관계들 안에서 발견되지, 자아라는 현대적 개념 안에서 발견되지 않는다. 더 오래된 종류의 이러한 자아가 내가 자유롭게 창조할 수 있는 진정한 자아다. 더 나아가 자아의 궁극적인 실재는 오직 무한과의 관계, 즉 신과의 관계에서 인식될 수 있다. 이 관계는 존재론적 의미에서 모든 다른 관계를 정당화하는데, 내가 편지에서 보았듯이, 버나드가 강력하게 인지했던 진실이기도 하다.

나의 완전성, 나라는 바로 그 존재는, 자기 본위적인 자신의
잠재성에 존재하는 게 아니라 오직 나의 관계들을 인지하는 것
안에 존재한다. 나의 행복은 지금 내가 실행하는, 내 형제의 마
지막 여행에 동참하는 행위들 속에 있다.

버나드의 얼굴을 보면서 나는 신앙 없는 그리스인들과 의사
들이 해석하는 것처럼 히포크라테스의 얼굴이 '죽음의 얼굴'과
모순되는 것이 아님을 깨달았다. 사실 버나드가 눈을 뜨면, 그
속에 두려움과 공포가 드러나는 것을 볼 수 있다. 하지만 나는
그 너머에 무엇이 있는지 모른다. 나는 버나드의 눈을 보면서
엄청난 위안을 느낀다. 나는 그의 얼굴이 두 세계 사이에 있고,
두 시간 사이에 있음을 안다. 그 얼굴은 나를 실재하는 다른 세
계, 재림의 세계로 안내하기 위한 필수적 요소이다. 그의 얼굴fa-
cies은 그리스도가 제공한 삶을 약속하는 얼굴이다. 그 얼굴의
성격이 변화하는 것, 그 과도기적인 본성으로부터 그 사실이 명
백해 보인다. 나는 그것이 가리키는 방향을 짐작할 수 있다.

또 다시 버나드가 나를 일깨운다. 나는 무엇을 잃고 무엇을
잃지 않았는지를, 무엇을 얻고 무엇을 얻지 못했는지를 알게
된다.

마릴린은 가정방문 호스피스 간호사가 버나드가 우울증의
시기로 가고 있는 게 아닌지 의심하고 있다고 말한다. 우울증
은 최근에 발견된 혹은 발명된 현상이며 현대의 또 한 가지 소
음에 속하는 단어이다. 지난 몇 주 동안, 버나드는 TV나 이 도
시의 지역 뉴스에 관심을 기울이지 않았다. 나는 궁금했다……

이보다 더 분별력이 있을 수 있을까? 그는 "나는 나를 위해 기도하는 사람들에게 말했다…… 나는 준비가 됐다……" 라고 쓰지 않았던가? 우울증이라니, 얼마나 어리석은 생각인가!

12월 16일 목요일 새벽 4시 버나드의 첫 번째 편지를 받고, 정확히 1년 뒤에 그의 손과 발이 살짝 경련을 일으키며 움직였다. 그렇지 않았다면 그는 살아있지 않은 것처럼 보였을 것이다. 나는 궁금하다. 그가 행동하는 것에서 그저 존재하는 상태로 이동하는 시간이 있을까? 이 움직임에 상응하여, 우리는 그에게 배우게 될 것이다. 우리가 경험하는 그로부터 배울 필요가 있을 것이다. 우리 또한 행동하는 것에서 존재로, 단지 '거기 존재하는' 상태로, 누군가의 현존 속에서, 즉 우리는 그의 현존 속에서, 그는 우리의 현존 속에서 사는 상태로 움직여 가야한다는 것을 배울 필요가 있을 것이다.

마릴린이 나와 제프를 위해 준비한 베이컨과 계란으로 푸짐한 아침 식사를 마치고 나는 버나드의 방으로 돌아왔다. 침대 옆에 앉아서 묵주를 손에 쥔 채 나는 계속해서 끊임없이 기도문을 반복했다. 잠시 후에, 나는 일어나서 그의 위로 몸을 숙였다. 나는 그가 살아있다는 징후가 없음을 알아차릴 수 있었다. 움직임이 전혀 없다. 오직 고요히 정지해 있다. 나는 마릴린을 부른다. 그녀 역시 그가 살아있다는 신호가 없음을 확인한다.

나는 그의 가느다란 손가락들의 끝을 본다. 그것들은 회색으로 변해 있었다. 한쪽 팔은 침대에 놓여있었고, 손바닥이 위를 향해 있다. 나는 그 손을 들었다가 내려놓는다. 손은 생기 없는 빈 장갑처럼 떨어진다. 회색이 그의 야윈 몸의 모든 피부로 번져가는 것처럼 보인다.

나는 성무일도서[10]를 가져와, 성 제롬 시대에 고대 라틴어로 씌어진, 교회의 가장 아름다운 기도문들 중 하나인 죽음에 대한 기도문proficiscere을 암송한다. "이 세상으로부터 떠나라, 그리스도의 영혼이여. 너를 창조한 전능한 아버지 하느님의 이름으로. 너를 위해 고통 받은 살아있는 신의 아들, 예수 그리스도의 이름으로. 너에게 부어진 성령의 이름으로……"[11] 내가 그 라틴어 문서를 지니고 있고, 그것을 수월하게 읽을 수 있으며, 그것의 장엄함에 감동할 수 있다니, 얼마나 감사한 일인가.

곤혹스러움

독일과 멕시코에서 10년 동안 은둔자로 살다가 미국으로 돌아온 뒤 나는 혼란스러웠다. 이 암시들은 무엇인가? 의미 있는 신호들일까? 어떻게 적응하나? 어떻게 단단한 땅 위에 나 스스로 설 것인가? 여기는 어떤 사회인가? 나는 나를 둘러싼 세상을 인지하는 데 어려움을 겪었다.

나라 밖에서 사는 동안, 책으로 둘러싸인 내 방 안에 머물면서, 세계와 거기 속한 내 자리를 이해하기 위해 일련의 개념과 통찰들, 명제와 판단들을 서서히 형성해갔다고 믿었다. 사회는, 내가 개념화한 바에 따르면, 그것의 도구들에 의해 지배당하고 있다. 마술을 보듯 놀라면서 보게 되는 기술적인 장치들이 보통은 최고의 통치력을 갖는다. 상상할 수 있는 것에는 한계가 없으며, 아마 실행할 수 있는 것에도 한계가 없을 것이다.

어떤 논객들은 자유롭고 통제되지 않는 시장이 새로운 상품들을 만들어 내고 기술적 발전을 촉진하는 동력이 된다고 한다. [12] 시장의 힘은 제도화된 사회적 서비스의 성격과 규모를 결정한다. 두 영역 모두에서 대부분의 사람들은 기성품 패키지 상품들의 소비자가 되었다.

하지만 시장이라는 단어는 대중적 호칭에 지나지 않는다. 개념을 빨리 파악할 수 있는 용어로서는 분명히 유용하다. 나는 경제적 현실과 접촉하거나 상호작용한 경험이 거의 없지만, 그럼에도 더욱 분석적인 용어가 필요하며, 현실의 세상을 찢어서 열어젖혀줄 수 있는 개념이 필요하다고 믿었다. 나는 '비내장형'이라는 관념을 통해 그러한 구상에 도달하기 시작했다. 현대 사회는 비내장형 사회다. [13] 더 많은 것들이 내장되어 있던 사회에서는 전문화와 자동화는, 예전에 내장형 사회에서 서로 얽혀 있던 활동들을 가르고 고립시킨다. 내장형 사회가 사람들에게 더 의미 있으며, 사람들은 전체적으로 서로 상호작용하면서 살았다.

현대 사회에서 경제적 거래는, 문화적이고 종교적인 기준으로부터 점점 더 분리되어간다. 돈이 통용되는 것과 더불어, 시장을 운영하는 사람들은 추상적인 통화 가치를 거래하는 데 몰두한다. 자원과 기술을 소유한 사람들은 주식거래자가 될 수 있다. 그러한 행태가 기업의 생존능력에 부정적인 영향을 끼치고 많은 직원들의 일자리를 없앨 수 있음에도 말이다. 이러한 사례 속에서, 시장의 독립성은 매우 구속력이 있으며, 종종 실제보다 더 확실해 보인다. 시장의 독립성은 다른 것들보다 더 많은 역할을 한다.

갑자기 나는 이해했다. 대부분 직접 경험한 것이 아니라 말을 전해 듣는 것으로 탐욕이 팽배해진 것임을. 몇몇 부유한 현대의 주식거래자들뿐만 아니라 몇 달러의 저금 빼고는 아무것도 잃을 게 없는 사람들, 혹은 현재 봉급밖에는 위험을 감수할 게 없는 이들도 마찬가지다.

흥미로운 역설은 일터에 존재한다. 그곳은 좀 더 내장된 사회였고, 돈의 중요성이 덜 한 곳이라 탐욕의 발전이 강하게 억제되어왔다.[14] 반면에 오늘날 우리 사회에서는 그러한 억제가 거의 존재하지 않는다. 예를 들어, 가톨릭 신자들은 고리대금업이 죄악이라는 설교를 몇 번이나 듣는가? 그럼에도 불구하고 교회의 가르침에 따르면 현대의 이윤이 지닌 성격은 고리대금업의 심각한 죄악과 동일한 것으로 간주된다. 가톨릭의 도덕신학의 전통에서는, 여전히 최근까지도, 최소한 책 안에서는 탐욕이 자본의 죄악들 중 하나이다. 다시 말해, 신을 향한 가장 심각한 공격 중 하나이며, 다른 죄들을 짓게 하는 부도덕한 행동들의 원인이 되는 사악한 성향이다.

내가 한 연구를 보면 테크놀로지가 지배하는 세상에서 사람들은 배우고, 창조하고, 과거를 돌아보며, 땅위에서 부드럽게 걷고자 하는 자연스러운 성향을 빼앗기게 된다. 예를 들어, 학교는 획일적 학습 패키지를 전달하도록 디자인되어 있으며, 전자 장치는 사용자들이 오직 프로그램된 선택으로만 조종할 수 있게 제한한다. 역사는 향수를 불러일으켜 오락을 제공하는 박물관의 입체 모형으로 간주된다. 석유자원을 폭력적으로 잡아먹는 SUV같은 것들이 자유와 흥분으로 향하는 티켓인 양 공격적으로 홍보된다. 역설적으로, 극심한 무산자들은 두 발로 서고 행동으로 성취할 수 있는 능력과 자유를 보유하고 있다. 부유함은 패키지를 살 수 있다. 핵심적인 삶의 부분에서, 돈의 규모가 커질수록, 사람은 더 수동적으로 변한다. 전통적인 용어로 말하면, 적극적인 삶, 즉 '더 높은' 영역에 속해 있던 많은 것들이 효율적으로 죽어버렸다.

나의 책들에서, 나는 그 적응이 악마적이라는 것을 '보여주었다.' 자본의 죄악들―자부심, 질투, 탐욕, 분노, 나태, 탐식, 그리고 욕망―은 제도화되었다. 사람들은 죄악들이 존경받는 것이 되었다는 사실을 대단히 자랑스러워하는 것처럼 보인다. 예를 들어, 중세 연구자들이 정의에서 유래된 미덕으로서 강조했던 옛날식 애국심, 그리고 경건함이라 불리는 것들은 몇몇 사람들이 존경하는 국가주의적인 맹목적 애국심으로 변형되었다.

나의 책들과 논문들에 한정해서 보면, 대체로 나는 희망을 보지 못했으며, 세계는 운이 다한 것처럼 보였다. 최근의 관행과 제도들과 몇 번 접촉하면서 다시 나의 견해를 확인했다. 상품 생산은 주로 지구를 파괴하는 것을 목표로 한 것처럼 보였고, 서비스 생산은 지구에 사는 사람들을 파괴하는 것을 목표로 하는 것처럼 보였다. 더 나아가 지구 온난화 같은 현실은 소위 상품이라는 것과 항상 주위를 아우르고 있는 서비스의 공생관계를 불길하게 드러내고 있다. 파괴는 이미 예정되어진 것처럼 보인다.

내가 책상에서 일어나 현대라는 지옥에서 여전히 어떻게든 살아있는 새로운 지인들을 만나러 조심스럽게 밖으로 나갔을 때, 나의 곤혹스러움은 증가했다. 나는 괜찮은 사람들을 만났던 것이다! 그런데 어떻게 그럴 수가 있을까? 내가 읽은 모든 것은 지구의 축소, 파괴와 그곳에 사는 이들이 교살되어 가고 있음을 지적하고 있었음에도.

정보

이제까지 역사상 그렇게 많은 인구가 그 정도로 많은 정보를 사용할 수 있던 적이 없었다. 예를 들어, 활자 미디어 생산에는 제한이 없는 것처럼 보인다. 만약 누군가가 웹에서 검색하는 일에 익숙하다면, 사이버공간에서 접근할 수 있는 양의 정보들은 지금까지는 실현할 수 없었던 오만한 몽상가의 꿈들 가운데 하나를 가능하게 해주는 것처럼 보인다. 실제로 무한성은 존재한다!

많은 사람들의 상상과 생각이 대부분 수량화되고 있다는 사실로 볼 때, 사람들은 정보와 지식 사이의 결정적인 차이에 대한 시각을 잃었다. 정보는 지식과 동등하지 않다. 더 많은 정보가 반드시 더 좋은 것은 아니다. 지식의 배후에는 더 한층 중요한 실체인 지혜가 존재한다. "고대 그리스와 중세 사상가들은 지혜를 부여받은 재능으로 이해했으며, 그렇게 받아들이고 존중했다." 숫자들은 아무리 인상적이라고 해도 지혜를 줄 수는 없다. 나는 오늘날 사람들이 점점 지혜의 관점과 현실을 의식하지 않는 것이 두렵다.

정말 다양하고 많은 맥락에서 숫자들이 지배한다. 한 국가의 GDP는 무엇인가? 당신의 체중은 몇 파운드나 나가며, 그것을 당신의 키와 어떻게 비교하는가? 도서관은 얼마나 많은 책을 가지고 있나? 작년에 이 도시에서 얼마나 많은 살인이 저질러졌나? 나 역시도 감염되었다. 나는 이 목록을 내가 얼마나 길게 늘일 수 있는지 해보고 싶다는 유혹을 느낀다! 그러한 사고방식은 심리상태를 수량화하려는 것이다. 그 효과들 중 하나는 생각하는 능력, 맥락을 고려하면서 사실로 보이는 실재를 다차원적으로 면밀히 살피는 지식을 찾는 능력이 저하되는 것이다.

예를 들어, 내가 뉴욕의 증권 거래에 대해서 무엇을 알 수 있을까? 내가 선택한 맥락과 차원은 내가 어디에 서 있으며, 내가 어디에서 왔으며, 질문에 대비하는 나의 성향, 나의 관심, 그리고 이런 직접적인 접촉과 아리스토텔레스의 궁극적 원인[15]에서 비롯된 내 인생의 궁극적인 목적, 선험적인 존재 이유에 의존하고 있다. 그러한 궁극성은 또한 나의 특정한 질문에 형태와 의미를 부여한다. 하지만 그 모든 것은 오직 그 작업의 한 부분만을 보는 것이다. 지식을 위해서 나는 여전히 객관적인 사실이라 일컬어지는 것, 예를 들어, 증권 거래가 시민들의 감성과 무료급식소 운영 같은 것에 끼치는 영향을 개념화하고 조사해야 할 필요가 있다.

내 앞에 있는 것, '저 밖'에 있는 것을 잘 인지하는 일은 끊임없이 반복되는 게 마땅한 주제이다. 철학자라 불리는 모든 이들은 이 문제를 정면으로 다루려고 시도한다. 역사의 어느 때보다 더 문제가 많을지도 모를 오늘날의 각 개인은 외견상으로 극복할 수 없어 보이는 장애물들을 단순히 보는 것밖에는 할 일이 없다.

프란시스 베이컨은 중세 이후에 왜곡된 요소들을 우상이라고 부르면서 목록을 작성하려고 시도했던 주요 사상가였다. 그는 1626년에 죽었고, 어떤 이들은 그를 근대성의 기원을 표지화한 사람이라고 생각한다. 어떤 이는 그를 첫 번째 근대인이라고도 한다. 그는 분명 진보의 개념을 받아들이고 대중화시킨 첫 번째 유럽인이었다. 그는 대단한 재능으로 과학, 즉 귀납법을 통해 자연을 통제하려는 학문을 옹호하는 일에 헌신했다. 그러한 의미에서 그는 여전히 살아있으며 우리에게 영향력이 있다.

그러나 우리 시대에 그가 중요한 가장 큰 이유는 독특하고 기발한 생각과 그것을 실현한 것에 있다. 그것이 바로 도구화이다. 다른 이들의 열정을 조종해서 이루어지는 과학적 실험에서부터 때로는 뻔뻔스럽게도 그것을 자기를 위해 이용하는 것에 이르기까지, 그가 옹호한 행위들은 더 나아가 속 들여다보이는 목적을 위해 고안되었다. 베이컨은 아리스토텔레스주의자들과, 조셉 파이퍼Josef Pieper의 책 제목을 인용하자면 '문화의 토대로서의 여가'라는 중세적 관념을 소리 높여 거부한다.[16]

아이러니하게도 베이컨의 주요 개념들 중 하나는 내가 썼던 것과 특별히 잘 들어맞는다. 바로 '우상'이라는 개념이다. 베이컨은 현실 인식을 막거나 왜곡하는 장애나 오류를 비유할 때 우상이라는 용어를 사용한다. 그가 여러 다른 저작들에서 우상들에 대해 논의했음에도, 또 우상들에 대해 각기 다르게 서술했음에도, 오늘날 논문의 작성자들은 그 모든 것들을 네 개의 제목 밑에 놓으려 한다. 부족의 우상, 동굴의 우상, 시장의 우상, 그리고 극장의 우상.17)

프란시스 베이컨의 생각과 나의 생각 사이에 서로 동의하는 부분이 매우 적음에도, 우상들을 목록으로 작성하고 묘사한 그의 의도는 엘리자베스 여왕 시대에 그가 강조했던 것만큼이나 오늘날 나에게도 중요하게 생각된다. 현대의 우상은 더욱 많아졌고 더욱 강력해졌다. 베이컨의 설명은 현대의 왜곡, 허위, 무지, 그리고 미신을 고려하면 오히려 순진하게 느껴진다.

오늘날의 우상들은 다르지만 변하지 않는 것들은 남아있다. 예를 들어, 일곱 가지 자본의 죄. 그것들은 여전히 잘 살아있다. 나는 또한 모든 사람에게 존재하는 성향, 이따금 '원죄'라고 불리는 것이 실재한다고 주장한다. 비록 그 힘과 존재하는 형태 그리고 충동성은 사람마다 다르지만. 나의 목적을 위해 정도의 차이는 있으나, 심리상태를 수량화하는 일이 다층적 사회 구성원들에게 영향을 준다.

사회·경제적 피라미드의 제일 바닥에 있는 몇몇을 제외하고는, 그리고 사회에서 고립되고 소외된 종교적이고 학구적인 소수집단을 제외하고는 우리의 세계에서 지혜는 부재한다. 지혜란, 다른 면에서 보는 관점, 저 너머에서 보는 관점, 형이상학과 존재론 밖에 '놓여있는' 실재의 관점을 의미한다. 중세시대 사상가들의 입장에서 지혜란 신이 보는 것을 본다는 의미였다. 그러므로 그것은 저 위에서, 신으로부터 부여받은 재능으로서의 실재에 대한 감각이나 관점이어야만 했다. 엄격하게 말하면, 아니, 정확하게 말하면 지혜는 연구해서 또는 정연한 숙고를 거듭해서 얻어지는 것이 아니었다. 그것은 무상으로 얻은 재능이었다. 하지만 누구나 스스로 준비할 수 있다. 그것을 받아들이기 위해 가장 적합한 성격은 아마도 아리스토텔레스가 알지 못했던 미덕인 겸손일 것이다. [18]

테크놀로지화化

한 세대나 시대를 이해하고자 하는 이들은 가끔 지배적 은유에 대해 이야기한다. 어떤 문학적인 비유나 이미지가 널리 중요하게 받아들여지는가? 지금 이 시대 이곳 사람들에게 어떤 인물이 깊은 영향을 주는가? 예를 들어, 누군가는 안네 프랑크의 좁은 방에 오려 붙어있는 잡지 사진들로부터, 그녀의 공상에 할리우드 스타들이 중요한 이미지였고 어쩌면 지배적 은유일 수도 있다는 사실을 알 수 있다. [19] 많은 미국 사람들이 유명인사라는 개념을 지배적 은유로 받아들인다. 왜냐하면 광고 대리업자의 노력과 미디어의 공동 작업의 협력을 통해, 사람들은 유명인사에 대한 자신의 생각을 끼워 맞춘다. 따라서 그 사람을 직접적으로 알지 못하기 때문에 존경을 가지고, 어쩌면 과도한 칭찬을 하면서 이미지를 바라볼 것이다. 또한 자신의 모습 그리고/혹은 행동을 바꾸려고 할 것이다.

지배적 은유라는 것은, 그것이 정말로 지배적이라면, 그것에 노출된 사람들에게 영향을 미친다. 사람들은 어쩌면 동조자나 열성팬이 될 수도 있다. 그러나 영향의 정도나 성격은 경험적인 사실이라서, 그러한 사실들을 입증하기는 어렵다. 그것들은 주관적으로는 각 개인들에게 구체적이면서 서로 다르게 나타난다. 더 나아가, 그것들은 성쇠를 겪는다. 아마 지배적 은유의 영향을 판단하는 가장 좋은 방법은 훈련받은 자기 성찰을 통해서일 것이다. 또한 그것만이 유일하게 확실한 방법일 것이다.

관찰과 심사숙고를 통해 나는 미국사회에 다른 것들보다 조금 더 중요한 지배적 은유가 다양하게 존재한다는 결론에 이르렀다. 더 나아가 그들은 인구의 모든 부문에 동일하게 영향을 미치지 않는다. 모든 사람들은 이미지 복합체의 영향을 받으며, 어느 개인에게 있어서나, 이미지의 형태는 시간이 흐르면서 그 구성과 강도가 변화한다. 엄격한 자기 검증을 거친 사람들은 그러한 은유들을 발견하는 데 익숙해질 수 있고, 부분적으로는 타고나고 부분적으로는 계발된 그들의 성향에 의해 이미지들의 영향력을 결정하거나 심지어는 제거할 수 있다. 이런 방향으로 나아가다 보면 필연성을 성취할 수 있다. 그러나 인간의 자유를 실현하는 데 필요한 만큼 충분하지는 않다.

만약 그러한 것이 자유의 진실이라면, 나는 슬픔에 압도당하거나 절망으로 향할 위험성을 느낀다. 그러나 이 가능성에 대한 성찰로 인해 나는 전통적인 진실인 자비에서 큰 위안을 발견한다. 자비는 가장 위대한 미덕이며, 자비로움으로 기울어진 마음은 비참함이 지닌 모든 결함들을 없애거나 씻어낸다. 성 토마스 아퀴나스는 자비는 무엇보다도 하느님에게 어울리는 데, 그것은 하느님의 전능함을 드러내 보이기 때문이라고 한다.[20] 그러므로 나의 믿음은 내 자유의 실재나 존재에 대해 합리적인 판단을 하기 위한 기반이다.

나의 논의와 밀접한 관련이 있는 은유는 테크놀로지이다. 그 것은 자아의 테크놀로지화를 통해 지배적 은유가 된다. 우리 시대의 주요하고 가장 매력적인 도구들인 테크놀로지 장비들을 한 번이라도 접한 사람들은 자기 자신을 테크놀로지의 실현으로 상상하는 경향이 있다.[21] 예를 들어, 나는 나 자신을 면역 체계로서 생각할 수 있다. 초음파검사를 받았던 여성은 자신을 디지털 인쇄를 위한 소켓으로 상상할 수 있다. 나 자신을 캠코더로 생각할 수 있고, 나 자신을 정보처리기로, 등등의 것들로 믿을 수 있다. 예시들의 목록은 무한히 늘어난다.

지배적 은유와 관련이 있고 그것으로부터 비롯된 현상들은 역사적으로 새로운 것이 아니다. 예를 들어, 고대 그리스인들과 로마인들은 신들의 의인화된 이미지를 만들었고, 그것을 인간이라는 존재가 닮아야 하는 제1의 모범으로 받아들였다. 몇 세기가 흐른 뒤 그리스도교도들은 정교한 예수 그리스도의 다양한 이미지들을 갖게 되었으며, 스스로 이 상상의 산물에 따라 행동했다. 근대 초의 중요한 개념들 중 하나는 17세기 중반에 죽은 데카르트의 이론을 근거로 한 기계라는 새로운 은유이다. 기계로서의 인간이라는 관념은 사람들에게 큰 영향을 준 지배적 은유이며, 여전히 동시대의 의식 많은 곳에 만연해 있다.

이 일반화된 이미지는 용의주도하게도 단순하면서 동시에 복잡하다. 고도로 구분된 사회에 사는 모든 이들은 늘 테크놀로지로 만들어진 다양한 인공물에 둘러싸여 있다. 누군가에게 사용되고, 침입되고, 허용된 그러한 장치들을 통해 사람들의 상상이나 합리적이고 추상적인 생각들은 조용하지만 강력한 영향을 받을 것이다.

부분적으로 목적—언제나 방법으로 제시되지만—의 유사성 때문에 모든 인공물들은 동일한 속성을 공유한다. 하지만 그 목표들은 복합적일 것이다. 어떤 목표는 즉각적이고 어떤 목표는 좀 더 멀리 떨어져 있다. 즉각적인 목표들 사이의 차이 때문에 테크놀로지에 의한 인공물들은 다양하다. 만약 멀리 떨어져 있는 목표가 주로 경제적인 것이라면, 즉 더 많은 돈을 벌기 위한 것이라면, 서로 다른 인공물들은 이러한 속성을 공유할 것이다. 예를 들어, 포크, 컴퓨터, 그리고 자동차는 모두 어떤 목표를 달성하기 위한 것이다. 나는 컴퓨터와 자동차 모두를 돈을 벌기 위해 사용할 수 있다. 상품 숭배에 사로잡혀 있는 사람들에게는 컴퓨터와 자동차 모두 목표가 될 수 있다. 자끄 에롤 같은 몇몇 테크놀로지 이론가들은 테크놀로지가 이미 우리 사회의 목표가 되었다고 주장한다.[22]

지배적 은유로서 자기에 대한 이미지에 영향을 주거나 심지어 그 이미지를 결정하기도 하는 테크놀로지적 인공물의 존재와 힘에 대한 증거는 자기 성찰과 주위 사람들의 행동을 관찰하는 것으로 쉽게 얻을 수 있다. 예를 들어, 나는 2제곱미터의 공간과 시간만 필요한 운동을 할 수 있다고 믿거나 아니면, 그 공간에 운동을 위한 기계가 달려 있어야만 한다고 믿을 수 있다. 우리는 자신을 실제로 기계의 한 부분이라고 간주하면서 기계의 부속품이 될 수 있다. 사이보그가 되는 것이다. 그런 시각은 곧 모든 것에 적용된다. '저 밖에' 있는 테크놀로지의 복합체는 자율적인 이미지들을 통해 내면화된다. 어쩌면 하나의 객관적 구조로 언급하기보다는 이러한 맥락의 테크놀로지 시스템에 대해 말하는 게 더 의미 있을지도 모른다. 양쪽 모두 놓치는 부분이나 간극이 있을 수 있다. 그러나 자아의 테크놀로지화를 통해, 우리는 인간성 그 자체를 잃어버릴 위험에 빠진다. 논리는 이런 면에서 유용하다. 사이보그는 인간이 아니다.

신자들

기독교인들은 예수 그리스도라는 한 사람 안에 인성과 신성이라는 두 개의 본성이 있다고 믿는다. 예수는 땅 위를 걷는다. 그는 보이거나 알려져 있지 않고, 알 수가 없는 게 당연한 하느님으로 향하는, 눈에 보이는 길이다. 이런 진실들은 그리스적 성서인 신약성서에 분명하게 드러난다. 성육신, 즉 성삼위일체의 두 번째 페르소나로, 인간의 육체를 통해 모든 인간의 육체와 모든 인간 존재를 신성하게 만들었다. 그러므로 믿음이 있는 사람은 무조건 모든 타인을, 그 하나하나를 존중한다.

신자들에게 저 위 세상과 불가지한 개념인 하느님에 대한 진실한 계시로 받아들여지는 신약성서의 내용은, 인간의 본성에 대해 명료하고 일관적이다. 그 가운데 성 바오로가 쓴 편지들은 인간의 존엄성에 대한 진실의 주된 근원이기도 하다. 특히 그 존엄성을 상상하는 독특한 방식에 있어서 그렇다. 성 바오로는 육체, 즉 예수 그리스도가 취한 인간의 육체라는 개념을 사용해서 접근한다. 이 육체는 비유이자 문자 그대로의 진실인 강렬한 은유로 나의 육체와 동일시된다. 성 바오로는 신자들의 공동체인 교회를 언급하면서 육체에 대해 설명한다.

고린도인에게 보내는 첫 번째 편지 속에 이런 내용이 가장 많이 발견된다. 예를 들어, 그는 고린도의 신자들을 일깨운다. "너희 몸이 그리스도의 지체인 줄을 알지 못하느냐?"(고린도전서 6:15) 그리고 나서 이 문제에 관한 신약성서의 가장 강력한 가르침들 중 하나에서 그는 다음과 같이 묻는다.

너희 몸은 너희가 하나님께로부터 받은 바, 너희 가운데 계신 성령의 성전인 줄을 알지 못하느냐? 너희는 너희 자신의 것이 아니라 값으로 산 것이 되었으니, 그런즉 너희 몸으로 하나님께 영광을 돌리라. (고린도전서 6 : 19~20)

성 바오로는 또한 신자의 몸과 신자가 아닌 이의 몸이 어떻게 무한히, 초월적으로 다른지도 지적했다. 그것은 믿음이 몸을 완전히 바꾸기 때문이다.

나는 이제 너희를 위하여 받는 괴로움을 기뻐하고, 그리스도의 남은
고난을 그의 몸 된 교회를 위하여 내 육체에 채우노라. (골로새서 1:24)

그 차이는 오직 내가 고통을 너그럽게 받아들이는 것에 의해
이루어진다. 받아들임은 오직 내 마음에 깃든 신의 사랑을 통
해서 가능하다.

받아들인다는 것은 내가 선택한다는 것을 의미한다. 믿음을
가진 사람으로서 나는 어떻게든 주님을 받아들여야만 한다는
것, 그리고 그것은 그의 고통에 동참한다는 의미라는 것을 알
고 있었다. 그것은 내가 그리스도 육체의 일원이자 나의 고통
을 필요로 하는 다른 이들을 위해 행동해야 한다는 것을 의미
한다. 이것이 나의 소명이자 나를 부르심에 필수적인 부분이
다. 나의 고통을 필요로 하는 이들은 내가 신성한 계획에 참여
하지 않는 한, 오직 단 하나 중요한 삶인 주님 안에서의 삶을
살지 못한다. 성 바오로는 또 다른 내용으로 신자의 삶을 설
명한다.

우리가 항상 예수의 죽음을 몸에 짊어짐은 예수의 생명이 또한 우리
몸에 나타나게 하려 함이라. (고린도후서 4:10)

마침내 성 바오로도 기독교인들의 신앙이 있는 궁극적 장소
에서 그 육체를 본다. 고린도인에게 보내는 첫 번째 편지에서,
우리는 "진정한 신자의 삶에 대한 그의 유창한 설명…… 세계
문학의 히말라야라고 할 최정상"을 발견할 수 있다. [23] 마음을

울리는 이 경이로운 찬가의 구절들에서 성 바오로는 신성한 제도 안에 있는 하나의 육체/개인의 위치를 드러내준다. "내가 내게 있는 모든 것으로 구제하고 또 내 몸을 불사르게 내줄지라도 사랑이 없으면 내게 아무 유익이 없느니라."(고린도전서 13 : 3)

성 바오로가 사람을 육체라는 관점에서 받아들인 사실은 두 가지 의미로 중요하다. 첫째로, 그런 방식으로 그는 성육신의 실재를 강조한다. 하느님은 사람의 육체를 취해서 그 몸의 형태로 보여주었고, 그 몸을 사용했다. 둘째로, 몸에 대한 강조는 역사적 유혹, 적어도 복원 가능한 기록들만큼 오래된 역사적 유혹에 직접 맞서고 거부한다. 어떤 유혹인가. 물질과 영혼을 구분할 대조를 만들기 위해 물질은 악의 영역으로, 영혼은 선의 영역으로 할당하려는 유혹이다. 성 바오로를 읽었다면, 오늘날 기독교에 여전히 많고, 아마도 예전 어느 때보다 더 현저하면서, 명백히 더 교활하게 나타나는 이단적 경향을 받아들일 신자는 없을 것이다.

테크놀로지화를 통해 현대의 세계는, 기원전 6세기의 예언자 조로아스터에 의해 만들어졌으며, 기독교 초창기에 미트라교로 알려지며 널리 퍼져나갔던 조로아스터교 훨씬 전으로 되돌아갔다. 조로아스터교 안에서는 빛의 신인 아후라 마즈다와 어둠의 신인 아흐리만 사이에서 우주적인 투쟁이 벌어진다. 인간들 하나하나도 이 갈등에 휩싸인다.[24]

성 바오로의 시대에서부터 지금에 이르기까지 그리스도의 실재를 증거하는 이들은, 조로아스터의 갈등과는 달리 모두가 견실하게 믿음을 가르치고 실천한다. 이 믿음이 실현되고 표현되는 방식들은 신자들만큼이나 다양하다. 예를 들어 최근에 별세한 정통파 수녀 마더 마리아 스코브초바는 말했다. "하나하나의 개인이야말로 이 세상에 현현한 하느님의 성상이다."[25]

신자들의 경우, 개인이나 혹은 사람의 몸이 테크놀로지화 되면 그 즉시 혼란스러운 의문이 일어난다. 어떤 종류의 신성모독이 여기서 허용되고 있는가? 신성모독이라는 단어는 성스러운 것을 훔친 사람인 새크릴구스sacrilegus에서 유래한다. 이것의 사전적인 의미는 다음과 같다. "신에게 바쳐졌기에 신성한 것을 기술적으로 위해를 가하는 것". (웹스터 제9판) 신약성서에 따르면 모든 사람, 더 구체적으로 말하면, 모든 사람의 몸은 신에게 바쳐진 것이다. 그러면 의문이 생긴다. 테크놀로지화하는 것은 사람 또는 사람의 몸에 위해를 가하고 있지 않은가?

나의 성격과 나의 몸에 영향을 미치는 것들은 많다. 이것은 해로운 것과 유익한 것, 나의 목표에 도달하는 데 도움을 주는 것과 그렇지 않은 것, 내가 그리스도를 본받도록 이끄는 것과 그로부터 멀어지게 하는 것의 차이를 찾아내는 것은 분명히 나의 이성이 해내야 할 과제이다. 내가 속한 전통 속에서, 이성의 힘과 그것에 의한 행동은, 금욕주의 즉 내적, 외적 감각과 이성과 의지와 소망과 욕망의 통제를 통해 실행에 잘 옮겨지고, 정제되고, 완벽해진다.

내가 알던 선한 사람들의 삶을 반추해보면, 그들이 죽을 때, 나는 그들이 고결한 사람이 되는 것을 보았고 금욕주의가 그들을 어떤 온전함에 이르게 하는 것을 목격했다. 그들은 아름다운 죽음을 맞았다. 내가 경험했던 일들은 내가 읽은 책을 통해 사실로 확인되었다. 전해들은 좋은 지식은 좋은 경험적 지식과 일치한다. 이것은 두 종류의 지식 모두를 얻는 것이 중요함을 보여준다. 그것은 정보를 넘어서서 진정한 지혜에 도달하기 위한 확실한 방법이다. 특히 직접 경험에서 간접적으로 전해들은 말로 옮겨가면서 그들이 동의하는 것을 발견한다면.

믿음이 있는 한 사람

나의 형제와 함께 하는 것을 통해 나는 한 조각의 진실을 선물로 받았다. 그의 몸이 떠나고 나서 나는 곰곰이 생각해보았다…… 그리고 또 다시 나 자신에게 물었다. 그는 어떻게 그것을 해냈을까? 어떻게 그렇게 명료하게 볼 수 있었을까? 어떻게 그렇게 용감하게 행동할 수 있었을까? 왜 그의 죽음은, 내가 목격한 다른 이들, 관습적으로 잘 배웠다고 하는 사람들, 현대성에 대해 철학적으로 비판할 수 있었던 사람들, 하지만 내 생각에 잘 죽을 수 있는 방법에 대해서는 알지 못했던 사람들과 전혀 달랐을까? 어떻게 인간적으로 불가능해 보였던 것을 '설명할' 수 있을까?

버나드가 죽은 뒤 몇 달 동안 나는 가장 존경하는 스승인 성 토마스 아퀴나스에게로 돌아갔다. 그의 가장 위대한 작업인 《신학대전》에서 나의 질문들에 대한 답을 찾았다고 생각했다. 그 책에서 성 토마스는 은총에 대해, 그것은 무엇이며, 왜 그것이 필연적이며, 그것은 어떤 영향을 끼치는지에 대해 썼다.

아무도 은총을 본 적이 없으며, 직설적으로 말해서, 당신은 그것의 존재를 느낄 수 없다. 궁극적으로 그것의 실재는 나의 믿음에 달려있다. 하지만 나는 최근에 버나드의 죽음과 연관된 일련의 상황 속에서 은총의 영향력을 보았다. 은총은 영혼의 밝음a nitor animae, 하느님이 주신 무상의 선물, 신성한 선량함에 동참하는 것이다. 하느님이라는 개념으로 시작되는 이런 말들 가운데 어느 것도 지성으로 이해할 수 있는 것은 없다. 그 말들은 모두 은총의 영향, 분명하게 흘러넘치는 영향을 암시하고 있다. 볼 수 있는 눈을 지닌 사람에게는. 성 토마스는 또한 은총이란 영혼의 특별한 빛인데, 그것은 신성한 선량함에 동참할 수 있는 본성의 상태로 끌어올려 주는 것이라고 했다.

성 토마스는 자신의 저작에서 이 부분을 다루면서, 우리의 첫 번째 부모가 지은 죄에 의해서 인간의 본성이 타락했을 것이라고 추측한다(복잡한 문제는 그의 책 다른 부분에서 충분히 다뤄진다). 그러므로 우리는 이중의 필요 때문에 자신을 찾으려 한다. 우리의 본성을 치유하기 위해, 그리고 자연의 힘을 넘어서 초자연적이고 신성한 선에 도달할 수 있기 위해.[26]

버나드의 인생과 그를 둘러싼 중서부 도시의 환경을 구석구석 알고 난 뒤에도, 나는 그의 통찰력과 행동을 설명할 수 있는 합리적인 이유나 논거를 찾을 수가 없었다. 하지만 삶에 대한 그의 깊은 충실함, 지난 2천년 동안 은총을 증거한 이들의 모범적인 삶, 성 토마스 같은 성직자들의 가르침으로부터 나는 어떤 결론에 도달할 수 있었다. 나는 버나드의 삶과 죽음에 있는 은총의 실재를 사실로 인정할 수밖에 없었다. 마지막까지 불가해한 진실 때문에, 나는 하느님이 버나드를 편애하고 사랑한다는 것을 알게 되었다. 이것은 내가 오직 그 앞에서 말문이 막힌 채 머리를 숙이고 궁금해 할 수밖에 없던 많은 진실들 중 하나이다.

나중에 생각한 것들

종종 인용되는 "모든 사람들은 자연스럽게 행복을 찾는다"라는 아리스토텔레스의 말이 있다.[27) 그러나 행복의 정확한 의미를 결정하는 일에는 뛰어넘지 못할 어려움이 있을지도 모른다. '자연스럽게'라는 말 또한 비슷한 장애물이 될 수 있지만, 어쩌면 그것들을 극복할 수 있을지도 모르겠다. '자연스럽게'라는 말은, 내가 만들어진 방식으로, 한 마디로 내가 존재하는 방식으로 일어난다는 의미이다. 나는 다른 모든 이들 역시 비참함, 고통, 불행을 피할 방법을 찾을 가능성이 높을 것이라고 받아들인다.

내가 아는 미국에서는 거의 모든 사람들이 건강에 거대한 주안점을 두고 있고, 많은 이들이 실제로 그에 따라 행동을 결정한다. 이런 걱정의 근거는 무엇인가?

아리스토텔레스의 격언을 견지하는 입장은, 그리스 사상가들로 시작된 전통 안에서 가장 완벽하게 정교해졌고 오늘날까지 종종 돌발적으로 그 질문을 계속 던져왔다. 무엇이 좋은 삶인가? 그 질문은 일반적으로 당연한 귀결에 이른다. 어떻게 좋은 삶을 살 것인가?

히포크라테스 선서와 히포크라테스의 이름과 관련되어 있는 글들의 주요 부분을 읽고 나서 나는 고대 세계에서 '건강'이 좋은 삶의 핵심적인 요소로, 행복의 일반적 개념에 필수적인 것으로 나타난다는 사실을 발견했다.[28] 하지만 내 형제의 침대 옆에 앉아 그가 죽어가는 자리에 함께 하면서, 그리스인들의 질문과 답에 대한 관습적인 해석에 의문을 갖게 되었다.

소크라테스 이전부터 많은 이들이 그 질문에 대해서 연구했다. 무엇이 좋은 삶인가? 오늘날 그 주제와 대면하게 되면, 즉시 가능한 가장 직접적이고 강력한 의미들에 도달할 수 있다. 우선 나 자신의 경험을 검토해 볼 수 있다. 만약 나의 경험을 참조할 수 없으면, 혹은 아무것도 가지고 있지 않으면, 나는 다른 쪽으로, 보통은 교육이라고 불리는 전략으로 방향을 돌릴 것이다. 그래서 내가 무언가를 배울 수 있다고 주장하게 된다. 내가 배움을 얻은 이는 개인적 경험으로부터, 혹은 다른 이의 경험으로부터 알게 되었다. 그것은 많은 숙고나 복잡한 사고 실험 없이도, 내가 배운 대부분의 것들이 나 자신의 경험이나 다른 이의 경험에 기초하지 않고, 무한히 되돌아가는 '권위자들'의 혼란스러운 계보에 있다는 결론을 내리게 한다. 적어도 오래된 질문들에 한해서는.[29]

경험이란 그렇게 중요한 것일까? 죽음을 향해 가는 버나드와 동행하기 전에 나는 무슨 말을 해야 할지 알지 못했다. 그러나 지금 나는 하고 있다. 나는 죽어가는 버나드에게 점점 더 다가갔던 경험이 내 인생에서 가장 중요한 일이었고, 살아가는 것의 의미가 무엇인지 존재의 가장 깊숙한 곳에서 느꼈다고 말하는 게 정확하다고 생각한다.

그렇게 많은 미국인들의 걱정에 대한 확실한 답이자 진실에 가장 접근한 것 같은 답은, 철학적인 글에 기초해 있지 않고 학술적인 책이나 대중적인 책에서도 발견할 수 없으며, 다른 이의 의견에서도 들을 수 없다. 오직 '보는' 경험 안에, 죽음을 향해 나아가는 누군가를 보는 경험 안에 있다. 이렇게 보기 위한 필연적이고 충분한 조건이 그 성격과 중요성을 드러낸다. 내가 아는 유일한 것들은 내가 경험한 것들이며, 나는 그것을 서술할 수 있을 뿐이다.

버나드와 함께 있으면서 나는 기독교의 소명이라는 개념을 새롭게 정교하게 생각할 수 있게 되었다. 그 단어는, '부르심'vocare, to call을 의미했고, 수년 전까지는 사제들과 종교적인 삶에 대한 소명으로 국한되는 게 보통이었다. 그런데 교회 안의 여러 사람들이 그 의미를 확장하려는 시도를 했다. 하느님이 누군가를 초대하는 다른 많은 부름들, 예를 들어, 결혼을 하거나 농부라는 직업을 갖기로 하는 일들도 포함하는 것으로. 나는 이제 가톨릭을 믿는 모든 이들이 친족이나 친구 같은 타인의 죽음에 동참하는 일을 소명, 부르심으로 인식하는 것이 필요하다고 믿는다.

그리스도의 성전인 몸을 지닌 각 개인들은 타인과 함께 해야 한다. 내가 사랑해야 한다면, 내가 고대로부터의 질문에 대해 어떻게 대답할지 배워야 한다면, 나는 그 자리에 있어야만 한다. 무엇이 좋은 삶인가? 그리고 어떻게 좋은 삶을 살 것인가?

하지만 내가 배운 진실은 가톨릭을 믿는 일에 국한되지 말아야 한다. 행복 그리고 좋은 삶에 대해 의문을 던지는 사람이라면 누구나 버나드가 죽어가면서 보여준 행동에서 도움을 받을 것이다.

나는 버나드의 마지막 여정에 동행했다. 나에게 일어난 일들로부터 깨달은 것은, 우리를 강하게 연결하고 있는 애정과 의무감의 발로로 내가 그 자리에 있어야 한다는 사실이다. 나는 그 자리에 부재할 수 없었다. 나는 선택의 여지가 없었다. 내가 만약 그저 그를 방문하고, 그를 훑어보고, 그의 상태를 살피기 위해 잠깐 들렀더라면 그는 나에게 어떤 것도 줄 수 없었을 것이다. 그렇지 않았으므로, 그는 나에게 헤아릴 수 없는 선물을 남겼다.

더욱이 그는 '자유로운' 공간 안에 있어야만 했다. 나는 죽음을 보러온 게 아니라 죽음에 동참하기 위해 온 것이었다. 그리고 그에게 필요했던 공간은, 앞에서 지적한 것처럼, 관례적인 시설에서는 구할 수 없는 공간이라고 나는 생각했다.

그때 나에게는 버나드를 볼 수 있도록, 눈을 적응시키는 평범한 시간들이 많이 필요했다. 어떤 이들은 눈을 정화시켜 이 시대를 볼 수 있는 능력을 얻으려면 평생 동안 아스케시스askesis(금욕주의)를 지킬 필요가 있다고 이야기한다. 나는 이것이 진실이라고 느낀다. 수많은 눈들을 자극하는 매력적이면서 추한, 유혹적이면서 혐오스러운 이미지들은 보는 것을 어렵게 하거나 불가능하게 만들뿐이다.

그 시간 동안 내가 보았던 침대에 누워있는 존재는 버나드의 사진과 전혀 달랐다. 정말로 나는 거부하고 울부짖었을 수도 있었다. "아냐, 아냐, 저건 버나드가 아니야! 그는 저렇게 보인 적이 없었어!" 그가 눈을 뜨고, 내가 본 어떤 눈빛과도 닮지 않은 모습으로 아주 뚫어지게 응시했을 때, 내가 본 것은 인간의 눈이 지닌 어떤 이미지와도 달랐다. '하지만 나는 그 눈을 보아야만 했다……' 그렇지 않으면 나는 그 움직임, 우리가 일상적으로 경험하는 시간 너머의 전혀 다른 시간을 향해가는 움직임을 절대 볼 수 없었을 것이다. 내가 그저 간신히 그를 볼 수 있고, 오직 그의 행동만 희미하게 파악할 수 있었다. 그러나 그가 떠나는 것을 깊이 느낄 수 있도록 무엇인가가 내 눈을 맑게 했다.

나는 아리스토텔레스가 도달하고자 한 것, 철학자들이 연구하고 글을 쓰고자 한 것, 많은 미국인들이 그렇게 많은 시간과 돈을 들여 찾고자 하는 것이 무엇인지 알 것 같았다. '행복'은 너무 순식간이고 얄팍하다. '좋은 삶'은 너무 추상적이고 차갑다. '건강'은 거짓에 불과하고 헛되다. 버나드는 특히 자신의 마지막 날들 동안 죽음을 향해 가면서 자기 자신 그리고 자신의 자리에 완벽하게 공명했다.[30]

시몬 베유의 글 전반에 걸쳐서 균형이라는 용어가 반복해서 나온다.[31] 내가 버나드에게서 본 것은 시몬 베유가 의미하는 균형이다. 그는 완벽한 균형 속에서 살았다. 그의 행동과 존재에는 아름다운 알맞음, 우아함이 있었다. 그 때 나는 사람들의 삶 전반에 걸쳐 균형이라는 개념을 유지하는 게 진실이 아닐까 생각했다. 태어나고, 성장하고, 살아가고, 그 외의 일들에도 누군가 죽음의 균형에 도달할 때까지, 균형이 있다. 내가 버나드를 보고 있을 때 죽음의 균형은 특별한 아름다움으로 빛났다.

　나는 또한 궁극적으로 진실은 시간 너머의 시간에 놓여있음을 깨달았다. 그리고 그 '장소'에서 나와 연관된 누군가가, 자신의 경험을 통해 진실의 조각들을 드러내 보일 수 있다. 이 진실의 조각은 또 다른 누군가와 연결되어 있으며, 고요하지만 시기적절하고 의식을 일깨우는 존재가 나에게 주는 무언의 선물이다.

4

저물어가는 시간 속의 제리

1990년대 후반, 펜실베이니아 주립대학에서 나는 버스에 올랐다. 오하이오 데이튼 외곽의 요양원에 머물고 있는 친구, 제럴드 모리스 S.M 형제를 만나러 가는 길이었다. 토요일 낮 시간 동안 레오나드 센터로 가기 위해 나는 심야버스를 탔고 다음 날 아침 일찍 도착했다. 버스를 타는 것과 밤에 여행하는 것, 이 두 가지 결정은 제리가 했던 말과 그의 경험에 영향을 받았다. 제리는 평소에 버스를 타고 여행을 다녔다. 그것은 사회·경제적 피라미드의 맨 아래 있는 사람들이 이용하는 여행 방식이다.

1960년대에 제리와 내가 멕시코의 쿠에르나바카에서 일할 때, 한번은 그가 이렇게 말하는 것을 들은 적이 있다. "가능하면 나는 항상 야간 버스를 타. 그러면 호텔 비용을 아끼고 버스에서 잠을 잘 수 있거든." 그는 정말로 그렇게 했다. 40년 뒤에도 나는 여전히 그가 한 말을 기억하고 있었다. 몇 번 정도 나는 그가 했던 말대로 할 수 있었는데, 펜실베이니아와 멕시코 사이를 여행하거나 동부해안에서 서부해안으로 미국을 횡단하는 경우에 그랬다. 좋은 시간들이었다. 나는 책을 읽기도 했고, 매우 다양한 사람들과 만났고, 그리고 이야기를 나누었다. 버스의 창밖으로 보이는 두 나라의 풍경도 많은 인상을 남겼다.

아주 일찍 데이튼에 도착했으므로 씻고 면도를 할 수 있는 충분한 시간적 여유가 있었다. 버스 터미널 화장실에는 항상 세면대가 있고 가끔은 뜨거운 물도 나온다! 나는 작은 비누 한 조각과 종이타월 몇 장만 필요했다. 얼굴을 헹구고 있을 때, 말쑥하지만 약간 초라한 옷차림의 남자가 화장실 안으로 들어왔다. 우리는 인사를 주고받았다. 그러고 나서 그는 오늘날 청소년들이 저지르는 끔찍한 행동에 대해 중얼거렸다. 아마 어떤 젊은 소년이 그의 조부모를 살해한 소식을 신문에서 읽었던 것 같다. 이 뉴스에 대해 언급하더니 그는 세수를 하기 시작했다. 그러다가 갑자기 행동을 멈추고 소리쳤다. "요즘 아이들이 필요한 건 내가 겪었던 일이에요. 매질을 두려워하지 않는 좋은 수녀들이 있는 학교 말이요. 관대함은 지나치게 많고, 엄격함은 부족해요. 아무도 그런 아이들을 선도하지 않아요." 곁눈질로 나는 그가 조심스럽게 자신의 덥수룩한 콧수염을 검게 만들고 있다는 것을 알아차렸다. 그는 그렇게 하는 게 "더 젊어 보이기 때문에" 필요하다고 나에게 말했다. 그는 또한 자신이 노숙자로 살아가고 있다는 말도 했다.

그레이하운드 역 근처에서 멈추는 도시 버스의 운전기사에게 물어서 성 레오나드 센터가 있는 교외로 가는 방법을 알아냈다. 토요일에는 버스가 자주 운행되지 않았기 때문에 환승을 몇 번 해야 했고, 그래서 요양원까지 먼 길을 가야했다. 근처에 도착할 때까지 거의 세 시간이나 걸렸다. 성 레오나드 센터를 찾기 위해 둘러보다가 우연히 문이 열려 있는 부동산 사무실을 발견했다. 사무실 사람들이 친절하게도 몇 블록 떨어진 목적지까지 안내해주었다.

몇 에이커 넓이의 잔디밭 사이를 걸어 나는 큰 건물들이 여러 채 모여 있는 곳으로 가까이 다가갔고, 마침내 중앙 사무실을 발견했다. 그곳에 있는 남자가 제럴드가 머물고 있는 건물의 이름을 알려 주었다. 내가 건물로 들어가자, 안내하는 사람들이 제럴드의 방을 가르쳐 주었다. 나는 문을 두드리고 방 안으로 걸어 들어갔다. 제리는 전기면도기로 면도를 하고 있었다. 나는 그에게 따뜻한 인사를 건네면서 꽉 끌어안아주려고 앞으로 나아갔다. 걸어가면서 나는 그의 눈이 영문을 몰라 깜빡이는 것을 알아차렸다. "이게 누구지?" 하지만 그는 곧 나를 알아보았고 여러 해 동안 내가 알고 있던 그 미소가 얼굴 위로 번져갔다. 그는 나를 환영하며 진심으로 기뻐했다. 나는 그에게 나의 방문 계획을 알리지 않았는데, 제리를 놀라게 하는 것이 모험심 가득한 그의 영혼에 더 어울린다고 생각했기 때문이다.

제리는 '그들'이 이따금 면도를 하라고 한다고 설명하면서 계속 자신의 얼굴 주위로 면도기를 작동시켰다. 만약 자기가 면도를 하지 않으면 직원들이 면도칼로 자기를 면도시킬 것이고 그 기회를 틈타 자기의 목을 귀에서 귀까지 그어버릴 것이라고 말했다. 그것으로 나는 그가 독특한 유머감각을 잃어버리지 않았음을 알았다. 멕시코에서 마지막으로 만나고 몇 년이 지나는 동안 그는 나이가 들고 꽤 노쇠해진 것처럼 보였다. 하지만 내가 아는 그의 영혼은 여전히 흘러넘쳤다.

닳고 닳은 인공 엉덩이로, 제리는 보행을 위한 휠체어를 사용해서 몇 발자국 걸을 수 있었다. 더 먼 거리를 갈 때면 그는 휠체어에 앉은 채 바닥을 따라 자기 발을 '걷게' 해서 앞으로 움직였다. 무릎 아래에 있는 그의 다리는 여전히 움직였다. 그는 정말 자랑스러워하면서 그 건물에서 자기가 살고 있는 층을 구경시켜주었다. 나는 그가 보호시설 생활의 일상으로 국한되어버린 그 장소에 대해 어떻게 느끼는지 매우 걱정스러웠다. 우리가 멕시코에 함께 있던 수 년 동안에 제리는 많은 자율성을 즐기는 방식으로 자신의 시간과 사는 곳을 구성했다. 그와 함께 그의 낡은 폭스바겐 버스에 타는 건 언제나 모험이었다. 그 차의 안과 밖은 집에서 지나치게 많은 품을 들여 만든 장식품들로 치장되어 있었다. 그가 지금 머물고 있는 텅 빈 방은 제리가 내가 여러 해 동안 알고 지냈던 사람에서 많이 변했음을 보여주고 있었다.

맨 처음 그는 나를 예배실로 데려갔다. 실제로는 스테인드글라스 창문이 하늘에 닿을 정도로 높게 솟은 대형 교회였다. 그는 나의 방문이 예배실에서 시작되기를 바라는 게 분명했다. 그는 내가 몇 분 동안 집중해서 기도하기를 기대하는 것 같았다. 그 다음에 그는 근처에 있는 스낵바를 열심히 보여주었고,

커피와 쿠키, 도넛을 대접했다. 그는 하루 종일 언제나 이용할 수 있는, 차갑게 냉동된 간식이 잔뜩 들어있는 냉장고의 문을 열어 보였다. 제리는 그곳에서 모든 이들의 영적이고 육체적인 성향이 충분히 충족되고 있음을 증명하려고 애썼다. 나는 놀랐다. 내가 알고 있던 제리는 주위에 잘못된 것들이나 부족한 것들을 재빨리 발견하는 사람이었다. 하지만 여기 있는 그는 모든 것들을 진심으로 기뻐하는 것처럼 보였다. 그는 누구나 나이든 사람에게 한 번씩 들어야 하는 불평의 흔적도 보여주지 않았다.

점심시간에 그는 벽 하나가 온통 창문이라 빛이 자연스럽게 잘 들어오는 넓은 식당으로 나를 데려 갔다. 대부분 네 사람이 앉을 수 있는 식탁들이었고, 여섯 명의 자리가 있는 둥근 식탁도 있었다. 모든 식탁은 깨끗하고 하얀 천으로 덮여 있었고, 작은 꽃다발이 놓여 있었다. 독신인 남자와 여자, 은퇴한 신부, 제리같이 신앙심 깊은 이들, 그리고 오랜 세월 동안 충실한 결혼 생활을 함께 한 부부가 매력적으로 보이는 시설에 모여 있었다. 모든 사람들이 점심식사를 위해 성장을 하고 있었다. 나는 식당에 나타나는 걸 준비하기 위해 오전에 많은 시간을 투자할지도 모른다는 추측을 했다. 여자들은 정성스럽게 머리를 매만진 상태였다. 그들이 더 젊었을 때는 오후에 차를 마시고 저녁에 극장에 가기 위해 장갑을 꼈으리라.

내 시선을 잡아끌어 붙잡아 두었던 한 사람이 기억난다. 아주 나이가 많고, 마르고, 가냘프게 보이는 신부였는데 그는 완벽하게 꼿꼿한 자세로 앉아있었고, 세심하게 식탁 예절을 지켰다. 제리는 나에게 성 레오나드 센터가 로마 가톨릭 마리아주의 공동체가 소유하고 운영하고 있음에도, 믿음을 가진 사람과 갖지 않은 사람 모두가 여기서 살 수 있도록 받아들이고 있다고 말해주었다. 나는 배가 고팠고 그래서 많은 양의 점심을 먹었다. 하지만 제리는 고작 수프와 젤로(젤리 과자—상품명) 한 접시만을 가져왔다. 간병인들이 친절하게 더 먹으라고 권했지만 그는 거절하며 말했다. "나는 너무 뚱뚱해졌어요…… 바지 단추를 잠글 수도 없다고요."

내가 틀니에 대해 물어봤을 때, 그는 어디 있는지 확실하지 않다면서 서랍 어딘가에 있을 거라고 대답했다. 내가 판단하건대, 그는 자신의 외양을 의식하지 못하고 있는 듯 했으므로 결코 틀니를 사용하지 않을 것 같았다. 나는 콧수염을 신경 쓰는 노숙자의 허영과, 뺨과 입이 움푹 들어간 것에 대한 제리의 무관심 가운데 어느 쪽이 더 우스꽝스러울까 궁금했다.

식당의 창문들을 손으로 가리키면서, 그는 흥분해서 바깥 풍경에 대해 칭찬을 늘어놓았다. 나는 보고 또 보았지만 흥미나 감탄을 불러일으킬 만한 그 무엇도 보이지 않았다. 창밖에는 여기저기 흩어져 있는 나무들과 집 몇 채가 드문드문 보이는 좁고 평평한 초원이 펼쳐져 있을 뿐이었다. 지극히 평범한 광경이었다. 그는 이 생기 없는 중서부 지역의 풍경에서 무엇을 본 것인가? 게다가 나는 그의 시력이 심각할 정도로 떨어지고 있음을 알고 있는데, 그가 창밖을 제대로 볼 수나 있을까? 아니면 그는 내가 인지하고 상상할 수 있는 능력 너머에 있는 다른 종류의 시각을 갖게 된 것인가? 내가 기억하기로 그는, 더욱 화려한 라틴아메리카의 풍경 속에서 살고 여행했던, 또한 유럽을 돌아다녔던 사람이다. 그는 자연의 아름다움을 알아보고 감상할 줄 아는 능력이 있었다. 그는 창문 밖에 펼쳐진 것들에 홀릴 만한 사람은 아니었다. 나는 그가 또 다른 종류의 풍경을 암시하고 있다는 결론을 내렸다.

나는 그가 먹는 약에 대해 질문했다. 그는 약에 대해 잘 몰랐고, 무심했고, 자기 일이 아닌 것처럼 굴었다. 그래, 아마 그가 매일 먹는 어떤 종류의 약이 있을 테지. 그는 약에는 관심이 없는 것처럼 보였다. 그들이 무엇을 주든 그저 삼킬 뿐이다. 나는 자신의 의료문제에 관심이 없는 아주 늙은 사람과 이야기를 하고 있었다. 나의 의문은 커졌다. 내 오랜 친구 제리는 도대체 어떤 사람으로 변한 거지?

나는 혹시 그를 위해 어떤 일을 해야 하는지 물어보았다. "아니." 아니면 내가 그에게 필요한 무엇이라도 보내줄까? "아니." 그는 갖고 싶은 모든 것을 가지고 있었다. 그가 생각해낼 수 있는 한 그는 필요한 것도, 갖고 싶은 것도 없었다. 그는 나에게 겨울옷을 몇 벌 줬다. 그가 옷장 안에 있는 모든 옷을 입는 것은 불가능했으니까. "자네가 갖게!"

나는 우리가 종종 쿠에르나바카에서 외출을 나갔던 일을 기억하고 있었다. 예를 들어, 저녁에 아이스크림 한 접시나 맥주 한 잔을 위해 내 작은 폭스바겐으로 시내를 한 바퀴 돌았다. 나는 그가 커피 한 잔을 마시고 싶은지, 혹은 술을 마시고 싶은지 물었다. 택시를 부를 수 있다고. 이런 시설에 갇혀 사는 사람들은 밖에 나갈 수 있는 기회를 환영한다고 들었다. 하지만 아니었다. 그는 이곳, 이 건물의 이층에 머무는 것에 만족하고 있었다. 여기서 그가 원하는 모든 것을 찾을 수 있었다. 그 보호 시설의 일상 가운데 우리가 짧게 누렸던 즐거운 만남의 시간 속에서 무슨 일이 일어났던 것일까? 제리는 내가 기억하고 있는 그 사람이 전혀 아니었다.

그는 욕조가 달린 작은 방을 가지고 있었다. 식사는 매일 같은 시간에 식당에서 제공되었다. 그는 언제나 정확히 같은 자리에, 같은 사람들과 마주보며 앉았다. 그는 보호 시설에 있었다. 온화하지만 엄격한 틀로 모든 것이 통제되는 곳이었다. 모든 것이 그를 위해 이루어졌다. 하지만 그는 닳고 닳은 엉덩이뼈를 지닌 노인이었다. 그는 반드시, 최소한 가끔씩은 고통 속에 있을 수밖에 없었다. 내가 아는 다른 사람들 중 이런 환경에 머물고 있는 이들은 엄청난 고통 속에서 괴로워했다. 내가 이것에 대해 그에게 물었을 때, 그는 처음에는 질문을 이해하지 못하는 것처럼 딴청을 부렸다. 마침내 그는 편안하다고 대답했다. 내가 그의 대답을 문자 그대로 받아들일 수 있었을까? 나는 다시 스스로에게 물었다. 이 사람이 어떤 사람이었던가?

그는 모든 것이 센터 안에 있는 게 얼마나 기쁜지, 그곳에서 일하는 간병인들이 얼마나 친절하고 사려 깊은지 몇 번씩 언급했다. 우리가 복도에서 다른 거주자들 옆을 지나갈 때, 그는 그들 하나하나와 구식의 익살스러운 말을 나누며 인사를 했다. 가끔씩 그는 나를 소개시켜 주었다. 나중에 그는 그들이 누군지 나에게 알려주었다. 그는 모든 사람들을 알고 있었고 그 사람들 각각에게 친절하고 적절한 말을 해주었다.

나는 그에게 혹시 TV를 보는지 물었다. "아니." 그 또한, 그는 흥미를 갖고 있지 않은 것처럼 보였다. 그는 신문이나 잡지를 읽고 싶어 하지도 않았지만 읽기는 하는 것 같았다. 나는 내가 쓴 책『엘 카미노 : 산티아고 데 콤포스텔라를 향해 걷다』가 여러 다른 책들 위에 있는 것을 알아보았다. 그는 자신이 가장 좋아하는 일은 휠체어를 통로의 교차로에 세워놓고 사람들이 지나가는 것을 그냥 바라보는 것이라고 말했다. 그것이 그의 주요 일과 중 하나인 듯했다. 나는 그가 직원들과 농담을 주고받거나 여성 관리인들과 시시덕거리는 것을 즐기는 것도 보았다.

그는 복도의 막다른 끝에 있는 벽을 가리키며 저기에 무엇이 있는지 보이냐고 물었다. 그것은 특별할 것이 없는 성처녀와 아기 예수의 그림이었다. 제리는 그 모습을 보면서 그들의 삶을 떠올린다고 말했다. 그는 그들에 대해 생각하면서, 그들이 했던 것처럼, 신의 의지에 따라 행동할 수 있도록 매일 기도했다. 나는 그 목소리의 음색에, 그 기도의 견고함과 진지함에 감명 받지 않을 수가 없었다. 그는 자의식 없이, 명백한 솔직함으로 이야기했다. 나도 모르게 숨이 턱 막혔다. 진정한 솔직함과 소박함이 무엇인지 깨달았던 것이다. 그것을 의도의 순수성이라고 부르는 사람들도 있을 것이다. 그날 내가 본 모든 것으로부터, 제리는 모호함을 뒤에 숨기고 있는 사람이 아니라는 사실을 알게 되었다. '하느님의 뜻'은 자아를 확대해서 포장하기 위한 것이 아니었다.

다른 사람들이 성실성과 진실성에 대해 이야기할지도 모른다. 하지만 나는 어디선가 진실성과 성실함의 개념에 대해 강하게 비판한 글을 읽었던 기억이 났다. 돌이켜보면, 그 내용은 '저 밖'에 있는 진실의 개념을 검토하고 받아들이지 못하는 거부감을 숨기려 하는, 공허한 자아를 감추기 위한 가식의 방법으로서의 주관성에 저항하는 논의들이었다. 그 비판에 대해 곰곰이 생각해본 뒤 나는 줄곧 다른 저자들이 '진실성'을 언급할 때마다 경계를 해왔다. 만약 누군가가 내가 아는 어떤 사람이 진실하다고 주장한다면, 나는 경계를 한다. 그 용어는 광고 문구로 남겨두는 것이 더 낫다.

제리의 행동에서, 나는 그 문제에는 두 가지 측면이 있고 그 두 가지가 모두 고려되어야 한다는 것을 깨달았다. 반드시 객관적 진실을 보아야 하고, 그리고 동시에 행동하는 사람의 마음을 고려해야 한다. 내 앞에 있는 제리라는 사람 안에, 하느님의 뜻에 따라 행동하는 것의 진실과 이 진실에 다가가기 위해 그가 직접 선택한 구체적 행동들 사이에는 분명한 연관성이 있었다.

제리를 만나러 데이튼으로 버스를 타고 가면서 나는 읽고 싶은 책 목록에 오랫동안 올라가 있던 솔 벨로우의 『새믈러 씨의 혹성』을 읽기 시작했다. 제리를 다시 보았을 때 그 책에 있는 어느 구절이 그의 상황에 적절하다는 사실을 깨달았다. 나의 여정 동안에 바로 딱 '들어맞는' 책을 읽은 것이다.

새믈러 씨는 42번가 도서관에서, 늘 그렇듯이, 마이스터 에크하르트를 읽고 있었다.

"축복 받은 이는 영혼 안에서 가난하다. 가난하다는 건 가진 게 없다는 것이며, 영혼이 가난한 이는 모든 영혼들을 선뜻 받아들인다. 이제 하느님은 영혼들의 영혼이다. 영혼의 열매는 사랑, 기쁨, 그리고 평화다. 반드시 당신이 모든 피조물들을 빼앗기도록, 피조물들로부터 오는 모든 위안을 빼앗기도록 하라. 확실히 피조물이 당신을 편안하게 해주는 한, 당신은 결코 진정한 평안을 찾을 수 없을 것이다. 하느님 외에 어떤 것도 당신을 편안하게 해주지 못한다면 하느님은 진정 당신을 위로해줄 것이다."

벨로우는 계속 써내려간다. "새들러 씨는 자기가 읽은 것을 문자 그대로 믿는다는 사실을 말할 수 없었다. 그러나 오직 이것, 읽는 것만 좋아한다는 사실은 말할 수 있었다."[1]

제리는 좋은 친구고, 늙었고, 휠체어에 의지해야 했고, 혼자서는 외출을 할 수 없었기 때문에 내가 그를 위해서 무엇을 할 수 있을지, 무엇을 사다 줘야 할지, 어떤 필요한 것을 보내줘야 할지 되풀이해서 여러 번 물어보았다. 그럴 때마다 그는 "아니"라고 대답했다. 그는 아무것도 필요하지 않았고, 아무것도 원하지 않았다. 나는 그가 사람들을 구속하고, 사람들을 세계에 집착하게 만들고, 사람들을 스스로에게 갇히게 하는 모든 마지막 작은 '생필품'들로부터 멀어졌음을 보았다. 내가 그것을 깨달은 것은, 그가 포기한 상태로 살고 있었고, 평화로웠고, 기뻐하고 있었기 때문이다. 나는 아직 남아있는 그의 오래된 습관들 중 하나를 발견해서 즐거웠다. 그는 방 밖에 손글씨로 다음과 같이 크게 써 붙여놓았다. "웃어라…… 그러면 네 얼굴이 쉴 수 있다."

멕시코에서 함께 일했던 친구 이반 일리치는 1980년대에 이미 생필품의 현대적 개념에 대한 책을 썼다. 그는 생필품의 사회경제적 개념이, 2차 대전 이후의 이론들과 그것을 제3세계 발전이라 불렀던 것에 적용하면서 비롯되었다고 믿었다. 더불어 상품과 서비스 양쪽 조달업자들은 점점 더 비싼 패키지의 상품들을 고안하고 판매했다. 예를 들어, 픽업트럭의 덮개를 열어보거나 의사의 진료실을 들여다보면, 또 1960년과 2004년 학교 직원들의 계획을 조사해 보면 그 차이점들을 볼 수 있다.

특정한 사회적 개념들은 서로 다른 시대에, 변화의 다양한 측면을 강조하면서 표면화된다. 역사적으로 강조된 개념들은 '개혁'에서 '진화'로, '진보'로, '개발'로, '성장'으로, '지속가능성'으로 여러 번 달라졌다. 많은 저술가들이 이러한 개념의 변화가 끼친 바람직하지 않은 영향들을 기록으로 남겼다. 그들은 지구 온난화, 유전자의 감소, 다양한 종류의 오염, 면역력 파괴, 그리고 수백만의 DP들(난민, 2차 대전에서 나온 용어), 더 적절한 명칭으로는 집 없는 노숙자들에 대해 썼다. [2]

일리치가 1970년대와 1980년대에 쓴 글을 보면, 사람들이 생태 환경의 변화에서 살아남기가 어려워졌지만, 더 심각한 문제는 사람들이 자신과 사회에서 개발 혹은 발전과 성장이 이루어져야 한다는 생각과 그것을 실행에 옮기려는 습관을 지니고 살아간다는 끔찍함이라고 지적했다. 한 가지 관점으로부터 변화가 일어난다고 말하는 게 가능하다면, 사람들은 '호모 에코

노미쿠스homo economicus'에서 '호모 미저러빌리스homo miserabil-is'로 바뀌었다. 경제적 존재에서 비참한 존재로, 즉 규격화된 상품과 서비스의 공급에 완전히 의지하는 생물로 바뀐 것이다. 일리치는 주로 산업화된 세계에 살고 있으며 인간적 본성이 변하는 것을 경험하는 사람들에 대해 썼다. 대부분의 사람들에게 아리스토텔레스의 이성적 동물이라는 개념은 이제 적용되지 않는다. 그리스인들과 그 이후 사상가들에게 합리성이란 가능한 대안들을 자유롭게 검토하고 선택하는 것을 의미했다. 결핍이 통치하는 시스템 아래, 소위 기본적인 필요라는 욕망에 쫓기고 있는 개인은 더 이상 자유롭거나 합리적이지 못하다. 일리치는 많은 이들이 필요에 중독되어 있다고 말했다. [3]

2차 대전 이후에, 많은 사회과학자들과 정치인들, 비정부조직NGO들과 개인들은, 사회경제적 개발에 헌신했다. 결국 개발과 변화의 모든 측면들은 하나로 축소된다. 마법의 총알인, 성장으로. 미신은 지적 권력과 정치적 권력이라는 경로로 통치한다. 역사적으로 생활필수품을 받아들이는 것에 대한 거부가 있어왔음에도 많은 이들이 생필품의 개념에 매혹되거나 노예가 되었다. 그들은 존재 깊은 곳에 기본적인 필요가 있다고 믿었고 그렇게 느꼈다. 이것은 아마 2차 대전 이후 사회경제적 사유와 실천의 가장 치명적인 유산이 생필품에 대한 개념일 것이라는 일리치의 의견을 강하게 뒷받침한다. 생필품에 대한 미신을 굳게 믿는 사람들은 여전히 존재하며, 그것도 엄청난 숫자다.

제로 성장 정책을 제시하는 산업 국가는 없다. 더 나아가, 나는 성장의 개념에 대해 진지하고 지속적인 질문도 없음을 알아차렸다. 이 새로운 현상에 도전하는 포스트모던한 혼돈도 전혀 없다. 성장은 또한 모든 사람들을 결핍감에 시달리게 한다. 하지만 휠체어에 앉은 노인인 제리는 현대적 합의와 충돌한다. 그는 스스로가 권리나 자격을 가지고 있다고 믿지 않았다. 그는 모두가 당연히 여기는 것, 많은 사람이 자의식의 토대로 구축하는 것들을 거부했다. 제리와 그의 환경을 성찰해보면, 내가 아는 모든 사람들 중에서 그가 가장 결핍감이 적은 사람임이 분명했다. 그는 현대성의 족쇄를 우아하게 던져버렸고, 풍족함의 덫을 멋지게 탈출했다. 그는 내가 가능하다고 생각했던 것 이상으로 자유로웠다.

따라서 나는 전에 읽은 일리치의 글에서 미처 깨닫지 못했던 것을 새롭게 배웠다. 그의 책이나 논문에서 그가 말하는 내용들은, 어느 정도는, 복음 속의 우화들을 '보는' 것처럼 읽어야 가장 잘 이해할 수 있다. 핵심을 말하자면, 당신은 그것을 이해하거나 아니면 전혀 이해하지 못하거나 둘 중 하나라는 것이다. 그러나 일리치의 말을 '이해하려'면, 두 가지 차원, 즉 앎의 차원과 삶의 차원으로 들어가야 한다. 일리치의 글을 진지하게 읽고 이해하려면 반드시 의미를 포착하고, 반드시 무엇인가를 해야 한다. 이런 의미에서 제리는 일리치의 진정한 학생이었다.

그는 일리치가 욕구에 대해 쓴 글의 핵심을 완전히 이해하고 있었다. 그는 보았고, 그러고 나서 행동했다. 나는 제리가 감동적으로 진실하게 살고 있음을 목격했다. 그는 아마도 내가 이제까지 한 것처럼 그것을 말로 분명히 표현하지 못하겠지만,

나는 그의 지성이 어쩌면 일리치의 저작에 대해 나와 논의했던 유명한 학자들보다 더 깊은 곳까지 도달했을지도 모른다는 사실을 이해했다. 제리는 일리치가 쓴 글의 본질과 양식에 특별히 부합하는 지혜를 보여주었다. 제리의 앏은 성욕과 육체적인 것을 확실하게 부숴버렸다.

나는 제리에게 좀 더 깊은 무엇인가를 배웠다. 어떤 의미에서, 나는 이제, 오늘날의 필요가 지닌 성격에 대한 일리치의 통찰은 그의 글에 담긴 가장 중요한 핵심 가운데 하나라고 믿는다. 나는 오래전부터 많은 이들이 말하는 자유가 피상적이고 심지어 존재하지 않는다고 오랫동안 믿었다. 가장 자유로울 수 있는 사람들이 어쩌면 가장 자유가 부족한 사람들이기도 하다. 그 주제는 현대의 미신과 필요의 중독에 직접적으로 관련되어 있다. 필요에 대한 일리치의 통찰을 이해하지 못하면 집착을 버리고 살기 힘들다. 즉 모든 것을 필요로 하는 것은 정말 자유로워지는 것을 가로막는 장애물을 세우고 유지하는 것이다. 여기서는 정말로 '둘 중 하나'라고 말할 수 있을 것이다. 결핍감을 느끼거나, 자유롭거나…….

내가 아는 많은 사람들이 일리치의 생각을 존경하고, 그에게 영향을 받았으며, 심지어 그의 충실한 학생이 되었다고 공언한다. 하지만 나는 제리야말로 내가 만난 이반 일리치의 가장 훌륭한 독자라고 결론을 내렸다. 제리는 나를 놀라게 했다. 그는 나에게 배움에 대해 중요한 것을 가르쳐줬다. 쿠에르나바카에서 함께 일할 때, 많은 사람들이 그를 좀 어릿광대 같다고 여겼다. 분명 호감이 가는 사람이지만 대단히 명석한 사람이라고 생각하지는 않았다. CIDOC(국제문화센터)에서 논의하고 저술하는 철학적이고 사회적이고 역사적인 다양한 질문에 그가 어떤 기여를 하리라고 기대한 사람은 없었다. 그에 대한 나의 우정은 그의 성격에 대한 존경심에서 비롯되었다. 나 역시, 한 번도 그가 사유의 세계에 기여할 사람으로 생각하지 않았다. 하지만 그 낡은 요양원에서, 장애가 있어 비틀거리는 친구로 인해, 갑자기 중요한 사실을 새롭게 깨달았다. 오늘날 우리 세계의 자유에 대해 중요한 것을 배웠다.

훗날 오하이오를 방문했던 일을 되새겨보다가 나는 제리와 나누었던 다른 경험들을 기억해냈고, 그것들을 새롭게 조명해 보았다. 몇 년 전부터 제리는 자유로워지기 위해 단호한 걸음을 내딛고 있었음을 깨달았다. 1990년대 초반에 나는 그를 1,2년 동안 보지 못했는데, 그 때 그가 멕시코에서 거의 삼십 년 동안 하던 일을 그만두고 오악사카 주 남쪽에 있는 외진 인디안 어촌마을로 갔다는 소식을 들었다.

CIDOC와 쿠에르나바카를 떠난 뒤, 그는 오악사카 주 어느 도시의 멕시코 원주민을 위한 기관에 고용되었다. 인디언들을 가르칠 젊은이들에게 스페인어 연수를 시키는 일이었다. 그가 편지를 보내지 않아서 걱정이 되었던 나는, 쿠에르나바카에서 버스를 타고 사흘 동안 여행을 한 끝에, 마지막 몇 킬로미터는 달리는 트럭의 열려 있는 화물칸에 올라 타 비포장도로 위에서 덜컹거리며, '산 마테오 델 마'라는 마을에 도달했다. 여행은 하루가 더 걸렸는데, 왜냐하면 내가 중간에 길을 잃었기 때문이다. 트럭에서 내린 후에 "마에스트로 제리"를 찾았다. 그리고 정부에서 지은 유아원으로 안내되었는데 전체적으로 별다른 특징이 없는 사각형의 콘크리트 건물이었다. 나는 그곳에서 무릎을 꿇은 채 잡초와 바랭이를 뽑고 있는 제리를 발견했다. 방학이라 아이들이 없는 동안 자신이 심은 잔디를 돌보는 중이었다.

내가 오는 줄 몰랐던 제리는 나를 보고 놀라면서 반가워했다. 그리고 나를 데리고 마을을 돌아다니면서 자기 친구들에게 나를 소개해주었다. 그 사람들은 가장 소박하다고 표현해야 정확할 그런 곳에서 살고 있었다. 그곳은 일 년 내내 따뜻했기 때문에 어떤 집들은 전체가 짚으로 만들어져 있었다. 조금 여유가 있는 가족이 그들의 콘크리트 집에 여분의 방을 만들어, 바닥에 매트리스를 깔고 내가 며칠 지내는 동안 자신들의 집에 머무르라고 초대해주었다. 제리를 고용한 기관에서 유아원 건물 끝에 붙어 있는 원룸 아파트를 그를 위해 내주었지만, 그곳은 손님을 위한 빈 공간을 찾을 수 없을 정도로 너무 어수선하고 더러웠다.

제리의 가족과 같은 친절한 친구들이랑 대화했다. 그들 중 많은 수가 메스티조(아메리카 인디언과 스페인인 사이의 혼혈인)였고 예전에는 오악사카에서 학교를 다녔던 사람들이었다. 나는 제리와 그의 생활환경에 대해 알려고 노력했다. 그가 은퇴한 뒤 생활하고 있는 이 장소의 모든 것이 이상적이라고 말했을 때 그 말을 다 믿을 수 없었기 때문이다. 물론 실제 상황이 어떻게 돌아가고 있든, 나는 그가 불평하지 않으리라는 것, 모든 것이 잘 되고 있다고 나를 안심시키리라는 것을 알고 있었다. 그래서 나는 그의 친구들이 충실하지만 방해가 되지는 않게 그에게 관심을 갖고 있음을 알고 마음이 놓였고 기뻤다. 그들은 매일 식사를 제공해 주려 했지만 제리는 독립적인 성격이라 그것을 거절했다. 그는 하루에 식사를 한 번 했고, 시장에서 사 먹는 것을 좋아했다. 시장은 지저분한 바닥에 강한 햇빛으로부터 사람들을 가려주는 양철 지붕이 있는 창고 건물 같은 곳이었다. 벽이 없었기 때문에 시원한 바다 바람이 막힘없이 들락날락 했다.

시장에는 여주인이 운영하는 레스토랑이 있었다. 원시적인 가스버너로 요리하는 매우 제한된 메뉴에, 거칠게 만들어진 식탁과 손님이 많이 앉을 수 없는 널빤지 의자가 놓여 있는 곳이었다. 매일 점심을 먹으러 제리와 동행하면서 그 일상이 늘 한결같음을 알게 되었다. 제리가 식당에 도착해 자리에 앉고, 여주인에게 인사를 하고, 그녀의 가족에 대해 묻는다. 그러면 가장 최근 소식을 알게 된다. 그는 무엇을 먹고 마실지 주문하지 않았다. 여주인은 그에게 매일 정확하게 동일한 식사를 제공했다. 신선한 생선과 콩, 그리고 무엇이든 그날 그녀가 준비한 채소였다. 식사를 시작할 때와 중간에 그녀는 항상 같은 종류의 소다수 한 병을 그의 앞에 갖다 주었다. 식사를 마친 뒤, 그는 자신의 고양이를 위해 생선 뼈 조각들을 상당히 더러운 플라스틱 봉지에 넣었고, 그 다음에 점심값을 지불했다.

그 마을 사람들 대부분은 메스티조가 아니라 인디언이었다. 여성들은 오직 하얗고 수가 놓인 블라우스와 색이 다채로운 긴 치마인 전통의상만을 입었고, 신발은 전혀 신지 않았다. 그 여자들은 언제나 무엇인가를 머리에 이고 다녔다. 포장이 되지 않은 모래투성이 거리를 걸어가면서 여자들은 서로 대화를 나눴지만, 절대 나를 쳐다보거나 나에게 인사를 하지 않았다. 남자들은 보통 청바지와 하얀 티셔츠를 입었고 신발을 항상 신었다. 그들의 직업은 주로 낚시였다. 많은 가정에서 마을을 자유롭게 돌아다니도록 돼지를 놓아 키우는 것 같았다. 제리는 어느 돼지가 누구의 것인지 모두들 알고 있다고 말했지만 나에게는 구분할 수 있는 표식이 보이지 않았다. 남자들과 여자들은 모두 지붕이 없는 트럭을 타고 이웃 도시인 샐리나 크루즈로 가서 생선을 팔아 가정에 필요한 것들을 구입했다. 그 마을을 더 먼 바깥 세계인 오악사카와 멕시코로 연결해주는 것은 오직 트럭과 전력 공급을 위한 전선뿐이었다.

약 1년이 지난 뒤, 나는 미국과 멕시코로부터 제리에게 안 좋은 일이 생겼다는 전화를 받았다. 실제로 무엇이 문제인지 명확하게 아는 사람이 없었다. 내가 내릴 수 있는 가장 논리적인 결론은 제리가 '미쳤다'는 것이었다. 하지만 산 마테오 델 마에 갔던 사람도 없었고, 그를 본 사람도 없었다. 모든 것이 그저 소문뿐이었다. 몇 년 전까지만 해도 내가 멕시코에 온다는 것을 알면 제리는 종종 오악사카에서 쿠에르나바카까지 나오곤 했다.

나는 다시 그를 만나러 갈 때가 되었다는 판단을 내렸다. 지난 번 여행에서, 나는 그 마을과 그 곳 사람들이 대단히 매력적이라는 것을 알게 되었다. 예를 들어, 나는 바다에서 잡은 신선한 생선을 먹을 수 있었고 손으로 그물을 짜는 사람도 만났다.

어부들은 보통 돛이 달린 거대한 통나무 카누를 타고 바다로 나갔다. 나는 해변으로 들어오는 배 몇 척을 보았다. 요즘 사람들은 유리 섬유로 만든 모터 달린 배만을 사용하는 것처럼 보였다.

또 다시 내가 간다는 것을 편지로 알리지 않은 채 그곳에 도착했을 때, 나는 제리가 좀 변했다는 것을 알았다. 그가 늙었다는 게 분명히 보였다. 그는 마당에 있었지만 일하고 있지 않았고, 거대한 나무 그늘에 조용히 앉아있었다. 두 그루 나무 가운데 하나는 정부 소속 건물을 멋지게 보이게 했다. 그가 인사를 하려고 일어났을 때, 나는 그를 잘 알고 1년 전에 그의 숙소를 보았음에도, 깜짝 놀라지 않을 수 없었다. 미국인들이 그와 마주치면 대부분 속으로 이렇게 외칠 거라고 예상한다. "이 남자는 엉망이군!" 그는 낡고 헐어빠진 운동화를 신고 있었는데, 두 짝 모두 형태를 유지하기 위해 그리고 계속 발에 붙어 있도록 하기 위해 두꺼운 끈으로 칭칭 동여맨 상태였다. 그의 바지 지퍼는 망가져 있었고 잠그는 부분은 안전핀으로 여미어져 있었다. 누더기가 된 셔츠와 바지는 군데군데 찢어져 있었다. 몇 주 동안 세탁을 하지 않은 것처럼 보였다.

나는 그가 쓰는 방이 무질서하고 잡동사니와 먼지가 쌓여 있음을 잊고 있었다. 욕실에서 나는 또다시 개수대 밑에서 그가 세수를 한 뒤 버리는 물을 받는 양동이를 발견했다. 이 물은 그 다음에 변기 물을 흘려보내기 위해 사용된다. 나는 샤워할 때 쓰는 낡고 먼지 낀 비누를 발견했고 여러 번 사용한 것처럼 보이는 기름투성이 수건을 찾아냈다. 나는 그것을 집 밖에 있는 세탁용 개수대로 가져가 북북 문질러 빨았다. 그렇게 하면 샤워할 때 쓸 수 있는 깨끗한 수건이 될지도 모르니까. 아열대의 태양이 곧 사용할 수 있을 정도로 수건을 말려주었다.

나는 제리와 함께 유아원에 머물고 싶었다. 나는 교실에 있는 탁자에서 잘 수 있다는 것을 알았다. 콘크리트 바닥보다 훨씬 편할 것이라고 생각했다. 나는 오래된 담요를 접어서 그것을 매트리스로 사용했다.

시몬 베유는 애착에 관한 글을 상당히 많이 썼다, 예를 들어, "애착은 환상들이 만들어내는 것이다. 그래서 현실을 원하는 사람이라면 누구나 애착을 버려야만 한다."[4] 그녀의 글 대부분이 나에게 깊은 인상을 남겼지만 납득하기는 쉽지 않았는데, 제리를 보면서 나는 그녀가 쓴 것을 완전히 이해하기 시작했다. 제리가 생각하고 살아가는 방식은 그녀의 말들을 납득할 수 있게 만들었다.

그것이 무엇이 됐든 언제나 특정한 대상 너머에서, 우리의 의지를 공허함에 고정시키고, 공허함을 의도해야 한다. 우리가 상상하거나 정의할 수 없는 좋은 것이 우리에게 공허함으로 나타난다. 그러나 이 공허함은 어떤 충만함보다도 충만하다.

만약 우리가 여기까지 도달하면 신이 공허함을 채울 것이기 때문에 우리는 아무렇지도 않게 극복할 것이다. 이것은 현재 쓰이는 의미에서의 지적인 과정과는 아무 상관없다. 지능이 발견할 수 있는 건 없으며, 그것은 오직 땅을 비울 뿐이다. 지능은 오직 비열한 일에만 효과가 좋을 뿐이다.

선한 것은 우리에게 무(無)로 보인다. 사물 자체가 선한 것은 없기 때문이다. 하지만 이러한 무는 비현실이 아니다. 이것과 비교하면 존재 안에 있는 모든 것이 비현실이다. [5]

내가 산 마테오 델 마에서 만난 것은 노인성 치매를 앓고 있는 정신적으로 불안정한 남자가 아니라 무심한 영혼의 삶으로, 예수가 복음에서 말했던 진정한 무심함으로 나아가는 사람이었다. 제리는 "사물 자체가 선한 것은 없다"는 것을 발견했다. 나는 거의 어린아이처럼 행복해하고, 예고 없이 찾아온 친구를 보고 신이 난, 그리고 그러한 방문을 무상의 은총으로 받아들이는 사람을 보았다. 그는 한 번도 나에게 멕시코 남부의 이 외진 마을로 와달라고 초대하는 편지를 쓰지 않았다. 지난 2, 3년 동안 내가 멕시코에 머물 때도 그는 쿠에르나바카로 나오지 않았다. 너무 늙고 허약해진 탓이었다. 그래서 내가 그를 만나기 위해 여행을 했다. 우리의 우정은 그렇게 어떤 균형을 이루었다.

제리를 만난 뒤 나는 미국으로 돌아와 그가 속한 마리아 수도회 원장에게 전화를 했다. 그리고 내가 들은 소문 두 가지가 사실이 아니라는 것, 즉 그는 미친 것도 아니고 지저분한 습관으로 마을 사람들을 불쾌하게 만드는 것도 아니라고 말했다. 제리에게서 유일하게 '잘못된' 일은 그가 점점 더 복음에 가까이 가도록 스스로를 지속적으로 순응시키고 있다는 점이었다. 물론 이것은 어떤 이들에게 그가 추문이나 장애물이 됐음을 의미한다. 내가 산 마테오 델 마를 방문한 지 얼마 되지 않아서,

제리는 자신의 신앙의 본부인 데이튼으로 돌아왔고, 퇴직자 수용 시설에 들어갔다.

1960년대에 제리와 내가 쿠에르나바카에서 일할 때, 우리는 일과가 끝난 뒤 가끔 함께 술을 마셨다. 우리는 대화를 나누며 맛있는 저녁 식사를 먹는 감각적 기쁨을 즐겼다. 지금 나도 제리만큼 늙었지만 나는 여전히 그러한 사치에 대한 애착을 갖고 있다. 하지만 성 레오나드 센터에서 나는 제리가 나를 떠났고, 나보다 높은 차원으로 이동했으며, 어떻게 늙고 어떻게 죽음을 준비해야 하는지 알게 되었음을 깨달았다.

그가 센터 안에서 어떤 사치를, 풍족한 사회의 특권을 누리고 있는 것은 사실이다. 하지만 그런 것들은 산 마테오 델 마에서 그가 느꼈던 만족과 행복의 맥락에서 보아야 한다. 미국의 사람들 가운데 극히 소수만이 어촌에서 사는 제리의 존재가 지닌 폐쇄된 소박함을 견뎌낼 수 있을 것이다. 제리를 이해하기 위해서 나는 시몬 베유가 필요했다. 그는 그녀가 한 진술의 진실성을 내면화했다. "세계의 실재는 우리 애착의 결과이다. 그것은 우리가 사물로 바꿔놓은 자아의 실재이기도 하다."[6]

제리와 헤어져 버스를 타고 오면서 내 생각들이 또 다시 뒤집힌 것을 발견했고, 그래서 다시 놀랐다. 대중교통을 이용해서 그를 방문할 계획을 세울 때, 오랜 친구가 죽기 전에 그를 만나 무엇인가를 주려고 내가 애쓰고 있다는 사실을 기뻐했다. 하지만 나는 모든 것들이 역전되었음을 발견했다. 그가 나에게 인생을 잘 살아가는 본보기, 놀라운 역설의 삶, 복음에 순명하는 삶을 보여 주었다. 항상 똑같은 그의 평범한 일상은 나에게는 완전히 갇혀 있는 것처럼 보였다. 하지만 그는 매일 값 싼 그림 앞에서 자신을 열어 기도하고, 침묵 속에서 하느님을 찾는 시간을 가졌다.

산 마테오 델 마에서 제리가 어떻게 사는지, 그리고 퇴직자 수용 시설에서 어떻게 행동하는지 보았을 때, 나는 처음에는 그가 현대인의 필요에 대해 일리치가 통찰한 핵심을 이해하고 있다고, 그 사유의 본질을 관통하고 있다고 생각했다. 하지만 얼마쯤 숙고한 뒤 나는 그게 아니라는 결론을 내렸다. 제리는 일리치가 비판한 사회적 표면을 넘어선 지평에 이르러 있었다. 필요에 관한 개념들은 일리치가 지닌 신념이 현실이 된 맥락 속 에서 이해되어야만 한다. 그 때 나는 정말로 제리를 볼 수 있을 것이다.

자기 삶의 막바지에 도달한 사람을, 하느님을 사랑하는 서 약에 충실했던 삶을, 유럽인들, 북아메리카인들, 라티노들, 인 디언 제자들과 수년 동안 함께 한 작업으로 발현된 사랑을. 나 는 가르치는 소명을 받은 형제에 대해 이따금 호기심을 갖곤 했다. 교회 안에서 이들은 어떤 사람들일까? 그들에 대한 글을 한 번도 읽어본 적이 없기 때문에, 그리고 그들 가운데 내가 유 일하게 아는 사람이 제리였기 때문에, 제리를 보면서 그들을 이 해하고자 했다.

나의 죽음을 생각할 때, 나는 잘 살기를 원한다. 하지만 신 앙이 있다면 필수불가결한 하나의 조건sine qua non이 남는다. 나는 자유로워야만 한다는 것. 나는 계속 세상을 허용할 수 없 고, 세상의 어떤 속임수에도 매달릴 수 없다. 내가 볼 수 있는 범위에서 제리는 결국 신앙을 지닌 모든 이들이 가고자 했던 곳으로 갔다. 자유롭게 마지막 걸음을, 죽음을 향한 걸음을 내딛었다. 그 역설이 빛나고 있다. 신자들을 가르치는 종교적 교사들이 지닌 규칙과 구조가 제리에게 근본적인 자유의 가능성을 제공했다.[7] 제리는 개인적이며, 내밀하고, 이따금 특유하기도 한 소명을 실행하는 데 적합한 구조를 부여받았다.

나의 죽음과 함께 걷기

낯설음을 경험해보는 것, 스스로를 외국인으로, 이방인으로 느껴보는 것은 좋은 일이고, 어쩌면 꼭 필요한 일일지도 모른다고 생각한다. 적어도 여섯 나라에서 살아 보았고, 열 몇 나라를 여행하며 여러 번 이방인이었던 적이 있는 나는 그런 면에서 운이 좋았다. 병역의 의무, 우정, 그리고 일 때문에 여러 장소에 가야 했다. 열여덟 살 때 해병대에 입대했는데, 부분적으로는 '세계를 보고 싶다'는 생각이 있었다.

1946년에 중국에 가게 되었다. 그곳에서 맛본 첫 번째 낯설음은 여전히 내 인생에 흔적이 남아있을 정도로 강렬한 인상을 남겼다. 많은 시간이 흐른 뒤 나는 라틴아메리카에서 살았고, 인도에 있는 간디 아쉬람에 머물기도 했다. 1978년, 유럽 여행을 하면서 나에게 익숙지 않은 것을 처음 접했는데 놀랍게도 나에게 지구에서 살아가는 또 하나의 방법을 열어 보이고 제시해주었다. 주로 앉아서만 일하는 습관이 굳어진 나로서는 걷는 것에 대해서 새로운 것을 배웠다. 그로 인해 나 자신과 내가 살고 있는 세상에 대한 생각을 뒤흔들 통찰이 일어났다. 내가 어떻게 생각하고 행동하는가에 대한 근본적인 질문을 던지게 되었다.

독일에 도착했을 때 많은 관습과 절차가 특이하고 이상해서 충격을 받았다. 매우 흔한 어떤 행동을 보고 놀랐다. 사람들이 산책을 한다는 것이다. 내가 십 년 넘게 살았던 브레멘에서는 사람들이 보통 하루 종일 그리고 밤이 시작될 무렵의 시간에 베저강변을 따라 걸었다. 작은 도시나 큰 도시 변두리에서는, 일요일 오후마다 사람들이 산책하는 것을 볼 수 있었다. 나는 어떤 주제에 대해, 심지어 문학, 테크놀로지 또는 어떻게 잘 살아갈지의 진지한 문제들에 대해 걸으면서 토론하자고 제안하는 친구들을 보면서 뜻밖의 놀라움을 느꼈다. 나는 인생에 추가된 이 새롭고 보람 있는 상황을 좋아하고 또 찬탄하면서 여러 차례 기뻐했다.

한 번도 역사 이전의 시간에 대해, 인간이 창조되기 이전의 시간에 대해, 우리와 가까운 종족이 네 발로 지구를 가로질렀던 때에 대해 생각해 본 적이 없었다. 나는 한 번도 걷는 것의 역사에 대해 생각해 본 적이 없었고, 심지어 걷는 것의 실재에 대해 성찰해 본 적도 없었다. 내 세대 그리고 나와 사회적 배경을 공유한 많은 미국인들처럼, 내가 경험한 걷기란 오로지 실용적인 성격이었다. 마르크시스트의 언어로 말하자면, 걷기는 나에게 사용가치가 없었다.

그러나 나는 시내를 걸어서 가로질러 등교하는 것을 언제나 당연하게 받아들였다. 그 뒤 좀 더 나이가 들었을 때, 나는 자전거를 탔다. 그것은 편리했으며 그 무렵 그 도시에 사는 사람들은 자전거를 거의 훔쳐가지 않았기 때문에 자물쇠를 채울 필요도 없었다. 또한 공립 고등학교에 등교하는 농장 아이들을 위한 버스 말고는 스쿨버스라는 것도 없었다. 그 학교에서 차를 소유한 사람은 오직 한 명뿐이었다. 그는 미망인이 된 어머니와 남동생의 생계를 위해 시간제 직업을 가져서 일을 할 때 차가 필요했다.

대학에 다닐 때는 차를 소유한 학생은 오직 한 명이었다. 그는 캠퍼스에 차를 주차했고, 학교에서는 그가 운전할 수 있는 경우에 대해 엄격한 규칙을 적용했다. 오늘날 내 젊은 날의 풍경은 사라졌다. 그 때는 하이킹, 배낭여행, 그리고 조깅이 널리 유행하기 전이었다. 그런 것들은 나의 사교 활동에 존재하지 않았다. 비록 나는 확장된 형태의 도보여행, 특히 유럽을 일주하는 여행이 부유한 계층의 젊은이들 사이에서 대중화되기 시작한 게 아닌지 의구심을 갖는다.

사람들의 상상력은 무엇인가를 타고 이동하는 것에 대한 낭만에 사로잡혔고 대중교통은 국가적인 자동차 산업에 제동을 걸 정도로 입지를 확실하게 다지지 못했다.

대학 1학년 때, 그 뒤 30년 후까지 내가 떠올리지도 않았으며 실행되는 것도 보지 못한 생각에 대해 수업 중에 들은 적이 있었다. 1948년 당시에도 그 생각은 신기하지만 오랫동안 역사적인 관심을 받지 못한 것처럼 보였다. 그러나 30년이 지난 뒤에 나는 사색적인 삶에서 걷는 일이 지닌 위치에 대해 추상적으로나마 생각하기 시작했다. 우리는 고대 그리스의 책들을 공부하고 한 주에 한 번씩 그에 관한 짧은 논문을 썼다. 나는 호메로스, 투키디데스, 플라톤, 아리스토파네스, 소포클레스, 그리고 아이스킬로스를 기억한다. 『파이드로스』를 읽은 뒤 나는 걷는 것과 사유하는 것, 대화와 삶을 면밀히 검토하는 것 사이의 관계에 대해 호기심을 가졌다. 내가 훗날 알게 되고 존경하게 된 독일인들처럼, 소크라테스와 파이드로스는 일리소스 강을 따라 전원 속을 걸어 플라타너스 나무가 있는 곳, "온갖 여름의 소리와 향기로 가득한" 장소를 찾아 가 잔디에 앉았다. 그리고 사랑, 불멸의 자연과 인간 영혼의 일시적인 움직임, 수사학, 철학, 그리고 언어에 대해 토론했다. 소크라테스가 이야기한 알파벳의 기원에 대한 전설은 오늘날의 사상가들에게 여전히 영감을 주고 있다. 여러 예술을 고안해낸 신 퇴트는 이집트의 왕 타모스에게 문자를 사용해야 한다는 사실을 납득시키려고 노력했다. 퇴트의 말을 듣고 타모스는 대답했다.

오, 가장 독창적인 퇴트여. 당신이 예술의 부모이자 발명가라고 해도 그 사용자들에게 자신의 발명품의 유용함 혹은 무용함에 관해 언제나 가장 좋은 판단을 내리는 것은 아닙니다. 그리고 이 경우에, 문자들의 아버지인 당신은, 자녀들에 대한 아버지의 사랑으로 인해, 문자들이 지닐 수 없는 우수함까지 부여하고자 할 것입니다. 당신의 이 발견으로 인해 배우는 자들의 영혼 속에 건망증이 만들어질 것입니다. 왜냐하면 기억을 사용하지 않으려 할 것이기 때문이지요. 그들은 글로 적힌 외부적인 것들을 더 신뢰할 것이고 그들 스스로는 기억하지 않으려 할 것입니다. 당신이 발견한 그 구체적인 특정한 것은 기억이 아니라 회상에 도움을 줄 것입니다. 그리고 당신은 제자에게 진실을 주는 것이 아니라 오직 진실의 겉모습만 줄 것입니다. 그것들은 모든 것을 다 아는 것처럼 보일 것이며 일반적으로는 아무것도 모를 것입니다. 그것들은 성가시게 구는 손님이 될 것이고, 실재가 없는 지혜의 전시가 될 것입니다. [1]

소크라테스의 예에서 나는 함께 걸으면서 했던 진지한 토론에 대해, 하지만 그것이 곧 열광적인 독서로 방해를 받았던 것에 대해 생각하기 시작했다.

낯설음을 경험하는 일이 반드시 지리적인 이동에 의해서만 일어나는 일은 아니다. 나는 어떤 책이나 기도를 하다가 일어나는 일, 그리고 사람들을 만나는 경험에 사로잡히고, 놀라고, 이따금 충격을 받곤 한다. 그런 사람들 가운데 몇몇은 유명인에 속하는 비범한 인물들이었으나, 다른 이들은 하찮고, 눈에 띄지 않으며, 한 번도 주목받지 못한 사람들이었다.

우아한 삶을 사는 것에 대한 질문들을 더 깊이 검토하기 위해 나는 플라톤의 『향연』을 다시 읽었다. 기독교인이 되기 전과 기독교인이 된 뒤의 관점에 대비를 주기 위해, 나는 우정에 대해 명료하게 정의하려 애쓰는 『향연』에서의 개념과 더 유동적이면서 구체적인 성 요한의 복음서 14-17장에 나오는 개념을 비교해 보았다. 두 관점을 비교해 보면서 서양 전통의 고전 속에 나오는, 서로 다르지만 어떤 식으로든 연결되어 있는 우정에 대한 두 가지 사랑에 대해 배우고 싶었다. 마음속에 친구를 담아 두는 것이 무엇을 의미하는지에 대한 두 가지 설명 사이의 엄청난 거리를 알아차렸음에도, 그리고 나는 예수의 경우에 더욱 강하게 끌림에도, 나는 그리스인들로부터 배울 점이 있다고 계속 믿었다. 나는 그들이 진리를 향한 특별한 길을 점유하고 있다고 여겼기 때문이다. 그래서 『파이드로스』를 읽으면서 계속 자문했다. 소크라테스의 사유의 성격과 걷는 행위 사이에 어떤 관계가 있는가?

그 다음에 나는 아리스토텔레스가 라이시엄에서 걸어 다니면서 가르쳤다는 사실을 기억해냈다. 이 습관 때문에, 스테지라이트(아리스토텔레스의 속칭)의 추종자들은 소요학파라고 불렸는데, 걸어 다니면서 담화를 나누는 사람들이라는 의미다. 그러나 오늘날 일반적으로 학생들은 같은 책상에 그대로 움직이지 않고 앉아있어야 한다. 무엇이 나아졌는가? 무엇이 후퇴했는가? 더 나아가 이런 행동들이 현실을 드러내는 것인가?

허영이 아니라 다른 '고결한' 동기에 의해 움직이는 부유한 사람들은 강을 따라 걷는 일에 돈을 기부하는 게 아니라 대학 강의실 의자에 기부한다. 기관들은 이렇게 주어지는 돈을 열심히 쫓아다닌다. 명망 있는 선생들은 그런 의자들을 사용할 수 있게 선택되는 것을 영광으로 여긴다. 대학이라는 세계에서, 내가 보기에, 가르치면서 걷는 것과 가장 가까운 행위는 이따금 야외수업을 하는 경우였다. 보통은 따뜻한 봄날 학생들을 건물 밖으로 데리고 나가 잔디에 앉아서 하는 수업 말이다! 나는 궁금했다. 문자 그대로의 의미와 비유적 의미에서 양쪽 다 움직임이 없을 때, 사유의 질은 떨어지는가?

걸어서 학교에 갔던 것, 보이스카우트에서 가끔씩 짧은 도보 여행을 했던 것, 그리고 해병대에서 밀집부대훈련을 많이 했던 것을 제외하고 나는 살면서 정기적으로 걸어본 적이 없다. 이렇게 개인적으로 얼마 안 되는 경험뿐이었기 때문에 나를 찾기 위해 스페인의 산티아고 순례 길을 걸으면서 상당히 놀랐다. 배낭은 내 엉덩이 위에 단단히 얹혀 있었고, 나라를 횡단하여 콤포스텔라까지 걸어갔다. 더욱 놀라운 것은 내가 예순 다섯 살이었다는 것이다! 왜 나는 상당히 무모한 모험일 수 있는 일에 도전했을까?

1993년 초, 내 친구 칼 미첨이 나에게 오비에도 대학에서 강의를 할 몇 번의 기회를 주었다. 스페인으로 가는 첫 번째 여행을 위해 기차를 타기 위해 독일에 있는 우리 집의 문 밖으로 걸어 나왔을 때, 함께 살던 친구 이반 일리치가 내 이름을 부르며 외쳤다. "만약 스페인에 갈 거라면, 꼭 콤포스텔라를 가봐야 해." 나는 그 지명을 들은 적이 있었고 중세에 행해졌던 순례와 관계가 있음을 희미하게 알고 있었다. 나는 일리치가 그 주제로 에세이를 썼던 것을 기억했지만, 그 밖에 다른 것은 아무것도 알지 못했다.

나는 오비에도에서 테크놀로지와 함께 하는 오늘날의 삶에 대해 강의해 달라는 요청을 받았다. 나의 입장은 확실히 비판적인 경향이었지만 교직원과 학생들은 내 관점과 강연에 흥미를 느끼는 것처럼 보였다.[2] 내가 해야 할 강연을 다 마쳤을 때 독일로 돌아가기까지 꼬박 이틀이 남아있었다. 일리치의 제안대로 잠깐 콤포스텔라를 방문하기에 충분한 시간이었다.

우리가 탄 기차가 갈리시아 지방의 가장 유명한 도시에 도착했을 때 주위는 어두웠다. 역 밖에서 기다리고 있던 몇몇 사람들이 승객들에게 좋은 호텔로 데려다주겠다고 말을 걸었다. 여행 경험이 어느 정도 있고 스페인어에 유창했기 때문에 나는 그들의 제안을 거절하고 한 두 블록을 걸어갔다. 그리고 현지 사람에게 '구시가지'로 가는 길을 물어보았다. 나는 혼자서 최소한의 비용으로 괜찮은 숙소를 찾을 것 같다는 확신을 느꼈다. 약 20분 뒤, 나는 작은 광장 가까이에 있는 매력적인 골목 안에서 작고 값싼 호텔을 발견했다. 객실 숙박계를 쓰고 난 뒤, 나는 즉시 잠자리에 들었다. 일요일인 다음 날 아침 일찍 일어나고 싶었다. 하루 종일 콤포스텔라를 돌아다니려 했으니까.

도시가 여전히 어둠과 침묵에 잠겨 있는 시간에 나는 일어나 씻고 옷을 입었다. 그리고 대성당으로 가는 가장 짧은 길인 좁고 돌로 포장된 거리들을 걸어서 재빨리 움직였다. 문들이 이제 막 열리고 있었다. 나는 들어가서 내부를 살펴보았다. 거대한 사원의 동굴 같은 빈 공간에 오직 한 사람이 돌아다니는 것이 보였다. 나는 교회 건축에 대해서는 아는 바가 거의 없었기 때문에, 높은 제단 위에서 주위를 압도하며 서 있는 산티아고의 위대한 성 제임스의 조각상 말고는 아무것도 나의 주의를 끌지 못했다. 어쨌든 그 교회는 지난 몇 세기 동안 그곳에 뼈를 묻은 (어떤 이들은 그렇게 믿는다) 사도에게 바쳐진 성지였다.

순례의 장소에 대해 내가 주로 갖고 있는 생각은 루르드의 사진들이나 라 빌라를 방문했던 일, 멕시코시티에 있는 과달루페의 성모 마리아의 교회, 폴란드의 쳉스토호바에 다녀온 여행들에서 비롯되었다. 따라서 이곳에서는 성지를 방문했던 환자들의 흔적이 보이지 않는다는 사실에 잠시 어리둥절했다. 매달려있는 목발들도, 벽에 묶여 있는 봉헌물도 없었다. 나는 라빌라에서 그런 것들을 보았고, 그곳에 있는 박물관에서는 더 많이 보았다. 치유와 은혜를 얻기 위한 작은 감사의 이미지들은 여전히 교회에 남아있었다. 콤포스텔라에 대한 나의 첫 번째 인상은 의문투성이였다. 도대체 뭐가 매력이지? 왜 콤포스텔라의 명성이 천 년 동안 지속된 거지? 사람들이 왜 이곳에 오는 거지? 그런 질문들이 특히 사라지지 않았는데, 멕시코시티와 쳉스토호바에서 본 무릎을 꿇고 기도하는 사람들이 콤포스텔라에는 아무도 없었기 때문이다.

혼란스러워하며 나는 대성당을 떠났고, 거대한 오브라도이로 광장에 들어섰다. 건너편에 웅장한 스물다섯 개의 아치가 우아하게 늘어서 있는 라조이 궁전의 정면이 보였다. 오른쪽으로 돌아서자 또 다른 인상적인 기념물인, 훌륭하게 복원된 가톨릭 왕들의 호텔이 보였다. 원래는 1492년 마침내 반도에 있는 이슬람의 마지막 근거지를 정복했을 때 페르디난드와 이자벨라가 순례자들을 위한 숙소로 지은 것이었다. 오늘날 이곳은 우아하고 비싼 호텔이며, 그곳에 머물 수 있는 '순례자들'은 일등급 숙소를 이용할 여유가 있는 사람들이다.

대성당 주위의 구시가지를 돌아다니면서, 나는 아시시를 방문했을 때 처음 경험했던 그 기분을 다시 느꼈다. 수많은 돌,

진기한 옛 건물들, 그리고 좁고 구불구불한 거리들, 인공적으로 복원된 '중세의' 도시가 주는 느낌. 이탈리아에 있을 때도 나는 어떤 불편함을 느꼈다. 내가 본 것은 관광객들과 외국인 방문자들이 반색할 눈의 즐거움을 위한 것들이었다. 하지만 콤포스텔라는 아시시처럼 유명한 성지이다. 그곳은 과거를, 예수 그리스도의 믿음의 전통을 보여주고 있다. 이러한 전통은 체스터튼이 논의한 의미를 담고 있다.

전통이란 어쩌면 프랜차이즈의 연장으로 정의될 수 있을지도 모른다. 전통은 모든 계급들 가운데 가장 모호한, 우리의 조상에게 투표하는 것을 의미한다. 이것은 죽음의 민주주의이다. 전통은 그저 우연히 주위를 배회하던 소수의 독재에 굴복하는 것을 거부한다. 모든 민주주의자들은 출생이라는 우연에 의해 자격을 박탈당하는 일에 반대하며, 전통은 죽음이라는 우연에 의해 자격을 박탈당하는 일에 반대한다. [3]

또한 이 장소가 간직한 전통은 지난 수천 년 동안 현재 유럽이라 불리는 곳 전역에서 이곳으로 걸어서 순례를 온 많은 죽은 이들을 받아들여야 한다.

내 생각에, 죽은 자를 바라보는 주요 이유는 그들을 되찾기 위해서다. 그들을 통해서 전통을 알게 될 수 있다. 나는 과거와 죽은 이들이 필요하게 되는 것은 의미 있다고 가정한다. 하지만 그들은 어디에 있는가? 내 눈에는 돌들이 보인다. 그것들은 분명 고대의 것이다. 하지만 그것들은 진짜인가? 매력적인 복원과 과거의 진실 사이에 어떤 관계가 있는가?

나는 주일 장엄 미사를 하는 시간에 대성당으로 돌아왔다. 거대한 교회는 꽉 차 있었고 생기가 넘쳤다. 하지만 많은 사람들이 피서객의 분위기를 풍겼다. 제단의 의식에 관한 그들의 관심은 스스로를 순례자라기보다는 관광객으로 생각하고 있다는 것을 드러내고 있었다. 아마 그들은 다른 시대로부터 되살아난 순례자들의 현대적 현현일 것이다. 어쩌면 나는 순례자들에 대해 너무 낭만적이거나 향수에 젖은, 문자 그대로의 관념을 지니고 있을지도 모른다.

미사가 끝나고 군중들과 함께 밖으로 나올 때, 나는 현관 같은 곳을 지나왔다. 그곳에 잡지와 책이 놓여 있는 선반 위에서 나는 콤포스텔라 순례에 대한 소책자를 발견했다. 그 소책자를 산 다음, 나는 밖으로 나와 커피 한 잔을 마시기 위해 보도의 작은 테이블에 앉았다. 소책자에는 오늘날에도 여전히 사람들이 콤포스텔라로 걸어오고 있다고 적혀 있었다. 그러한 행동과 몇 세기 전 유럽 전역을 여행하던 이들의 행동 사이에 어떤 의미 있는 지속성이 있다고 주장하면서, 글쓴이는 그저 콤포스텔라로 걸어오는 것만으로도 죽은 이들의 경험과 신앙을 되살릴 수 있을 것이라고 했다. 나는 그 말이 진실인지 궁금했다.

나는 인접한 거리들을 다시 한가롭게 걸어 다녔다. 일요일에 바람을 쐬러 나온 많은 사람들, 스페인 사람들과 외국인들, 그들이 만들어낸 축제의 공기를 호흡하고 음미했다. 떠돌아다니는 뮤지션들, 보도까지 테이블로 점령한 커피향을 내뿜는 커피숍들, 그리고 갈리시아의 요리를 맛보라고 유혹하는 그림 같은 레스토랑들이 햇빛 가득한 봄날의 이른 아침을 생동감 있게 만들었다. 나는 다시 희미한 불안을 느꼈다. 서양의 가장 유명한 성지에 와서 주일 예배에 참석하지 않았다는 찜찜함을 완전히 떨쳐버릴 수는 없었다. 나는 어슬렁거릴 수 있어서, 또한 한가롭고 풍족해서 유쾌한 느낌이 들었다. 내 기분이 그러했고, 내 옆을 스쳐 지나가는 사람들도 그렇게 보였다. 콤포스텔라의 구시가지를 거니는 사람들의 생각과 마음속에 '보고 보이는' 지역적인 특색을 즐기고 감상하려는 의도 이상의 다른 무엇이 있었을까?

이 장소가 순례자들이 수백 년 동안 꿈꿔온 최고의 목적지라는 것에 대해 일관성 있는 사유를 하거나 결론을 내리지 못한 채 나는 대성당으로 돌아왔다. 나는 벽감 안쪽에서 신도석의 소음을 차단하기 위한 유리문이 달린 신성한 성례 예배실을 발견했다. 가끔 문으로 사람들이 들어갔다가 나왔다 했다. 나 역시 문을 통과해서 들어갔다. 전에 방문했던 큰 교회들 안의 다른 예배실에서 그랬던 것처럼 나는 예배를 보는 사람들의 눈에 띄는 경건함에 동요되었다. 그들은 들어가서 조용히 무릎을 꿇은 뒤, 일어나거나 앉았다. 그들의 모든 관심은 정교한 성체 안치기 속의 성체에 집중되었다. 다른 예배실 안에서도 역시 꽃과 불을 켠 촛불들이 제단과 주위 바닥을 온통 채우고 있었다. 사람들 하나하나가 제단 위의 성체 속에 현존하는 주님과 신비롭게 교감하는 세계에 몰입하고 있는 것처럼 보였다. 그러한 성역에 들어갈 때마다 나는 매번 스스로에게 묻는다. 내가 어떻게 이 사람들이 가진 믿음의 영역으로 들어가는 길을 찾을 수 있을까? 내가 어떻게 이 공동체의 살아있는 한 부분이 될 수 있을까?

그러나 그 날 나는 다른 의문을 품고 예배실로 들어갔다. 왜 천 년이 넘는 시간 동안 수많은 사람들이 지속적으로 이 교회를 찾고, 어떤 이들은 수백 킬로미터를 걸어서 횡단하기까지 하는가? 나는 우선 그런 의문들에 대해 생각하면서 그곳에 한두 시간 동안 조용히 앉아있었다. 그러고 나서 나의 상상과 정신을 완전히 비우려고 시도했다. 나는 이것이 필요하다는 것을 알고 있었다. 만약 계속해서 나 자신의 생각 속에 빠져 있다면, 저 너머의 초월적인 세상에 대해 배울 수 있는 희망이 없었기 때문이다.

나는 좌절하지 않았다. 어느 순간 나에게 분명한 생각이 떠올랐다. 만약 사람들이 왜 이곳까지 오는가를 알고 싶다면, 반드시 스스로 해보아야만 한다.

나는 그 생각을 정확하게 이해하고 있었다. 나는 그 발걸음들을 되짚어가고, 그 하루하루의 경험을 통해 살아가고, 같은 공기와 태양과 비를 느끼고, 수백 년 동안 알려져 있는 수천, 어쩌면 수백만의 별들을 올려다봐야만 했다. 나는 죽은 이들의 길을 따라가야만 했고 순례자가 되어야만 했다.

나는 호텔에서 작은 배낭을 집어 들고 서둘러 역으로 향해 기차에 올라탔다. 그리고 중세의 순례자들이 되어 볼 꿈을 꾸었다. 하지만 나는 어디에서부터 걷기 시작해야 하는지, 고정된 길이 있는지, 갈리시아에 도착하기까지 어떻게 먹고 자는지, 시간이 얼마나 걸리는지 전혀 몰랐다. 하지만 나는 한 가지 핵심적인 결정에는 대해 확신이 있었다. 나는 콤포스텔라까지 걷기로 했다.

독일로 돌아오고 나서, 많은 세부사항들이 빠르게 정해졌다. 그 도시를 방문해보라고 제안했던 친구 이반 일리치가 1973년에 샀던 오래된 하이킹 신발 한 켤레를 나에게 주었다. 신기하게도 그 신발이 발에 맞는 것처럼 보였다. 학생이자 친구인 세바스티안 트랩은 나에게 최신식 배낭을 빌려주면서 그 배낭을 어떻게 내 몸에 맞게 조정하는지 보여주었다. 또 다른 친구인 바바라 두덴은 나에게 침낭을 주었다. 스페인 친구인 알폰스 개리고스는 편지를 보내줘서, 전통적인 순례 시작 지점은 프랑스 쪽 피레네 산맥에 자리 잡은 생 장 피드 포르라 불리는 도시라고 알려 주었다. 그곳에서 시작하여, 나무, 바위, 도로변, 그리고 건물에 노란 화살표가 그려져 있는 산 속의 길, 프랑스길(camino frances, 카미노 프란세스)을 따라가면 한 달 안에 콤포스텔라에 도착할 수 있다고 했다.

한 번도 진지하게 하이킹을 한 적이 없기 때문에, 나는 배낭을 무겁게 하기 위해 책 몇 권을 집어넣고 매일 아침 일찍 베저 강변을 걸어서 오르내렸다. 약 일주일 뒤, 어쩌면 위험할지도 모를 이 계획으로 점점 더 들뜨게 된 나는 더 이상 몸을 관리하는 데 시간을 낭비할 수 없었다. 나는 기차에 올라탔고, 마침내 프랑스와 스페인의 국경 근처에 있는 생 장 피드 포르에 도착했다.

기차에서 나는 멕시코시티의 라 빌라와 폴란드의 검은 성모상, 두 순례지에서의 경험을 되새겨 보았다. 폴란드의 이미지는 명백히 동부 유럽의 성상이었고, 멕시코의 것은 조금 애매모호하다. 하지만 두 이미지 앞에서 무릎을 꿇은 사람들, 육체적으로나 문화적으로 너무 먼 거리에 있는 그들은 예배에 헌신하는 방식 안에서 하나로 묶인다. 그들은 성상 앞에서 정통파 기도자들의 전통에 일치하게 행동한다. 그들은 자기 눈앞에 보이는 그 이미지를 보이는 형상에 담긴 신학으로 인지한다. 그러나 나는 두 이미지가 상당히 다르다는 것에 주목했다. 성상들을 훑어보면, 두 성상이 지닌 구세주 현현의 얼굴은 동일하지 않다. 비유적인, 하지만 자연주의적이지는 않은(쳉스토호바에서 더 확연한 특징), 그 이미지는 상징적 사실주의를 드러낸다.

조토의 천재성의 뒤를 이어서, 서양의 종교 예술은 더욱 묘사적이고, 더욱 교훈적이 되었고, 오늘날 자주 볼 수 있는 달콤하고 감상적인 캐리커처를 막다른 골목으로 끝났다. 동방에서는, 성상을 자유롭게 표현하는 것으로 소박한 신자들에게 무한으로 들어서는 입구를 제공하면서, 어떻게든 철저하게 금욕적인 성격을 유지했다. 내가 라 빌라와 쳉스토호바에서 보았던, 성상 너머를 응시하고 있던 사람들은 저 너머의 초월적 세계로 나아갔다. 그들이 이미지 앞에 무릎을 꿇고 있던 시간들을 어떻게 달리 설명할까?[4]

양쪽 성지에 있던 사람들은 종교적 실천 안에서 하나가 된다. 많은 이들이 교회에 가기 위해 희생을 치른다. 성지에서 만난 얼굴들은 동일한 광채로 빛났고, 그들의 관심은 오직 이미지들에 고정되어 있었다. 폴란드의 성지에서, 이미지나 성상이 있는 성당은 매일 저녁 꽉 찼고 사람들은 다음 날 아침까지 떠나지 않았다. 그러면 낮 기도를 하기 위한 다른 사람들이 도착했다. 무엇이 그들을 이 장소로 끌어들였을까? 그 이미지 앞에 무릎을 꿇는 이들의 확실한 신뢰와 믿음에 대해 내가 어떻게 생각할 수 있을까? 그 사람들과 내가 지금 하고자 하는 일에는 어떤 관계가 있을까? 멕시코시티와 쳉스토호바 모두에서, 나는 성상 앞에서 무릎을 꿇었고 기도를 하려 했다. 하지만 나는 늘 확신을 할 수 없었다. 그러한 이미지 앞에 갈 때 나 스스로를 어떻게 준비해야 하는가? 어떤 물리적 방법으로 그곳에 가야하나? 예를 들어, 나는 반드시 중세의 신자들을 본받아 걸어야 하는가? 만약 그렇다면, 어느 정도까지? 그곳에 도착하면 어떤 종류의 기도문을 암송해야 하는가? 기도문을 암송하는 것이 적절한 행동일까? 그리고 나는 죽음에 대해 생각하지 않을 수 없었다. 그들 사이에 어떤 연관성을 설정하는 것은 필연적일까? 만약 그것이 사실이라면, 무엇이 정확한 관계일까?

나는 대성당의 입구에서 발견한 소책자를 제외하고는 콤포스텔라에 대한 자료는 전혀 읽지 않았다. 나는 이번 여정에서 내가 무엇을 찾는 것인지 명확하게 알지 못했다. 배낭을 메고 피레네 산맥과 스페인을 약 천 킬로미터 가량 횡단하며 무엇을 얻길 바라는지도 구체적으로 생각하지 않았다. 하지만 처음에 내가 무엇을 해야 할지 깨달았을 때처럼, 구체적으로 두 가지 생각이 떠올랐다. 콤포스텔라에 도착하기 위해 걸리는 시간 내내 나는 아무것도 읽지 않을 것이다. 그리고 누구와도 동행하지 않을 것이다. 나는 그 일요일 오후에 성찬식 예배당에서 했던 것처럼 행동해야 한다고 느꼈다. 집중을 방해하는 모든 것들을 피할 필요가 있었다. 나 스스로의 모든 것을 비우고 그렇게 고대의 순례자들처럼 한 걸음 한 걸음을 걸어서 콤포스텔라에 도착하는 경험을 하기 위해.[5] 혼자서 걷겠다는 나의 결심도 특이한 것이었음이 나중에 밝혀졌다. 걷는 동안, 나는 혼자서 걸어가는 사람을 오직 한 명 보았다. 밤에, 내가 씻고 잠을 자기 위해 쉼터 중 한 곳에 머무를 때는 가끔 다른 순례자들을 만났다. 그들은 친구와 함께 혹은 단체에 속해서 여행을 했다. 나는 카미노에 완전히 집중한 사람에게 스페인 하늘 아래서 얻을 수 있는 통찰력이 더 분명하게 주어지는 것을 느꼈다. 카미노는 스페인어로 "길"이라는 의미이며, 예수 그리스도의 언어들에 대한 함축으로 깊은 울림을 주는 말이었다. 카미노를 경험하기 위한 노력은 초월에 도달하기 위한 노력과 유사했다. 집중을 방해하는 것들로부터 벗어나 침묵과 고독이 더불어 필요했다.

첫날 피레네를 횡단하는 동안, 나는 콤포스텔라에 도달하려면 어떤 진실을 받아들여야만 한다고 느꼈다. 그 여행은 걷는 게 주요 문제가 아니라 내 영혼의 성격이 주요 문제였다. 나는 나의 전통 안에서 죽은 자들을 만져야 한다는 것, 어떻게든 그들을 경험해야 한다는 것, 그들을 단단히 붙잡아야 한다는 것, 그리고 그들과 동일한 정체성을 갖게 되길 희망해야 한다는 것을 더욱 명확히 보았다. 간단히 말하면 나는 내가 물려받은 전통의 살아있는 일원이 되길 원했다.

내가 어떻게 이 진실들에 도달할 수 있었을까? 나는 모른다. 하지만 나는 절대적인 확실함으로 첫 날에, 그리고 나머지 한 달 동안의 모든 날에 그것을 경험했다. 아마도 한 발이 다른 발 앞으로 내딛어질 때 "방황하는" 나의 정신이 나에게 어떤 통찰력을 드러내 보였던 것 같다. 아마도 나는 지혜에 이르는 다른 길, 소크라테스, 아리스토텔레스, 그리스 역사에 존재했던 걸어 다니는 사상가들과 친연성이 있는 길을 발견할 것이다. 이 구체적인 길을 걸어가면서, 그리고 나를 일깨우는 영혼의 안내를 받으면서 나와 동행하는 죽은 이들을 따랐다. 그러자 지금까지 나에게 숨겨져 있던 관념들이 드러났다.

예를 들어, 내가 그 당시 살던 곳인 독일이 왜 그렇게 점점 더 낯설어 보이는지를 생생하게 깨닫게 되었다. 나는 디트리히 본회퍼와 마리아 폰 베데마이어를 결속시킨 사랑의 관점, 즉 1945년 4월 10일에 디트리히가 사형당하기 전 2년 동안 서로에게 보낸 편지들에서 드러난 사랑의 관점에서 그 나라에 대해 숙고하기 시작했다.[6]

두 사람은 여러 번 서로를 볼 기회가 있었다. 곧 그들이 사랑에 깊이 빠졌음을 깨닫고 결혼을 계획했다. 이 시기에 본회퍼는 히틀러 암살 계획에 참여했다는 의심을 받고 체포되어 감옥에 갇힌 뒤 사형을 당하는 순간까지 밖에 나오지 못했다. 한 달 뒤, 유럽에서 전쟁이 끝났다. 우리가 그 사랑의 실재와 깊이를 알게 된 것은 그들이 주고받은 편지가 마리아가 죽은 지 약 15년 뒤 1977년에 출판되었기 때문이다. 지금까지 숨겨져 있던 디트리히가 지닌 성격의 아름답고 다정한 측면을 갑자기 사람들이 알게 되었다. 두 사람이 만났을 때 열여덟 살이었던 마리아의 놀라운 성숙함과 충실함은 그녀의 편지에서 찬란하게 빛난다.

주요 저자가 칼 바르트인 '바르멘 선언'은 1934년 5월 31일에 발표되었다. 바티칸이 히틀러와의 협약에 서명한 때와 같은 해였다. 본회퍼가 서명한 그 선언은 명백했다. 기독교인들이 국가사회주의 나치당을 지지할 수 있다고 믿지 않는다는 내용이었다. 그의 삶과 글에서 보면, 본회퍼는 이러한 진술을 초월해서 훨씬 먼 곳으로 나아갔다. 오늘날 기독교인들이 마주한 이러한 난제에 대해, 그는 그 의미와 영향에 대해 숙고한 사람에게 풍요로운 보상을 안겨주는 기여를 했다. 그는 교회를 위해서가 아니라 정치적인 이유로 죽었다. 히틀러에게 저항했기 때문에. 그는 신앙을 지키기 위한 새로운 종류의 순교자였다. 신을 믿지 않는 세상에서의 신의 고통에 참여하려는 순교자다. 1943년에 죽은 시몬 베유와 놀랄 만한 친연성을 보여주면서, 본회퍼는 부재하는 신이 진정한 신이라고 믿었다. 이 신은 십자가 위의 그리스도를 도와주러 오지 않는다.[7]

본회퍼는 그리스도 너머에 신이 존재한다는 상상을 거부했다. 어떤 의미에서 그는 형이상학적이지 않은 초월을 믿었다. 신은 가장 가까운 당신Thou 안에 있다. 본회퍼는 그의/우리의 세계 한가운데에서 살기를 원했다. 이것은 다른 것들 사이에서, 자신의 사람들과 자신의 땅을 오염시키는 악마와 싸우는 것을 의미했다. 히틀러의 국가사회주의라는 배경이 주어진 상태에서 한편에는 그를 따르는 사람들이 있고 다른 편에는 본회퍼의 믿음이 있다면, 그가 죽어야만 했던 이유를 알 수 있을 것이다. 폰 베데마이어와 본회퍼의 편지들을 보면, 본회퍼는 결국 자신이 사형당하리라고 믿고 있었던 것 같다. 그는 마리아에게 자신이 풀려나게 될 거라고 장담하는 편지를 썼다. 아마도 그녀의 감정을 배려하는 조심성 때문에 그랬을 것이다. 사랑에 빠진 남자의 부정직함인 것이다.

1945년 4월 첫 주, 본회퍼가 지상에서 보낸 마지막 주에 독일의 모든 곳이 붕괴되고 있었다. 많은 도시가 폐허로 변했다. 모두가 제3제국의 종말이 며칠밖에 남지 않았다는 사실을 알 수 있었지만 아직 사형 기계는 잘 작동되고 있었다. 고장 나지도 않았고 멈추는 일도 없었다. 이런 종류의 사건들이 일어날 수 있는 나라 안에서, 나는 스스로를 완전한 이방인으로 느꼈다. 나는 혼란스러워하는 외국인 말고는 아무 존재도 될 수 없었다. 몇 년이 지나고 한스와 소피 숄의 삶을 공부하고 난 뒤에는 나치 독일을 더 이해하기 쉬웠지만 혐오감은 줄어들지 않았다. [8]

본회퍼의 마지막 몇 달 동안의 삶 가운데 어떤 한 측면이 나에게 유독 눈에 띄었다. 마리아에 대한 그의 사랑, 본회퍼 그 자신이 명확하고 명쾌하게 이해했던 것처럼 그녀에 대한 세속적이며 개별적인 사랑. 이 사랑은 대단히 아름답게 나타난다. 스페인의 태양 아래를 걸어가면서 나는 이러한 사랑을 파괴하는 것에서 나치의 사악함이 가장 잘 드러난다고 생각하게 되었다. 하지만 또한 서로에 대한 그들의 사랑이 아름다움의 절정에 도달한 것은, 어떤 의미로는, 오직 국가사회주의 때문인 게 사실처럼 보이기도 한다. 그러한 깊이의 선은 오직 그러한 깊이의 악에서 나올 수 있는 것이다. 디트리히와 마리아의 사랑 속에서,

나는 독일 제3제국에 대해 중요한 부분을 이해할 수 있었다. 더 나아가 선과 악의 신비를 들여다보기 시작할 수 있었다.

그러나 미국인인 우리는 이런 종류의 악에 대해 너무 순진하고, 너무 "투박하게" 순수하고, 역사적으로 너무 미성숙한지도 모른다. 미국인들은 "최종 해결(나치에 의한 계획적 유대인 학살)"을 계획하거나 수행할 수 없었다. "좋은 인디언이란 죽은 인디언밖에 없다"고 어떤 이들은 말해왔고, 어쩌면 그렇게 믿어왔을 것이다. 하지만 직접적으로 몰살을 위한 국가 정책을 수행하려는 구체적이고 체계적인 시도는 없었다. 흑인들, 가톨릭들, 유대인들, 그리고 외국인들이 살고 있는 구역을 습격하기 위한 유사한 논의는 폭넓게 있을 수 있다. 아마 미국인들은 선과 악의 신비에 깊이 발을 담그려 하지 않았던 것 같다.

미국인들에게는 더 심각한 어려움이 있다. 악이 오늘날 점점 더 추상적으로 변해가고 있다는 것이다. 예를 들어, 10년 이상 지속된 이라크 전쟁들을 고려해보자. 각각의 전쟁들을 본격적으로 시작하기 전, 침략이 시작되기 전, 그 전쟁들은 최첨단의 테크놀로지를 사용해서 미국인 사상자들 없이 성공하도록 설계되었다. 미국의 외교 정책을 역으로 판단해보면, 히틀러, 스탈린, 마오, 그리고 폴 포트에게 느끼는 혐오감과 큰 차이가 나는 것이 얼마나 되는가? 많은 이들이 깊이 심란해 하면서도 더욱 더 양가적인 감정을 느낀다.

오늘날의 악에 관한 질문은 그 보다 한 단계 더 나아간다. 한 사회에서만 퍼져나가고 관통하는 악이 아니라 모든 나라에 퍼져나가고 관통하는 악에 대한 것이다. 새로운 종류의 총체적 악이 세계를 덮치고 있다. 그것은 테크놀로지의 마법에 도취되어 천지창조를 대신하려는 이들의 시도이다. 미국인들뿐만 아니라 다른 나라 사람들 역시 대부분 "현대적 마법사의 제자들의 세계"로 열정적으로 이주하고 있다. 그 순간에는 단 하나의 나라만 확고하게 지도자가 되는 게 아니다. 사실 거의 모든 나라가 가능한 한 열렬하게 참여하기 위해 분투한다. 아무도 뒤처지기를 원하지 않는다. 지구상의 어떤 나라도 사회 전반적인 노력이나 정책에서 테크놀로지의 프로젝트를 거부하려 하지 않는다. 인간이 만든 새로운 창조물들로, 불완전한 피조물들과 그 인위적 산물들처럼 결함이 많은 잡동사니들로 보이는 것들을 대체하려는 시도인 것이다.

나치는 기독교에 반하는 죄를 저질렀다. 프란츠 재거스타터 같은 사람들은 이 사실을 명확히 그리고 용감하게 인식했다. 그와 예수회의 알프레드 델프 같은 영웅적 증인들은 나치가 저지른 죄의 본질을 이해하고 있었다. 그러므로 그들은 나치에 대항하여 잡혔을 때는 사형을 감수해야 할 정도로 위험한 일들을 실행에 옮겼다.[9] 기독교 사회가 낳은 나치의 죄, 그것은, 유대인을 증오하는 기독교인이 되어야만 하는 사회의 죄이기도 하다.

개인이나 사회 차원에서 세상을 정의할 때는, 선과 악이 무엇인지 개념화하고 그것에 대처하는 방식을 어느 정도 따르기 마련이다. 서구에서는 일반적으로 이런 정의가 기독교에서 유래된 용어들로 이루어졌다. 그러나 복음은 반복해서 이용되거나 오용되는 과정을 거쳤다. 그러므로 오늘날의 과제는 역설적으로 "신이 존재하지 않는 것처럼etsi deus non daretur" 살아야 하는 세계 속에서 신자들이 진실을 찾는 것이다. 그 라틴어 구절은 본회퍼의 생각과 삶으로 들어가는 열쇠이며 어쩌면 그의 시대보다 우리의 시대에 더 해당되는 말일지도 모른다.[10)]

그 때와 지금을 모두 생각하면서 나는 죄의 개념을 통해 어둠에 접근할 수 있다. 궁극적으로는 무엇이 동시대의 죄인가? 나는 스페인에서 한 달 동안 걸으면서 이 질문에 대해 성찰했고, 또 다시 역설적이게도, 오늘날의 죄는 개인적이거나 사회적인 본질 모두에서 탈기독교적post-Christian이라는 결론을 내렸다. 많은 사람들이 생각과 행동에서, 꿈과 욕망에서, 성육신의 실재를 무시하는 것으로 기독교를 부정하고 있다. 하지만 기독교는 성육신에 대한 믿음, 즉 하느님이 인간이 되어 죽음에서 부활했다는 것에 대한 믿음으로 정의된다.

여러 군데에서 성 바오로는 죽음에서 부활하는 것에 대한 믿음을 강조하고 있다. 예를 들어,

그리스도께서 다시 살아나신 일이 없으면 너희의 믿음도 헛되고 너희가 여전히 죄 가운데 있을 것이요, 만일 그리스도 안에서 우리가 바라는 것이 다만 이 세상의 삶뿐이면 모든 사람 가운데 우리가 더욱 불쌍한 자이리라. (고린도전서 15:17~19)

그러므로 천지창조는 두 배로 성스럽다. 그 근본적인 성격과 선량함은 창세기에서 드러난다. 그리스도 안에서 창조는 새롭게 신성해진다. 창조에 대항하는 죄는 특히 사악하다. 극심

174

한 탈기독교적 세계인 오늘날의 죄가 어떤 것들인지를 보면 알 것이다. 지금 세상의 가장 정확한 특징은 탈기독교이다. 그동안 논의된 가짜 '탈'개념들이 아니다. 탈이념, 탈산업, 탈역사, 탈근대, 탈인간 같은 개념들이 아닌 것이다. 우리 세계는 호전적인 이념으로 가득 차 있고 모든 상품과 서비스의 생산이 점점 더 산업화되어 가고 있으며, 시체애호적인 역사적 책무에 복무하고, 과거의 지혜를 무시하는 오만한 현대성을 지지하고 있다. 과거를 무시하면 그것을 반복하는 것 또한 비난할 수 없게 된다. 오늘날 과거를 무시하는 것은 스스로 죽음에 고착되는 것이다.

테크놀로지의 프로젝트를 통해, 개인, 기관 그리고 국가들은 기독교를 '뛰어넘어' 창세기의 진실에 맞서는 죄로 나아간다. 신앙을 가진 기독교인들, 유대인들, 그리고 이슬람교도들은 이러한 서술의 진실을 깨달을 수 있을 것이다. 화학, 생물학, 그리고 물리학의 응용이 발달한 영역에서 죄는 가장 직접적으로 저질러진다. 특히 이런 과학들은 산업 기술의 목적에 기여하는 경향이 있어왔다. 그렇기 때문에 그것들은 과학이 아닌 기술 분과들로 정의하는 게 더 적절하다.

과학자들, 테크노크라트들, 그리고 '평범한' 시민들이 유대인, 집시, 여호와의 증인들, 기독교를 믿는 몇몇 이들, 그리고 동성애자들을 살해한 것은 악으로 인정될 수 있었다. 만약 자신의 생각과 삶에 쥐꼬리만 한 일관성밖에 없고, 구약이나 신약성경을 접하지도 못했다면 이런 집단의 사람들을 살해하는데 찬성했을 수도 있을 것이다. 하지만 오늘날에는, 두렵게도,

모든 사람들에게 영향을 끼치는 어둠이 존재한다.

화학적이고 생물학적인 조작을 통해 하느님의 창조를 공격하는 것은, 신자나 불가지론자, 무신론자나 이교도 또는 인문주의자까지, 거의 아무도 그것이 정확히 무엇인지 인식하지 못한다. 개인들, 기관들, 그리고 사회 전체가 가지고 있는 가장 심각한 죄는 세계 역사 속에서 아직 감히 저질러지지 않았다. 나는 천지창조는 첫 번째 선물이며, 영원으로부터, 저 너머로부터, 많은 사람들이 신이라고 부르는 존재로부터 온 근원적 선물이라는 사실로 죄의 무게를 가늠한다.

본회퍼는 뉴욕에 머물러 있으라는 미국인 친구들의 조언을 따를 수 없었다. 그는 1939년 마지막 배를 잡아타고 조국으로, 자신의 사람들에게로, 자신의 증언으로, 그리고 자신의 죽음으로 돌아와야만 했다. 본회퍼가 고향인 독일에서 악을 보았던 것처럼 나 또한 내 고향 미국에 존재하는 악을 보려고 시도해야 한다.

1930년대와 1940년대 초에, 나치는 상대편에, 그들의 이웃에 악을 안겨주는 세계적 지도자들이었다. 오늘날의 미국도 비슷한 종류의 지도자이다. 하지만 차이점들도 많이 존재하는데, 가장 주된 차이점은 감염된 악이 개인의 정신과 마음에 영향을 미치는 방식에 있을 것이다. 오늘날의 악에는 새롭고 사악한 매력이 있다. 테크놀로지의 마법사들은 부모들에게, 유전자 암호에 대한 지식과 그것에 대한 통제를 통해 그것이 무엇이든 유행이나 인간의 타락이 지배하는 것에 따라 주문대로 자녀들의 몸과 정신을 프로그램할 수 있다는 헛된 확신을 심어준다. 자녀를 갖는 일에 절박한 기혼자들은 첨단 의료로 그들의 몸을 조작할 수 있다는 약속에 마음이 혹해서 그것을 좋은 일로 받아들인다! 그들의 몸을 성령의 사원이 아니라 일종의 중고차로 여기는 어떤 나이 든 사람들은, 가끔씩 그들의 몸을 장기 이식이라는 테크놀로지를 이용해서 다시 만들 방법을 찾으려 한다.[11] 오늘날 가장 일반적인 죄악인 창조의 위배는 극도로 인지하기 어렵다. 왜냐하면 그것에는 '진보'와 '향상'이라는 이름이 붙기 때문이다.

믿음을 가진 기독교인들에게 본회퍼의 통찰력은 그 어느 때보다 필요하다. "그리스도는 오직 세상 한가운데에 있는 그리스도이다." 하지만 우리 세계에 있는 그리스도를 보는 일은 쉽지 않다. 본회퍼 이후 두 세대가 흘렀고, 그리스도의 현존을 부정하는 기독교인의 죄는 나치와 그 협력자들에게서는 인식되기 쉽게 나타난다. 하지만 오늘날 우리가 사는 세계를 평가하기는 어렵다. 그 불투명함에 대해서는 내가 독일에서 목격했던 사건으로 설명할 수 있다.

성 금요일 의식을 위해 우리 지역의 가톨릭 교회에 갔을 때, 나는 성소의 계단에 서서 검은 옷을 입은 채 신자들과 마주 서 있는 합창단을 보았다. 그들은 1680년에 작곡된 "Glasshütter Passion"라는 노래를 불렀다. 물론 오르간은 없었지만 모든 것이 예술적으로 정확했다. 격식을 차렸고, 품위가 있었으며, 장엄하기까지 한 공연이었다. 그곳에 앉아서 스스로에게 질문을 던졌다. 수치스러워 하는 그리스도는 어디에 있는가? 파스칼은 "예수는 세상이 끝날 때까지 고통스러워하고 있을 것이다"

라고 말했다. [12] 만약 성육신이 현실로 일어난다면, 신자들은 그것을 보고 싶어 하지 않아야 한다. 십자가 위의 예수는 버려 진 건가?

마태복음(27:46)과 마가복음(15:34)에서, 찬송가 22장의 첫 번째 가사는 십자가에 매달린 예수의 절규로 기록된다. "나의 하느님, 나의 하느님, 왜 나를 버리시나이까?" 시몬 베유는 이 가사에 언급하며 "우리는 여기서 기독교가 신성한 것이라는 현 실적인 증거를 볼 수 있다"고 말했다. 그녀는 덧붙였다.

그리스도는 병든 자를 치료하고, 죽은 자를 일으켜 세우고 등등의 일을 하는데, 그것은 그의 임무에서 겸손하고 인간적이며, 매우 낮은 부분이다. 초자연적인 부분은 피로 땀을 흘린 것과, 인간적인 위로 에 대한 채워지지 않는 갈망과, 피할 수 있다면 피하게 해달라는 애 원[겟세마네 동산에서 모두 세 번], 하느님에게 버림받은 존재라는 감각이다. [13]

내가 만약 파스칼과 시몬 베유를 조금이라도 이해했다면, 그 예배의식에 참여하는 동안 예수의 쓰라린 고통, 그 저주받 은 괴로움을 볼 수 있지 않았을까? 나는 성 금요일의 참으로 아름다운 음악이 지금 세상에는 눈에 보이는 죄가 없다는 것에 대한 딱 들어맞는 상징이라고 생각했다. 성육신에 대한 생생한 믿음이 쇠퇴하면서 기독교의 죄도 미약해졌다. 세계가 두 배로 축복받으면서 죄악은 두 배로 악랄해졌다.

홀로 고요히 성찰하며 32일 동안 걸어가면서, 나에게는 나의 죽음이 필요하다는 사실을 이해했다. 독일에 살면서 디트리히 본회퍼가 이 공동체의 주요한 참여자임을 깨달았기 때문이다. 나는 그와 연관되고자 시도해야만 했다. 하지만 나에게 훨씬 더 중요한 것은 내 나라의 죽은 이들이었다. 성육신은 나 또한 반드시 현현에 참여해야 함을 의미한다. 그것은 오직 나에게 적절한 장소, 내가 속한 땅에서만 일어날 수 있다. 외국인으로 살아가는 것은 추상적인 삶을 살아가고 테크놀로지적 세계에 참여하는 것이다. 내 조상들의 육체의 세계에서 살아가는 것이 아니다.

비로소 나는 오늘날 가장 중대한 질문이 바로 이것임을 깨달았다. 나의 조상들은 누구인가? 내가 어떻게 그들을 즉각적으로 알 수 있을까? 내가 어떻게 그들과 나 자신을 동일시할 수 있을까? 이것은 철학, 종교, 그리고 사유 그 자체를 위한 본질적인 질문들이다.

스페인의 산과 평지를 걸어가면서 나보다 수 천 년을 앞서 갔던 이들에게 기묘한 일체감을 느꼈다. 그들은 내 전통의 살아있는 일원들이 자신들이라고 주장했다. 내가 만약 그들의 믿음을 공유한다면 그들은 나의 전통이 될 것이다. 바람에 날려가는 지푸라기가 되지 않으려면 나의 전통을 찾아서 그것을 나 자신에게 입력해야 한다는 것을 이해했다. 나는 이제 이것이 인간의 삶을 살기를 원하는, 인간이 되기를 원하는 사람들 하나하나에게 주요한 과제임을 믿는다. 동물적 본능은 충분하지 않다. 열정은 종종 우리를 잘못된 길로 이끈다. 나는 생각하고 욕망하기 때문에, 살아가는 법을 배워야만 한다. 궁극적으로 오직 하나의 길만이 있다. 전통으로 들어가서 내 조상들의 발자국을 따라가는 것. 나는 받아들여진 전통에 대해서는, 학문적인 역사성, 텍스트의 정확도, 그리고 과하게 조심스러운 태도를 많이 필요로 하지 않는다. 차라리 나보다 앞서서 평야와 산을 밟았던 불완전하지만 의욕적이었던 수많은 이들의 진실을 느끼기 위해 걷는 것이 필요했다.

태양 아래에서 때로는 빗속에서 카미노를 걸으며, 나는 전통의 진실이 그것을 이루는 이들의 죽음을 통해서, 그것을 충분히 시험하고 살아낸 이들을 통해서 가장 분명하고 정확하게 알려진다는 사실을 깨달았다. 날마다 나는 그들이 살아있음을 떠올렸다! 사유와 생각의 역사는 그렇지 않았다. 내 전통의 조상들은 나에게 스스로 모습을 드러냈기 때문에 나는 그들을 알 수 있었다. 나는 이것을 저 멀리 있는 스페인의 성지에서, 내 발로 딛고 서 있던 그곳에서, 나보다 앞서 걸어간 수많은 죽은 이들이 닦고 성스럽게 만든 그 길에서 배웠다.[14]

사람들 하나하나는 반드시 이렇게 질문해 보아야 한다. 누가 나의 조상인가? 사람마다 대답이 다를 것이다. 오늘날 사람들이 서 있는 곳마다 많은 전통이 이바지했기 때문이다. 전통은 추상적인 것이 아닌 살과 피다. 전통은 "믿음을 지키는" 이들, 명예롭게 살아가는 이들, 자아를 폐기하고자 하는 이들, 타자에 대한 사랑에 도달한 이들을 통해 이루어진다. 지상의 모든 전통에는 그러한 성인과 증인이 살고 있다. 오직 그들을 구하고, 그들을 찾고, 그들을 꽉 붙잡는 것이 필요하다.

나는 선과 악, 신, 성육신, 죄악, 미와 추의 개념을 사용했

다. 합리적인 논증으로 그들의 진실이나 존재를 증명하려는 시
도도 하지 않았고, 진실의 존재론적인 성격을 옹호하려고도 하
지 않았다. 나는 이런 식으로 계속 나아갔는데, 왜냐하면 들을
수 있는 귀가 있는 사람은 들을 것이고, 그렇지 않은 사람은 듣
지 못할 것이기 때문이다. 나는 우리들, 첨단 테크놀로지 사회
의 한 가운데에 살고 있는 우리들에게는 증거가 넘쳐흐르고 있
다고 판단한다. 이 증거를 볼 수 있는 가장 확실한 방법은, 한
달 동안 스페인에서 내가 경험한 시간을 통과하는 것이다. 분
명 많은 사람들이 그렇게 할 수는 없다. 그래서 나는 독자들에
게 멈춰 서기를, 세상과 그 증거에 대해 성찰하기를 부탁한다.
특히 죽은 이들과 나의 특별한 여행에서 발견했던 증거에 대해
서, 내가 이제까지 써 내려온 것에 대해서.

　모든 이들이 스페인을 가로질러 천 킬로미터를 걸을 수는 없
다. 하지만 사람들 하나하나는 세계에서, 우주에서, 그리고 저
너머 초월에서 자신의 자리를 찾을 수 있다. 각자의 자리는 본
래 천지창조 속에 있다는 것을 나는 확고하게 믿는다. 모든 이
들은 신의 현현이며 각자 스스로의 특정한 현현이 지닌 본성을
탐구할 수 있다. 피조물로서의 존재인 자신의 본질을 찾을 수
있다. 나는 스스로의 존재이유일까, 혹은 어떤 더 큰 실재의 일
부일까? 죽은 이들은 알고 있다.

6

고통을 견디는 능력

어떤 기자가 독일의 브레멘에 있는 집으로 전화를 걸어왔다. 브레멘은 최근에 이반 일리치가 세상을 떠난 곳이다. 기자는 실자 사르메스키에게 일리치가 죽은 원인에 대해 물었다. "우리도 몰라요." 그녀가 대답했다. 일리치의 죽음에 대해 알고 싶어 하던 내 친구가 나에게 물었다. "그가 무엇 때문에 죽은 거지?" 다른 이들 역시 나에게, 그리고 일리치가 살아있는 동안 가까웠던 사람들에게 질문을 했다. 질문하는 사람에 따라서, 나는 다음과 같은 답변을 조금씩 달리하며 대답했다. "그건 잘못된 질문이에요. 그 질문은 아무 의미도 없어요. 그가 무엇 때문에 산 게 아닌 것처럼, 그는 무엇 때문에 죽은 게 아니에요. 제 말은 그가 질병을 앓고 있지도 않았고, 질병 때문에 고통 받지도 않았다는 의미에요." 일리치 자신도 사람들이 그의 얼굴 한쪽에 있던 혹에 대해 물을 때 아주 명료한 태도를 보였다. 사람들은 세상을 떠나기 전 몇 해 동안 그에게 있던 커다란 자몽 크기의 혹이 어떤 병의 징후라고, 분명히 암 때문일 것이라고 추정했다.

일리치는 『병원이 병을 만든다』에서 사람들이 질병이라 불리는 독립적인 실재를 경험한다는 개념이 역사적 우연성일 뿐이라고 지적한다.[1] 엄밀히 말하면 오늘날에도 질병에 대해 이야기하는 것은 단지 말하는 방식의 문제 이상이 아닐지도 모른다. 어쩌면 질병이란 인식 가능한 실재를 가리키는 것이 전혀 아닐지도 모른다. 내가 들었던 "오, 그건 전부 네 머릿속에만 있는 거야"라는 표현이 오히려 많은 의심들보다 더 포괄적인 의미를 갖는지도 모르겠다. 하지만 그것은 일리치가 말한 내용의 요점이 아니다. 그는 병이나 질환이 우리 몸과 독립된 실체로서, 그리고 구체적이고 지각할 수 있는 실재로서 정의할 수 있는 개념인지 의문을 갖는다.

하지만 그가 통증의 존재나 인간의 고통을 부정하고 싶어하는 것은 아니다. 오히려 그는 진단을 위한 도구를 강조하는 것과 더불어 대중요법의 약품을 사용하는 것은 인간의 상태에 정말로 무슨 일이 일어나는지 알려줄 수 없다고 강력하게 시사한다. 수년 전에 그는 『병원이 병을 만든다』와 나중에 쓴 에세이에서 자신의 생각을 자세히 설명했다.[2] 이 글들을 읽으면 그의 입장에 대한 명쾌한 설명을 찾을 수 있다. 하지만 더욱 강력한 증거는 그가 직접 보여준 사례를 통해 제시된다. 그를 만나면, 사람들은 그가 위장하거나 숨기지 않은 모습을 보고 충격을 받았다. 거대한 살덩어리가 그의 얼굴 한편에서 자라나고 있던 것이다.

『병원이 병을 만든다』가 처음 출판되었을 때 일리치는 미국과 유럽에서 의료 연구소를 이끌고 있는 의사들을 상대로 강연을 했다. 일리치의 책과 강연은 주류 의학 제도에 대해 강력한 비판을 가했다. 책의 도입부 첫 문장은 그의 견해를 정확하게 표현한다. "의학시설이 건강의 주요한 위협이 되고 있다." 그의 강연을 들었던 의사들이 했던 말들 가운데 기억할 만한 한 마디가 있다. "심각하게 아플 때 당신이 어떻게 할런지 보고 싶군요, 일리치 교수님."3)

이반 일리치는 2002년 12월 2일에 죽었다. 마지막 몇 년 동안, 한 무리의 작은 종양들이 그의 얼굴 한편에 더 큰 혹 하나를 만들었고 천천히 계속 커져갔다. 그는 종양이 내부로도 자라고 있을 거라고 추측했다. 왜냐하면 턱이 있는 쪽의 얼굴이 잘 움직여지지 않았고 귀가 들리지 않았기 때문이다. 하지만 그는 치료법을 찾지 않았고 정말로 치료를 거부했다. 그는 개개인이 자신이 지닌 고통을 견디는 능력을 개발하고 연습해야 한다고 믿었다. 그렇게 의사들의 질문에 답한 것이다.

사실 그는 통증과 대증요법에 관한 자신의 생각을 실천하는 살아있고 걸어 다니는 사례였다. 호세 베르가민 같은 사람은 이렇게 말할지도 모르겠다. 그는 세상을 위해 누구도 헤아리는 게 불가능한 통증의 강도를 조용히 견뎌내는 것으로, 결투를 위해 격렬하게 장갑을 내던진 것이라고.4) 언젠가 나는 윌리엄 스트링펠로우가 자신이 겪는 끔찍한 고통을 서술한 글을 읽은 적이 있었다.

통증에 수반되는 애매모호함의 일부는 무지와 약간의 편견에 기인한다. 하지만 애매모호함의 대부분은 특정한 개인의 경험 속에 있는 통증을 감상적으로 만들어 버리는 일과 관련이 있다. 나는 그 사실을 나 자신에 관련해서 알아냈다. 통증의 한가운데에서 평정을 유지하는 것은 엄청난 노력과 임기응변을 필요로 한다. 통증을 경험할 때는, 육체적 건강을 유지하는 것과 비슷하게, 혹은 그 이상으로 명료한 의식 자체가 늘 문제가 된다. 통증의 부위가 작고 일시적일 때는 그 문제가 미묘하다. 통증이 격렬하고 완강할 때는 문제가 뚜렷해진다. 망상에 사로잡히게 되거나 그것을 넘어서서 환각에 빠질까봐 두려워하는 망설임조차 사라진다. [5]

나는 일리치에게 이 내용을 보여 주었고 그는 그것을 읽은 후에 말했다. "그(스트링펠로우)는 자신이 무슨 말을 하고 있는지 알고 있다."

1998년에 서로 친구 사이였던 존 맥나미 신부가 일리치의 종양이 자라나는 것에 대해 나에게 물었다. 맥나미는 악성 뇌종양을 앓고 있는 의사를 알고 있었다. (맥나미가 소개해준—역자) 그녀는 일리치의 종양이 양성이며 암이 아닐 거라는 의견을 표했다. 그것이 암이었다면 그는 오래전에 죽었을 것이라고 했다. 즉 만약 그것이 악성이었다면 암세포가 전이되어 결국 그를 죽게 했을 것이라고 추정했다. [6] 그녀가 질문을 던졌다. "그가 한 번이라도 진단을 받은 적이 있나요?"

맥나미와 또 다른 친구인 조 페리, 일리치와 가까웠던 두 사람은 필라델피아에서 주립 대학까지 차를 몰고 와 나에게 그 질문을 했다. 나는 모른다고 대답했지만, 하루나 이틀 뒤 멕시코에 가서 일리치에게 직접 물어보려고 했다. 짐작컨대, 진단을 받으면 그가 암인지 아닌지 알게 될 것이다. 그러나 그들과 대화를 나누면서, 나는 일리치가 병을 앓고 있는 건 아니라는 사실을 지적했다. 병을 앓는다는 것은 질병이 독립적인 어떤 것aliquid이라고 추정하는 것이다. 일리치는 "독립체로서의 질병"이 역사적 구조물에 불과하며, 아리스토텔레스 식으로 실재를 곧바로 가리키는 보편적 개념이 아니라고 주장한다. 예를 들어 나무라는 용어가 내 앞에서 자라나고 있는 구체적 유기체를 의미하지는 않는다는 것이다.

질환과 병이 독립체가 아니라면, 현대 의학이 몸의 실재를 다루지 못하는 게 사실일지도 모른다.[7] 일리치가 누구였는지, 어떻게 특별한 사람이었는지 강조해야 할 필요가 있다. 그는 자신만의 고유한 방식으로 살아갔다. 일리치에게 진단은 아무 의미가 없었던 것 같다. 만약 진단을 받고 결과가 알려지면, 총체적인 인간으로서의 그의 삶과 궁극적 삶의 목적에서 일부 왜곡된 측면만이 드러날 것 같았다. 그럼에도 불구하고 나는 일리치의 상황에 대해 물어보기로 했고, 맥나미와 페리에게 내가 알게 된 것을 알려주겠다고 약속했다.

의사에게 진단을 받고 나면 많은 사람들이 자신의 존재에서부터 근본적으로 바뀐다. 나는 그 효과가 몇몇 사람들에게 미친 영향을 목격했다. 진단은 그들의 영혼에 충격적이고 파괴적인 영향을 끼칠 수 있다. 그렇게 불시의 판결을 받고 난 뒤에는 많은 사람들이 더욱 더 떠밀리듯 치료를 받거나 의료 체계 속으로 빨려 들어간다. 어쩌면 의료 절차와 스스로를 동일시하는 과정이 포함되어 있을 수 있다. 그렇게 되면 사람은 스스로의 몸과 자아로부터 소외된다. [8] 그러나 나는 일리치와 가깝게 지내면서 그가 그러한 영향을 받았다는 증거를 전혀 발견하지 못했다.

일리치는 서양에서 진단의 역사에 대해 많은 사유와 연구를 했다. 웹스터 사전에 의하면, 그리스어에서 유래된 '진단'이라는 단어는 "구분하는 것을 통해 알게 된다"라는 의미라고 한다. 오늘날 그 단어의 좀 더 통상적인 의미는 다음과 같다. 증상이나 신호를 통해 병을 확인하는 기술 혹은 행위. 그러나 일리치는 말의 힘을 인식하고 있었다. 그는 섹스sex가 성gender이라는 용어와 어떻게 구별되는지 지적했는데, "그것은 추상적이고 무성적인 '인간'의 평균에서 일탈한 것을 진단(그리스어로는 '구분')하면서 비롯된 결과이다."[9]

그러나 나는 진단이라는 개념에 대한 그의 근본적인 생각에는 명백히 그 자신의 젊은 시절 경험이 덧입혀져 있음을 알고 있었다. 그는 열두 살 때 히틀러에 의해 오스트리아가 합병되었던 오스트리아 합병Anschluss 시대에 비엔나에서 살고 있었다. 히틀러의 기준을 받아들인다면, 일리치는 유대인이었다. 세월이 흐른 뒤 일리치 자신이 지적했던 것처럼 어느 순간 그는 나치의 진단을 통해 절반의 아리안에서 절반의 유대인으로 변했다. 일리치 개인을 향해 학교 당국이 공격적인 행동을 했다. 아직 십대도 아니었던 어린 이반을 다른 아이들 앞에서 세워놓고 공식적으로 그의 코를 지적했다. "전형적인 유대인의 윤곽이다. 저건 반드시 우리의 땅에서 치워버려야 하는 병균이다!"

나치의 행동이 진단이라는 일리치의 해석에 의사들은 이의를 제기할지도 모른다. 하지만 진단에 대한 그의 판단과 숙고는 그 내용들의 계시에 가까운 독특함 때문에 놀랍다. 엄격하고 관습적인 생각을 쉽게 벗어던질 수 있을 정도다. 일리치의 후기 작업들을 통해 보면, 비엔나 사건의 트라우마는 두 가지 측면에서 중요하다. 경험 그 자체로는 어린 소년의 자기 이미지를 파괴하지 못했다는 것이고, 두 번째로는 그에게 현대적 의료의 정의와 그 절차의 실재에 대한 통찰을 주었다는 것이다. 그의 인생에서 일어났던 다른 사건들과 마찬가지로, 그는 개인적으로 고통스러운 지각으로 방향을 틀면서, 현대 세계의 일부가 어떻게 작동하는지 이해하게 되었다.

멕시코에 도착해서 나는 일리치에게 진단에 대해서 물었다. "뭐가 자라고 있는 거야?" 그는 그것에 대해 몇 가지 방식으로 생각해 보았다고 설명했다. 각각 어느 정도는 일리가 있는 설명처럼 보였지만 나는 그 중 하나의 설명이 다른 것들보다 납득이 가야 한다는 결론을 내렸다. 그림을 완성하기 위해서, 그의 생각, 그의 성격, 그리고 나중에 알게 된 것이지만, 그의 바꿀 수 없는 결정의 진실에 도달하기 위해서, 나는 그 '이유들'의 위계를 결정해야 했다.

그는 어머니의 형제인 폴 삼촌에 대해서 이야기했다. 그 사람은 성공한 점성술사였고, 루돌프 슈타이너와 깊은 관련이 있었으며, 유럽의 인지학회에서 아주 중요한 인물이었다. 일리치가 태어난 날짜와 시간을 가지고 그는 별점을 쳐보았다. 세월이 흐른 뒤 멕시코를 방문했을 때, 이제는 노인이 된 폴 삼촌은 일리치가 아마도 치아와 관련해서 몇 가지 심각한 문제를 경험하게 될 것이고, 그 때문에 그가 전문적인 도움을 받게 될 것이라고 말하며, 폴 삼촌은 그러한 행동을 하지 말라고 했다. 그것은 끔찍한 실수가 될 것이라고 충고했다. 그는 적절한 전문가, 예를 들어 의사 같은 사람들과 상담을 하려 하지 않았다. 폴 삼촌은 일리치의 얼굴에 어떤 부기도 보이기 전에 이런 말을 했다. 그가 통증의 조짐을 경험하기도 훨씬 전의 일이었다.

일리치는 연관이 있을 수도 있는 또 다른 사실을 말해주었다. 그는 비슷한 특징을 지닌 유대인 일족에게는 어떤 종류의 종양이 자라도록 예정되어 있다는 이야기를 들은 적이 있었다. 가족 전체가 유대인이었던 그의 어머니는 그러한 종양을 가지고 있다고 진단받았고 그 종양은 수술로 치료할 수 없는 것이었다. 첫 번째 아이인 이반 일리치를 임신했을 때 그녀는 두 번의 X레이를 찍었다. 이것은 1926년의 일이었고, 그러한 절차가 별 문제없는 일로 여겨지고 있을 때였다. 그는 X레이에 노출되었던 것이 오랜 세월이 흐른 뒤 영향을 줬을 것이라고 생각했다. 일리치의 어머니는 1960년대 중반에 죽었다. 그는 자신의 어머니가 죽은 것은 종양 그 자체 때문이 아니라, 그것의 무게를 감당하며 움직여야 하는 어려움 때문이라고 판단했다. 종양이 너무나도 커져버렸던 것이다.

1980년대 초반 그의 얼굴 한편에 있는 혹이 눈에 보이기 시작했을 때 의사인 친구 쿠엔틴 영은 종양과 관련해서 무언가를 해주고 싶어 했다. 하지만 그는 일리치가 상태를 검사하고 치료하는 데 정말 관심이 없음을 알고 있었다. 그래서 그는 어떤 전략을 생각해냈다. 그는 시카고에서 종양학자들이 참석하는 간담회에 일리치를 초대하도록 속임수를 썼다. 미리 통지를 받은 한 무리의 사람들이 일리치를 둘러쌌을 때, 종양학자 한 사람이 주사기를 꺼내서 재빨리 그의 혹에서 조직검사를 위한 유체를 뽑아냈다. 소동을 일으키기 싫어서 일리치는 저항을 하거나 소란을 피우지 않았다. 몇 년 뒤 일리치의 친구가 그 사건에 대해 일리치가 뭐라고 했는지 기록했다. "이제 나는 강간당하는 기분이 어떤 것인지 알아."[10]

나중에 영 박사는 일리치에게 종양의 존재가 의학적으로 위험하다는 조직 검사의 결과를 알려주었다. 명백한 악성은 아니었지만 의사들은 수술을 통해 종양을 제거하라고 강력하게 권고했다. 일리치는 아무것도 하지 않기로 결정했다.

내 생각에는 몇 년 전 일어난 사건이 그에게는 중요한 의미가 있었던 것 같다. 1970년대 후반에 그는 인도와 파키스탄에 머물렀고 우나니 의사들을 통해서 우나니 의학의 이론과 실제에 대해 알게 되었다. 이 전통은 피타고라스학파, 히포크라테스학파, 그리고 갈레노스학파의 사유에 기원을 두고 있고 인도, 파키스탄, 그리고 방글라데시에서 널리 추종되고 있다. 아비켄나(980~1037)의 주석을 통해 그 관점들은 아리스토텔레스 철학에서 많은 요소들을 빌어 왔다. 주요한 개념은 여전히 우나니 사유의 논리에 강한 근거를 두고 있고, 균형의 개념을 강

조하며 특히 네 가지 기질을 강조하고 있다. [11]

일리치는 우나니 의사인 하킴 사이드 모하메드를 존경하게 되었다. 일리치를 진찰한 뒤, 그는 정체된 작은 혹이 일리치의 일부이며 그의 인격에 속해 있는 것이라고 말했다. 만약 그가 혹에 무슨 조치를 취한다면 스스로 균형을 무너뜨리게 되리라고 했다. 독서를 위해 안경을 쓰거나 탈장 수술에 동의하는 건 균형을 파괴하는 외과적인 절차가 아니다. 그는 그것들의 도움을 용인할 수 있었다. 일리치는 항상 균형을 획득하고 유지하는 것을 중요하게 여겼고, 그의 삶이 막바지를 향하면서 더더욱 비율의 문제인 균형에 집중하게 되었다. 의료의 역사에 관심을 가지고 있던 일리치는, 하킴이 과학자이자 철학자이며 치유자라고 평했다. [12]

나는 의심스러워지기 시작했다. 만약 그 치료할 수 없는 뇌종양으로 죽은 필라델피아 의사가 일리치의 종양이 양성이라고 판단했던 것이 옳다면? 만약 전이가 일어나지 않는다면? 만약 우나니 의사의 조언을 따라서 그가 자신의 커져버린 조직인 세포 덩어리와 사는 것을 택했다면? 그는 어쩌면 더 많은 시간을 살 수 있을지도 모른다.

그 살덩어리는 항상 그의 턱, 청각, 발화 그리고 그의 읽고 생각하는 능력을 방해해서 끊임없이 그를 더 심한 고통 속으로 밀어 넣었다. 그는 평생 동안 해온 요가와 호흡조절을 계속 이어가는 건 물론 도리어 더 강도 높게 수행했다. 나는 그가 일흔이 넘은 나이에도 물구나무 같은 자세를 아주 쉽게 취하는 것을 보고 놀라지 않을 수 없었다![13]

로버트 듀간, 베아테 짐머만 박사, 그리고 그 외의 다른 사람들의 힘을 빌어서 그는 침술로 고통을 완화시키려 시도했다. 그는 항상 바늘을 가지고 다녔고 어느 지점에 바늘을 꽂아야 하는지 알고 있었는데, 때때로 우리에게 그것을 대신 해달라고 부탁하곤 했다. 사제이 사무엘처럼 '손재주'를 가진 친구들이 밤에 그가 잠들기 전에 발을 마사지해주곤 했다.[14]

또한 일리치는 날것의 아편을 피우곤 했는데 중독되는 것을 원하지 않았기에 아편 양을 엄격하게 제한했다. 죽기 전 몇 년 동안 그는 아편의 사용을 늘렸다. 그는 아편을 피워도 통증이 사라지지는 않으며, 아편은 진통제가 아니지만 통증을 다른 쪽으로 이동시켜주고, 통증으로부터 스스로 "거리를 두게(일리치의 표현에 의하면) 된다고 했다. 아편을 피우고 나면 그는 한결 편하게 대화와 독서를 할 수 있었다. 그는 언젠가 친구에게 통증이 감각적 의식을 고조시키면서 몸을 더욱 의식하게 만들어준다고 말한 적이 있었다. 예를 들어, 색채들이 더욱 밝고 생생하게 보였다.[15]

그는 다양한 방법으로 고통에 적응해야만 했다. 그는 계속 친구들을 만나고, 여행을 하고, 강연을 하고, 학생들을 가르쳤다. 의사들을 포함한 여러 사람들이 혹이 커진 것을 보고 놀라서 나에게 그의 건강에 대해서 물었다. 그들은 일리치와 마주하는 것을 두려워했다.

생각을 하다보면, 나는 항상 단 하나의 사실로 돌아오곤 했다. 고통. 내가 주목한 많은 조짐들로부터, 그가 친한 친구들에게 했던 자기 상태에 대한 솔직한 말들로부터, 그가 겪는 고통에 대해 알게 되었고 시간이 지날수록 점점 더 고통스러워진 다는 사실도 깨닫게 되었다. 고통은 늘 악화되었고 끊임없는 괴로움을 뒤집을 방법은 없었다. 그는 고통과 함께 살아가야 했다.

나는 가끔 스스로에게 묻는다. "왜 그는 일찌감치 혹을 제거하지 않았을까?" 너무 늦었다는 게 분명해 보였다. 하지만 혹이 자라기 시작했을 때 시카고의 종양학자가 충고한 것처럼 수술에 동의할 수도 있었다. 나는 그가 이념적으로 모든 의료 개입을 반대하지 않는다는 사실을 알고 있었다. 그는 몇 년 동안 탈장대를 착용하고 있었다. 하지만 그가 앉고 걷는 일에 엄청난 어려움을 겪게 되었을 때야 비로소 그는 탈장 수술에 동의했다. 염증을 일으킨 치아가 엄청나게 아파오자, 그는 발치를 했다. 그런 그가 왜 얼굴의 종양에는 아무 일도 하지 않았을까?

나는 우나니 의사의 의견을 중요하게 생각한다. 일리치는 가끔 중심을 잃고 넘어지곤 했는데, 아마도 종양이 귀 안쪽으로 자라났기 때문일 것이다. 1980년대에 그가 펜 스테이트 대학에서 강의를 할 때 넘어진 일이 있었다. 강의를 시작할 무렵, 그가 추락에 대해 언급하면서, 자신이 종양에 무슨 짓을 하면 균형을 잃고 넘어지게 될 것이라고 학생들에게 말했다!

일리치는 기독교인이었고 교회의 전통들에 깊이 물든 사람이었다. 여러 전통들 사이에서 그에게 가장 중요한 것은 성서의 내용이었다. 일리치와 함께 살면서 나는 이 전통들 속에 유착되어 살아가는 그의 천성과 깊이를 느꼈다. 예를 들어, 그가 나와 함께 매일 성무일과에서 기도문을 외울 때, 나는 그가 기도문의 단어들을 이해하는 순간과 그 언어들 뒤에 있는 실재에 대한 그의 믿음을 포착했다. 무심하지만 반복되는 말들로부터 그의 믿음이 가진 본질이 어린아이 같은 성격이라는 것을 읽어낼 수 있었다.

명확하게 밝힌 적은 없지만, 나는 그가 성 바오로가 고린도인들에게 보낸 두 번째 편지의 언어들을 받아들이고 있었다는 확신을 갖고 있다. "우리가 항상 예수의 죽음을 몸에 짊어짐은 예수의 생명이 또한 우리 몸에 나타나게 하려 함이라."(고린도후서 4:10)

궁극적으로 일리치는 독실한 믿음을 가진 사람으로 살아갔고 그것은 주로 성육신에 대한 믿음에 초점이 맞춰져 있었다. 이 믿음에 대한 중요성 때문에, 1980년대 어느 날, 그가 몹시 화를 낸 적이 있었다. 그 날 우리는 데이비드 라마지의 초대로 시카고에 갔다. 일리치는 라마지가 지도하는 기관이자 시카고 대학 캠퍼스에 위치해 있는 장로교 신학교에서 강연을 한 뒤 성직자들과 토론을 할 예정이었다. 우리는 청중들이 속해 있는 교파에 관심을 두지 않았지만, 나는 대부분이 장로교회와 루터교의 목사로 구성되어 있을 거라고 추측했다. 토론 하나가 끝났을 때 일리치가 나를 불러 세우더니, 내 팔을 거칠게 움켜쥐고 소리쳤다. "여기 있는 사람들이 그리스도의 신성을 믿지 않는다는 것을 알고 있었어?" 그는 눈에 띄게 충격을 받았고 완전히 화가 나 있었다.

자신의 믿음 때문에 그는 테크놀로지로 만들어진 인공물의 모든 측면에 열정적으로 관심을 기울였다. 그는 이 장치들이 총체적으로 사람들을 둔감하게 만들고, 기본적인 감각 경험들로부터 소외시킨다고 믿었다. 그리고 인식 너머의 감각 세계를 변형시킬 뿐만 아니라 결과적으로 인간의 환경을 육체로부터 분리시켜 버린다고 생각했다. 그것들은 우리 모두에게 영향을 미쳐 사람들을 추상적인 암호로 바꿔놓으며, 이러한 왜곡은 많은 사람들의 의식에 침투한다. 그는 이렇게 몸에서 자아를 제거하는 일이 결과적으로 육체로부터의 이탈을 초래하고 성육신의 실재를 상상하는 것을 매우 어렵게 만들며, 따라서 그리스도의 육체를 믿는 것을 불가능하게 할지도 모른다고 주장했다.

그는 유사한 논의를 물에 대한 그의 저서인 『H2O와 망각의 강』에서 처음 발전시켰다. [16] 현상학적 분석에 근거한 그의 생각으로는, 수도꼭지에서 나온 '정화된' 물을 과연 물이라고 부를 수 있느냐는 것이다. 만약 그렇지 않다면 형상과 질료에 대한 아리스토텔레스의 관점으로 성례를 해석하는 세례의 문제와 관련해서 신학적인 어려움과 마주하게 된다. 신이 아닌 것을 제거해 나가면서 신을 설명하는apophatic 방식의 논증을 거친 후, 그는 심각한 신학적 의심이 존재함을 시사했다. 현상학적으로 그는 처리된 물이 상상력에 끼치는 심각한 영향에 대해서 분명한 태도를 보였다.

그 신화와 역사는 모두 상상의 삶에 대한 물의 중요성을 지적하고 있으며, 그러므로 인간이 살아가는 방식의 가능성에 대한 중요성이기도 하다. 하지만 만약 오늘날 물로 간주되는 물질인 H2O가 진짜 물이 아니라면? 더 나아가, 만약 진짜 물의 부재가 초월적인 공백을 보여주는 것이라면? 비슷하게 내가 만약 그것을 믿게 할 수 있는 내 몸의 뚜렷한, 매우 지각 있는 경험이 필요한 것이라면? 일리치는 자신의 몸을 믿기 위해서 내부와 외부 모두에서 감각 경험이 필요하다고 강하게 느꼈다.[17] 그는 더 나아가 이러한 몸의 필수적인 경험이 없으면 세계의 현현이라는 실재를 믿을 수 없는 것이 아닌지 의심했다. 오늘날 많은 사람들이 이러한 경험을 하지 못하리라는 공포는 일리치의 삶 후반으로 갈수록 더욱 더 그를 괴롭혔다.

혹으로 인해서 겪는 고통은 그가 자신의 몸을 강렬하게 느끼도록 만들었다. 그는 그것을 절대 잊지 못했다. 그의 몸이 겪은 고조된 경험 덕분에, 그는 본질적인 진실, 모든 신자들에게 필요한 진실을 느끼게 되었다. 나 역시도 그리스도의 몸을 믿기 위해 나의 몸을 느낄 필요가 있었다. 직접적인 접촉, 시각, 청각, 미각, 그리고 후각 같은 사용가능한 감각에서 나를 제거해버린 모든 인공물들을 의심의 눈으로 바라봐야 했다. 그런 것들은 알아차리기 어려운 숨겨진 방식으로 위험한 것일지도 몰랐다. 내 몸의 육체적 경험을 필요로 하고 있는 기독교인으로서, 나는 언제 육체가 자아와 분리되는 경계선을 넘어, 시간에 얽매인 무력한 가설 속에 나를 남겨두고 떠나는지 알 수 없다.

전통적인 사고에 따르면, 몸, 영혼, 그리고 정신으로 구성된 나 자신은 통일된 전체가 아니라 일종의 혼합물이다. 오직 하느님만이 부분들로 구성되지 않은 단일한 존재이다. 창조된 모든 것들은 혼합물이다. 테크놀로지로 만들어진 인공물들을 통해 내가 육체로부터 떠나게 된다면 그것은 사실상 나의 몸을 잃는 것이고, 나는 관념적이지만 여전히 불멸은 아닌 존재로 남게 된다. 기독교의 불멸은 육체의 부활에 대한 믿음에 기반을 두고 있다. 육체의 실재를 느끼지 않는다면 신자들은 오직 절망할 수밖에 없는 이성적 주체로만 남아버린다.

오랜 세월 동안 나는 시몬 베유의 글을 읽고 또 읽어왔다. 비록 그녀의 글이 잘 이해가 안 되고, 거의 대부분을 이해하지 못하더라도, 그녀의 책이 나의 책장에서 내려온 적은 없었다. 때때로 진실을 꿰뚫는 빛나는 통찰력은 나의 둔한 감성에 충격을 주곤 했다. 그리고 일리치가 죽은 뒤에 나는 새로운 눈으로 그녀의 글을 읽었다. 이전에는 볼 수 없었던 것이 보였다. 내가 보았던 진실 중 유일하게 여기에서 언급할 수 있는 것은 고통의 진실이다. 일리치가 죽은 2002년 12월 2일 이후의 시간 동안 시몬 베유를 읽으면서, 나는 일리치가 겪은 고통을 더욱 깊이 이해하게 되었다.

20페이지 정도의 분량인 그녀의 에세이 「신의 사랑, 그리고 고통」은 내가 읽은 어떤 글보다도 신자들이 경험한 고통에 대해 깊은 질문을 던진다. 내가 본 것과 일리치가 느낀 것과 관련된 시몬 베유의 글에 대해 생각해보면서, 나는 시몬 베유가 쓴 것과 일리치가 겪은 고통을 더욱 예민하게 의식하게 되었다.

인생의 위대한 수수께끼는 고통을 겪는 게 아니라, 고통의 원인인 고뇌를 느끼는 것이다. 순수한 이들이 살해당하고, 고문당하고, 나라에서 추방당하고, 궁핍해지고, 노예가 되고, 수용소나 감옥에 감금되는 것은, 그러한 일을 저지르는 가해자들이 있기 때문에 놀라운 일이 아니다. 삶을 무력하게 만들고 고통의 이미지를 만들어내는 질병이 긴 괴로움을 주는 것도, 자연이 자비와는 관련 없는 기계적인 필요로 움직이기 때문에 놀라운 일이 아니다. 하지만 신이 순수한 이들의 절대적 지배자로서 그들의 영혼을 가져가고 소유하기 위해 그들에게 고뇌를 부여할 수 있는 힘을 지니고 있는 것은 놀라운 일이다. 고뇌에 낙인찍힌 이는 고작해야 자신의 영혼 절반만을 유지하게 될 것이다. [18]

지금까지 나는 이 글을 이해할 수 없었다. 이해할 수 없는 가장 큰 이유는 나 스스로가 고뇌를 겪어보지 않았기 때문이다. 그리고 그런 고뇌를 겪은 사람을 알지 못했다. 내가 시몬 베유를 읽으며 느낀 바를 염두에 두고 일리치의 삶을 생각해보면, 두 사람 사이에 놀라운 연관성이 있음을 느끼게 된다.

자신의 인격 속에서 모든 기독교인들은 어떻게든 십자가에 접근해야만 한다. 그러므로 나는 일리치가 모든 신자들의 삶에 있는 십자가의 본질적인 성격에 대해 이따금 언급한 것에 특별한 중요성을 부여하지는 않았다. 그건 그냥 흔히 볼 수 있는 일리치의 모습에 불과했다. 그러나 이제 나는 시몬 베유, 일리치, 그리고 나 자신에게도 있는 이러한 진실을 온전히 새롭게 바라볼 수 있다. 그녀의 어떤 말들은 십자가의 신비에 직접적으로 도달하고 있다. 예를 들어,

신을 모방하는 일이 단순히 언어의 문제가 되지 않으려면 모방할 수 있는 인간이 존재해야만 한다. 하지만 우리가 의지를 넘어서려면, 신

을 모방하는 것을 선택하지 말아야 한다. 십자가는 선택하는 것이 아니다.

어느 정도의 금욕주의나 영웅주의를 선택할 수 있을지는 몰라도, 십자가를 선택할 수는 없다. 십자가는 형벌의 고통을 의미하기 때문이다. 가장 순수하게 가혹한 고통은 형벌의 고통이다. 고통의 본질을 보증하는 고통이다.

그리스도는 병자들을 고치고 죽은 자를 일어나게 했지만 그것은 겸손하고 인간적인 일이었고 그의 소명에 있어서 매우 작은 부분이다. 진짜 초자연적인 부분은 피로 땀을 흘린 일, 인간의 위로에 대한 충족되지 않는 갈망, 피할 수 있으면 피하게 해달라는 애원, 하느님에게 버림받았다는 느낌이다. [19]

시몬 베유는 십자가 위의 주님이 했던 말이자 찬송가의 첫 부분이 된 말을 인용한다. "나의 하느님, 나의 하느님, 어찌하여 나를 버리시나이까?"(마태 27:46). 그리고 그녀는 이어서 쓴다. "여기에 기독교가 신성하다는 진정한 증거가 있다."[20]

일리치의 경우, 종양으로 인한 고통이 그를 고뇌의 경험에 이르게 했다. 비엔나에서 겪은 학교 교장과의 굴욕적인 대면도, 그 자신에게 상처가 되어 돌아오지 않았다. 그보다 그는 자신의 밖에서 의미를 찾아내곤 했고, 이 경우에는, 십자가에서 의미를 찾았다. 이런 이유로 성육신 안에서 십자가의 중심적 역할에 대한 그의 글은 단순한 내용이 아니라, 그의 끔찍한 고통, 그리고 근본적으로는 외로운 고통에서 나온 내용이다. 그리고 주님과 맺은 이러한 관계가 그에게 고통을 견딜 수 있는 은총,

힘을 주었다.

성 바오로의 말에 대한 믿음 때문에 일리치는 자신의 몸에 예수의 죽음을 넣고 다니는 것에 대단한 영광을 느꼈다. 그가 고통과 혹을 받아들인 것에는 이런 의미가 있었다. 만약 그가 십자가에 대한 믿음을 거부했다면, 매시간, 매일, 매주, 매달, 매년의 고통이 아무 의미 없었을 것이다. 이것은 진실인데 그렇지 않았으면 그는 '믿음이 없는 신자'라는 걸어 다니는 모순이 되었을 것이기 때문이다! 많은 기독교인들이 지적하는 것처럼 믿음에는 비용이 따른다. 몇 년 전에 일리치는 이렇게 썼다.

전통적인 문화는 모든 사람들이 육체적 위해나 슬픔의 충격으로 행하는 일에 책임을 지도록 만들었다. 고통은 우리 몸의 주체적 현실에서 피할 수 없는 부분으로 인식된다. 몸속에서 모든 사람들은 끊임없이 자신을 찾고, 그에 대한 의식의 반응으로 몸은 끊임없이 형성된다. 사람들은 자신만의 두통, 장애, 슬픔을 스스로 치유하고 해결해야만 한다는 것을 알고 있다. [21]

나는 종양이 자라나는 모든 시간 동안 그와 함께 있었다. 그는 괴로운 나머지 가끔 큰소리로 신음하고 가벼운 불평을 하긴 했지만 반항심을 보이진 않았으며, 당연히, 전혀 분노하지도 않았다. 겟세마네 동산에서 그리스도가 몸부림쳤던 것에 대한 시몬 베유의 언급을 생각해보면, 일리치의 고뇌어린 질문들이 내가 잠들고 그가 혼자 있을 때, 주님과 그 친구들이 함께 있을 때 생겼으리라고 짐작했다.

그는 또한 성 바오로가 골로새 사람에게 쓴 편지를 읽으며 자신을 일깨우는 내용을 발견했다.

지금 이 순간 나는 당신을 위해 고통을 견뎌내는 것에서 나의 즐거움을 찾습니다. 그리고 나는 그리스도의 몸 된 교회를 위해 그리스도의 고난에서 부족한 것을 나의 살로 채우겠습니다. (골로새서 1:24)[22]

일리치는 이 글이 감춰진 것을 드러낸다고 봤는데, 그가 겪는 고통의 신비를 보여주고 있기 때문이었다. 모든 기독교인들과 마찬가지로 그는 "그리스도의 고난"에 참여하는 게 필연이라는 것을 알고 있었는데 그것은 주님에 대한 믿음에는 고난에 참여하는 것이 빠져서는 안 되는 필요한 부분임을 의미했다. 신자들은 그리스도가 겟세마네 정원에서 그랬던 것처럼 울부짖을 것이다. "죽음을 앞둔 슬픔에 나의 영혼은 압도되었다."(마태 26:38) 믿음이 있는 이들은 그리스도의 애원을 인용하며 기도를 끝낼 것이다. "내 아버지여, 만일 내가 마시지 않고는 이 잔이 내게서 지나갈 수 없거든, 아버지의 뜻대로 되길 원하나이다."(마태 26:42)

성 바오로는 고통 속에서 즐거움을 경험했다고 말할 수 있었다. 누군가를 위해서 고통을 견뎠기 때문이다. 이러한 내용을 알고 있는 일리치 또한 고통을 참아내는 소명을 받았다고 믿었다. 누군가를 위해서. 그것은 그리스도의 몸 된 교회의 일원이 되고, 성자들의 영성체를 믿고, 포도나무와 나뭇가지 우화의 진실을 받아들이는 것을 의미한다. (요한 15:1~17) 더 나아가서 일리치는 자기가 대신 고통 받고 있는 이들과 자신을 동일시할 수 있다고 믿었다. 이 부분에서 그는 잘못 판단했을지도 모른다. 오류를 저지르는 피조물로서, 그는 구원의 섭리를 파악하기 위해 신의 '마음'을 들여다볼 수는 없었다. 하지만 알지도 모른다는 가능성으로, 그는 엄청난 고통을 마주할 수 있는 힘과 용기를 얻어내기도 했다. 나는 맥나미와 페리에게 보내는 편지에 내가 깨달은 것과 일리치의 기록에 대해 내가 사유한 것들을 적었다.

그레이엄 그린의 놀라운 책인 『사건의 핵심』의 유추적 독해는 일리치의 삶, 고통, 그리고 죽음에 대해 미처 알지 못했던 측면들을 열어서 보여준다.[23] 스코비의 사랑에 대한 그린의 묘사는 다른 이를 사랑하는 것, 볼 품 없는 이를 사랑하는 것, 교회의 가르침을 부정하는 듯한 방식으로 사랑을 하는 것에 대한 관습적인 관념들을 확장시킨다. 두 여자에 대한 그의 특이한 사랑을 위해 스코비는 모호하게도 자살의 영역에 들어간다. 이런 사건을 서술하는 그린의 천재성은 독자들이 예수의 가르침을 받아들이도록 만든다. "판단하지 말라."

이성적 설명을 거부하는 방식으로 그는 다른 이에 대한 사랑을 위해 자신의 삶을 바친다. 그의 상황, 꿈, 내면적 사색, 그리고 동기의 복잡성이 주어지면서, 그는 "완전한 순례자"였던 것처럼 보인다. 그는 사랑은 단 하나의 의미가 아니라는 것, 보편에 대한 중세의 추상적 관념들을 모두 읽는 것보다 더 많은 의미를 포함하고 있다는 것을 명백히 증명했다. 그린은 기도, 성체, 십자가상, 그리고 기독교의 믿음에 대한 다양한 측면 같은 신학적 사실들을 놀라울 정도로 뛰어난 방식으로 묘사했다.

스코비에게 지식, 사랑, 그리고 고통이라는 세 개의 경험은 함께 확장되어 간다. 그린은 스코비에게 직접적으로 영향을 받은 사람들을 섬세하게 묘사한다. 하지만 스코비의 의식과 정서의 앞과 뒤에 무엇이 있었는지 설명하고자 하는 거짓 혜안에 빠지지는 않는다. 우리의 불완전한 말들로도, 지식, 사랑, 그리고 자비가 하느님 안에서 하나라고 말할 수 있다.[24] 피조물들 안에서 그 세 가지는 함께 가지만, 각각의 관계가 가진 강도나 방향은 아무도 알 수 없다. 나는 스코비에게서 나의 상상을 뛰어넘는 사랑, 지식, 그리고 고통을 보았다.

이 책을 읽으면서 나는 계속 일리치의 삶을 되새겼다. 그와 함께 한 시간들을 떠올리면서 일리치가 내뱉은 무심한 말들을 상기해 보았다. 그는 성 알렉시스에 대해 여러 번 이야기했다. 그의 설명에 따르면, 알렉시스는 로마 귀족 집안 출신이고 5세기에 살았던 사람이다. 성지에서 십 년 넘게 머물다가 로마로 돌아와 부모님의 집 밖에 있는 계단 아래에서 이름 없는 노숙자처럼 살았다.[25] 일리치는 눈에 띄지 않으면서 신성하게 살아간 그의 비밀스러운 삶을 칭찬했고, 일리치 자신도 숨겨진 삶을 살고 있음을 암시하는 것 같았다. 이제 나는 그 모호한 암시가 무한한 진실을 보여주었다고 믿고 있다.

일리치의 고통은 병에 걸린 사람에게 필연적인 일이라고 말할 수도 있다. 만약 신앙을 가진 사람들이 그리스도의 고통이 어떤 의미에서 불완전한 면이 있다고 믿는다면, 우리 각자는 부르심을 받은 것이고, 그리스도의 고통을 나누라는 소명을 받은 것이다. 우리 각자는 "자신의 영역"에서 "그리스도의 고뇌에서 결핍되어 있는 것"을 채워 넣어야만 한다. 만약 이것을 거부한다면, 신앙을 가진 사람으로서, 교회를 믿는 사람으로서 실패하는 것이고 주님을 거부하는 것이다.

일리치는 그 사람들을 위해 대신 고통을 받고자 했다. 내가 그것에 대해 무슨 말을 할 수 있을까? 할 수 있을 것이다. 하지만 내가 말한 것은 사실보다는 추측에 더 가까울 것이다. 만약 일리치가 고통스러워하고, 그가 그것을 그리스도의 고통에 참여하는 것으로 받아들이고 있다면, 그리고 그 모든 상황이 내가 믿는 것처럼 하느님의 섭리를 진정으로 표현하는 것이라면, 일리치가 대신 고통을 받고자 했던 사람들은 일리치가 자신의 고통을 견뎌내지 않았더라면 진정으로 가치 있는 삶, 은총이 깃든 삶을 살 수 없었을 것으로 보인다.

내가 섭리에 대해 말한 것은 진실, 단단한 신념으로서의 진실처럼 보인다. 일리치는 자신의 시도를 독실한 믿음에서 받아들였기 때문에 자신의 상황을 자비로운 신의 보살핌으로 인정했고, 어려움 없이 현실 자체를 포용했다. 그는 "주여, 왜 나입니까?"라고 묻지 않았다.

나는 이 모든 일들이 믿음에 순응했기 때문에 일어났다고 말할 수 있다. 다시 말해 하느님의 말씀에 따라, 두 번째 성삼위인 하느님의 아들이 인간이 되었고, 인간의 육신을 얻은 뒤 그 육신이 고통을 받아, 은총으로 그와 함께 할 수 있는 모든 이들을 하나로 묶을 수 있는 무한한 힘이 형성된 것이다. 이것은 그 본질이 구원의 경제학인 하느님의 섭리 안에서 일어나는 일이다. 구원의 경제학이란 개개인이 다른 이를 위해 예수 그리스도의 고통에 참여하는 소명을 받아들이는 것을 의미한다. 이런 맥락에서 고통의 동참은 다른 이들의 구원에 필수적이라고 말할 수 있다. 하지만 그렇다고 해서 다른 이들의 운명이 절대적으로 미리 결정된다는 의미는 아니다. 그 사람의 영원한 행복은, 은총을 승낙하고 하느님의 초대를 받아들이냐의 여부에 달려 있다. 나는 그 사람이 누군지 그리고 그가 신의 은총을 환영할 것인지 알 수 없다. 나는 그 사람이 반드시 행동하고 반드시 생명력 넘치며 자유로운 어떤 일을 해야 한다고 믿는다. 그 사람은 또한 실패를 할 수도, 성령을 향해 죄를 지을 수도 있다. 일리치가 그 사람을 위해 고통 받았다고 해서 그에게 영원한 행복을 향한 티켓이 자동적으로 보장되는 것은 아니다.

종양이 계속 자라면서 일리치는 또 다시 스스로 "균형을 잡고" 있다는 말을 여러 번 했다. 이러한 말들로부터 균형이라는 개념이 핵심이고 결정적이라는 사실을 알았다. 균형이라는 개념은 그가 실재로 들어가는 입구였고, "존재하는 무엇"을 보고 파악하는 수단이었다. 총체적인 의미에서 그의 행동은 그가 자신의 삶에서 평정을 찾을 수 있도록 해주었고, 그것은 보통 사람들이 누가 불균형하고 미쳤다고 말할 때의 의미와 정반대인 의미였다. 일리치에게 있어서 삶에 균형이 잡혔다는 건 우주와 조화를 이루는 것을 의미했고, 그의 소우주는 대우주와 대칭을 이루고 있었다. 하지만 신자들에게 우주에 관한 모든 언급은 은총의 영역과 함께 시작한다. 다른 모든 영역은 뒤에 있거나 두 번째에 있다.

이 소명에 대항하여 싸우는 것은 그의 균형을 던져버리고 병들게 만드는 일이었다. 왜냐하면 우나니 이론에 따르면, 병이란 적절하고 알맞은 균형의 부재이기 때문이다. 우나니 이론의 주장은 성 어거스틴이 악의 본성에 대해 가르친 내용과 유사하다. 성 어거스틴에 따르면 악은 마땅한 선의 부재이고 긍정적인 실재가 아니다. 만약 일리치가 관례적인 의료행위가 개입되는 방법을 찾고자 했다면, 그는 자신이 사는 우주의 극미하지만 가장 중요한 부분을 엉망으로 만들어버렸을 것이다. 현상의 "객관적인" 도식 속에서, 그의 자리는 헤아릴 수 없을 정도로 작다. 하지만 그의 관점, 그가 서 있는 곳에서는 무한하게 크다. 그가 만지고 있는 실재는 고통을 통해 그의 존재 너머로 무한히 확장되었다. 그 실재는 성스러운 삶에 도달했고 고통 받는 이들의 삶으로 퍼져나갔다.

당장 질문 하나가 생긴다. 만약 일리치가 관습적인 대중요법으로 치료 받는 것을 거부하는 것이 지금 이 순간의 역사가 그에게 요구하는 '아니오'라면? 만약 '아니오'라고 말할 수 있는 은총이 그의 소명 또는 하느님의 부르심으로 주어졌다면? 만약 그의 친구들에게 일리치가 '아니오!'라고 말하는 것이 필요하다면? 만약 이 세계에 일리치가 '아니오!'라고 말하는 것이 필요하다면? 만약 의학적 패러다임과 '건강'에 대한 현대적 환상이 우리를 절대적으로 지배하는 것을 무너뜨리기 위해 소수의 사람들이 '아니오'라고 말하는 게 꼭 필요하다면? 그러한 필연성은 누군가로 하여금 공공연하게 '아니오'라는 말을 내뱉도록 만든다. 그 필연성은, 역설적으로, 그에게 제공됐다. 그는 거부할 수도 있었다. 아마 다른 사람들이라면 거부했을 것이다. 일리치를 짓누른 필연성은 육체적인 것이 아니었다. 원인과 결과에 관련된 질문도 아니었다. 그가 마주한 필연성은 사실 도덕에 관련된 것이었다. 어떻게 하느님 앞에 설 것인지 문제와 관련된 것이었다.

일리치가 소명을 수락한 것은 그의 이웃들, 사회, 은하와 우주를 넘어선 곳까지 도달했다. 얼굴에 난 혹은 그가 동시에 두 개의 삶을 살도록 허락해주었다. 주류 의학의 도움을 거절한 표면상의 삶과 영원에 도달한 내부의 삶. 성 알렉시스의 사례는 일리치의 삶이라는 실재를 유추할 수 있는 진정한 통찰이었다.

그가 이십 년도 더 전에 『병원이 병을 만든다』에서 강조했던 것처럼 많은 사람들이 현대 산업 세계, 우리 사회의 소위 선진 영역이라는 곳에 깊숙이 자리 잡고, 고통, 장애, 그리고 죽음 안에서 아무 생각 없이 왜곡된 삶을 살아간다. 항상 삶 속에 있는 이 세 가지 요소들은 제도화된 의료 시설의 구조와 직접적으로 부딪친다. 삶의 왜곡은 의료 시스템이 이러한 요소들을 첨단 과학 프로젝트의 측면에서 독점적으로 다룬다는 사실에서 비롯된다. 그것들의 초월적인 성격은 무시되어야만 한다고 과학은 요구한다.

매번 강의와 글에서, 그리고 개인적 삶에서 일리치는 우리에게 주어진 중요한 것, 즉 인간의 조건을 단순하게 받아들였다.

하지만 사람은 가지고 태어난 것에도 영향을 미치는 행동을 할 수 있다. 다양한 능력을 습득할 수 있고, 습관이나 행동의 습관적인 방식을 획득할 수도 있다. 예를 들어, 사람들은 능숙하게 걷는 법이나 포크로 즐겁게 먹는 방법을 배운다. 성 토마스에 따르면 기능은 "수행하는 행위에 대한 정확한 개념"에서 시작된다.[26] 그러므로 이러한 행위들을 해나가는 작업은 초월에 동참하는 좋은 일이다.

인간의 능력은 인간 조건의 밝은 면에 반응하는 즐거워하는 능력과 어두운 면에 반응하는 고통을 견디는 능력으로 둘로 나눌 수 있다. 더 나아가 일리치는 인간 조건이 언제나 "고통 받아왔다"고 믿었다.[27] 역사를 연구하면서 그는 위대한 종교적 전통들의 차이점은, 인간 조건의 어두운 면을 다루는 사유와 수행의 관점에서 찾을 수 있다는 결론을 내렸다. 이러한 결론은 결국 잘 살아가기 위해서는 우선 각자 고통을 견디는 능력을 수행해야 함을 의미한다. 일리치는 이러한 필요성에 대해서 종종 이야기했고, 이러한 의무에 대해 여러 방식으로 언급한 기록들과 진술들이 남아 있다. 이런 내용에 대해 저술한 다른 사람들도 있다. 예를 들어 그레이엄 그린은 "인간이 되기 위해서는 자기 잔을 들어 마셔야 한다"라고 했다.[28] 그린은 겟세마네 정원에서 체포되기 직전 예수의 감정을 이해하기 위해 전도사들이 사용했던 비유를 언급했다. 그는 말했다. "내 아버지여 만일 할 만하시거든 이 잔을 내게서 지나가게 하옵소서. 그러나 나의 원대로 마시옵고 아버지의 원대로 하옵소서."(마태 26:39)

이 말들에 대해 깊이 사유해보고 다른 복음서들의 관점에 기록된 예수의 감정을 총체적으로 고려해보면, 신자들에게 고통을 견디는 능력의 모범이 될 사례와 마주하게 된다. 예수 그리스도의 감정과 행동 속에서 새로운 전통은 시작되었다. 지난 이천 년 동안 고통을 느끼는 기독교인은 겟세마네 동산에서의 그 밤을 떠올렸다. 그곳에서 사람들은 따라야 할 본보기뿐만 아니라 인간의 육체와 고난을 견뎌낼 신성한 힘을 찾고자 희망했다. 일리치가 강력히 시사하듯 그 밤의 장면을 무시한 채 건강을 추구하는 것은, "위엄 있고, 의미 있고, 인내심 있고, 사랑스럽고, 아름답고, 받아들일 수 있고, 심지어는 기쁨의 체현을 경험할 수 있는 고통을 가로막는 장애물"을 만드는 것이다. [29] 일리치는 믿음이 있었고, 기독교인이었고, 가톨릭신자였기 때문에 다른 이들보다 먼저 전통 속에서 자신의 길을 찾았다. 그는 다른 종교적 전통들도 알고 있었지만 그가 태어나고 죽을 때 함께했던 자신의 전통을 선택했다.

그를 잘 아는 많은 사람들이 증언했듯이 그는 마조히스트가 아니었다. 하지만 그는 그의 세대 다른 누구보다도 의료 시스템의 위력에 대해 잘 알고 있었다. 그에게 의술은 "인간 조건conditio humana을 바꾸겠다고 장담하는 거대 과학기술의 패러다임"이었고, 그것은 인간의 본성을 변화시켜 인간남자 혹은 인간여자로 인식되어왔던 것과 무엇인가 다른 존재를 창조하고자 했다. [30] 그러므로 진보를 약속하는 의료 시스템은 인간 조건을 거부하고 고통을 견디는 능력을 혐오하게 유도한다. 일리치에게 리얼리즘은 고통과 죽음을 견디는 능력을 테크놀로지의 개입보다 더 중요하게 생각하는 것이었다. [31]

어떤 친구가 편지에 썼듯이, 진단에 대해 '아니오'라고 하는 일리치의 선택은 많은 이들이 상상했던 것보다 더 멀리 나아갔다. 일리치의 얼굴에 있는 종양에 대해 그는 이렇게 썼다.

그 혹은, 비록 고통스러울지라도 어떤 면에서 선물이고, 은혜야. 혹은 언어를 넘어서는 방식으로 그가 책에 썼던 내용들을 "말하고" 있어…… 이반의 "아니오!"는 의료 시스템에 대한 단순한 비난 이상이야. 종양에 대한 이반의 결정에 대해 숙고할 때마다 나는 생각했어. "뭐, 『병원이 병을 만든다』의 저자가 달리 어떻게 행동하겠어?" 나는 이제 이반의 "아니오!"라는 외침이 의학을 넘어섰다는 것을 보고 있어. 그것은 테크놀로지 프로젝트, 기술(la technique)의 모든 영역을 향한 "아니오!"였던 거야. 나는 이반의 "아니오!"가 그가 『병원이 병을 만든다』뿐만 아니라, 모든 책에서 말하고자 했던 것의 체현이라는 것을 깨달았어. 그리고 궁극적으로 자네가 에세이에서 설득력 있게 말했듯 일리치의 모든 책과 마찬가지로 그의 결정은 그의 믿음에 대한 반영이었어.[32] 그의 "아니오!"는 궁극적으로 신이 아닌 것을 제거해 나가면서 신을 설명하는 행위였어. 그래서 현대 세계는 자네가 "진정한 인간의 행동"이라고 부르는 것을 막아버리고 꺾어버릴 뿐 아니라, 누군가가 좋은 기독교인이 될 수 있는 가능성을, 완전히는 아니지만 매우 큰 규모로 방해하고, 좌절시키고, 빼앗지. 이것이 자네와 이반이 지적한, 제도와 시스템의 그물망이 선을 가려버리는, 현대 세계에 존재하는 악의 본성이 아닌가? 만약 시스템과 제도들이 말을 할 수 있다면 이렇게 말했을 거야. "당신은 이제 좋은 기독교인이 될 필요가 없다. 우리가 그 일을 가져가 버렸으니까. 당신은 의무로부터 해방되었다." 내가 이반의 책에서 읽은 것처럼, 그리고 자네가 썼던 내용들처럼, 이 목소리는 오늘날 세계 안에 있는 악마의 목소리야. 33)

일리치는 오늘날의 무기력함에 대해, 우리 대부분이 완전히 무기력하며 정책에 방향을 맞춘 행동과 움직임은 대체로 허상에 불과하다는 사실에 대해 언급했다. 일리치가 마셔야 할 잔은 분명한 무기력함이었고, 매우 구체적인 수난과 십자가였다. 그는 다른 무엇보다도 자기 자신을 다른 이들에게 바치길 원했고, '아니오!'라고 말한 자신의 사례를 통해 다른 이들을 축복하고 싶었다. 하지만 "축복받은" 이들은 언제나 그를 똑바로 마주볼 수 없었고, 이 선물과 함께 살 수 없었고, 그가 제공한 것을 받아들일 수 없었다. 아마도 마지막 슬픔과 개인적 비극에 대해서는 말할 수 있을지도 모른다. 34)

우리 세계의 진실은 예언적으로, 그리고 상상을 통해 19세기 표도르 도스토예프스키의 소설 『대심문관』에 잘 드러나 있다. 35) 많은 이들이 자신의 자유의지(성 토마스의 표현에 따르면 liberum arbitrium)를 첨단 테크놀로지의 기적에게 넘겨주기 위해서 열심히 달려가고 있다.

마지막 몇 년 동안 일리치가 했던 일은 의료 시스템에 대해 또 다른 책을 쓰는 것이 아니었다. 어쨌든 출간된 그의 작업들, 특히 『병원이 병을 만든다』는, 스스로의 경험을 바라보고 되돌아보려는 이들에게 명료하고 단호한 책이었다. 일리치의 구체적인 짐은 자신의 삶을 살아가고 고통을 겪는 일이었다. 1948

년에 알베르트 카뮈는 다음과 같이 말했다.

기독교인이 기대하는 세상은 기독교인이 큰소리로 분명하게 말해야
만 하고, 그들이 한 번도 의심하지 않았던, 가장 단순한 사람의 마
음에서 솟아오를 수 있는 약간의 의심도 없었던 방법으로 비난할 수
있는 세상이다. 그들은 관념에서 멀어져야 하며 피 묻은 얼굴을 한
오늘날의 역사와 맞서야 한다. 우리에게 필요한 집단은 명백하게 말
할 수 있고 몸소 빚을 갚기로 결정한 사람들의 모임이다.[36]

어떤 말이나 글, 행동도 일리치의 모습보다 명백하고, 극적
이지 않았다. 누구든 그의 얼굴을 볼 때마다 의료 시스템에 대
한 그의 비판이 귀에 들리는 것 같았다. 그는 의료 시스템의 역
사를 연구했고, 그 기록을 속속들이 알았다. 그는 자신의 마지
막 말이 개인적 증거가 될 것이라고 결론내렸다.
　오늘날 관습적인 대중요법 치료는 후퇴하고 있다. 하지만
그것은 여전히 첨단 테크놀로지 프로젝트의 기둥 가운데 하나
로 남아있다. 그 프로젝트는 궁극적으로 실패할지도 모르지
만, 아무도 그것을 무너뜨리려 하지 않을 것이다. 일리치의 마
지막 가르침은 그 프로젝트가 오직 개인의 정신과 마음에서만
사라진다는 것이다. 일리치는 자신의 고통과 삶을 대가로, 은
총의 영역에서, 우리의 자유를 "샀다." 그가 자신의 방식대로
살았기 때문에 우리 각자는 시스템에 대한 충성을 거부하면서
자유롭게 그를 흉내낼 수 있게 되었다. 믿음에 기반하고 있는
나의 행위는 의료 체계의 오만을 무너뜨릴 수 있다.

7

'아니오'라는 대답의 도덕적 아름다움

우표에는 에이레라는 도장이 찍혀 있었다. 봉투를 여는 잠깐 동안 나는 몇몇 아일랜드 친구들을 떠올렸다. 누가 나에게 소식을 보내왔을까? 편지를 읽으며 그 내용의 격렬함에 놀라서 감정이 동요되었다. 나의 믿음이 그 충격보다 강하다고 생각했기에 견뎌낼 수 있었다.

다라가 자기 등에서 작은 혹을 발견했다. 어디서든, 매일 누군가의 몸에서 혹이 발견되고, 그러면 대부분 즉시 어떻게 해야 할지 알고 있다. 즉, 현대의 주요한 프로젝트에 지대한 영향을 받는 지역에 살고 있는 모든 사람들이 그렇게 한다. 그 프로젝트란 모든 것을 통제하기 위해 과학과 테크놀로지를 이용하는 것이다. 어떤 불필요한 지체 없이 당신은 적절한 전문가와 능숙한 종양학자에게 진찰을 받으러 간다.

다라 역시 조치를 취하기로 결정했다. 친구들과 자신이 살고 있는 작은 공동체의 일원들을 불러 모아 혹에 대해 토론했다. 다라가 무엇을 해야 할까? 길고 엄중한 대화 후에 다라는 지역의 신부에게 알리고 성유를 부어달라고 부탁하기로 결정했다. 성유를 붓기 위한 특정한 의식이 있었고, 병에 걸린 사람은 의식에 참여하도록 가족과 친구들을 부르는 경우도 종종 있었다. 그들은 지정된 시간에 와서 온 마음을 기울여 자신들의 목소리로 기도에 응답했다. 신부가 와서 다라에게 성유를 부어주었다. 그 기름은 병자성유oleum infirmorum로 부활절 직전 성목요일에 주교가 특별히 축복해준 것이었다. 다라와 그의 친구들은 기름부음의 효과가 참가자들의 믿음에 달려 있다고 믿었다.

> 진실로 너희에게 이르노니 만일 너희에게 믿음이 겨자씨 한 알 만큼만 있어도 이 산을 명하여 "여기서 저기로 옮겨지라" 하면 옮겨질 것이요 또 너희가 못할 것이 없으리라. (마태 17:20~21)

고대의 의식이 다시 거행되었다. 사람들의 정신과 마음이 한데 모여 보통 상식으로 받아들여지는 현대인의 합리적 습관과 어긋나는 행위를 했다. 다라와 그의 친구들은 어쩌면 오늘날에는 진기할지도 모를 신자들이다. 신기하게도 몇 주가 지나자 그의 혹이 사라졌다.

같은 시기에 다른 친구가 면도를 하다가 목 근처에 있는 혹을 발견했다. 그는 외국에서 휴가를 보내고 있었고, 며칠 후 비행기를 타고 귀국하기로 되어 있었다. 그래서 그는 그때까지 아무것도 하지 않고 기다리기로 결정했다. 집에 도착하자마자 그는 동료이자 그 도시의 병원 직원인 잘 아는 친구에게 연락을 했다. 사실 그녀는 몇 년 전부터 그 병원과 직접 계약을 맺고 있었다. 유방암으로 인한 통증이라는 진단을 받은 뒤 그곳에서 유방절제술을 받았기 때문이다. 분명히 그녀는 암을 퇴치했다.

그녀와 대화를 하고 난 뒤 크리스티안은 존경받는 유명한 종양학자와 만났다. 의사는 즉시 검사를 해보길 권했다. 그는 시간이 제일 중요하다고 설명했다. 크리스티안은 조언을 따르기로 결정했다. 검사 결과를 분석한 후 종양학자는 그에게 암세포가 발견되었다고 솔직히 말했다. 의사는 진단결과를 보여주면서 이틀 후에 수술을 해야 한다고 강하게 밀어붙였다. 그리고 비교적 간단한 절차로 해결될 것이라고 주장했다. 의사의 강압적인 처방에 동의하기 전, 크리스티안은 가까운 친구인 이반 일리치와 이야기를 나눴다.

일리치는 고려되고 있는 치료 절차에 대해 회의적인 태도를 솔직하게 드러내면서 강한 의구심을 표현했다. 그는 의학적 의견을 쉽게 받아들일 생각이 없었다. 사실 그는 진단을 완전히 거부할 가능성에 대해서 논의했다. 단지 검사 결과와 그에 수반되는 전문적 판단에 대해서가 아니라 진단이란 개념 그 자체를 거부하는 것이다. 그는 근본적으로 다른 두 가지 삶의 태도에 대해 이야기했다. 하나는 개인의 자율성을 강조하는 삶이고, 다른 하나는 발전된 의료 기술이 요구하는 타율적인 삶이다. 아마 크리스티안은 두 삶 중 한 가지를 선택할 가능성과 필요에 직면했을 것이다. 그럼에도 명백히 극단적이고 뚜렷하게 상반된 이 두 가지 길은 아마 그의 딜레마를 가장 정확하게 진술하고 있는지도 모른다. 아마 그는 결정적 행위를 통해 개인적 삶을 목적이 있는 질서로 바꿀 수 있는 힘과 함께 삶의 마지막 윤곽을 그려볼 수 있는 드문 은총을 받은 것인지도 모른다. 일리치는 이 세계에서 거의 찾기 힘든 일종의 궁극적인 합목적성이라는 측면에서 논쟁을 했다. 크리스티안은 그 날부터 죽는 날까지 자신의 삶의 방향을 분명하게 정할 수 있었다.

그 순간 크리스티안은 진정한 자유라는 축복을 받았다. 현실적인 선택들이 그의 앞에 놓여있었다. 하나는 의료 시스템에 관련되어 있는 능숙한 전문가들이 제시하는 것이고, 다른 하나는 그의 비판적인 친구들이 제안하는 것이었다. 그는 여전히 자기 자신이었고 자기 삶의 방향과 성격을 결정할 수 있었다. 그가 의료 시스템을 향해 돌이킬 수 없는 걸음을 내딛게 되면 다시 되돌아갈 수는 없었다. 대안의 길을 선택하면, 그가 열 손가락이나 근시와 함께 사는 것처럼, 혹과 함께 사는 법을 배워야 할 것이다. 모든 사람이 그래야 하는 것처럼, 그리고 그에게 있어서는 다른 사람들보다 좀 더 일찍, 그는 고통을 견디는 기술을 배워야 한다. 관습적인 길을 따르면 그는 이용할 수 있는 가장 좋은 의료 지식과 의료 절차를 스스로에게 제공할 수 있고 또…… 무엇이 있을까? 희망? 휴식? 치유에 대한 기대?

고조된 강렬함과 압축된 시간의 상황 속에서 크리스티안은, 선택해야 하는 현실이 예외적으로 극적이긴 했지만, 언젠가는 모두가 대면해야 하는 일과 마주했다. 그런 상황들은 예전보다 더 흔하게 일어나거나 아니면 오랜 시간 앞서서 한 선택으로 굳어져 버린 삶의 양식 때문에 새롭게 선택할 상황이 아예 사라지는 것처럼 보인다. 사람은 어제나 오늘 하루의 사치로 과식이나 과음에 중독되지는 않는다. 성격을 형성하는 데는 많은 시간이 걸리며 많은 행위들이 필요하다. 더 나아가, 오늘날에는 산만하게 만드는 오락거리가 끝이 없고 마음을 끄는 키메라들이 넘쳐 흐르며, 제 정신이 아닌 환각들이 수없이 존재한다. 크리스티안은 자기가 어떤 판단을 내리든 자신의 내일에 대해 통제할 수 없음을 희미하게나마 인지하고 있었다. 그는 누구나 완벽하게 이성적인 삶을 살 순 없다는 사실을 유례없이 잘 보여주었는데, 아마 본인은 그 사실을 의식하지 못했을 것이다. 완벽하게 이성적인 삶은 이 세상 속에서는 가능하지 않다. 사람은 반드시 믿음을 선택해야만 한다. 크리스티안은 친구들의 사랑과 지원에 둘러싸여 오랜 전통 속에서 쉬는 것, 아니면 현대 의학의 약속과 경이에 스스로를 밀어 넣는 것 가운데 하나를 선택할 수 있었다.

스스로 전문가이자 대학 교수인 크리스티안은 의사들의 능숙함을 믿었다. 그들의 전문 지식은 과학의 주장에 의지하고 있지 않던가. 의학의 역사는 뚜렷하고 분명한 진전을 보여주고 있지 않던가. 현대의 믿음은 모든 미신들을 없애고 있지 않던가. 어떤 의미에서 그는 선택의 여지가 없다고 느꼈다. 그는 질서 있는 삶을 살아왔다. 그가 내린 결정들은 그의 삶이 진정으로 일관성 있다는 것을 입증했고, 그의 성격을 형성하는 동시에 그가 마주한 상황들을 채색했다. 그는 의사가 간단하다고 약속한 수술을 받기로 결정했다.

병원은 멀지 않았고 나는 수술이 끝난 다음 날에 그를 방문했다. 하지만 난 그가 있는 병실을 찾을 수가 없었다. 그곳 사람들은 그가 병원 어디에 머물기로 되어있는지에 대한 기록을 갖고 있지 않았다. 마침내 나는 무질서한 단지의 또 다른 건물 안에 있는 중앙행정실의 위치를 찾아내 그가 비뇨기과 구역에 있다는 것을 알아냈다. 나는 생리학과 해부학에 대해 많은 것을 알진 못했지만 그의 목에 있는 혹이 비뇨기과와 관련이 없다는 건 확신했다. 그러나 그는 그곳에 있었고 의사들이 예상한 수술과 매우 달랐으며 간단하지도 않았다고 설명했다. 그에겐 즉시 두 번째 수술이 필요했고 그들은 그의 고환 하나를 제거했다. 그는 두 번의 외과수술로부터 회복되고 난 뒤 그 사실을 통보 받았으며, 일련의 화학 요법 치료를 받아야만 했다.

나는 그가 이미 일어난 일들과 아직 일어나지 않은 일들 때문에 약간의 낭패감을 느끼고 있다는 것을 알 수 있었다. 그가 말하는 내용과는 별개로, 그의 눈과 얼굴에는 공포가 불규칙하게 스쳐지나갔다. 나는 그가 한편으로는 첨단 의료의 힘을 믿으면서 의지하고 있고, 다른 한편으로는 어둡고 알 수 없는 공포를 마주하고 있는 분열적 상태에 놓여 불안해하고 있다는 인상을 받았다.

얼마 안 되어 화학 요법이 시작되었고, 동시에 그의 굵고 검은 머리카락도 빠지기 시작했다. 그는 머리를 밀었고 외출할 때는 모자를 썼다. 그리고 자신에게 익숙한 삶을 다시 시작하려고 시도했다. 나는 고작 몇 발자국 거리에서 그가 끊임없이 조여 오는 의학의 독기에 꼼짝 못하는 것을 지켜봐야 했다. 그가 사악한 모래 늪에 빠지게 될까봐 두려웠다. 그곳에 빠지면 이전보다 더욱 달아나기 어려워질 것이었다.

그러나 그는 평소의 쾌활함을 유지하기 위해 몸부림쳤다. 그는 자신의 담당 의사에게 얼마나 감명을 받았는지 나에게 말해주었다. 담당 의사는 아주 지적이고 말을 잘 하는 친구라고 했다. 의사는 친구 같은 동등한 태도로 크리스티안에게 말을 했다. 생색을 내지 않았다. 그는 아무것도 숨기지 않고 모든 것들을 자세히 설명해주었다. 크리스티안은 자기가 암에 대해 종합적인 시각을 갖게 되었고 의무적인 수술의 복잡성에 대해 이해하게 되었다고 느꼈다. 거듭거듭 그는 자신이 동의한 치료의 필요성에 대해 강조했다. 그는 그 치료들이 얼마나 긴급한지 이해하고 있었다.

몇 주 이상 나는 각기 다른 병원이나 집에서 그와 함께 많은 시간을 보냈다. 매번 만날 때마다 그의 건강에 대해서 물었다. 내가 어떻게 말할지, 무엇을 말해야 할지를 알 수 있을지도 모른다는 생각에 처음에는 그가 어떤 상황에 놓여 있는지 보려고 노력했다. 나는 그가 되고자 하는 사람을 따라가려 했지, 내가 이상적으로 생각하는 위치에 그를 놓으려고 하지 않았다. 병과 치료로 약해진 사람과 의견 충돌을 일으키고 싶지 않았다. 그가 현대적 연금술의 방에 안전히 있는 것을 보고, 주로 듣는 입장으로 한정하는 게 최선이라고 판단했다. 내가 본 것에 관하여 솔직하게 토론하기에는 너무 늦어버린 것이다.

두 사람에 대한 두 개의 이야기다. 한 사람은 의료 시스템의 밖에서 사는 것을 택했고, 다른 사람은 안에서 사는 것을 택했다. 하지만 더 많은 것들이 있었다. 몇 년 전에 다라는 고용 시스템, 보험 시스템, 오락 시스템의 밖에서 살아가기로 결정했다. 가끔씩 글을 쓰고 잡무를 해서 화폐 시스템과 미약하게 연결되는 것을 제외하면, 그는 보통의 사회 시스템과 거의 접촉하지 않는 것처럼 보였다. 그는 또한 외딴 장소에 사는 것을 택하여 대서양 애런 제도의 섬들 중 하나에 있는 골웨이의 해안으로 갔다. 그는 장소 그 자체가 현대 사회와 자기 자신에게 중요하고, 시간을 살아가는 법을 배우는 이에게 중요하다고 생각했다. 그는 애런에는 수 제곱미터마다 아일랜드의 어느 장소보다 역사적으로 더 중요한 유적이 있다고 말한 적이 있었다. 결과적으로 유럽에 많은 영향을 주었던 수도승 공동체의 열정적이고 흥미로운 삶의 형태는 170제곱킬로미터 정도 되는 지역의 가장 큰 부분을 차지하는 세 개의 작은 섬에서 번창해 나갔다. 다라는 오늘날의 사람들이 한때 이익과 허영의 껍데기를 부수고 고대의 신비로운 전성기를 맞이했던 이 장소에 살면서 통찰력과 힘을, 방향과 목표를 찾을 수 있다고 믿었다. 그래서 다른 몇 명과 함께 그는 편안한 도시의 집에서 떠나기로 했고, 매서운 겨울바람과 겨울비를 피할 수 있는 간단한 집을 지은 뒤 그곳에서 불안정하면서 거의 최저 생활에 가까운 삶을 추구했다.

세 개의 섬 각각은 고르지 못하게 늘어선 바위들이 바다의 표면 위로 거칠게 튀어나와 있다. 몇 세기가 넘는 시간 동안, 사람들은 다공성의 바위들을 평평하게 다듬은 장소를 여러 군데 만들었고, 작고 투박한 돌담으로 울타리를 쳤다. 그들은 계속 바다에서 해초와 모래를 가져왔으며, 그것이 썩어서, 흙이 되었다. 토양층이 두터워지면서 끊임없이 새로운 퇴비가 쌓였다. 토양층은 깊지 않았으며, 나무는 거의 없었고 오직 밝은 빛의 잔디, 돌담, 몇 안 되는 석조 주택, 그리고 기이한 모양의 돌산들이 있었다. 0.5에이커 이하의 평범한 크기들인 울타리를 친 14,000군데 잔디밭에서 소, 양, 염소, 당나귀, 말들을 기른다. 이제 겨우 천 명도 남지 않은 토착민인 지역 주민들은 만약 대서양을 향해 돌담을 직선으로 뻗어나가게 하면 보스턴에 닿을 것이라고 말한다. 그러나 문자 그대로 엄격히 말하면, 담벼락은 고작 바다를 향해 천육백 킬로미터 정도밖에(!) 뻗어나가지 못할 것이다.

오늘날 그 섬에서 사는 것은 존 밀링턴 싱이 19세기의 전환기에 그곳에서 살면서 쓴 아름답고 섬세한 일기를 보고 상상하게 되는 것과 완전히 다르다. 그리고 한 세대 뒤 리암 오플라허티가 쓴 강렬한 이야기에서 묘사되는 것과도 다르며, 로버트 플래허티의 황량한 고전 다큐멘터리 『애런의 사람들 *Man of Aran*』(1934)[1]에 나왔던 것과도 다르다. 하지만 여전히 이니시모어의 둔 앵구스 산을 올라갈 수도 있고, 그곳의 정상에서 대서양 위로 솟아오른 바위의 완벽하게 평평한 표면과 깎아지를 듯한 벼랑 삼사십 미터 아래로 출렁이고 소용돌이치는 바다를 볼 수 있다. 고고학적인 증거로부터 사람들이 수천 년 전에 이섬에 들어왔다는 것을 알 수 있는데 그 정확한 이유는 모른다. 어떤 이들은 이곳이 요새였다고 믿고, 다른 사람들은 숭배의 장소였다고 믿는다. 나에게 그 수수께끼는 별로 난해하지 않다. 그저 완전한 침묵의 장소에 서 있어 보라. 아주 깊은 곳에서 쿵쾅거리는 바다의 무시무시한 힘과 함께, 머리 위로 빠르게 흘러가면서 시시각각 불길하게 변하는 회색 그늘을 지닌 검은 구름이 있을 때—나는 오직 겨울에만 그곳에 있어봤으므로—얼굴에 빗줄기를 채찍질하는 바람과 함께 서 있어 보라. 그러면 새로운 장소에 눈을 뜨게 하는 따뜻하고 밝은 태양에 놀라게 된다. 천국은 당연히 아니며 지상에서도 불완전한 곳인 그 장소로 사람들이 왜 들어왔는지 알게 된다. 나는 이 신성한 장소를 방해하지 않기 위해 침묵해야 한다고 느꼈으며, 순수한 야생을 뚫고 나타날 신의 현현을 기대했다.

많은 사람들이 산에 올라가 홀로 그곳에 서서 그런 요소들에 몰두하든, 그 장소는 언제나 야생의 상태로 남아 있을 것이다. 앞으로 관광 상품으로 개발되어 파괴되지 않는다면. 정상 가장자리를 따라 둥글게 이어진 돌더미를 제외하면, 돌로 쌓아올린 단이 사람에 의해 훼손된 흔적은 없다. 시간에 대한 모든 직선적 관념이 붕괴되는 이런 환경에서 다라는 조상들의 동시대성을 찾아냈다. 나는 빠르게 움직이는 하늘 아래에 서서, 싱이 이곳에 머물렀던 시대에 한 섬사람이 말했다는 문장을 이해할 것 같았다. "우리는 그에게 마음의 고통이 있을지도 몰라서 의사보다 먼저 신부님을 부르러 갔다."

크리스티안은 아주 다른 세계에 살고 있다. 그에게 시간은 여전히 일직선으로 흘러간다. 어제는 어제였고, 과거는 과거였다. 그는 오늘날의 고급문화에 맞게 기분 좋은 전환을 거친 라틴어 번역본 『곰돌이 푸 *winne the pooh*』를 찾아냈다. 그는 고전적 언어를 잘 알기 때문에 즐겁고 재미있게 읽을 수 있었다. 크리스티안은 정기적으로 외국을 여행하면서 국제적 교류를 해야 하는 명망 있고 주목 받는 직업을 가지고 있었다. 그는 세련된 인간관계와 멋진 칵테일 파티가 있는 세계 속에서 쉽게 움직일 수 있었다. 그는 자신이 소속된 여러 기관과 단체의 주도적 멤버였고, 다양한 시민 프로그램에 활동적으로 참여했다. 그는 다라가 거부한 바로 그 시스템의 내부에서 살아갔다. 그러한 시스템에 헌신하고 그 속에서 활동했기에, 그는 자신의 삶을 형성하고 지지하는 다양한 제도적 형식을 의문의 여지없이 받아들였다.

그가 진단을 받은 다음 날 나에게 결과에 대해 처음 말했을 때, 나는 그 즉시 일어날 수 있는 좋은 점에 대해 생각했다. 그 충격은 동요를 일으킬 정도로 강해 보였기에 아마도 그에게 유익할 것 같았다. 결국 그는 자신을 가둬두고 있는 많은 가설들에 대해 의문을 가질지도 모른다고 생각했다. 하지만 내가 틀렸다. 그는 현대 세계에 너무 크게 지배당하고 있었다. 그의 본질적 영역은 점점 더 나약한 정신을 갖게 되었고, 얄팍함이 뿌리를 내렸다. 그는 진단 속에서 밝은 영역을 보지 못했고 오직 두려움을 불러일으키는 딜레마만을 보았다.

암이 다른 장기들로 전이되면서, 더 많은 화학 요법과 방사선 치료를 받기 위해 그가 병원으로 돌아갈 때마다 나는 그를 방문했다. 그는 나에게 언제나 상세하고 간결하게 경과를 알려주었다. 그 분야에 대해 정식교육을 받지 않은 나의 귀를 향해, 그는 철학적이고 학구적으로 들리는 인상적인 강의를 늘어놓았다. 더 알아야 되는 것이 있나? 합리적으로 따라야 하는 또 다른 절차나 처방이 있나? 그의 암은 특히 공격적인 종류였다. 오늘날 가능한 수많은 첨단 기술 의학을 사용해서 똑같이 공격적인 반격을 가해야 했다. 하지만 치료와 관련된 그 모든 학구적 수사와 교묘하고 소독된 용어들 밑에서 나는 오직 이미 낡아빠져 누더기가 된 공식만을 알아들었다. 잘라 버리고, 태워 버리고, 독살 시켜라.

두 이야기가 각각 발전해가는 과정, 즉 크리스티안이 회복되었는지, 다라가 또 다른 혹을 발견했는지 같은 것은 중요하지 않다. 무슨 일이 일어나든 사람들은 모두 죽는다. 서구에는 언제가 아니라 어떻게 죽을지를 묻는 오랜 전통이 있는데, 많은 증인들이 풍부한 상상력으로 그 전통에 기여해 왔다. 이러한 전통의 초기에 존재한 사람들 중 한 명은 15세기 그리스 비극에 등장하는 젊은 안티고네이다. [2] 크레온 왕은 안티고네 오빠의 시신을 매장하지 못하게 금했고, 거역하는 자는 사형에 처하겠다고 선포했다. 왕의 판단으로는, 폴리네이케스는 그의 반역적인 행동으로 인해 명예로운 매장을 주장할 수 있는 정당성이 없었다.

안티고네는 자신의 행동에 대해 가차 없이 사형이 내려질 것임을 알고 있었지만, 경건함이라는 미덕이 자신에게 왕의 명령을 거역하기를 요구한다고 믿었다. 그녀는 왕의 아들과 사랑에 빠져 약혼을 했고 약혼자 역시 안티고네를 열정적으로 사랑했지만, 그럼에도 그녀는 결단을 내렸다. 수치스러운 죽음보다 끔찍한 것은 없다는 것이 그녀의 공식적인 이유였다. 결국 그녀가 행동하지 않는다면, 자신의 죽음도, 언제 죽게 된다고 하더라도, 절대 고귀한 죽음, 좋은 죽음이 될 수 없었다.

이러한 전통 속에 등장하는 많은 굳건한 인물들이 그렇듯이 안티고네가 우리와 너무 다른 세계에 속해 있음에도, 소포클레스가 남긴 이야기는 오늘날에도 유익하다. 그녀는 명백히 구별되는 선택을 마주하고 있다. 내면의 목소리를 따르느냐, 아니면 왕에게 복종하느냐. 선한 행동은 오빠를 묻어주는 것이었다. 그녀는 좋은 삶을 살았기에 좋은 죽음을 맞이했을 것이다. 오늘날 어떤 사람들에게는 그녀가 행하는 주요한 미덕이 용기인 것처럼 보일지도 모른다. 그녀는 죽음을 무릅쓰는 것을 두려워하지 않았다.

하지만 그녀의 용기는 그녀가 지닌 또 다른 미덕인 경건함에 종속되어 있다. 그녀는 자신이 가족, 국가, 신들, 그리고 충실함에 대해 정의라는 측면에서 빚을 졌다는 사실을 명확히 인식하고 있었다. 이러한 것들은 때로는 군림하는 권위자에 대한 복종으로 탈바꿈하곤 한다. 그녀는 충실한 딸이자 자매였고 애국적인 시민이자 신의 경건한 자녀였는데, 그것은 그녀가 전통적인 의미를 가진 경건의 덕으로 행동하며 사는 사람이라는 의미였다.

테베 사람들에게는 도덕적 판단을 따르고자 하는 일치하는 마음이 있었다. 안티고네는 좋은 행동을 했고 크레온은 나쁜 행동을 했다. 이러한 의견의 일치는 오늘날 마주하고 있는 난제를 잘 보여주고 있다. 특정한 행동을 한 도덕적인 인물에게 동의하는 일이 현대 사회에서는 매우 드물다. 더 나아가, 나는 할 수 있는 행동의 가장 주요한 고려 사항이 다음과 같은 질문을 던지는 것이라는 말도 듣기 힘들다. 어떤 일을 해야 선하고, 도덕적인 행동인가? 나는 결과가 어떻든 순수한 원칙에서 나온 행동을 해야 한다고 굳게 믿는 사람을 별로 만나보지 못했다. 오늘날에도 안티고네와 유사한 상황이 생길 수 있을까? 그런 상황들에 대해 인식하기 위해 나의 세계를 성찰하려 할까? 그런 다음 그녀처럼 용기를 가지고 행동할 수 있는 힘을 달라고 기도해야 할까?

대중과 개인적 삶 모두에서, 예전에는 도덕적 지성을 찾아볼 수 있던 공간이 텅 비어 있음을 볼 수 있다. 대학에서 일하는 동안 이것에 해당하는 가장 슬픈 사례를 본 적이 있었다. 대학에 갑자기 캠퍼스 광역 프로그램이라는 것이 나타났고, 그와 함께 등장한 많은 홍보, 많은 회의, 토론, 강의, 시청각적 발표, 모든 종류의 리플릿과 팸플릿, 전문 도서관과 서점 진열대에서는 모두 '섹스'라는 행위를 언급하고 있었다. 다른 사람과 성적 접촉을 했을 때 발생하는 '질병'이라는 문제로부터 학생들이 몸을 보호할 수 있는 모든 내용이 담겨 있었다. 그러한 접촉 안에서 생길 수 있는 더 큰 드라마에 대해 언급하지도 않았으며, 또한 그러한 드라마에 대해 글을 쓰고자 하는 이들에게 제시하는 함축적인 내용도 없었다.

상대를 향한 열정적인 사랑의 기쁨과 고통을 고전적이고 강렬하게 묘사한 작품들, 흥미롭고 풍부한 질감의 이야기인 시그리 운세트의 『크리스틴 라브란스다테르*Kristin Lavransdatter*』,[3] 혹은 로미오와 줄리엣, 오델로와 데스데모나를 사로잡은 비극을 이해하도록 도와주는 선명하면서 미묘한 뉘앙스를 내포하는 서구의 철학적이고 종교적인 사유들 같은 내용은 전혀 없었다. 요약하면, 변절시키려는 의도가 담긴 연출의 얄팍함과 무지함, 선전·선동의 허위성에 나는 간담이 서늘해졌다.

나는 대중문화 속에서 공세적으로 퍼져가는 과학의 거짓말에 분노했다. 연장자들에 의해서 너무 유행을 밝히고, 너무 세련되었다고 규정되는 학생들이 나에겐 괴이하고 현대적인 형태의 도살장으로 끌려가는 순수한 양들처럼 보였다. 전통적인 지혜를 삭제해버린 그 어리석음이라니. 학생들은 기독교 의사들의 편협하고 지엽적인 시각과 최신식 돌팔이들의 처방전에 희생양이 되었다.

책상에 앉아 그 얄팍한 캠페인을 냉소적으로 조용히 되돌아보았고, 현대의 대학은 방어적 제도로 기능한다는 것을 아직 이해하지 못하고 있었기 때문에 내가 충격을 받고 실망을 했다는 생각이 들었다. 현대의 방어적 제도를 만든 취지는 전통적 선을 추구하는 행위를 가능한 방지하려는 것이다. 예전에는 사랑과 연관된 행동이었던 것을, 이제는 다른 사람으로부터 누군가의 몸을 보호한다는 개념에 연관시키는 것은 선행, 정직, 관대함의 미덕이 가능함을 부정하는 일이다. 그 개념은 사람들이 이기적이고 비열하다는 판정에 근거한다. 나는 캠퍼스 프로그램의 성격이 우연하고 돌발적인 것이 아닐 거라고 의심했다. 그것은 필연적인 일이었다. 수도꼭지에서 물이 나오듯 캠퍼스 프로그램의 성격은 방어적 제도로부터 나왔다. 젊은 사람들은 사악하게 행동하도록 장려 받았는데, 그것은 부도덕하게 살라는 의미였으며, 현대의 방어적 제도가 이런 삶의 형태를 시작하고 발전시키도록 설계되었기 때문에 생겨난 일이었다.

도덕적인 판단을 내리는 것은 지적인 행위이다. 그러한 판단은 가치 있는 것과 가치 없는 것, 아름다움과 혐오스러움의 차이를 인식할 수 있게 해준다. 소포클레스의 그리스가 그랬던 것처럼 모든 사회는 구성원들이 훌륭한 행위를 배울 수 있는 방법을 고안한다. 사회는 또한 구성원들이 도덕적 지성을 사용할 수 있도록 장려하며, 그것은 선한 사람이 되도록 하겠다는 의미이다. 현대의 대학은 선택되고 훈련받은 사람들이 역사의 도덕적 유산에 대해서 공부하고, 생각하고, 말을 하기 위해 돈을 지불하는 세속적 사회의 한 장소이다. 하지만 그러한 활동은 본성에서부터 이미 도덕이 개입되는 산업이다. 그것은 인간의 행동으로서 선하거나 나쁘게 이루어진다.

우리에게 주어진 동시대의 사회 환경, 즉 공허함, 지루함, 절망, 아무 생각 없는 소비, 난동과 폭력의 난장판 속에서는 대학이 가장 적합한 보호 제도이며, 그것은 선한 행동을 할 방법을 찾을 수 있는 제도라는 의미다. 하지만 철학과에서 개설된 윤리 강좌는 임시방편에 불과하다. 학문으로서의 철학이 대학 생활과 공적 토론에서 차지하는 부분은 점점 더 미미해지고 있다. 더 나아가, 목록에 올려있는 그러한 강좌들 덕분에, 모든 교수들은 아무 생각 없이 뭔가 성취할 거라는 믿음으로 자신의 연구를 조용히 지속할 수 있다. 학생들은 교과서를 읽고 강의를 듣거나 '소크라테스식' 대화에 참여하는 일을 하느라, 자신을 부정하고 다른 이를 위해 행동하는 삶을 시작하지 못하게 될 것이다.

과거에는 선에 대해 서로 상충되는 시각을 둘러싼 논의, 논쟁, 그리고 전쟁이 있었다. 오늘날에는 대혼란이 세상을 지배하다가 이따금 눈살을 찌푸리게 할 정도로 입장을 바꿔버리는, 매우 비합리적인 양태를 보여주고 있다. 그러는 와중에 나는 사람들이 무감각해지도록 강요를 받아 그러한 일반적인 도덕적 무감각 상태가 많은 것들에 영향을 끼치게 된 것은 아닐까 의심했다.

예를 들어 그런 상황을 잘 드러내는 기이한 사례가 있다. 나는 스페인에서 짧은 기간 동안 교사로 일할 것을 제안 받았는데, 한 주에서 두 주 동안 세미나를 하고 학생들을 만나는 일이었다. 일요일 아침, 내 방에서 내려와 판매대에 있는 그 날의 신문을 보았는데, 사진에 붙은 설명이 나의 주목을 끌었다. 인용하면 "그는 다시 아빠가 될 수 있다"라는 내용이었고, 사진 속에서는 한 젊은 남자가 병원 침대에 누워 미소를 짓고 있었다. 나는 신문을 집어 들고 사진 밑에 있는 부가 설명을 읽었다. 사진에 인적사항과 이름이 정확하게 적혀 있는 이 사람은 정관 수술을 성공적으로 복원한 (그렇게 주장하고 있었다) 아수투리아스의 첫 번째 남자라고 했다.

나는 본능적으로 "역겹다!"고 반응했다. 공공과 개인의 고전적 구분이 완전히 제거되었기 때문이다. 그렇다, 내가 그곳에서 무엇을 볼 수 있겠는가? 나는 그것이 기괴함에 대한 동시대적 표현이라고 결론을 내렸다. 중세의 원고에 등장하는 인물들에서 환기되는 풍부하면서 미묘한 의미가 아니라, 나의 아이들이 역겨운 것을 봤을 때 내뱉는 말에 가까웠다.

하지만 이 신문은 그 지역에서 선두적인 일간지였고 대단히 권위 있는 신문으로 받아들여졌다. 그때 나는 미국과 유럽에서 그런 공공연한 전시를 보는 일이 늘어났다는 것을 기억해냈다. 관음증적인 호기심에 영합하는 행위와 관련된 그 젊은 남자와 다른 사람들은 품위에 대한 모든 관념을 잃어버렸다. 그들에게는 적절성, 단정함, 좋은 취향과 나쁜 취향에 대한 개념이 없어보였다. 물론 이제는 너무 구식 표현일 수도 있는 '사적인 영역'을 전시하는 일은 예전에도 있었다. 그리고 누군가는 더 심한 역사적 사례를 찾아낼 수 있을 것이다. 하지만 오늘날에 새로운 것은 일요일 아침에 그 신문을 집어 들어도 소수만 분노하고 역겨워하거나 혹은 아무도 분노하거나 역겨워하지 않을 것이라는 점이다. 그들은 그런 수치스러움(수치…… 또 다른 잃어버린 경험인가?)의 부적합성을 느끼지 못하는 것이다.

사진이나 설명을 게재하는 신문은 의사소통 시스템의 일부이거나, 주류에 속하는 뉴스와 정보의 측면에서 보면 의사소통 시스템 그 자체이다. 그리고 누군가는 오늘날에는 의사소통 시스템이 전 세계적으로 하나밖에 없다고 주장할 수도 있다. 안전한 섹스를 홍보하는 대학은 교육 시스템의 일부이다. 교육 시스템 역시 오늘날에는 하나밖에 없다. 그리고 교육 시스템은 현대사회의 모든 다양한 서비스들과 함께 간다. 각각의 것들은 시스템이라고 불리는 것 안에 정리되어 있다. 사실 상품과 서비스의 계획, 제작, 홍보는 가능한 한 침투성의 측면에서 수행된다. 묘사적으로 설명하자면 이것은 이성적인 통제와 주로 컴퓨터에 해당하는 적절한 기계 사이의 결혼을 통해 생겨난다.

나의 친구 크리스티안처럼 현대인들은 우리가 사는 사회를 가능하게 만드는 점점 더 많은 제도 속에서 살아가게 된다. 제도 속의 삶에서 분리되어 독립적인 삶을 사는 사람은 아주 소수이거나 전혀 없다. 그들이 '탈출'하고자 할 때면, 여행 산업과 관광 산업이 설계한 운수 사업을 이용해서 정해진 지점까지 이동해야 한다. 이것은 사람들이 시스템 속에서 살고 있다는 의미다. 그들은 절대 탈출할 수 없다. 그들은 절대 자유로울 수 없다.

전통적으로 인간이라고 이해되어온 도덕적 존재의 성장 가능성의 측면에서 보면, 그 결과는 미세한 전자적 혁신 속에서 보여진다. 지난 몇 년 동안 처음에는 독일에서 나중에는 미국에서도 발견되는 변화는 대중들이 일상적으로 드나드는 우체국, 은행, 기차역, 그리고 슈퍼마켓 같은 건물들에서 일어났다. 거의 눈에 띄지 않고 겉보기에는 아무 문제 없어 보이는 장치가 설치된 문을 만드는 경우는 점점 더 흔해지고 있다. 그 장치는 당신을 위해 문을 열고 닫는 전자 눈electronic eye이다. 언젠가 어떤 교사에게 문을 열고 닫는 행위는 도덕적이거나 그렇지 않을 수 있다고 배웠다. 누군가 도덕적이라면 문 그 자체를 존중하지만, 그렇지 않다면 문을 휙 잡아당기거나 쾅 하고 닫아버린다는 것이다. 문은 세심한 관심을 요구하고 좋은 감각 경험을 할 수 있도록 허락하는 구체적 물질성을 가지고 있다. 문을 열고 닫는 방식을 통해서 누군가는 잘 만든 문의 진가를 알아보고 문을 존중할 수 있는데, 왜냐하면 그렇게 함으로써 문 그 자체와 문을 만든 사람 모두를 존중할 수 있기 때문이다.

뿐만 아니라 문 밖으로 나가면서 누군가가 따라오지는 않는지 살피기 위해 뒤를 돌아볼 수도 있다. 다른 사람을 위해 문을 열어둘 수도 있고 문을 열어준 낯선 이에게 감사할 수도 있다. 그것은 진정으로 인간적이고 개인적인 관계가 문에서 생겨날 수 있다는 것이고, 미소와 친절한 말의 교환 같은 간단한 행동이 수반될 수도 있다는 것이다. 혹은 누군가는 문이나 다른 사람을 사악하게 대할 수 있다는 것이다. 어느 방향이든 그것은 인간의 행동이다. 이러한 인간의 행동이 더 이상 가능하지 않은 경우가 많아졌다. 나는 현대의 제도들이 모두 이런 방식으로 조직되어 있음에 대해 이의를 제기하곤 했다. 시스템으로서의 제도들은 인간의 행동을 제거하고 미덕의 활동을 부정하며, 사회에서 도덕적인 아름다움이 성장하는 것을 막아버리도록 고안되었다.

이러한 장치들은 인간의 오류를 제거하고 인간의 편의를 증대하기 위한 목적이라는 말로 쉽게 합리화된다. 인간이 여전히 실수를 한다는 것과 어떤 이들이 게으르다는 건 사실이다. 그리고 만약 휠체어를 탄 누군가가 보도로 올라가거나 계단을 내려갈 때 다른 사람의 자발적인 도움에 의존해야 한다면, 휠체어를 탄 사람은 기다려야 할지도 모르고 다른 사람이 생각 없이 또는 심술궂게 지나쳐 가는 것에 실망할지도 모른다. 하지만 여기저기 있는 경사로, 전자 눈, 다양한 종류의 붙박이 안전 장치와 자동 활성제와 같은 제도적 장치들, 혹은 어디나 퍼져 있는 제도 그 자체는 선행을 할 수 있는, 사랑이 가득한 행동이 꽃필 수 있는 수많은 가능성을 제거한다.

대학의 학생들, 신문사의 사람들, 크리스티안이 입원한 병원의 직원들, 현대적 제도 안에 밀어 넣어진 모든 이들, 넓은 범위에서 인간적인 방식으로 자유롭게 행동하는 게 차단된 이들 모두 선을 경험할 기회를 잃어버렸다. 나는 두 개의 대조되는 상황의 극적인 차이에서 포괄적 제도들의 효과를 체험할 수 있었다. 수년 동안 나는 기차로 독일을 여행했다. 처음에 나는 그 시스템에 감탄했다. 모든 것이 편의와 안락을 위주로 설계되어 있었고 기차의 위치와 시간이 정확하게 공지되어 있는 일정표는 깔끔하게 인쇄되어 역의 많은 장소에 붙어 있었다. 그리고 이 모든 도움이 여전히 불충분하다면, 모르는 것이 없는 공무원이 있는 안내창구를 찾을 수도 있었다. 나는 한 번도 동료 여행자나 공무원에게, 그 누구에게도 방향이나 정보를 물어볼 필요를 느낀 적이 없었다. 외국인이었고 이방인이었음에도.

그 무렵 간디의 제자와 추종자들과 작업해야 하는 용무 때문에 인도에 갔다. 그곳에 머무는 동안 나는 여러 번 기차 여행을 해야 했다. 표지판 몇 개와 안내창구가 있었지만 매우 소수였기 때문에 찾기 힘들었고, 보통은 수많은 변화와 예외가 있음을 감수해야 했다. 하지만 매번 도움이 필요할 때마다 나를 아주 잘 이끌어주는 사람들이 있었다. 친절한 다른 승객들이었다. 그들은 내가 기차 스케줄을 이해하도록 도와주었고, 올바른 길로 안내해주었으며, 내가 기차를 놓치지 않았다는 사실을 확인까지 해주었다. 몇 시간이나 기차가 연착했던 어느 날은 심지어 자신이 가져온 간단한 아침식사를 나눠주는 사람도 있었다. 하룻밤 동안의 기차 여행 뒤 먹는 아침이 얼마나 맛있었겠는가! 어떤 사람은 역에 멈췄을 때 나에게 커피 한 잔을 사 주었다. 어느 더운 날 기차가 역에 잠시 멈췄을 때, 동료 승객이 나에게 플랫폼에서 물을 마시기 좋은 곳을 알려준 적도 있었다.

내륙에서 봄베이로 여행을 하면서 나는 먼 교외에 사는 친구들을 만나러 가는 도중 마주쳐야 하는 엄청난 군중과, 갈아타기 매우 복잡한 교통수단들을 상상하면서 불안해지기 시작했다. 나는 같은 칸에 앉아있는 승객에게 대충 어디로 어떻게 가야하는지 물었다. 그는 "걱정 마세요. 제가 안내해 드리겠습니다"라고 말하며 나를 안심시켰다. 기차가 멈췄을 때 그는 발딛을 틈 없는 소란스런 군중 사이로 나와 동행했고, 지역 통근 기차가 있는 가까운 역으로 데려가 기차표를 사 주었다(!). 그리고 내가 타야할 열차에 태워준 뒤 내가 내릴 역을 알아보는 방법을 세심하게 일러주었다. 나는 이런 경험들, 이런 사람들을 절대 잊지 않을 것이다.

기차 창문 밖으로 시선을 돌릴 때마다 독일에서 온 사람에게는 정말 낯선 장면들이 이따금 보이곤 했다. 도시마다 있는 변두리의 지저분한 장소에 얼기설기 주거지를 꾸려 사람들이 꽉 들어차 살고 있는 장면을. 나는 기차와 역에서의 반복된 경험 또한 똑같이 낯설다는 사실을 깨달았다. 온기, 개방성, 친절, 그리고 아름다움은 독일에서는 전혀 찾아볼 수 없던 것들이다. 독일에서는 그런 모든 것들이 제도화되어 있다. 그들은 효율적인 세탁 시스템에 의해 빈곤해지고 퇴화된다. 수년 동안 관리를 통해 견고해진 인간미 없는 제도적 보살핌, 그리고 다른 사람에게 손을 내밀고 낯선 이를 도와주는 일에 대한 뿌리 깊은 문화적 무관심에 우리는 맞서 싸워야 한다.

고도로 발달한 현대 사회의 제도들은 아무도 서로를 느낄 수 없도록, 아무도 다른 사람에게 손을 뻗을 필요가 없도록, 아무도 다른 사람에게 접촉하지 못하도록 설계되고 가동되었다. 여기서 나는 추론을 끌어낼 수 있다. 사회는 방어적 제도 시스템을 완벽하게 할 것이고, 아름다움은 지워지고 전멸할 것이다. 사회가 괴물 같아질 것이고 선을 찾아볼 길이 없어질 것이다. 예전에 사람이었던 이들이 알 수 없는 다른 존재로 변해 가고 있다.

다시금 나의 친구들, 다라와 크리스티안에 대한 기억으로 돌아갔다. 그들의 차이점이 더욱 명확하고 중요하게 보였다. 나는 다라를 떠올렸다. 그가 자신이 무엇을 하는지 이야기했던 때를, 그가 어떻게 살았는지를, 그리고 그에게서 생각했던 개념들과 판단들을 상기했다. 그는 고유한 자리, 자기 자신의 자리에 서 있었다. 그와 반대로, 크리스티안이 자신의 구체적 상황에 대해 말할 때 사용하는 언어는 전문가의 입이나 책에서 나온 언어였다. 그는 제도의 책장 위에 불안정하게 앉아서 주워들은 내용을 반복했다. 나는 궁금했다. 내가 새로운 역사적 존재의 탄생을 보고 있는 것인가? 만약 그렇다면, 현실은 공상 과학의 환상보다 더욱 무서울 것이다. 왜냐하면 그것은 실재이기 때문이다.

서로 맞물려 돌아가는 현대적 제도들의 세계는, 매일매일 점점 더 멀리 확장되고 있으며 더욱 완벽해지고 있다. 이것은 평생 정의, 용기, 절제, 그리고 성실이라는 네 개의 전통적이고 기본적인 미덕을 실천하던 과거 삶이 지닌 빛나는 도덕적 아름다움이 전멸했음을 의미한다. 나는 대학생들에게 이천 년이 넘는 시간 동안 우리의 전통을 수립하고 명예롭게 만든 미덕들의 이름을 물었으나 그들은 대답하지 못했다. 그들은 그런 말을 들어본 적도 없었다!

그렇다면 이런 질문을 던지는 게 필연적인 것 같다. 도덕적인 상태로 살아가는 게 여전히 가능한가? 나는 바닥이 보이지 않는 악으로 구성된 시스템이 누군가의 친밀한 친구가 되거나 혹은 완전한 타인이 되는 것과 상관없이 다른 사람에게 손을 뻗는 일을, 그리고 다른 사람을 사랑하는 일을 좌절시키고 막아버리는 사회로 만들어가고 있다고 주장하곤 한다. 마땅히 선을 만들어 내고 그 즐거움을 느낄 수 있는 수많은 기회가 있는 공간에서, 프로그램된 재화와 배달 같은 예정된 서비스가 그 자리를 차지한다. 매번 얼굴 없는 공무원들에게 복종해야 하는 시간과 필요를 만날 때마다, 나는 더욱 얽매이고, 제한당하고, 갇혀있는 기분이 든다. 그 많은 것들이 사실상 고품질의 삶을 확립하기 위한 것이지만 사실상 나를 병들어 죽게 만드는 것이다. 편의, 통제, 서비스, 보안, 권리를 위한 비용은 반드시 지불되어야만 하고 현대인들은 매일 매달 그 비용을 지불한다.

이제 제도들은 제도 그 자체로 완벽해졌고 사실상 아무도 통제하지 못한다는 게 분명해 보인다. 본래 현대적 제도의 취지와 성격은 자연 그리고 다루기 힘든 인간들에 대한 통제를 확고히 하겠다는 욕망에서 나왔다. 하지만 통제가 완벽해지면서 아무도 그 뒤에 서 있지 못했고, 아무도 그곳에 없었다. 현대의 제도들은 오즈의 마법사가 필요 없게 만들었다. 그리고 현재의 상황은 다른 무엇보다도 무기력함으로 정의될 수 있다. 오늘날의 사회 속에 있는 특정 집단의 무기력함을 이야기하는 사람들과 반대로 특정 집단의 권력을 이야기하는 사람들은, 아마도 모두에게 더 심각한 영향을 미치고 있는 빈곤과 허약함을 놓치고 있는 것일지도 모른다. 이것은 오늘날 사회, 경제, 정치 그리고 문화적인 면을 재구성하려는 노력들을 검토해 보면 쉽게 눈에 보인다. 이러한 일들이 실제로 일어난다면 다른 무엇보다도 기존의 제도들을 더욱 정당하고 굳건하게 만드는 데 기여할 것이고, 또한 그들에게 의미를 부여하는 세계관에도 부합하는 것이다. 더 합리적이고 효율적인 재구성이 일어날수록 결과는 더 악화된다. 전통적으로 선과 악의 갈등을 기리고 겪어내는 일들이 점점 더 없어지면서 인간의 경험은 텅 비어버렸다.

과거에는 인간의 역사의 방향이 사유, 전쟁 발발, 입법, 사회적 흐름과 종교적 흐름, 그리고 일반적으로 이런 것들이 결합하는 것을 통해 바뀌어 가는 것을 볼 수 있었다. 하지만 그러한 시대는 끝나버린 것 같다. 아마도 또 다른 역치를 넘어서 버렸음을 스스로 비판적 지성의 실천에 평생을 바쳐왔다고 주장하는 사람들이 특히 어렴풋하게 알아차릴 것이다. 사람들이 공익에 나름대로 기여할 수 있는 장소를 만들겠다는 것이 대학의 주요한 주장이 아니었던가?

현대의 대학은 20세기에서 그 기원을 찾을 수 있다. 그 때부터 수도사들의 독서법은 중단되었고 문자에 대한 새로운 접근법이 발전했는데, 그 접근법은 가끔씩 '학문적 독서'라고 불렸다. 이런 종류의 독서에서는 책 한 면 한 면과 독자와는 전혀 상관없는 추상적 내용을 상상할 수 있을 것이다.[4] 피터 롬바르드와 토마스 아퀴나스 같은 강력한 사상가들은 아주 빠르게 그들의 위대한 작업을 만들어냈고, 그것은 그들보다 천 년이 앞선 시대에서는 전혀 다른 종류의 글이었다. 하지만 독서 방식으로서의 스콜라 철학은 그 이후 역사를 보면 중요한 무엇인가가 빠졌음을 시사하고 있다. 경쟁적인 사상가들 집단 사이에서 벌어진 엄청난 논란 덕분에 그것에 조응하기 위한 수많은 정교함이 생겨났고, 그러는 동안 전반적으로 슬그머니 퍼져버린 현실과의 무관함이 철학적 사유의 공통적인 성향이 되어버렸다.[5]

서구에서는 무역과 과학, 그리고 식민지 통치와 테크놀로지가 세상과 사람들의 흥미를 지배하기 시작했다. 몇 세기를 지나면서 도덕적 지성이라는 개념은 학계를 주도하는 비판적 지능이라는 개념으로 대체되었다. 그리고 대학들은 오늘날 그들이 이데아의 독보적인 주인이자 양육자라는 근거로 스스로를 방어한다. 이런 사고방식이 가장 극단적으로 나타나는 것은 본래의 텍스트나 독자들에게서가 아니라, 비판 자체를 궁극적 목적으로 두는 일에서다. 제도적으로 그러한 관행은 사용가능한 돈과 학문을 두고 모두가 치열하게 경쟁하는 학계의 파편화된 구조에서 비롯되고, 그래서 대학은 점점 더 편협해지고 더

욱 더 단단하게 얼어붙는다. 이것이 크리스티안의 세계다. 인
본주의적인 예스러움을 지녔음에도 추위를 피해갈 수 없었던.

학계의 사상가들은 연구기금을 받지 못하면 각자의 흥미를
추구하는 일을 중단했다. 이러한 행태에는 새로운 연구기관들
은 현대인의 '필요'에 대한 반응으로 구성된다는 사실이 담겨
있다. 후원자로서의 국가와 제공자로서의 경제 성장과 함께 좌
파의 이념은 새로운 복지의 시대를 약속했다. 사람들은 더 이
상 이웃이나, 친구, 낯선 이의 도덕적 행동에 의존할 필요가 없
었다. 사회적 진보는 센서가 달린 자동문처럼 자동으로 이루
어졌다. 그러한 진보의 결과들을 생각하면서 학교 안에서나
밖에서나 연구에 헌신했던 이들은 오늘날의 긴급한 과제에 직
면한다. '어떻게 볼 것인가?'라는 과제 말이다. 이미 학계에서
는 플래너리 오코너, 마크 로스코, 시몬 배유 같은 독립적인 영
혼의 날카롭고 예언적인 통찰력 속에서 보는 것에서 떠나 위성,
카메라와 자동문 같은 기술적 장비의 가짜 시각 속에서 보는
쪽으로 향하고 있는 것은 아닐까?

하지만 안티고네가 마주한 것을 알 수 있다는 것, 그녀의 세
계로 들어갈 수 있다는 것, 그리고 자신의 세계에 그녀를 들일
수 있다는 것은 오늘날 대학에서 일반적으로 이해되고 있듯이
어떤 의식에 도달했다는 것이고, 비판적 지능의 한계 밖에 있는
실험적인 앎에 도달했다는 것이다. 또한 은총이나 재능도 필요
하다. 중세 초기의 사상가들은 지식의 완전성을 인식하는 것이
오직 이 재능들을 통해서 일어난다는 사실에 만장일치로 동의
했고, 그것은 삼위일체의 제3위인 성령의 역사이기도 했다.

일곱 개의 재능들 중 하나에 그들은 '이해'라는 이름을 붙였다.[6] 이해라는 은총을 통해서 정신적인 선을 파악하고, 그것들의 은밀한 성격을 예민하게 꿰뚫어보게 된다. 누군가 분별력 있게 현실을 바라볼 때 그는 그 안을 들여다보고 있는 것이다. 순수하고, 날카로운 시각으로…… 그 안에 있는 것을 본다. 좋은 시들은 모두 이러한 사례들이다. 어떤 시나 시인은 특별한 재능이라고 흔하게 일컬어진다. 그것은 정확한 사실이다. 어떻게 그 혹은 그녀가 본 것이, 모두가 느낄 수 있고 접근할 수 있는 감각이겠는가? 시를 읽을 때, 나는 그 즉시 내가 얼마나 많은 것을 놓쳤고 얼마나 많은 것을 보지 못했는지 깨닫는다. 그러한 자각은 나에게 의문을 일으키게 한다. 노력하면 같은 재능을 얻을 수 있을까? 할 수 있다. 하지만 전통에서는 먼저 예비적인 훈련을 경험해야 한다고 가르치고 있으며, 그 훈련이 필요하긴 하지만 그것만으로 충분하지는 않다. 그 재능은 신비하고 쓸데없는 것이기 때문에 진정한 재능이다.

아퀴나스에 따르면, 이해하는 재능은 정신적 무지와 감각적 둔감함의 반대편에 서 있다. 그는 무지와 둔감함이라는 장애물들은 개인적 왜곡에서 비롯되며, 개인적 왜곡은 성욕과 먹고 마시는 즐거움 같은 어수선한 감각적 기쁨 때문에 생긴다고 믿었다. 인간은 그런 기쁨을 도덕적이거나 사악하게, 둘 중 하나의 방식으로 즐기게 된다. 하지만 오늘날에는 우리 시대의 특징인 강력한 산만함이 더해진다. 여전히 우리에게 활발히 나타나는 색욕과 폭식이라는 전통적 악덕은 시야를 가로막는 이 시대의 장애물에 더 힘을 실어준다.

역사적으로 두 종류의 경험이 사람의 통찰을 예리하게 만들어주곤 했다. 존재의 불안정성과 금욕적 행동이다. 금욕적 행동은 외부의 감각과 내부의 감각, 열정, 정신과 영혼을 정화하기 위해 평생에 걸쳐 다양하게 수행되었다. 하지만 오늘날의 성직자들과 세속적 교수는 사회에서 가장 보호받고 가장 많은 특권을 부여받은 사람들이다. 그들은 다양한 사회 시스템이 제공하는 권리, 안보, 명예, 그리고 특권으로부터 가장 많은 이익을 얻는다. 게다가 그들은 도덕적 금욕의 필요를 알지 못하는 것처럼 보이는데, 도덕적 금욕이란, 능력과 힘의 다양한 측면에 영향을 끼치고 변화를 일으키도록, 그리고 그림자가 벗겨진 시각인 수정 같은 통찰력에 도달하도록, 전통적으로 설계된 복잡한 규율을 평생 동안 실천하는 것을 의미한다.

이런 의미에서 현대의 상품과 서비스, 그리고 최신식 최첨단의 제도와 시스템에는 사람들을 병들게 하고 눈멀게 하는 독성이 있음을 인식해야 한다. 그것들은 작동이 잘 되는 모조 대체물이다. 역사의 이상한 모순 속에서 노동운동을 하는 수많은 사람들이 오랜 세월 동안 싸워서 지키려 했던 것들이 이제는 무기력함과 둔감함을 만들어내고 있음을 알아차려야 한다. 더 나쁜 것은, 믿음 속에 살려는 삶도 그와 마찬가지로 귀결된다는 것이다.

언젠가 내가 크리스티안의 병실을 방문했을 때, 복도에 종이 같은 옷 무더기가 있고 병실 문에는 다음과 같은 안내문이 붙어있음을 보았다. '살균된 옷을 입어야 입실할 수 있습니다.' 나는 종이 가운, 종이 모자, 종이 마스크, 종이 신발과 종이 장갑을 집어 들었고…… 문을 두드렸다. 안으로 들어오라는 크리스티안의 목소리가 들렸다. 온갖 치료를 받으면서 그의 상태는 심각하게 쇠약해졌고, 의사들은 그가 빠른 시간에 죽을 수도 있는 어떤 병에 걸릴까봐 두려워하고 있었다!

크리스티안은 최근까지 받은 치료와 최신식 의료지식, 그의 반응, 그리고 과학적 배경과 근거를 설명해 주었다. 그런 다음 앞으로 진행될 다음 수술들에 대해 묘사하기 시작했다. 그가 말하고 있을 때 내면의 전율이 나의 영혼을 괴롭혔다. 그는 더 이상 '나'라는 일인칭 단수를 사용하지 않았고, '우리'라는 일인칭 복수만을 사용했다. 나는 상상할 수 있는 것 이상으로 그가 변해버렸음을 깨달았다. 그는 하나의 자아로서, 시스템에서 독립된 개인으로서 볼 수 있는 능력을 잃어버렸다. 시스템이 그를 더욱 강렬하게 움켜쥐었다. 설명하고 행동하는 유일한 주체는 시스템과 테크놀로지적 도구에 대한 믿음으로 하나가 된 의료 집단이었다. 개인으로서의 크리스티안은 어딘가에 종속되고, 포섭되었다. 하지만 그곳은 어디인가? 나의 친구는 이미 존재하는 것을 그쳤다.

12개월 동안 나는 눈앞에서 벌어지는 크리스티안의 죽음을 지켜보았다. 나는 극단적이고 과장된 형태로 제도가 한 개인에게 할 수 있는 일을 보았다. 불가피한 걸음을 한 걸음씩 내딛게 하면서, 언제나 보살핌을 가장한 채로 오직 도와주려는 욕망을 동기로 완전무결한 과학적 자격이 보장하는 일만 실행했던 의료 시스템은, 그의 인격을 '우리'라고 전시되는 추상적 공허함으로 냉혹하게 대체해 버렸다. 흰 옷을 입은 사제들이 지식의, 진보의 혹은 오직 오만함의 제단을 위해 그를 희생시켰다. 이러한 끔찍함에서 무엇인가를 배운 사람은 아무도 없을 것이다. 의사들과 그들의 과학기술적 도구들은 그가 죽기도 전에 그를 살해해버렸다. 내가 만약 한 주 한 주 천천히 내 눈앞에서 벌어지는 일을 목격하지 못했다면 그런 괴물 같은 살인이 일어날 수 있다는 사실을 믿지 않았을 것이다. 이제 크리스티안은 죽을 수도 없었다.

나는 병원에서 나온 뒤 몹시 심란했다. 이런 상태에서 어떤 시사점, 어떤 통찰력을 얻기 위해, 내가 목격한 것을 이해하기 위해 내가 읽은 책들과 내가 겪은 경험들을 되돌아보았다. 결국 나는 도스토예프스키의 『대심문관』을 다시 읽게 되었는데, 그것은 이반 카라마조프가 동생인 알료사에게 들려주는 산문시였다. [7] 처음에 그 시는 깜짝 놀랄 정도로 딱 들어맞는 것처럼 보였다. 만약 의사들의 프로젝트를 심문관의 초월적 교양이 무의식적으로 세속화된 것으로 바라본다면 말이다. 두 상황을 비교해서 깊이 숙고해볼수록, 심문관과 의사들이 같은 주인을 섬기고 있음을 더욱 확신하게 되었다. 그 주인은 사막의 그리스도에게 단호하게 거절당한 자였다. 그러나 한 가지 중대한 차이점이 남아있었다. 의사들에게는 대심문관 같은 정교하게 갈고 닦은 지성이 결여되어 있었다. 그들은 자신들이 하는 일의 의미를 전혀 알지 못했다. 어떤 의미에서, 그들은 스스로 무엇을 하고 있는지 알지 못했다.

크리스티안과 다라는 실존 인물일까? 그렇다. 나는 그들을 알고 지냈다. 나는 그들의 우정에 축복을 받았다. 그들은 나에게 중요하다. 하지만 그들은 서로에게 비판적이다. 각각의 개인에 대해 비판적인 것이 아니라 그들의 이야기들에 대해 비판적이다. 그들 각자는 해야 할 이야기가 있으며, 그 이야기는 오늘날 자유의 가능성과 불가능성에 대한 것이다. 그리고 자유는 우리들 각자에게 차이가 있다. 예를 들어, 모두가 동일한 양의 자유를 받아들이거나 조절하지는 못한다. 그래서 사람들마다 이야기를 다르게 해석할 것이다. 각각의 사람들은 두 개의 이야기에 있는 특별한 진실에서 무엇인가를 배울 것이다. 나에게는 그 이야기들이 믿음에 대한 질문이었다. 궁극적으로 나의 믿음의 위치는 어디인가?

즉시 반대 의견이 나올 것이다. 모든 사람이 스스로 현대의 시스템에서 벗어나 문화적 유산이 풍요로운 섬으로 달아날 수는 없다고. 하지만 그런 지적은 인간적 문화 속에 존재하고자 하는 그 이야기의 본질을 오해한 것이다. 이야기는 문자 그대로의 사진이나 실험용 모델이 아니다. 그 반대의견은 논점이 완전히 빗나갔다. 그러면 무엇을 생각하고 무엇을 해야 하는가?

사람들은 스스로 세계의 시스템을 통제하거나 변화시키는 활동을 하지 못하리라고 가정한다. 시스템은 단단히 자리를 잡은 채 보통 사람들처럼 충성하지 않으려면 묵인하라고 요구한다. 그러나 나는 나의 무기력함을 받아들이는 것을 거부한다. 나는 스스로 무기력하고 하찮은 존재에 머무는 것을 거부한다. 나는 지금 그대로의 세계를 받아들이는 것을 거부한다. 나 역시 성자들의 우정, 시에 의해서 찬양받는 감각적 즐거움과 고통스러운 드라마, 생명이 있는 존재의 불안정성을 경험하고 싶다.

나에게 완전히 열려있는 행위는 '아니오' 라고 말하는 것이다. 아니오, 나는 조용히 함께 가지 않을 것입니다. 아니오, 나는 따르지 않을 것입니다. 나 자신을 프로그램과 양립할 수 있도록 만들지 않겠습니다. 이것은 오늘날 가능한 한 인간적으로, 자주적으로, 도덕적으로 살기 위해서 절대적으로 필요한 일일지도 모른다. 이 결정은 명백하게, 그리고 매일 되뇌어져야 한다. 이 결정이 현실이 되기 위해서는 내 안으로 들어가 내가 거부한 것, 내가 여전히 받아들이고 있는 것, 그리고 내가 억지로 참고 있는 것을 바라보는 정기적인 성찰과 조용한 시간이 필요하다. 어떤 이들은 건강이라는 개념에서부터 성찰을 시작해야 한다고 믿는다. 오늘날의 건강이 허상이고, 사실상 기술적인 시스템에서의 생존일 뿐이라는 것을 깨달았기 때문에 '아니오' 라고 말한다. 건강 시스템에게 아니라고, 건강 시스템이 조성하고 홍보하는 환상들에게 아니라고 말한다. 하지만 이것은 포기의 행위를 요구한다. 그리고 이 행위들은, 아니라고 말하는 행위는 각자의 독특한 목소리에 따라서, 장소와 시간에 따라서 각기 다르게 나타날 것이다. 나에게 그것은 두통에 아스피린을 복용하는 것을 거부하는 것에서부터 시작될 것이고 다른 사람에게 그것은 혈관 우회 시술을 거부하는 것에서부터 시작될 것이다. 그리고 다른 사람에게는 이런 일들이 의사의 진단에 맞서서 스스로를 정의하려 하거나, 자신만의 죽음을 맞이하는 일처럼 복잡하게 나타난다.

초월에 대한 믿음을 가진 사람에게는 이 '아니오'라는 말이 신성 모독의 세계에서 떠날 수 있는 첫 걸음이다. 신성 모독은 신성한 선이 그곳에 속해있지 않다고 단정하거나 신성한 선을 부정하는 것이며, 보통 이런 행위에는 경멸이 동반된다. 하지만 시스템에 의해 개념화되고 조종되는 현실인 현대 세계를 구성하는 요소인 신성 모독은 그저 현대적 오만으로 덧칠된 단정과 부정일 뿐이다.

궁극적으로 신성 모독은 믿음을 배반하는 죄다. 믿음을 통해서 내가 보는 것과 느끼는 것이 하느님의 창조임을 알게 된다. 나는 나 자신이 모든 우주에 있는 것만큼이나 하느님의 손 안에 있다는 것을 알고 있다. 내가 현실이라고 믿는 것은 오직 성스러운 선의 존재에 참여하고, 성스러운 선의 존재에 동참하는 것에 의해 존재한다. 믿음을 통해서 나는 세계가 오직 의존적으로만 존재할 수 있음을 알았다. 내가 하느님이라고 부르는 존재를 제외하곤 아무것도 독립적으로 존재할 수 없다. 하지만 내가 연기를 하고 있음을 깨닫게 되는 '매일매일'의 세계는 점점 더 인공적인 세계가 되어가고, 창조에서 더욱 멀어진 제조된 '현실'이 되어간다.

이런 구조를 통해 사람들은 전문가의 홍보와 광고 담당자의 허풍을 의문 없이 받아들이면서 하느님의 창조를 부정한다. 그리고 우리들 가운데 더 영리하고 더 부도덕한 자들의 발명품과 조작에 스스로를 넘겨 버린다. 허영이 만개한 가운데, 더 계몽적이며 창조를 일련의 시스템들로 보는 시선을 가진 이들은 그들이 '생태적 문제'라고 부르는 것을 이해하고 있다고 주장한다. 그들은 창조보다는 개인적이거나 사회적으로 위해를 주는 행위들에 대한 사실로부터 시작해서, 현재의 과학적 관점 아래서 테크놀로지적 기능으로 시행될 수 있는 정치적 해결책을 찾는다.

예전에는 사람들이 겸손하든 혹은 거만하든, 안심하든 혹은 두려워하든, 하느님의 창조를 최초의 선물로, 신성한 선의 본래적 표현으로, 신성한 사랑의 분출로 받아들였다. 하지만 세계를 글로벌 시스템으로 여기고, 인간을 면역 체계로 보는 시각에서는 이러한 고대의 믿음을 부정한다. 아퀴나스는 신성 모독을 가장 심각한 죄라고 가르쳤는데 왜냐하면 근본적으로 천지를 창조한 존재를 공격하는 것이기 때문이다. 믿음을 통해 나는 천지창조 속에 자리를 잡는다.[8] 내가 시스템 속에 있음을 받아들이면 창조 속에 내 자리가 있음을 부정하는 것이고, 신성 모독을 행하는 것이다. 오늘날 믿음을 가진 사람들에게는 "이러한 시스템을 구성하는 것에 대해 내가 어떻게 행동해야 할까?"라는 질문이 가장 근본적이다. 왜냐하면 지금 이곳이 바로 믿음의 발생을 부정하는 장소이기 때문이다.

내 친구 다라가 발견한 것처럼 자유로운 삶은 자기 부정을 요구한다. 선행의 가능성으로부터 가장 멀리 떨어진 사회의 부유한 영역에서 그러한 금욕은 너무 극단적이고 너무 경악스러운 일일 것이다. 어떤 의미에서 그것은 분명 눈가리개와 구속복 역할을 하고, 제도가 지원하는 보호에서 탈퇴하는 것을 의미한다. 나는 다라의 행동 중 어느 면은 직접, 그리고 필연적으로 본받을 만하다고 단호하게 믿는다. 그것은 '아니오'라고 말할 수 있는 장소와 시간을 찾는 친구들과 함께하는 길이다.

8

길을 잃지 않을 수 있는가

아이들을 관찰하다 보면 인간은 알고자 하는 태생적 욕망을 드러내는 존재임을 깨닫는다. 아리스토텔레스를 인용해서 좀 더 정확하게 말하자면 나는 알기 위해 창조된 피조물이다.[1] 그러나 다른 모든 사람들과 함께 나 또한, 가장 알려진 바 없으며 알 수 없는 사건인 죽음과 마주해야만 한다. 아무리 곰곰이 "그 다음에 무엇이 오는지" 생각해 본다고 하더라도, 아무리 많은 사람들과 그들이 죽어가는 순간을 함께 한다고 하더라도, 그러한 주제를 다룬 책을 아무리 많이 읽는다고 하더라도, 나 자신에게 솔직하려면, 궁극적으로 내가 죽음에 대해 아무것도 아는 게 없다는 것을 인정해야만 한다. 더욱이 죽음은 최종적이다. 그것은 끝이다. 그러므로 나는 두려움을 느낄 수밖에 없다.

사람들과 함께 살아가는 것을 실험하는 장이기도 한 사회의 혼란스러운 일원으로서, 나는 죽음을 둘러싼 이 시점의 모순들 속에서 편안함을 거의 느끼지 못한다. 많은 영역에서 중요하지만 역사적으로는 예외적인 사례들이 존재한다. 죽음에 대해 원칙 없이 부유하게 접근하면 할수록, 생애주기곡선은 더 복잡해지고 최신식 값비싼 테크놀로지의 개입은 엄청나게 증가하게 된다. 죽음의 그 순간, 죽어가는 사람에게 의료 체계는 그들이 살아온 삶의 어떤 시점에서 보다 더욱 더 사회적 자원으로 공헌하는 경우가 잦다. 만약 내가 이러한 의료적 처치에 협조하거나 그것을 요구한다면, 마지막 순간에 그것을 허용하는 것은 실제로 죽음에 대한 강박이 있다는 증거이거나 위장된 네크로필리아(시체애호증)에 경도되었음을 보여주는 것이다. 사람들은 현대적 편리함이 지닌 어두운 측면을 보기 시작한다.

나는 또한 목숨이나 삶을 매우 강조하는 전혀 상반된 현상을 본다. 이것은 사람들이 삶을 배타적이면서 홀로 존재하는 하나의 명사로 취급한다는 사실을 의미한다. 매일 신문을 보면서 나는 목숨을 구했거나 목숨을 잃어버린 것에 대한 기사를 읽는다. 매체들은 언제나 죽은 사람들의 정확한 숫자를 신경써서 알려준다. 예민한 사람들은 '사고'나, 자연재해, 전쟁에 의한 예기치 못한 죽음으로 목숨을 잃어버리는 것에 대해 충격을 느끼는 게 일반적이다. 그러나 때때로 나는 사실상 하나의 사람을 하나의 목숨으로 대체하는 경우가 많은 것은 아닌지 의문을 갖는다. 세속적으로 보이는 사회에서, 목숨이라는 개념은 많은 신자들과 대부분의 불가지론자들을 위해 새로운 의미를 갖게 되었다. 신앙 공동체 사람들은, 목숨은 주로 하느님이 정하는 것이라는 믿음에도 불구하고, 때때로 목숨life과 생명Life을 혼동한다. 모든 종교적 교파들 가운데 많은 것들이 목숨을 안전장치들로 보호하기 위해 영양학적 차원에서 관료적 보안에 이르기까지 가능한 모든 방법들을 찾아내려 한다. 몇몇은 첨단 기술의 처치와 장비를 통해, 마침내는 비싸고 기괴한 치료를 받으면서까지 광신적으로 목숨을 보호하고 보존할 방법을 추구한다. 그러나 목숨과 관련된 최근의 가장 경악스러운 행태는, 실제로 순진하게 속아 넘어가려 하고 또 다른 미신적 착각까지 받아들이려 하는 유혹이다. 예를 들어 생명 보험을 드는 일이 내 목숨을 보호하는 일과 관계가 있다고 믿고 싶어 하는 것이다.

현실에 직접 닿으려면, 무엇보다도, 나에게 세상을 열어주는 설명적인 개념이나 관념 그리고 현혹적인 외양과 서로 다른 경험들을 이해할 수 있는 사유가 필요하다. 20세기의 대혼란 속으로 스스로 깊이 개입하는 것을 두려워하지 않은 목격자였던 자끄 에롤Jacques Ellul은 명료한 통찰을 보여주었다. 돌파를 위해, 또 큰 그림과 미세한 그림 그리고 우리 세대의 모순과 망상을 드러내기 위한 주요 개념은 테크놀로지라는 용어로 자주 번역되는 기술la technique이다.[2] 그것이 의미하는 것은 합리적인 효율성이 전체를 지배하고 있다는 것이다. 현대에서는 도구를 강조한다. 모든 사람들이 일상생활에서 모든 것을 유용한 도구로 삼도록 강요당한다. 도구가 내 행동의 유일한 목적이 된다.

예를 들어, 나는 봉급을 받기 위해 어떤 곳에 정기적으로 가야 한다. 나는 집세와 자동차 할부금, 자식들의 교육을 위해 돈이 필요하다. 나는 야구장이나 극장에 가서 긴장을 풀고, 휴식을 취하고…… 일상을 벗어나기 위해 휴가를 간다. 에롤은 이러한 각각의 경우에서 테크놀로지가 현실을 관통하고 구성하고 있다고 주장한다. 아마도 우리 사회 전체가 테크놀로지의 프로젝트로 조직되어 있다고 말하는 것이 더 정확할 것이다. 합리적인 기술은 미디어와 정부, 상업, 연예에서 일어나는 일과 내가 어떻게 태어나고 어떻게 죽는지를 결정한다. 죽어가는 일을 둘러싼 절차 속에서, 기술이 모든 것을 포괄하는 것은 특별히 매혹적이다. 그러나 사람들은 일반적으로 죽음을 목적지, 혹은 종착점이라고 생각하지 않는다. 많은 이들이 건강과 동의어라고 간주하는 삶을, 죽음과 상반되는 것으로 여기며 강조한다. 그러나 이러한 와중에서 불편한 정황들이 생겨난다.

전 세계 많은 지역에서 테크놀로지의 오용이 엄청나게 증가하고 있으며 이는 남반구보다는 북반구 사람들에게 더 많이 즉각적으로 영향을 미치고 있다. 주로 특권층 사람들이 고도의 의료 기술 서비스가 시민적 권리임을 요구하는 이해 집단의 일원이 된다. 이러한 집단 안에서는 일반적으로 할당되는 몫이 중요하다. 교육을 더 많이 받고, 정보 접근성이 더 수월한 사람들이 더 많은 서비스를 요구한다. 그들은 가장 숙련된 전문가와 장비, 약물을 원하고 더 최신식 교회의 보살핌 속에서 치료를 받고자 한다. 왜냐하면 수백만 명의 대중들이 진리로 받아들이는 종교의 특성과 그 사람들 대부분이 그 종교에서 설파하는 명제들에 대해 갖고 있는 확실한 개인적 신앙 덕분에, 국제적이며 새로운 교회에 대해 부정적인 말을 하지 않게 된다. 그들은 건강이라는 추상적 개념을 숭배한다. 그들은 건강을 얻기 위한 주된 도구로 과학-기술적 의료체계에 대한 종교적 신앙을 갖고 있음을 믿는다. 비록 몇몇은 이러한 충성심에 이따금 소위 대안 의학이라는 자원을 보충하기 시작했다. 실제로 가장 관습적이지 않은 요법들이 보조 의학으로 사용된다. 사람들은 대중요법과 약초 치료 같은 가짜 특효약들을 섞어서 쓴다.

또한 건강이라는 우상 앞에 머리를 숙이는 이들은 의료체계가 당연하게 여기는 목적을 달성하도록 돕는다. 그들은 채식주의자이거나, 화학약품과 호르몬 또는 GMO에 오염되지 않은 식품만 먹고, 정기적으로 운동을 하며, 헬스클럽의 식이요법을 실행하고, 공기가 좋고 깨끗한 동네를 찾아다닌다. 건강을 염려하는 사람들 대부분은 생활의 근거가 되는 일련의 표준들을 갖고 있다. 판단의 기준은 과학과 의료 행위로부터 나오며, 암이나 또 다른 건강의 위협을 일찌감치 찾아내는 정기적 검사나 테스트로 그러한 신앙을 표현하는 게 일반적이다.

우리가 사는 세상에서 명백하게 특권층에 속하는 사람들은 보통 사람들이 살고자 하는 욕구, 종교적인 욕구가 아니라 그저 인간적인 삶을 살고자 하는 욕구에 커다란 장애물을 설치한다. 인간적인 삶은 최소한의 자율성이나 독립성이 요구된다. 예를 들어, 요즘 사람들 대부분은 노예의 삶이 인간이 존재하는 하나의 근본적 양식이라는 입장을 수용한다. 노예의 삶은 완전히 다른 사람의 뜻에 따르는 것이다. 노예는 결코 자신의 삶을 살 수 없다. 현대 사회에서 어떤 기관 안에서 일하거나 그 안에 속해 있는 모든 사람들은 어느 정도 자신의 독립성을 포기하고 그 대신 직업으로부터 여러 가지 안전을 보장받고 있음을 인식하고 있다. 대부분 기관의 입안자나 설계자들은 그곳에서 일하는 사람들을 질서정연하고 효율적인 상태로 만들려고 한다. 시스템을 창조하고자 하는 것이다. 그러나 인간으로 존재하는 것은 시스템들을 경계하는 것이기도 하다. [3]

우리는 시스템들을 하나의 연속체 위에 배열할 수 있다. 한 쪽 끝에는, 예를 들어, 친구들에게 편지를 보내는 것으로 나 자신을 분명하게 표현하게 하는 수단으로서 우편 시스템을 놓을 수 있다. 다른 쪽 끝에는 지구 온난화에 기여하는 에너지 사용 시스템이 위치한다. 중간쯤 어디에는 학교와 119 시스템이 자리할 것이다. 나는 나의 삶을 의료 시스템의 용어로 표현해 배열해보고 싶은 유혹을 받는다. 그렇게 하는 것으로 나 자신의 삶을 살아갈 가능성을 몰수당하는 괴이한 상황에 이를 수 있다. 나는 그저 의료 기업에 속해 있는 직원들과 기계들, 환상과 치료들의 부속품에 지나지 않게 된다.

의학의 공격적인 전도와 그것이 이룬 명백한 성취가 사회 주류에 미친 영향력 덕분에 많은 이들이 자신의 죽음에 대해 생각하지 않게 되었다. 그들은 죽음이 살아가는 데 있어서 필연적인 단계라는 것을 알지 못한다. 의료 시스템에 종사하고 관계하는 많은 이들이 정복 불가능한 죽음과 정신 나간 전쟁을 벌이면서 삶의 마지막 순간을 모독하고 있다. 그 극적인 순간은 매우 종교적이며, 역설적으로 신성 모독적이기도 하다. 환자는 비틀거리고 넘어지면서 마지막 순간을 맞이한다. 그 소중한 순간에 우리는 올라가서 영원으로 들어가도록 운명지어져 있다.

서구적 사고를 지닌 이들이 지구와 인류의 역사에 공헌한 게 무엇인지는 애매모호하다. 서구의 과학적, 예술적 그리고 사회적 발명들의 혜택은 양날을 가졌을 뿐만 아니라 그러한 '진보'는 긍정적 면보다는 부정적 면이 더 가속화되게 만든다. 예를 들어, 많은 이들이 전보다 더 멀리 그리고 더 빠르게 여행을 하지만, 지구의 대기는 배기가스를 더 이상 견뎌낼 수 없게 되었다. 전 세계의 여러 지역에 중간 소득계층인 관광객들이 넘쳐나는 반면, 많은 사람들이 웨이터와 객실청소부, 여행 길잡이, 성노동자로 살게 되었다. 나는 인터넷을 통해 무한한 양의 정보에 접근한다. 그러나 나 자신의 질문을 던지거나 좋은 질문을 던질 능력을 잃어가고 있다.

우리가 사는 세상은 물리적, 인류학적, 경제적 그리고 사회적 악으로 흘러넘치고 있다. 예를 들어 공해, 남녀를 막론하고 개성을 상실한 대중들, 빈곤, 학대 그리고 전쟁 같은 것들이다. 하지만 여기저기에서 여전히 가냘픈 목소리들이 들려온다. 아마도 많은 이들이 신학적인, 즉 초월적인 신의 관점에서 보는 악의 존재를 인정하지 않으면서 경솔하고 어리석게 행동할 것이다. 더욱이 의료 시스템은 다음과 같은 특정한 악으로 오염되어 있기도 하다. 즉 신을 두려워하는 사람은 불온한 질문을 던져야 할지도 모르고, 불가지론자들은 더 회의적이 되어야 할지도 모른다.

거의 매일 미국에서 대중 매체와 접하는 사람은 실제적이고 유망하다는 칭찬을 받는 새로운 의료기술에 대한 설명을 접한다. 그러한 치료법은 인간의 건강상태라는 영역을 개조하고 또 하나의 병을 제거하기 위한 것이다. 아리스토텔레스가 생명에 대해 언급한 것처럼, 시작이 언제인지는 알 수 없으나 생명체가 스스로 발생한 이래 그 어느 때보다 사람들은 더 약해지고, 더 병들고, 간단히 말해 상해를 입고 불구가 된 상태처럼 보인다.

그러나 나는 상식이 여전히 존재하는 것에 감사해야 할 것 같다. 어떤 이들은 몸과 정신을 다루는 사업과 관련해서 자신감에 차서 위험이 전혀 없음을 약속하는 장사꾼들의 말을 들을 때 불신하며 망설인다. 질문을 하게 만드는 의심은 흥미로운 가능성이 있음을 시사한다. 여전히 밝혀낼 수 있는 진실이 있다면, 그것을 드러내고자 하는 전통이 우리 내면에 존재하는 것 같다. 예를 들어, 몇 천 년 동안 내과 의사들은 "죽음의 얼굴"facies hippocrtica[4])을 인식하는 훈련을 받아왔다. 환자의 얼굴에서 그 모습을 보면, 의사들은 그 사람을 더 이상 환자나 치유의 대상으로 인식하지 않는다. 말하자면 쇠약해진 사람은 의학의 치료나 처치를 초월해버린, 죽을 운명을 나타내는 얼굴을 지니게 된다.

현대적 진단과 이후의 치료 과정이 주는 정보로 오늘날의 내과 의사들은, 치유를 위한 처방과 일시적 완화책을 구분해서 결정하는 중요한 판단을 내릴 능력이 훨씬 더 좋아졌다. 그러나 더 많은 의사들에게 관습적인 훈련이 요구된다. 비록 경험적인 증거에 의거한다고 하더라도 판단은 신중해야 하고, 단순히 과학적이기 보다는 철저히 도덕적이어야 한다. 이것은 한 개인에게 추상적인 사실이 아니라 즉각적이고 직접적인 일이기 때문이다. 그러나 과학적으로는 예리한 관찰과 명료한 정신이 필요하다. 더욱 대면하기 힘든 일은 그러한 상황이 개인적인 용기, 즉 오직 평생 동안의 행동과 실천으로 얻어지는 의연함이라는 기본적인 덕목이 있어야 가능한 어떤 태도를 요구한다는 것이다.

사람들은 여전히 죽는다. 모든 사람들은 반드시 그 문턱을 넘어서야만 한다. 그러나 너무 자주, 현대적 혼돈이 병원에서의 마지막 장면을 지배한다. 분명히 모든 것은 한 개인이 평생 살아왔던 이전의 어느 시기보다 훨씬 더 극단적으로 청결하고 잘 정돈되어 있다. 특히 방문객들이 병원에 있는 환자를 보러 오는 것을 반길 때 더 그러하다. 혼돈은 완전한 혼란 상태로 정의된다. 인간적 삶을 영위하기 위한 이상적인 태도는, 어떤 것은 넘칠 수도 있고 또 어떤 부분에서는 모자랄 수도 있다는 것을 분명히 인정하는 것이다. 남자든 여자든 동물 같은 행동을 보여주면 인간적인 게 모자란다는 말을 들을 때가 있을 것이다. 그러나 오늘날에는 비인간적이라고 할 수 있는 새로운 성향이 나타났다. 즉, 어떤 사람이 정교한 테크놀로지로부터 자유로울수록 인간적이 되는 것이다. 만약 발가벗은 인간이 한쪽에 있고, 외과적이고 기술적인 수술과 인위적 구조가 다른 한쪽에 있는 역방향의 관계가 있다면? 우리의 경험과 문학은 인간적일수록 아름답다고 말할 것이다. 그러나 인간의 아름다움은 균형이 맞는 비율에 있기도 하다. 아름다운 사람일수록 인위적이 되거나 치장할 필요가 없다. 현실에서는, 병이 위중한 많은 사람들에게 행하는 고도의 기술적 치료는, 죽음 그리고 새롭게 펼쳐질 다양한 혼돈의 전주곡이 될 뿐이다.

강도 높은 기술적 치료가 수명을 연장시킬 수는 있지만 동시에 고통도 연장시킨다. 그것을 또 다른 암흑으로 생각할 수 있지 않은가? 더 오래 살 수 있을지도 모르지만 어떤 최후를 맞이하겠는가? 의사라면 아마도, 환자가 마지막으로 엄청난 고통과 섬망 속에서 또는 약물이 유발하는 혼수상태 속에서 죽음을 맞이하게 하는 조치들을 취하면서, 환자가 어쩌면 계속 살 수 있을지도 모른다는 더 잔인한 착각에 빠지게 유도할 것이다. 환자는 인간이 만들어낸 밤, 상상할 수 없을 정도로 끔찍한 암흑 속으로 억지로 끌려들어간다. 어떤 의례에 참여하도록 요구하는 그러한 신앙의 미신적 본성 덕분에, 그것은 마녀들이 벌이는 소독과 멸균의 향연처럼 보이기도 한다. 의료 시스템은 역사적으로는 반동이며 물리적으로는 비합리적인 당혹스러운 맹신을 장려하는 퇴행을 저지르고 있다. 그러나 그 밑에 깔려 있는 현실은 비합리적이라기보다는 합리적이지 않은 것이다. 악마적 의례들일지도 모를 가능성에 대해 무의식적으로 혐오감을 느끼는 의사들은 보통은 그 자리에 없다. '마지막' 순간에 그런 것들을 보고 싶어 하는 사람은 거의 아무도, 그 누구도 없다.

오늘날 인간적인 죽음과 비인간적인 죽음을 구분하기 위해서는, 죽음의 역사에 대한 지식의 도움을 받는 게 요긴하며 그러한 지식은 쉽게 얻을 수 있다. 병과 건강관리에 쓰는 약간의 시간과 돈, 활력과 자원을 과거의 인간이 경험한 죽음에 대해 배우는 데 사용하면 어떨까?[5] 개인적으로 또는 조직적으로 그러한 공부를 하는 것이 결국 죽음을 인식할 수 있음을 증명하는 게 아닌 건 사실이다. 예를 들어, 나는 내 앞에 있는 집이라는 추상적인 개념, 삼각형 또는 확실한 인공구조물을 인식할 수 있다. 그러나 인간의 죽음은 완전히 다른 것이다. 개인의 죽음은 영원히 신비로 남을 것이다. 그것에 대해 나는 감사한다.

오늘날의 의사들은 "죽음의 얼굴"facies hippocrtica에 대해 전혀 모르는 경우가 자주 있어서, 그들은 매우 중요한 판단을 할 교육을 받지 못했고 준비를 하지 못했다. 이렇게 죽어가는 방식은 비인간적이다! 게다가 그들은 명백히 자격이 없고, 일반적으로 필요가 없다. 즉 그들은 한 사람이 영원의 대기실로 걸어 들어가는 것을 도와주고자 하는 소명 의식이 없다. 그들이 실제로 맡은 일은 무엇인가? 죽어가는 사람들을 위해 그 고통을 몇 시간, 며칠, 몇 주 더 연장하는 것 외에 그들이 무엇을 바랄 수 있을까? 자만심, 명성, 이윤 그리고 기술적 요긴함이 기여할 최종결과가 시간과 숫자인가? 이천년 이상 지속된 전통인 갈레노스파 의술의 히포크라테스적 실천의 핵심이 뒤집혀서, 의사들은 점점 더 의학의 도움에 의한 자살의 조력자가 되도록 강요받고 있다. 의료 시스템이 테크놀로지로 전환되는 것이 어디서나 우세한 경향이 되었기 때문에, 의사들 자신의 세계관을 형성하고 또 그것을 간과하는 것 역시 현대판 네크로필리아에 의해 오염되었다.

인간적인 것과 비인간적인 것, 테크놀로지와 죽어가는 과정, 시간과 영원에 대해 민감한 의문과 의심을 갖는 의사라면, 죽음이 가까이 다가와 고통스러워하는 사람의 친척이나 친구들이 보이는 극단적이고 불쾌한 태도 때문에 힘들 때가 이따금 있을 것이다. 이런 사람들은 죽어가는 환자에게 죄책감을 느낄지도 모른다. 또는 그런 의사가 그들의 탐욕에 대해 두려움을 느낄 이유가 있을 수도 있다. 그들이 소송을 걸지도 모르니까. 그런 의사는 또한 우리 세대의 관습적인 의학의 풍조, 죽음을 지연시키기 위해 실현 가능한 모든 것을 하라는 것을 원칙으로 고수하는 동료들에게 압박을 받는다. 그런 의사는 매우 어려운 처지에 놓이게 된다.

일반적으로 아스피린에서 최근 개발된 특별한 약품에 이르기까지, 편도선 절제술에서 가장 정교한 레이저 수술에 이르기까지, 한 사람이 평생 동안 이러한 의학적 치료를 많이 경험하면 할수록, 고통에 대한 그리고 죽어가는 경험에 대한 능력과 준비가 덜 되기 마련이다. 온갖 치료법이 발전하고 있음에도 신체적, 정신적 고통은 여전히 보편적인 것이다. 모든 동물들이 그것을 경험한다. 인간도 그럴 수밖에 없다. 그러므로 인간으로 존재한다는 것은 고통을 다루는 자신만의 능력을 배우고 익히는 것이기도 하다. 그러나 의료 시스템은 그러한 능력을 학습하기 위한 지속적인 분투를 기계적인 처방과 약물 투여로 대체하고 있다. 오늘날 선진국에서, 크고 작은 차이는 있지만, 테크놀로지의 지배 아래 있는 죽음을 대면하는 경우가 많다는 게 슬프고도 우울한 현실이다. 그런 사람들은 필연적으로 스스로의 죽음을 경험하며 죽어갈 기회를 빼앗긴다.

이런 상황을 벗어날 길이 있는가? 그렇다. 나는 있다고 생각한다. 길가메시가 엔키두의 죽음을 슬퍼하는 사천년 전의 이야기[6] 속에서, 구약성경의 많은 고대의 이야기 속, 예를 들어 다윗과 요나단 사이에 맺어진 유대 관계(사무엘 상 18:1)에서, 그 뒤로는 플라톤의『뤼시스』같은 저작들 속에서 한 줄기 빛을 발견할 수 있다. 스승의 사상을 수정하고 체계화한 아리스토텔레스는, 플라톤이 우정을 "삶에서 가장 필요한 것"(윤리학, Ⅷ, i)이라 했다고 주장했다. 하지만 이러한 삶의 양식에 대해 가장 깊이 있게 언급한 것은, "불행에 처한 친구들을 방문하는 가장 적합한 방식은 초대받기를 기다리지 않는 것일지도 모른다(윤리학, Ⅸ, xi)." 나로서는, 이러한 모든 이야기들과 철학적 논의들이 진실과 진실한 우정에 이르기 위한 인간 정신의 분투이자, 희미한 선견지명처럼 느껴진다.

역사적으로 충만하고 가장 완벽한 우정의 실현은 예수의 삶과 죽음이 성취한 모범적 기준에서 찾을 수 있다. 그것을 말로 표현하면 다음과 같다. "사람이 친구를 위하여 자기 목숨을 버리면 이보다 더 큰 사랑이 없다."(요한복음 15:13) 특별히 성 요한(요한복음 14~16)과 성 바오로(고린도전서 13장)가 친구가 되는 것에 대해 가장 뚜렷하고 감동적으로 표현하고 있음을 발견한다. 신약성경에서 나는 끔찍하지만 눈부신 사례와 연관된 훌륭한 가르침을 본다. 예수 그리스도의 시대 이후로 관념과 그것의 실현은 거듭 되풀이되고 새로워졌다. 성인들의 이야기와 개종하거나 분투하는 죄인들의 빛나는 사례들 모두 우리를 인도하고 고무한다.

그리스도의 우정은 그리스인이 이해한 것 그리고 몇몇 사람들이 실천하려 시도한 것과 전혀 다르다. 짧고 단순하게 설명하면, 그리스도의 우정은 바로 하느님의 삶, 빛나는 은총에 참여하는 것이다. 직설적으로 말해서, 행동을 되풀이해서 얻어진 아리스토텔레스적인 습관이 아니다. 만약 내가 복음을 믿는다면, 그렇다면 또한 나는 개종의 가능성을 믿는 것이다. 나는 근본적으로 변화할 수 있고, 혹은 더 엄격하게 말하자면, 변화될 수 있다. 성 어거스틴의 삶과 참으로 아름다운 증언은 이천 년의 전통 속에서 수없이 많은 서구인들에게 가장 잘 알려진 이야기일 것이다. 기독교의 사례들과 가르침은, 사람들이 평생 동안 가장 절박한 환경 속에서 친구가 되고 우정을 맺을 수 있음을 우리에게 말해 준다. 예를 들어, 우정은 느지막하게 올 수도 있다는 것이다. 성 아우구스티누스의 멋진 표현으로는, "너무 늦게 내가 당신을 사랑하게 되었으니, 그 아름다움은 그토록 오래되었고 그토록 새롭구나. 너무 늦게 내가 당신을 사랑하게 된 탓에!"[7]

오늘날 사람들이 의료 시스템과 대면할 때, 이반 일리치는 특별한 예리함으로 우정의 중요성을 실감나게 강조한다.[8] 순수한 친구는 많은 경우에 중요하지만, 특히 테크놀로지에 침범되는 죽음을 피하고 자신만의 죽음을 맞이하기 위해서는 반드시 필요하다. 일리치는 이런 사람을 아미쿠스 모르티스amicus mortis, 즉 '죽음을 함께 맞이하는 친구'라고 부른다. 그는 나를 사랑하는 마음으로 내가 죽음에 임하는 것을 도울 능력과 의지를 지니고 있다. 무엇보다도, 나에 대한 그의 사랑은 사사로운 이익을 생각지 않는다. 그는 가슴에서 우러난 선량함으로 나를 사랑한다. 그는 여러 징후로 나타나는 현대적 기술의 모호함과 문제적 성향에 대한 인식과 나라는 인간에 대한 친밀한 지식을 통합할 수 있다. 진정한 우정을 쌓아가는 과정에서, 우리의 영혼은 서로 어울려 드러난다. 그는 잘 살아가기 위해서는 고통에 대처하는 능력art이 필요하다는 사실을 인식하고 있고, 또한 내가 그러한 능력을 배우도록 도울 수 있는 상상력을 지닌 사람이다. 마지막 순간이 다가올 때, 그는 죽음 앞에서 나를 괴롭힐 의심과 두려움에 맞설 수 있도록 나에게 힘을 준다.

많은 의사들 그리고 의학이 약속하는 거짓 전망보다 다른 친구들과 가족들이 더 큰 장애가 되는 경우도 있다. 순수한 아미쿠스 모르티스amicus mortis는 나에게 오만한 의학적 치료를 거부할 수 있는 용기와 힘을 준다. 그는 내 입에서 로버트 사우디의 다음과 같은 말이 저절로 나오도록 도와준다. "내 이름은 죽음이다. 최후의 가장 가까운 친구가 바로 나다!"[9]

근대 초반에 사려 깊은 가톨릭 신자들이 피정을 널리 퍼뜨렸다. 참가자들은 자발적으로 매일의 일상적 행위와 계획들로부터 고립되었고, 스스로 시골에 있는 수도원이나 수녀원에 갇혔다. 그리고 정해진 규율에 따라 짧은 강론이나 기도, 성찰과 침묵에 참여했다. 오늘날, 회사나 학술 단체, 다른 집단들에서 피정의 이념과 구조를 세속적 목적을 위해 적용하고 있다. 가톨릭 전통을 따르는 훌륭한 피정 지도자들 가운데 몇몇은 전혀 다른 목적, 한 사람이 피정을 하는 목적은 다름 아닌 신의 뜻을 알기 위함이라는 것을 강조하고 있다. 이것은 신에 대한 신앙과 신뢰에 의지해서, 나의 천직과 소명을 알기를 바란다는 의미다. 특히 하느님의 자녀로서 나의 삶을 살아가는 방식으로. 부당한 이득을 취하기 위한 의학적 기술과 과대 광고가 널리 퍼지면서 일어난 질적인 변화가 사회에 영향을 미쳤다. 그러한 소명을 깨닫는 일이 여러 해 동안 되풀이 되어야 했다. 고통에 대처하는 능력을 배우고 연마할 확고한 욕구가 생긴 것이다. [10]

오늘날 관심을 잡아끄는 거의 모든 곳에서, 우리는 건강이라고 불리는 추상적 개념에 집중하게 하는 뉴스와 호소와 유혹과 요구의 공격을 받는다. 이러한 선동은 많은 부분 다양한 의료 시스템에서 나오며, 우리의 두려움과 허영심에 호소한다. 건강에 '필요한' 것들은, 시험해 보니, 그저 더 많이 소비하도록 부추기기 위한 강매나 은근한 설득에 의한 판매 전략에 불과한 것처럼 보인다. 이렇게 언론의 화려한 주목을 받는 것들 대부분은, 노골적인 면에 있어서 더하거나 덜한 차이는 있지만, 뻔한 질문에 대해 테크놀로지적 대답을 주는 것이기도 하다.

어떻게 건강을 성취할 수 있나? 간단하다. 특정한 문제를 해결하기 위해 새롭게 고안된 상품에서 가장 최근에 의사들이 시험해 본 처방에 이르기까지 모든 것을 포괄하는 패키지를 사기만 하면 된다. 이러한 모든 주장에는 드러나지 않은 기만이 배후에 깔려 있다. 약속하는 효과가 결과보다 더 과장되기 마련이다. 한편으로는 테크놀로지 세상의 이러한 대공세를 고려하면서, 다른 한편으로는 나의 무지와 나약함, 의심과 두려움을 염두에 둔다면, 내가 마음을 열고 솔직해질 수 있고, 자기 스스로 서 있으면서 명석한 힘을 지닌 좋은 친구를 두어야 할 필요성을 깨닫는다.

아무리 철저하고 엄혹하게 피정 속에서 나 자신으로 머물러 있다고 하더라도, 자신에 대해 환상을 가질 위험은 언제나 현존한다. 죽음의 문제에 있어서도 그러한 착란의 가능성이 숨어 있다. 나는 몇 주나 여러 날 동안 공격적인 암세포에 의해 자행되는 파괴에 시달리다가 무의식 상태가 되기 바로 직전, 환상 속에 살던 습관으로 인해 완전한 착란 속으로 빠져들었던 사람들을 알고 있다. 그들이 악마적인 공포 속에서 달아날 수 있도록 도와줄 친구가 있었다면 좋았을 것을. 이러한 경험을 하는 것, 관찰자로서 그러한 죽음을 지켜보는 것은 그 상황에서 아무것도 할 수 없는 극단적 괴로움에 대해 알게 되는 것이다. 그리고 나면 사람은 사라지지 않는 진정한 고통과 함께 살게 된다.

몇몇 철학자들은 우리 인간이 사회적 동물이라고 주장해왔다. 그것은 관념적이며, 많은 이유에서 어리석은 말이기도 하다. 그러나 죽어가는 사람 옆에 앉아 있는 사람이라면 그 명제의 진실성을 구체적으로 보고, 알고, 느끼고, 잊을 수 없을 정도로 절실하게 경험할 수 있다. 따라서 테크놀로지적 행동과 인간적 행동 모두 오늘날 상상할 수 없을 정도로 중요한 의미를 갖는다. 죽어가는 친구를 위해 함께 싸우다보면, 서로의 심장을 교환하는 것과 같은 우정, 그리고 선물과도 같은 좋은 친구 즉, 아미쿠스 모르티스amicus mortis가 될 수 있는 친구를 갖는 것의 중요성을 깨닫게 된다.

내가 여러 번 언급한 테크놀로지에 지배당하는 죽음에는 또 다른 측면이 있는데, 그것은 악마적인 것이 존재할 가능성이다. 때로는 극적으로, 때로는 좀 더 조용하게, 보편적인 종교들은 중동 지역에서 소박하게 시작되어 멀리 퍼져나갔다. 종교들이 갈라져 나가면서, 치명적인 갈등 또한 나타났다. 회의주의자들뿐만 아니라 신앙인들도 종교적 영감은 그 안에 부패의 가능성을 반드시 내포하고 있다고 지적한다. 악마들이 그 안에서 매력적인 거주지를 발견할 수도 있다는 것이다. 부분적으로는 종교적 관점 차이로 인해 촉발되고 지속되어 온 서구의 적대감과 잔인함, 고문과 전쟁의 역사는 비밀스러운 악마의 존재와 악마적 힘에 대한 지지를 인정하는 것처럼 보이기도 한다.

이러한 가능성에 대해 매일 생각해봤다. 이반 일리치와 내가 함께 지낼 때, 우리는 밤이 되어 잠자리에 들기 전, 정시과(定時課, 하루 일곱 번의 기도 시간)의 마지막 기도 시간을 지키려고 애썼다. 기도시간마다 성가와 기도를 섞어서 하는데, 그 가운데 어떤 시간은 축제일과 계절에 따라 내용이 변할 수 있지만 어떤 시간은 결코 그렇게 할 수 없다. 라틴어 불가타 성서의 옛날 도미니크회 성무일도서에서는, 세속과 멀리 벗어난 실재로 날마다 해당하는 이름을 붙였다. 기도문의 성격을 이루고 있는 이러한 이름은 처음부터 나온다.

정신을 차리고 지켜보라 네 상대인 악마는 포효하는 사자처럼
삼켜버릴 먹이를 찾아 주위를 빙글빙글 돌고 있기 때문이다.
강건해라, 신앙 안에서 악마에게 대항하라!

기도시간 중간에, 약 이십 분 정도 걸리는 시간 동안, 우리는 이러한 구절(이 구절은 금욕을 맹세한 승려나 수사와 관련된 것이다)이 포함된 시편을 암송하며 기도했다.

기이한 꿈들 그리고 밤의 환상들 또한
떠날 것이다.
우리의 적을 억눌러라,
우리 몸이 더럽혀지지 않도록.

마지막으로, 우리는 이러한 기원을 암송했다.

주여, 우리는 당신께서 이 집에 오시기를, 또한 이곳에서
적의 모든 농간을 몰아내기를 간절히 바랍니다. 당신의 성스러운 천
사들이 우리를 평화롭게 지켜주기를 그리고 당신의 은총이 언제나
우리에게 임하기를 바랍니다.

기도문의 상징과 의미는 복합적이다. 나는 지난 오십 년 동안 하루의 마지막 기도를 하면서 잠이 죽음의 진정한 이미지라는 느낌을 받았다. 또한 잠과 죽음 사이의 유사함은 나로 하여금 세속을 떠나 영원의 문을 열 수 있게 했다. 천여 년을 내려오는 동안, 악마적인 힘은 늘 역사적으로 죽음과 잠 앞에 맴돌았다. 그러나 우리도, 우리의 적도 변하지 않는 것은 아니다. 테크놀로지에 지배당하는 오늘날의 죽음은 먼 옛날 우리 모든 선조들의 경험에 대해 적대적이다. 그것 또한 악마적인 것에 감

염되어 있을지도 모른다. 아마도 나의 길을 찾으려면 전통을 들여다보아야 할 것이다. 전통은 과거의 어느 지점에 존재한다. 역사에서 찾을 수 있다. 그러나 어떻게 내가 그 일을 진행할 수 있을까?

나는 역사의 아버지라고 불리곤 하는 헤로도토스(~B.C. 425?)의 시대에서 오늘날에 이르기까지, 서구 사람들이 역사의 중요성을 점점 더 강조하는 이야기를 들어왔다. 이것은 역사학 책을 저술하는 학자들이 끊임없이 그들의 접근법과 방법을 개선하려 하고 있음을 의미한다. 예를 들어, 이미 미겔 데 우나무노Miguel de Unamono(에스파냐의 철학자·작가, 1864~1936)에 대한 훌륭한 책들이 많이 있음에도 혁신적이고 새로운 관점을 제공하는 연구는 학자들 집단의 주목과 존경을 받는다.[11] 그러나 시몬 베유는 이렇게 썼다.

역사를 참고하는 데는 옳은 방법과 그릇된 방법이 있다. 우리는 그 안에서 상상력을 자극하는 무엇인가를 찾을 수 있다. 또는 그 안에서 우리 자신보다 더 순수한 무엇인가를 찾을 수 있거나.[12]

토마스 아퀴나스나 다른 사람들과 마찬가지로 시몬 베유는 위험을 인식하고 있었다. 즉 상상력은 기형이나 거짓을 발생시킨다는 것을. 그녀의 경고는 내가 역사에서 얻는 특정한 종류의 지식, 즉 현대의 의료 시스템을 뒷받침하고 있는 가설을 꿰뚫어보고 비판적으로 판단할 수 있는 지식에 이를 수 있게 도움을 준다. 그녀가 제안하듯이 진실은 상상력을 자극하는 호기심보다는 정신적 순수함을 추구하는 엄격한 욕구 속에 있다. 그녀의 [수첩] 한 부분에 씌어있는 일련의 언급들은 나의 미래, 즉 죽음과 맞서기 위해 과거 속에서 내가 무엇을 배워야 할지 확실한 지침을 주고 있다. 나는 여전히 살아있기 때문에, 죽음은 미래다. 그것은 또한 영원이기도 할 것이다.

시몬 베유는 다음과 같이 썼다.

> 영원은 현재보다는 과거에 더 많이 존재한다…… [다시 말하면,] 일시적인 것이 적을수록 결과적으로 영원이 차지하는 부분이 커진다…… 과거는 현실적이면서 동시에 우리 자신보다 더 훌륭한 것을 우리에게 제공한다. [13]

이런 말들을 마음속에 새긴 채, 나는 카타르파(엄격한 금욕주의를 지킨 중세의 기독교)의 교리를 들여다보고 싶다. 그 종파는 프랑스 남부에 위치한 알비라는 도시의 이름을 따서 알비파라고도 불린다. 그 도시에 신자들이 많이 살았으므로.

부분적으로 기독교에 뿌리를 둔 카타르파 신자들은 이탈리아 북부와 프랑스 남부에 주로 모여 살았으며, 대부분 12세기를 전후로 한 이백년 동안 융성했다. 12세기 말에 그 종파에서 열 한 명의 주교가 나왔다. 그 때가 그들의 세력이 가장 커졌을 즈음이었고, 11세기에서 15세기까지 경제성장으로 특징지어지는, 오늘날 서구사회라고 불리는 새로운 유럽 문명이 막 형성되기 시작할 무렵이었다. 카타르파는 이런 상황의 득을 보았는데, 왜냐하면 몇몇 신자들이 옷감 상인과 직조공 신분으로 떠돌아다닐 수 있었기 때문이다.[14] 새로 떠오르는 문화는 또한 "단호하게 호전적이었고, 그것은 문명화된 사람들이라면 취하지 않을 방식으로 사회의 모든 계층에 침투했다."[15] 이러한 문화는 카타르파를 탄압하는 전쟁을 수행하면서 그 종파의 붕괴에 기여했다.

독실한 신앙의 영역에서 로마 가톨릭교회는 배타적 힘과 권위를 주장한다. 하지만 이에 속한 수도원 안팎의 성직자들은 복음서에서 보여주는 모범과 진리로부터 동떨어진 사회적인 부를 이용했고, 상당한 재산을 축적했다. 정치적 권력을 추구한 이들도 있었다. 기록에 의하면, 지역의 성직자들은 도덕적 삶에서 그리고 성 토마스가 "거룩한 교리"sacra doctrina라고 불렸던 신성한 교리를 공부하는 것에 있어서 방종했다. 그들은 이단이라고 여기는 것에 대응하기 위해 교황들을 갈아치웠고, 무엇보다도 교리의 정통성과 사제들의 엄격한 금욕을 강조했다.

카타르파는 근본적 신앙을 가지고 있었다. 비록 스스로를 그 집단의 일원이라고 생각하거나 동조하는 많은 사람들에게 그러한 내용이 알려져 있지 않거나 오해되고 있긴 했지만 말이다. 이것은 오늘날 여전히 던질 수 있는 질문인 "무엇이 세상에 있는 악의 근원인가?"에 대한 답이기도 하다. 모든 신비주의 종교 사상가는 그 대답과 마주해야 했고, 대답을 할 수 있도록 시도해야 했다. 구약성서의 욥기(B.C. 15세기 기록으로 추정됨)가 다루는 것은 바로 그 문제다. 페르시아에서는 조로아스터(약 B.C. 551경 사망)가 선과 악, 영혼과 물질 사이에서 영원한 전쟁을 수행한다. 이러한 태도는 이원론으로 불리는데, 대부분의 이원론자들은 물질적 세상을 악으로 규정하고 비난한다. 카타르파 신앙의 핵심에는 이원론이 자리 잡고 있고, 그 신자들은 역사에 늘 존재했던 이러한 고대의 형이상학적 개념을 받아들였다. 카타르파에 의하면, 눈에 보이는 모든 것, 모든 물질은 악이다. 오직 정신만이 선하다. 예를 들어 엄격한 카타르파 신자들은 세례 요한과 침례교파를 받아들이지 않았다. 물로 세례를 주는 것이기 때문이다. 그들은 순수한 영적 의식인 성령에 의한 세례만을 믿었다.

궁극적으로, 모든 이원론은 죄를 '설명'하고자 한다. 그들은 선한 신과 악한 신이라는 두 종류의 신을 상정하는 절대적인 형식을 취하거나, 또는 사악한 세상이 존재하는 것에 어느 정도 책임이 있는 하나의 신을 상정하는 상대적인 형식을 상정한다. 서로 다른 시기와 장소에서 카타르파는 이런 각각의 명제들을 받아들이는 것 같다. [16]

신학자들, 사학자들 그리고 특히 심문관들이 그 이념 체계와 추상적 교리의 미묘한 세부 사항들을 조사했다. 그러나 많은 신자들과 지지자들이 카타르파의 사상에 정통하지 않았다. 그들은 주로 체험과 수행, 간단히 말해서 구원을 보장받는 방식에 관심을 가졌을 뿐이다. 그 시대, 그 지역에 살았던 많은 사람들은 모든 시대, 모든 곳에 사는 사람들과 마찬가지로 다음과 같은 질문에 관심을 가지고 있었다. 나는 어떻게 죽을 것인가? 몇몇은 또한 다음과 같은 질문도 던졌다. 그렇다면 현재 나는 어떻게 살 것인가? 무엇보다도 죽은 다음에 생이 있다면, 나는 어떻게 구원을 받을 것인가? 구원을 추구하는 것은 오늘날 부유한 사람들이 건강을 추구하는 것보다 더 광범위하고 강렬한 열망이었을 것이다. 카타르파는 또한 구원에 관련된 실제적이고 도덕적인 질문에 확실하고 명료한 대답을 갖고 있다고 주장했다. 페르펙티Perfecti(페르펙타이[perfectae : 여성]는 숫자가 많거나 대중적이지 않았다)가 보여준 모범은 명백했지만, 대부분의 사람들이 일상생활에서 실현하기 불가능했다. 엄격한 금욕생활을 통해서, 그 운동의 지도자들은 죽음이 가까워질 때까지 아직 페르펙티가 될 준비가 안 되어 있거나 그럴 마음이 없는 신자들에게 영향력을 가질 수 있었다. [17]

또 다른 종교 개혁자들의 큰 무리인, 왈도파(Waldness 혹은 Waldensians)는 카타르파와 같은 시간, 같은 지역에서 나타났다. 리옹의 상인인 피터 발도(Peter Valdes 혹은 Waldo)가 1173년 무렵에 종교적 회심을 경험한 뒤 사람들에게 주와 사도들을 본받아 더욱 단순한 삶을 살도록 간곡히 타일렀다. [18] 왈도파는 성직자들에게 반대하는 성향이었고, 아마도 프란체스코회의 정신에 영향을 미친 것 같다. 또한 로마의 권력자들에게 박해를 받았다. 몇몇은 처형되었으며 신자들의 숫자는 15세기 말에 현저하게 줄어들었다.

역사학자들은 카타르파와 관련된 많은 양의 자료들을 발굴해냈다. [19] 그러나 오늘날의 독자들은 카타르파에 대한 거의 모든 정보가 결정적으로 그들에게 적대적 편견을 지니고 있는 가톨릭교도들에 의해 씌어졌으며, 그 기록들이 다소 논쟁적이라는 사실을 염두에 두어야 한다. 카타르(그리스어로 "순수한"이라는 의미)라는 이름은 아마도 그 운동을 이끈 지도자, 즉 심문관들이 페르펙티(권위를 지닌 모든 기록들은 랑그도크의 지역 언어가 아니라 라틴어로 쓰여 있다)라고 부르는 사람들이 처음 고안했을 것이다. 가톨릭 주석자들은 그 운동에 참여했던 모든 관련자들을 카타르파 혹은 마니교도라고 이름 붙였다.[20]

이원론자들의 역사적 기원은 모호했지만, 그들은 로마에 있는 권력자들에 의해 이교도나 혹은 이단자들로 비판받았다. 교황은 종교운동에 참여하는 사람들이 자발적으로 가톨릭 교회에 반대한다는 사실에 놀라서, 카타르파에 반대하는 이중의 캠페인을 시작했다. 이노켄티우스 3세Innocent III는 1199년에 최초로 개혁적인 사상을 지닌 사제들을 랑그도크로 보냈다.[21]

1205년에 오스마Osma 주교와 그의 선임자 도미니크 드 거즈만Dominic de Guzman이 설교를 시작했다. 그것으로 이단을 근절하지 못하자, 1208년 교황은 북쪽의 귀족들을 설득해서 남쪽을 침공했다.[22] 피로 얼룩진 전쟁은 결과적으로 성공했고, 이것은 알비교 십자군전쟁Albigensian crusade이라고 불린다. 비록 그 시대와 지역에 대한 방대한 문헌들이 존재하고 또 계속 증가하고 있긴 하지만, 오늘날의 학자들에게는 세속적이고 종교적인 정서의 뒤섞임, 명령의 구조나 체계 그리고 권력 관계들이 너무 복잡해서 명료하게 확신을 갖고 해석을 하기에 너무 복잡할 것이다.

1234년에 그레고리우스 9세Gregorius IX는 사제들의 일에 이단적인 의견이나 행동을 찾아내기 위해 심문하는 일을 포함시켰다. 1216년에 인가를 받은 도미니크 수도회가 이 임무를 부여받았고, 그들의 방식이 나중에 종교재판이라고 불리는 형식

으로 발전되었다. [23)]

성 도미니크와 성 프란체스코는 카타르파와 왈도파 두 종파 모두와 접촉했으며, 아마도 그들에게 영향을 받았을 것이다. 도미니크는 카타르파 지도자들의 삶의 방식에, 프란체스코는 육체에 대한 카타르파의 신념과 왈도파의 청렴함에 영향을 받은 게 틀림없다. [24)] 도미니크와 프란체스코는 둘 다 명상적인 수녀원을 설립했다. 그것은 아마도, 심문관들과 십자군들에 의해 사라지기 전, 카타르파의 페르펙타이(여성들)와 유사한 시스템이었을 것이다. 흥미로운 역사적 질문을 던질 수 있다. 성 도미니크와 성 프란체스코는 이런 운동들의 사례로부터 어느 정도 그리고 어떤 방식으로 영감을 받았을까?

위에서 언급한 대로 가톨릭 지도자들이 보여준 냉소적인 세속화의 영향을 받아 많은 성직자들은, 지도자들을 흉내 내거나, 낙담하여 냉담에 빠졌다. [25)] 그러나 카타르파의 페르펙티들은 엄격한 금욕주의에 강력하게 헌신했다. 그들 자신이 가장 훌륭한 본보기였다. [26)] 카타르파에 대한 추종은 페르펙티가 돌아다니던 지역에서 독실한 신앙의 매우 대중적 형태였다.

그것은 부분적으로 로마 가톨릭의 성직자들과 카타르파의 페르펙티들이 매우 대조적이었기 때문이다. 한쪽은 더 부유하고 무지하며 성적으로 방탕하고, 다른 쪽은 가난하면서 상세하고 명료한 설교를 할 뿐만 아니라, 철저하게 금욕적이었다. 그러나 카타르파가 사람들을 대하는 태도와 제시하는 전망이 더 중요했을 것이다. 그러니까 "내가 어떻게 구원받을 수 있을까?"라는 질문에 대한 명확한 대답이, 매우 인상적인 예배의식

과 함께 주어졌다는 것이다. 게다가 카타르파는 그들의 예배
의식이, 가톨릭과는 달리 초기 교회의 형식에서 비롯되었다고
주장했다. 현대의 학자들도 그 당시의 가톨릭보다 그들이 말
그대로 더 정확했다고 인정한다.[27)]

특별히 카타르파의 두 가지 종교의식은 구원의 문제, 내가
어떻게 죽을 것인가로 곧바로 연결되었다. 심문관들의 서기가
라틴어로 기록한 바에 의하면, 이러한 의식들은 콘솔라멘툼
consolamentum과 엔두라endura로 불린다. 일반적으로 어떤 사람
이 콘솔라멘툼을 받을 수 있으려면 오랜 기간(보통은 1년 이상) 동
안 페르펙티와 함께 하며 가르침을 받고 성찰을 해야 했다. 그
러므로 카타르파의 완전한 신자는 정교한 신앙의 체계와 어려
운 행동 규범을 모두 받아들였다. 그러고 나서, 페르펙티가 그
초심자를 인가하면, 그 또는 그녀는 콘솔라멘툼에 참여할 수
있었다. 다시 말해서 장로들, 또는 본 좀므bons hommes(아마도 카
타르파 안에서 일상적으로 쓰는 용어인듯)가 주재하는 예배, 즉 종교적
의식을 통해 공동체의 신앙을 완전하게 체화할 수 있었다는 의
미다. 예배에서는 성서와 기도문들, 특히 주기도문이 활용되었
다. 콘솔라멘툼은 보통 어른들에게만, 특히 죽음에 가까이 다
가간 어른들에게 가장 자주 허용되었다. 보통 사람들은 삶의
매우 많은 측면에서 페르펙티에게 요구하는 극단적인 금욕을
받아들이는 것은 매우 힘들다는 사실을 깨달았다. 그러한 종
교 의식을 치르고 나면, 페르펙투스perfectus나 페르펙타perfecta
가 되어 완전한 금욕과 같은 특정한 수행을 해야만 했다. 고
기, 달걀 그리고 치즈를 전혀 먹지 않았고, 세 가지 커다란 재

일齋日—즉 재림절, 사순절, 성령강림절과 성 베드로와 바오로의 축일 사이의 시기에 의무적으로 단식을 했다.[28] 또한 기도하고 공부하면서 가난하게 살았으며, 신앙의 힘으로 죽음을 두려워하지 않았다.[29]

페르펙티는 그들의 신앙과 가르침에 있어서 매우 단호했다. 콘솔라멘툼 의식을 통해 사람들의 영혼은 성령에 의해 정화되었고, 따라서 물질적인 세계에서 벗어나 구원을 얻었다.[30] 찬가의 힘과 개인이 보이는 모범, 그리고 많은 신자들의 관심을 가장 중요한 질문, 즉 '어떻게 나는 영원한 행복을 얻을 수 있는가?'를 향해 이끌어 갔던 페르펙티를 생각하면, 카타르파가 강조했던 것들에 대해 공감하게 된다. 이런 식으로 많은 가톨릭 지도자들의 행동 속에서 보였던 부유함과 세속적인 것에 저항할 때, 엄격한 심문과 함께 피비린내 나는 십자군 전쟁이 일어나기 마련이었다. 그리고 이단적인 신앙들과 행동들 그리고 의식들을 뿌리 뽑기 위한 처벌, 즉 화형에 의한 고통스러운 죽음, 벌금형, 투옥 같은 처벌이 뒤따랐다.

엔두라의 성질과 실행에 대한 역사적 기록은 특히 혼란스럽고 명확하지 않다. 나중에, 특히 14세기의 문서들에서 언급되기는 하지만, 그 정확한 특성과 주기에 대해서는 일치된 의견이 없다. 모든 심문관들이 동의하는 바는, '엔두라'는 어떤 사람에게 죽음이 임박했을 때, 카타르파에서 "위안을 주기 위해" 행했던 종교의식을 가리키는 말이라는 것이다. 또한 의식이 끝나고 난 뒤에는 거의 먹고 마시지 않았다는 사실에도 의견이 일치한다. 또한 어느 정도 융통성이 있게 허용되는 것들이 있었다고 믿는 이들도 있다. 예를 들어, 병든 사람들에게 모든 단단한 음식은 금지되어 있었지만 약간의 물은 먹을 수 있었다.

다른 이들은 엔두라 의식 이후에는 단단한 음식이든 액체든, 영양분을 전혀 섭취하지 않았다. 그러나 어떤 견해도 확실하다고 주장할 충분한 증거는 없다. 역사학자들은 그러한 종교의식이 병의 재발을 막기 위해 치러졌을 것이라고 추측한다. 콘솔라멘툼과 엔두라가 거행된 뒤에는, 페르펙티에게 요구되는 엄격한 사항들을 위반할 위험이 거의 없었다. 그러기 전에 죽기 때문이다.[31] 분명한 것은 엔두라를 통해 카타르 신앙을 갖게 되면 영원으로 향하는 길에 결정적인 한 걸음을 더 내딛게 된다는 것이다.

두 여성의 언명이 그 당시와 지금, 카타르파가 지닌 의미를 해석할 때 특정한 시사점을 준다. 카타르파 신자가 가장 많이 살던 지역보다 훨씬 북쪽인 라인지방에 살고 있던 베네딕트파 수녀인 힐데가르트 빙겐(1098~1179)은 서양 역사에 매우 박학하고 천재적인 사람이었다. 그녀가 쓴 많은 편지 가운데, 아마도 1163년 무렵 보낸 것 같은 두 통의 편지 속에는 교회의 어려운 상황과 카타르파가 득세하는 것에 대한 이야기가 나온다.

사제들을 격렬히 비난하고 있는 첫 번째 편지의 분위기는 생생하게 비판적이다. "그러나 허물을 벗은 뒤 동굴 속에 숨어 있는 뱀처럼, 당신들은 구역질나는 짐승들 같은 추잡함 속에서 걸어 다니고 있다."[32] 카타르파라는 것을 밝히지 않았지만, 그녀는 그들이 가톨릭 사제들에게 앞으로 어떻게 할지 예상했다.

때가 되면, 어떤 이들[카타르파]의 손에 의해 당신들은 멸망할 것입니다. 당신들 사악한 죄인들이여, 그들은 당신들을 가차 없이 추적할 것이며, 당신들이 한 짓을 덮어주지 않을 것입니다. 그리고 당신들의 죄를 드러나게 하고, 당신들에게 이렇게 말할 것입니다. "그들의 도덕 속에는 전갈들이 살고 있고, 그들이 한 짓 속에는 뱀들이 살고 있구나."[33]

수사들의 공동체가 힐데가르트에게 편지를 보내서, 왜 이단인 카타르파에 반대하는 글을 썼는지 물었다.[34] 그녀는 다니엘서, 이사야서 그리고 묵시록에 나오는 말들과 이미지를 인용하면서, "멀리서 그리고 진정한 예지의 그림자 속에서 환영을 보았을 때" 자신이 깨달은 것 그리고 카타르파에 대해 알게 된 것을 묘사했다. 그녀의 말은 그 교파의 신앙의 핵심을 꿰뚫고 있었다. 특별한 능력과 상상력, 그리고 정확한 인지 능력으로 그녀는 다음과 같이 지적했다.

이 사람들은 가장 첫 번째 원칙을 거부합니다. 즉 하느님은 만물을 창조했고, 그들이 불어나고 늘어나도록 명령했다는 것입니다. 이 사람들은 가장 최상의 원칙, 즉 아주 먼 옛날 이전부터 이러한 하느님의 말씀이 인간에게 적합했다는 분명한 사실을 거부합니다… [그들은] 눈이 멀어서 거룩한 신성 속에서 빛나는 인간이라는, 불타오르는 형상을 볼 수 없습니다.[35]

힐데가르트는 악마가 그 운동의 지도자들에게 직접 영감을 불어넣었다고 믿었다.

악마에게 귀를 기울이고 있는 이 사람들은 게처럼 앞으로 그리고 뒤로 움직이는 탑을 쌓아올리고 있습니다. 또한 그들은 전갈과도 같아서, 불타는 꼬리로 슬그머니 당신을 찌르고, 잔인한 불신의 맹렬한 독으로 당신을 죽입니다.

편지를 마무리하면서 그녀는 자신의 깨달음과 비판의 근원을 명료하게 설명한다.

그리고 같은 환영 속에서 저는 울려 퍼지는 목소리가 이렇게 말하는 것을 들었습니다. '네가 본 것과 들은 이러한 것들을 글로 써라. 그리고 순수한 믿음으로 하느님을 경배하는 교회의 사제들에게 그것을 신속히 보내라…… 이러한 사악한 배반자들로부터 [믿음이 돈독한 사람들을 보호하기 위해], 그들 가운데 사악한 이들이 뿌리를 내리지 않도록, 그리하여 그들이 사라지도록 (p.125)

그녀는 다음과 같이 말하면서 편지를 끝낸다.

어리석고 하찮은 여자에 불과한 나는, 이러한 일들을 글로 쓰기 전까지 걸음을 걷지 못할 정도로 오랫동안 질병과 고통에 시달렸습니다. (p.125)

힐데가르트의 통찰과 비판의 진정성은 그녀가 살았던 시대

의 성격 덕분에 특별한 찬란함을 지니고 빛나고 있다. 그녀는
그 시대를 "불결하고 여자처럼 나약한 시절"이라고 불렀다. [36)
그러므로 역설적으로, 신은 "어리석고 하찮은 여자"를 불러, 귀
족과 평민, 고위 성직자와 사제, 남자와 여자 모두에게 말하라
는 소명을 내렸다. [37) 그런데 그녀는 그 시대의 핵심은 성직자
들이라고 보고, 특별히 그들을 상대로 이야기를 했다.

당신들은 낮이어야만 합니다. 그러나 당신들은 밤입니다. 당신들은
낮이 될 수도 있고 밤이 될 수도 있습니다. 그러므로 당신들이 취하
고 싶은 자리를 선택하십시오. 당신들은 하느님의 법과 정의의 창공
에서 태양도 달도 별도 아닙니다. 오히려 당신들은 그 속에서 이미
죽은 자들로 존재하는 어둠입니다. [38)

우리 시대는 비슷하기도 하고 다르기도 하다. 우리가 비록
끔찍한 시대를 경험하고 있긴 하지만, "여자처럼 나약한 시절"
은 아니다. 오히려 우리에게는 속물적인 중산층의 정신이 만연
되어 있다. 레옹 블로이Léon Bloy(1846~1917) 같은 사람들은 성
공과 안락함 그리고 돈의 숭배에 몰두하는 이러한 정신을 혐오
했다. [39) 엠마누엘 무니엘Emmanuel Mounier(1905~1950)에 따르
면, 신앙인들이나 불가지론자들이나 모두 이러한 중산층의 정
신에 감염되어 있다. [40) 그들 각각은, 독실한 가톨릭 신자인 힐
데가르트처럼, 성직자들이 만성화된 혼란에 대항하는 자리에
있어 주기를 기대했다. 그러나 오늘날, 피상적인 화려함에 눈
이 먼 게 분명한, 고하를 막론한 많은 성직자들이 침묵하고 있

다. 힐데가르트는 페르펙티의 영웅적인 금욕주의에 맞섰다. 현대의 블로이는 범속한 자기중심주의에 불과한 뉴 에이지의 '영성'에 맞선다. 힐데가르트는 자신의 믿음을 거부하기 보다는 어떤 처벌도 조용히 감수하는 사람들과 부닥뜨려야 했다. 오늘날 화형까지 감수할 준비가 되어 있는 이단자들이 어디에 있는가? 시대가 다른 것은 사실이다.

힐데가르트가 환영을 보고 쓴 편지가 카타르파 신앙의 토대가 되는 근원을 비판하고 있는 것처럼, 진실한 가톨릭이라면 그리고 죽음에 대한 인본주의적 이해와 수용이 있다면, 과학 기술적 의료 체계의 궁극적 개념을 비판해야 한다. 진실과 거짓이라는 측면에서 두 경우에는 분명히 유사한 점이 있다. 나는 카타르파의 신앙과 과학기술적 의료 체계라는 두 가지 허위의식 사이에도 같은 점이 있다고 굳게 의심한다. 둘 다 악마적이다.

또 다른 여성의 언명도 도움이 된다. 시몬 베유Simone Weil (1909~1943)도 힐데가르트와 마찬가지로, 그녀를 알게 된 사람 모두에게 감동을 주는 삶과 글을 남겼다. 그녀가 카타르파에 대해 데오다 로쉐Déodat Roché가 쓴 논문 두 편을 읽은 뒤, 그에게 쓴 편지가 수첩(카이에르Cahier du Sud)에 나온다. 이 편지들은 세기를 가로질러 그 시대에 그리고 그 이후까지 이단으로 분류된 사람들 속에 있는 진실에 닿게 하도록 도와준다.

시몬 베유가 카타르파에 대해 감탄하면서 쓴 글을 인용하기 전에, 적어도 그녀의 다른 두 가지 의견을 밝혀야 할 것이다. 카타르파는 창조된 세상은 사악한 것이며 따라서 경멸을 받아야 한다고 가르친다. 시몬 베유는 이렇게 썼다. "예술적인 창조의 과정에서 초월적 영감을 경험한 사람이라면 누구나, 이 세상의 아름다움이 바로 하느님이 존재한다는 명백한 증거임을 알 것이다."[41] 또한 카타르파의 교리에는 하느님이 예수 그리스도라는 한 인간의 몸으로 세상에 와서 마지막 고통을 당한다는 성육신의 존재를 받아들이지 않는, 극복할 수 없는 어려움이 있었다. 시몬 베유는 주의 고통과 수난에 대해 많은 것을 썼다. 예를 들어,

> 나의 가장 큰 욕망은 모든 의지뿐만 아니라 모든 사적인 존재를 놓아버리는 것입니다. 나는 이러한 버림[프랑스를 떠나는 것]이 결국 나에게 안식처를 가져다 줄 것을 희망합니다. 내가 안식처라고 부르는 것은, 당신(그녀의 친구이자 도미니크회 소속 페렝 신부)이 알다시피, 십자가입니다. 만약 언젠가 그리스도의 십자가를 나눠 질 수 있을 만한 날이 나에게 주어지지 않는다면, 나는 선한 도둑으로라도 그것을 나누고자 합니다.[42]

로쉐에게 쓴 편지(1941년 1월 23일)에서 그녀는 카타르파에 대해 언급하기 시작했다. "저는 오래 전부터 카타르파에 이끌렸습니다. 그들에 대해 아는 바가 거의 없지만요."[43] 그녀는 또한 가톨릭교회에서 체화된 기독교 신앙을 표현하기도 했다. 그렇기는 해도, 다른 많은 사람들과 마찬가지로, 그녀도 교회가 지난 이천년 동안 심각하게 부패했다고 생각했으며 편지에도 그런 생각들이 뚜렷하게 나타나 있었다. "제 생각에는 구약성서와 전통적으로 교황의 지배가 지속된 로마 제국의 영향이 기

8. 길을 잃지 않을 수 있는가

281

독교가 부패하게 된 두 가지 중요한 근원입니다."(p.83) 흔하지 않은 고지식한 정신에서 비롯된 것일지도 모르지만, 그녀는 이렇게 썼다.

저는 언제나 구약성서에서 높이 평가받는 이러한 이야기들과 거리를 두려고 했습니다. 신성한 문서임에도 무자비함과 잔인함으로 가득한 내용들, 그러면 그럴수록 바로 그 이유 때문에 이런 이야기들이 이십세기에도 기독교인들의 사고의 흐름에 끊임없이 영향을 미치고 있습니다. (p.83)

유명한 에세이 「일리아드, 전쟁의 시 The Iliad, Poem of Might」에서, 그녀는 호머의 서사시에 대해 숙고하면서 서구의 역사 속에서 힘과 폭력 그리고 영혼의 의미를 이야기하고 있다. 결론을 향해 가면서 그녀는 다음과 같이 쓰고 있다.

그러나 철학자들과 비극 시인들의 손에 의해 일리아드에서 복음서로 옮겨간 그 정신은, 그리스 문명의 한계를 넘어서서, 거의 사라지지 않았다. 그리스가 멸망한 이후, 그 문명은 오직 반향으로만 남았다. (p.181)

시몬 베유는 다음과 같이 지적했다. "플라톤은 언제나 자신의 이론이 고대의 전통에서 비롯되었다고 소개했다." 그녀는 다음과 같이 믿었다.

그[플라톤]가 알고 있던 그 나라의 철학적·종교적 전통은 오직 한 가지 사상의 흐름에서 발생했다. 그것은 기독교에서 비롯된 사상이지만, 오직 그노시스주의, 마니교도, 카타르파들만이 진정으로 그러한 믿음을 고수한 것처럼 보인다. 로마의 지배에 의해 광범위한 지역에 퍼져갔고, 지금도 여전히 유럽의 분위기를 조성하고 있는 천박한 정신과 저열한 감성을 피할 수 있었던 이들은 오직 그들뿐이다. (p.83)

역사적 기록에 의문을 가질 수 있고, 몇몇 저자들은 다른 이들보다 더 혼란스럽기는 하지만, 나는 카타르파가 죽음에 접근할 때 어느 정도 제한된 진실에 이르렀을 가능성이 있다고 본다. 비록 외부 사람들이나 어느 시대의 학자들도 그것이 무엇인지 잘 이해하고 있지 못하고, 가톨릭 심문관의 서기들이 라틴어 단어로 바꿔놓은 이름만 남았을 뿐이지만, '콘솔라멘툼'과 '엔두라'는 오늘날에도 여전히 중요하다. 특히 부유한 사람들을 위한 의료 치료의 대대적 선전과 홍보에 영향을 받고 있는 서구인들에게 그렇다. 깊이 생각해 보면, 이러한 사람들이야말로 테크놀로지에 지배당하는 죽음, 즉 현대 의학의 기계장치들과 약품들의 통제를 받는 죽음, 죽어가는 사람으로부터 도둑질한 죽음을 피하고 싶을지도 모른다.

나는 그 문제를 정통 기독교 신자의 관점에서 접근하고 싶었다. 그러나 필요하다고 생각되는 수정을 거친 논의이므로, 내가 쓴 글이 다른 신앙인들과 세속적인 불신자들 모두에게 적용되리라고 생각한다.

죽어가는 사람들과 함께 했던 내 경험과 그리고 내가 이야기를 나누었던 다른 목격자들이 확인해 준 바에 의하면, 죽음의 문턱에 선 많은 사람들은 더 이상 먹거나 마시고 싶어 하지 않는 순간을 맞이한다. 이러한 현상은 그들이 인간으로서의 상태를 유지하는 것을 포기하면서 일어난다. 만약 여전히 말을 할 수 있으면 그들은 단호하게 자기 마음을 표현한다. 만약 말을 할 수 없으면, 행동으로 분명하게 자기 뜻, 그러니까 먹거나 마시는 것을 단호하게 거부한다는 의사표시를 한다. 그들은 존재 전체로 상황을 분명히 '알고' 있음을 보여준다.

그들은 자신이 어디에 있고, 무엇에 직면하고 있는지 아는 것 같다. 짧은 시간이 남았을 뿐이고 그 다음은…… 영원이다. 내가 목격한 것을 돌이켜 보면 그들 스스로 전체 상황을 가장 잘 이해하고 있음을 즐기는 것 같았다. 즉, 친척이나 친구 또는 간호하는 사람들은 알지 못하는 어떤 것을 그들은 아는 것 같았다. 만약 그것이 사실이라면, 주위에 있는 사람들은 죽어가는 사람의 직관을 존중하고 그것에 의거하여 행동해야만 한다. 나는 이 세상을 떠나려 하는 사람은 특별한 지혜를 지니고 있으며, 어떤 방식으로든 이미 저 세상을 일별하여 얻은 진실을 안다고 생각한다.

몇 년 동안 호스피스 케어 프로그램에서 일했던 의사와 간호사들은 죽음을 앞 둔 말기 환자들에게 일어나는 탈수증이 치료 효과가 있음을 지적해왔다. [44] 이들이 전문가로서 경험하고 관찰한 것을 근거로 얻은 지식과 결론은 내가 위독한 환자들을 만나면서 얻은 독특한 경험과 완벽하게 일치한다. 내가 앞서 언급한 환자의 뜻을 절대 존중하는 것이 도덕적이라는 사실이 중요하다. 그것은 나를 인간으로, 즉 도덕적 행위자이며 조력자로서 행동하게 만든다. 나에게 주어진 이러한 도덕적 소명의식은 숨을 거두는 사람들이 나에게 주는 선물이며, 그것은 과학적, 의학적 전문가들의 증거가 더 미약할수록 지지를 받는다. 고중세 시대의 카타르파들이 이러한 전문적이고 경험적이며 도덕적 계보의 사고에 다른 무엇을 덧붙일 수 있었을까? 그렇다. 사실, 얼마든지 더할 수 있었다.

진리를 깨닫는 것을 방해하는 주된 장애물 가운데 하나가 내가 이 시대에 살고 있다는 '사실'이다. 이 말의 의미는, 시몬 베유를 인용하자면, 다음과 같다.

우리 안에 있는 임시적인 모든 것의 비밀은 죽지 않으려는 것과 죽음에 대한 두려움의 정도에 근거한다. 그렇기 때문에 전적으로 아무 거리낌 없이 죽음을 승인하지 않는 한, 진리에 대한 진정한 사랑을 얻을 수 없다. [45)]

만약 그녀의 말이 옳다면, "전적으로 아무 거리낌 없이 죽음을 승인하"는 것에 도달하는 것이 어떻게 가능한가? 나는 이러한 생각과 내가 앞서 언급한 경고라는 관점에서 그녀의 말에 관심을 기울이게 된다. 나 자신의 죽음으로 죽고자 하는 근본적 욕망을 분명하게 하기 위해서, 나는 상상속의 비상 그리고 순수함을 찾고자 하는 소망 같은 것은 피하고 싶은 것이다.

해답에는 두 가지 측면이 있다. 내면적으로 타고난 기질, 그리고 외부 영역이다. 위에서 지적했듯이 두 가지 측면 모두에서 내가 죽음이라는 지점에 결코 이르지 않으리라는 것을 보장하려는 강한 반발력이 작용한다. 내면의 기질 문제는 무한하게 다양하고, 각 개인이 직면하고 이해해야만 하는 문제이다. 죽음을 함께할 친구amicus mortis의 신뢰할 수 있는 도움을 받기 바란다. 결론은 개인마다 다를 것이다. 신앙을 지닌 사람들이라면, 죽음에 대한 승인이 이루어질 때 교회의 가르침과 전통 그리고 하느님의 은총이 개입함을 인정하는 것이 큰 영향을 미칠 것이다. 모든 사람들, 즉 세속적인 사람들에게는 존재한다는 사실과 죽음의 승인을 향한 '활동'은 제1운동자[46]의 창조적 활동에서 비롯된 결과일 것이다.

결국 외적인 상황은 쉽게 요약할 수 있다. 만약 내가 먹는 것과 마시는 것을 멈춘다면, 그 이후로는 하느님이 정해놓은 것 속에서 그리스도의 사랑이라는 기쁨의 결실로부터 나를 떼어놓는 것은 오직 죽음의 얇은 장막뿐이다. 그러나 기독교 공동체는, 죽어가는 사람을 둘러싸고 행해지는 마지막 순간의 의식에, 인간적으로 그리고 종교적으로 큰 의미를 부여할 수 있다. 그리고 그것이 바로 지금 여기에서 카타르파의 진실이 잘 조명되는 것이며 우리 시대에 벌어지는 타락에 대항하는 것이기도 하다.

내가 가장 먼저 떠올리는 주된 의문은 이것이다. 특별히 기독교적으로 죽는 방식이 있는가? 나는 확실히 죽을 것이므로, 그리고 기독교인으로 죽기를 간절히 원하기 때문에, 나는 긍정적인 대답이 있음을 믿어야 한다. 하지만 그 다음에 갖는 의심은 믿음을 지닌 사람들만이 초월적인 존재로 편입된다는 게 과연 진실일 수 있는가, 이다. 그러므로 이러한 죽음의 방식은 믿음을 갖지 않은 사람들에게도 의미가 있을 것이다.

이제까지 내가 쓴 글을 읽은 독자들이라면 내가 철저하게 의학적 관리를 받는 죽음을, 자연스런 의미에서든 초월적 의미에서든, 악마적이라고 본다는 사실을 알 것이다. 극단적으로 의료화된 죽음은 모든 전통적 죽음의 방식에 반하는 것이며, 그것을 파괴하는 것이다. 역설적으로, 나는 그러한 방식은 영혼이 영원으로 나아가는 것을 방해하는 일이라고 믿는다. 우리가 사는 세상에서 의료화된 죽음은 치료 행위가 원인인 병에 걸린 몸, 의료 체계에 의해 창조된 몸, 내 몸은 '나의 것'이라는 사실을 내면화한 몸이 영혼을 굴복시키는 것을 의미한다. 다시 말해서 치료 행위가 원인인 병에 걸린 자아로 변했음을 의미한다. [47)](#)

이러한 의료화는 대부분 복잡한 기계 장치들을 통해서 이루어진다. 이러한 것들이 자끄 에롤Jacques Ellul의 테크놀로지la technique처럼 개념화될 때, 그것은 어디에나 존재하고 모두를 아우르며, 전체를 동화시키는 시스템의 일부가 된다. [48)](#) 다시 말해서 오늘날에는 많은 이들이 자신의 죽음으로 죽지 못하고 테크놀로지에 의해 소외되고 도둑맞은 죽음을 죽게 된다. 나는 사람들 대부분이 이런 죽음을 바라지 않는다고 믿으며 그 증거도 있다.

위에서 언급했듯이, 기독교적인 죽음을 죽기 위해서는 고통을 다루는 능력을 익혀둘 필요가 있다. 나는 오늘날 모든 이들이 인간답게 죽기 위해서는 그러한 능력을 미리 익혀두어야 한다고 믿는다. 나는 카타르파의 교리에서 이중적인 두 측면을 본다. 우선 그들의 가르침이 금욕적인 삶을 요구한다는 것이다. 더 나아가, 그들은 임종의 순간에 가까워질 때 치르는 콘솔라멘툼과 엔두라 같은 특정한 행동과 의식으로 죽음을 에워싼다.

카타르파의 금욕주의나 최후의 종교 의식 같은 것들은 말 그대로 똑같이 흉내낼 수는 없다. 오늘날 각 개인은 자신에게 맞는 금욕주의를 실천할 방법을 찾아야 한다. 이것은 일반적이거나 보편적인 용어로 규정할 수 없다. (고행askesis에서 비롯된) 그 말과 행위는 우리에게 고대 그리스 운동선수들로부터 시작된 전통적인 의미로 다가온다. 일시적 해결책을 찾기 보다는, 그들은 매일 적당한 운동과 식이요법에 전념했다. 우리는 그들로부터 비슷한 훈련법을 찾을 수 있다. 그런데 기독교 공동체는 삶의 마지막 순간을 위해 오늘날 성사聖事라 불리는 절차와 기도를 진행할 수 있었을 것이다. 카타르파는 금욕주의 정신을 전해주며, 죽어가는 순간에 종교 의식을 거행하는 본보기가 되어준다.

모든 사회에는 죽어가는 사람과 죽음을 위한 특정한 종교의식들이 있다. 그런 의식들은 늘 신성하다고 말할 수 있을 것이다. 신성한 목적을 가지고 있고, 의식 자체나 의식에 참여하는 사람들도 그러한 마음가짐을 지니고 있으니까. 만약 죽음이 나를 정녕 시간 밖으로 데려가 영원 속으로 들어가게 하려면, 그 경로에는 두 가지 성향이 구현되어야만 한다. 의례적이거나 제의적이면서 동시에 신성한 것. 카타르파의 콘솔라멘툼과 엔

두라 의식은 이 두 가지 요건 모두에 호소한다.[49)]

콘솔라멘툼과 엔두라의 예배 형식 모두 인간적이고 동시에 기독교적인 죽음을 가로막는 특정한 장애에 주목하면서 진행되어야 할 것이다. 즉 죽어가는 것의 의미와 그 행위를 지배하는 전체주의적이고 테크놀로지적인 패권주의 경향에 대항해야 한다. 정확한 대응이 과거를 굴착할 수 있다. 예배 형식을 지휘하는 사람들이 선택할 수 있는 풍부하고 다양한 보물인 찬송가, 기도문, 제의 그리고 움직임들이 있다.

질료형상설Hylemorphismus에서 비롯된 구분을 하려면, 질료와 형상 둘 다에 주의를 기울여야 한다. 예를 들어, 기도문을 선택하는 것은 주로 예배의식의 '형상'적인 측면을 구성할 것이다. '질료'란 그 순간에 적용될 때는, 반反물질, 즉 음식과 음료가 없는 것이다. 의례에서 실재에 준하는 것은 형상과 비물질이면서 죽어가는 사람이 목표로 하는 위치를 상징하는 것이어야 한다.

믿음이 있는 사람들은 주님을 만날 수 있는 장소에서 예배의식이 치러지기를 바란다. 나는 주님을 반갑게 맞이하고 싶다. 그리고 "티메오 도미눔 트란세운템timeo Dominum transeuntem"(일리치가 강조하던 표현이다) 즉 "주가 나에게 올 때 주를 놓칠까봐 두렵다"라는 의미다. 이것은 내가 만약 테크놀로지적 환상에 집착하게 되면, 어떻게든 일어날 수 있는 일이다.[50)] 이러한 새로운 예배의식에 참여하는 것으로 나는 내 죽음 속에 있는 초월적인 의미를 찾을 수 있고, 최첨단 테크놀로지의 덫에서 빠져나올 수 있다. 더 나아가, 나는 교회의 공동생활이 되살아나는 것에 기여할 수 있다. 나의 행동이 전체 교우들에게 반향을 불러일으킬 수 있을 테니.

초대 교회와 카타르파 사람들은 의식 절차 도중에 예배의식을 위한, 성스러운 입맞춤을 했다. 원래 이러한 행동은 콘스피라티오conspiratio, 즉 "함께 숨 쉬는 것"이라고 일컬어졌다. [51] 초대 기독교인들과 카타르파 신자들 사이에서는, 입맞춤은 성령을 불어넣는 것의 상징이었다. 그것은 주 안에서 공동생활을 하는 공동체를 의미 있고 굳건하게 만드는 행위였다. 카타르파의 경우, 그들의 예배의식은 불, 즉 성령의 불로 세례 받음을 선언하는 것이었다. 그 영성은 여전히 현존하며, 인내하며 기다리고 있다. 그녀는 "따뜻한 가슴 그리고 아! 환한 날개로 품어 준다." [52]

의학적 테크놀로지 시스템은 강력할 뿐 아니라 어디에나 침투하는 속성이 있다. 그러므로 단지 그것을 방어해야 할 뿐만 아니라, 그에 상응하는 "밀어올림"이 필요하다. 이 시대의 헛소리들을 떨쳐 버리고 저쪽 세상으로 들어갈 수 있도록, 나를 꼿꼿이 서게 하는 은총, 초월 속에 이르게 하는 빛으로 찬란하게 점화된 힘이 필요하다.

9

얼음송곳 청년 The ice pick man

　신문 1면에 실린 머리기사에 내 눈길이 멈췄다. "미니버스 안에서 승객들이 폭행범을 린치하다" 열두 줄도 채 안 되는 짧은 단락에 이루 말할 수 없는 끔찍한 광경이 묘사되어 있었다. 어떤 청년이 요금을 내고 미니버스에 탔다. 멕시코시티의 어느 늦은 금요일 저녁이었다. 버스가 도시의 혼잡한 거리에서 가다 서다를 반복하고 있는 도중, 청년이 자리에서 일어났다. 그리고 어디에서나 흔히 볼 수 있는 얼음송곳을 꺼내들고 스무 명쯤 되는 승객들을 위협했다. 그는 돈을 요구했으나 동시에 모든 사람을 지켜볼 수는 없었다. 승객들 중 한 남자가 기회를 엿보다가 위험을 무릅쓰고 움직여도 괜찮을 것 같다는 판단을 내렸고, 청년이 눈을 돌리는 순간 그를 덮쳤다.

　미니버스 안에 있던 다른 사람들이 그 자리에서 벌떡 일어나

범죄자가 될 뻔했던 청년에게 달려들어 주먹으로 때리고 발로 걷어찼다. 한 사람이 청년이 들고 있던 얼음송곳을 빼앗았고, 그를 여러 번 찔러서 완전히 쓰러뜨렸다. 승객들은 강도짓을 하려던 청년이 멍과 피가 범벅이 된 시체로 변하자 버스에서 모두 달아났다.

섬뜩한 일이 벌어진 버스에 홀로 남았던 운전기사가 경찰차를 만나서 역전된 범죄를 신고했다.

2000년 5월 20일 멕시코시티에 도착한 바로 그 날, 나는 그 도시의 분위기를 알고 싶어서 아침 식탁 위에 놓여 있던 라 호르나다*La Jornada* 지를 집어 들었다. 다시 멕시코라는 나라에 적응하고 자리를 잡기 위해서였다. 다양한 뉴스들이 내 눈앞을 지나갔으나 거의 아무런 인상을 남기지 못했다. '얼음송곳을 든 강도' 사건을 읽기 전까지는. 기사를 쓴 기자는, 청년의 이름을 알 수 없었으므로 그냥 폭행범이라고 불렀다. 그러나 청년이야말로 폭행을 당한 오직 한 사람이었다.

그 사건이 끝날 무렵, 두려움과 분노의 격정에 완전히 휩싸여 청년의 몸을 얼음송곳으로 찌른 누군가가 범죄자가 되었다. 만약 실제 살해범이 자신의 감정에 압도되었다면 그의 행위는 아마도 인간의 것이 아니라, 즉 인간적인 행동이 아니라, 인간의 형상을 한 겁에 질린 동물의 행동일 것이다. 어떻게 그에게 책임을 물을 수 있을 것인가? 이 이야기는 나의 상상 속에 달라붙었고, 내 정신에 영향을 미쳤으며 내 가슴을 흔들었고, 아마도 나라는 사람, 나라는 존재에 변화를 만들어냈다.

지난 몇 달 동안 나는 '타자들'에 대해 생각했다. 그날 신문에서 듣고 읽은 것들로 인해 혼란을 느꼈기 때문이다. 몇몇 사람들이 나에게 에마뉘엘 레비나스Emmanuel Lévinas의 생각을 검토해보라고 권했다. 그의 사유는 한 사람이 다른 사람, 그리고 타인들과 맺는 관계에 대한 마틴 부버의 고찰보다 더 나아간 것이라고 했다. 사실 레비나스는 이러한 관계가 자신이 도덕적 행위를 하게 만들고, 인간이 철학적 사유를 하게 된 근원으로 보고 있다. [1]

서구의 과학 발달에 대한 역사적 비평가들, 예를 들어 도나 해러웨이Donna Haraway 같은 사람들은 타자를 대상화하는 것으로 인해 일어나는 비도덕적 결과들에 큰 중요성을 부여한다. [2] 타자를 대상화하면, 눈에 보이는 사람을 사물화하는 모순된 관념에 이르게 된다. 그것이 습관이 되면 만나는 모든 사람을 사물로 본다. 대화하고 성찰하면서 떠오른 하나의 생각이 점점 내 사유 전체를 지배하게 되었다. 내가 만나는 모든 사람들, 길거리에서든 방송매체에서든 만나는 사람들 하나하나를 위해 기도해야만 한다. 타자를 대상화하는 일을 피하는 가장 확실한 길이다. 그 일요일 아침, 멕시코시티에서 얼음송곳에 찔려 죽은 사람 이야기를 읽고 난 뒤, 그러한 생각은 굳은 결심으로 변했다.

그 사람을 위해 기도하고 또한 다른 승객들과 운전기사를 위해서 기도하면서, 나는 서서히 또다시 내가 다시 자아라는 개념에 도전하고 있음을 깨달았다. 현대 미국에서 자아라고 불리는 것, 이를테면 "당신의 잠재성을 실현하라" 혹은 "네가 원하는 무엇이든지 되라"고 격려를 받는 바로 그 자아 말이다.

얼마 전 나는, 오늘날 선진국이라는 곳에 사는 부유한 사람들이 직면한 중요한 과제 가운데 하나는, 소위 에고ego라고 불리는 것을 넘어서기 위해, 자아를 대체할 무엇을 찾는 것이라는 생각을 하게 되었다. 나는 몇몇 사람들의 자아가 사라진 얼굴 모습에서 아름다움을 인지하기 시작했다. 나는 "내가 가장 우선"인 태도에 이의를 제기하는 사람들, 그러한 이야기를 "증거하는" 사람들을 찾아보았다. 기독교적인 전통에서는, "증거하는" 사람이란 자신의 말과 삶을 통해 진실을 증언하는 이들이다. 새로운 흥미를 가지고 나는 성인들의 삶과 성인들의 언행에 대한 기록을 열심히 읽고 검토했다.

하지만 가장 즉각적으로 바로 떠오른 것은 기억 속에 있는 내 아버지의 이미지와 이야기들이었다. 그는 내가 알았던 사람이고, 내가 판단하는 한에서는, 자아가 없는 삶을 살았다. 그가 살면서 했던 모든 행위들은 나에게 지워지지 않는 인상을 남겼다. 그가 이 세상에서 살았던 시간을 좀 더 세밀하게 들여다보면서, 나는 그가 아내와 아이들, 가족과 친구들을 중심으로 자신의 행위를 관리했음을 깨달았다. 그는 결코 자기만을 위한 특혜나 기분 전환을 추구하지 않았다. 그의 삶은 소박한 아름다움의 전형적 표본이었다. [3]

악마나 마녀의 악의에 굴복하지 않는 한 타인을 위해서 하는 모든 기도는 그들에게 유익한 견지에서 이루어져야 할 것이다. 타인에게 선을 행하는 것은 아리스토텔레스가 정의한 우정을 향해 한 발자국 다가가는 것이다. 나는 그리스 사상과 맞닿는 전통에서 근거를 찾으려 애쓰곤 했다. 그러나 그 문제에 대해 돌아볼 때, 나는 전혀 다른 것, 아리스토텔레스의 철학을 훨씬 뛰어넘는 어떤 것을 추구했다. 나는 영원에 이르러 그곳에서 은총을 부여잡고 하느님의 삶에 참여하기를, 타인과 나를 위한 무상의 선물을 받기를 바랐다. 그럴 때 나는 친구가 되지 않아도, 그 사람이 누군지 몰라도, 누군가를 사랑할 수 있었다. 이런 방식으로 타인들에게 선을 행하는 것에 의해 나는 새로운 '국면', 그러니까 그리스식 우정의 탁월함을 훨씬 능가하는 위치로 옮겨갔다.

얼음송곳 청년과 그의 동족 멕시코 사람들을 위해 기도를 하는 것은 그들에게 관심을 갖게 되는 일이며, 그들에 대해 배우는 것이며, 그들을 알게 되는 일이다. 내가 그들을 위해 기도를 하려면, 그들의 삶을 상상해야만 하고, 그런 생각을 하는 순간에 내 자아를 떠나게 되기 때문이다. 이러한 행위는 내가 점점 더 그러한 기도를 잘 할 수 있고 더욱 더 나를 그런 곳에 가까워지도록 하는 길로 접어들 가능성을 열어 주었다. 어떤 곳? 아마도 무한일 것이다. 타인에 대한 나의 관심과 사랑에는 한계나 끝이 없을 것이다. 사람들 하나하나에 대해 알고 사랑하는 것은 무한한 일이다. 나는 우정에 대한 나의 경험으로부터 많은 것을 배웠다. 따라서 이런 방식으로 다른 사람의 삶에 개입하는 것을 통해서, 나는 알 수 없는 것들과 표현할 수 없는 것, 즉 무한에 대해 '알게' 된다!

나는 미니버스에 탔던 사람들을 다시 떠올려 보았다. 내가 얼마나 자주 그런 버스들을 탔던가! 올라탈 때마다 나는 머리를 부딪치지 않으려고 허리를 굽히곤 했다. 또 언제나 통로 옆

자리를 찾았다. 창가 자리에 앉으면 무릎이 너무 많이 튀어나왔기 때문이다. 한 번도 세어본 적은 없지만, 이런 버스에는 좌석이 스무 개를 넘지 않았던 것 같다.

그날 저녁, 승객들은 자신들이 그 청년을 살해했다는 것을 깨닫자 모두 달아났다. 아마도 그들 대부분은, 살인을 저질렀을 때와 마찬가지로, 여전히 자신의 격렬하고 혼란스러운 감정에 의해 움직였을 것이다. 그들은 이성적으로 행동할 수 없었다. 누가 감히 그 청년의 죽음에 대해 그들에게 도덕적 책임이 있다고 말할 수 있을 것인가? 아무런 신고도 하지 않고 달아나버렸다고? 그러나 그들이 남기고 한 현장의 처참함이란! 게다가 누군가가 그런 식으로 죽어야 했다니! 그 사람들은 죽을 때까지 그토록 소름끼치는 기억을 지니고 있어야 할지도 모른다! 그 끔찍한 악몽은 그들이 가장 원하지 않을 때 그들을 괴롭히면서 잠을 깨울 것이다. 멕시코의 미니버스 안에서 내가 만난 사람들은 사회구조 피라미드의 맨 밑바닥에 살고 있는 하층 계급 사람들이었다. 신문 기사에는 도시의 미니버스 안에서 비슷한 살인이 육개월 전에도 일어났다고 언급되어 있었다. 그러한 사건은 하층 계급에 속하는 사람들이 때때로, 혹은 자주 경험해야 하는 일인가?

오래전에, 나는 거장 브뉘엘 감독이 멕시코를 묘사한 초기 영화들을 보았다. 그 가운데 하나가 〈잊혀진 사람들 Los Olvidados〉이다. 그의 영화는 정말로 추악하고 불편한 이미지들과 장면들, 서사와 결말들을 그려내고 있다. 그러나 브뉘엘의 천재적인 작품 속에서 내가 그 미니버스로부터 떠올렸던 공포를 찾아볼 수 없었다. 기괴한 상황을 마음속에 그려내는 능력이 뛰어난 브뉘엘조차도, 그렇게 가공할 장면을 상상할 수는 없었다.

가난한 자여, 자신과 비슷한 처지의 가난한 사람들을 폭력으로 위협했던, 그렇게 살다가 그렇게 죽어야 했던, 가엾은 자…… 어떤 절망과 어느 정도의 절망이 그 청년이 그렇게 어리석은 위협을 하도록 내몰았을까? 다른 사람들, 삶 속에서 그리고 복잡하고 빠르게 움직이는 도시 속에서, 두려움과 분노와 좌절이라는 격정에 의해 행동하던 다른 승객들은 그에게 달려들었다. 본능적으로 동물적인 반응을 보였다. 그 상황에서 죄책감을 들먹이는 건 얼마나 비현실적인 일인가! 나는 그 생각을 이해한다. 그토록 극단적인 빈곤과 마주하는 상황에서, 죄책감이란 중산층의 사치품일 수 있다. 이런 세상에서, 나의 지식과 경험은 얼마나 얄팍하고 부족한 것인가. 나는 스스로에게 물어볼 필요가 있다. 그들이 사는 세상, 또한 내가 사는 세상은 도대체 어떤 의미를 갖는가?

멕시코에 있는 동안 나는 교통지옥 속을 드나드는 버스에서 수백 건의 총기사고가 일어나는 것을 목격하게 될 것이다. 그런 버스를 타는 사람들은 내가 만날 수도 없고 알지도 못할 빈민가의 사람들일 것이다. 나는 한순간 공포로 변하는 얼음송곳 청년의 좌절을 결코 경험할 수 없을 것이다. 나는 그저 그 금요일 밤에 몇 분 동안 일어났던 비극적 드라마에서 그 청년이나 다른 승객들이 경험한 기분을 상상만 할 수 있을 뿐이다. 그들의 삶은 서로를 향한 소름끼치는 흉포함으로 일그러져버렸다. 달리 누구를 향해 휘두를 힘이 있겠는가? 어떻게 내가 감히 이런 사람들을 가슴 속에 담을 수 있을까?

신문을 읽고 그 이야기를 되새겨 보면서, 나는 "중요한 무엇"을 느꼈다. 또한 중요한 무엇을 배웠다고도 믿는다. 그러나 이러한 배움은 한 세대가 책에서 배울 수 있는 것은 아니다. 특히 인터넷을 통해 배울 수 있는 것은 결코 아니다. 얼음송곳 청년과 도시에 거주하는 그의 이웃들은 내 상상 속에 존재하고, 내 정신 속을 뛰어다니고 있고, 내 가슴속에 달라붙어 있다. 나는 그들에 대해 무엇인가 알고 있는 느낌이다. 그들의 어떤 부분이 내 의식 속으로 들어왔고 나와 함께 머물 것이다. 어떤 결과에는 반드시 원인이 있다고 생각한다면, 어떻게 이런 일이 일어났을까? 아마도 은총 때문일 것이며 나는 독특한 간접 경험을 할 수 있는 은총을 받았던 것 같다. 아마도 타인을 위해 기도한 것 또 그리고 지금은 이 불행한 사람들을 위해 기도한 것이 은총을 불러왔을 것이다. 그리고 나는 모든 기도의 특성에 대해 무엇인가를 배우게 된 것 같다. 순수한 기도는 나에게 자아를 가져가고 그 대신 타인을 가져다준다. 만약 이것이 진실이라면, 나는 타인의 중요성을 알게 된다. 그것은 오직 타인을 이런 식으로 대하고, 타인을 대상화하지 않고, 타인을 나의 자아처럼 받아들일 때만 그렇다.

그러므로 나의 실천은 선한 것처럼 보인다. 내가 처음으로 타인을 향해 다가가는 길은 언제나 그들을 위해 기도하는 것이어야 한다. 이런 행위는 다른 사람들을 향해 나와 내 지식과 사랑을 열어준다. 그리고 더 중요하게는 내 가슴이 열리면서 이 시대에 만연하고 있는 유아론적 자아에서 벗어나게 해준다.

나는 명예로운 삶을 바랄 수 있다.

그 신문을 본 뒤 나는 신약성서를 펼쳤다. 그리고 그 속에서 유다가 쓴 마지막 서한을 읽었다. 어떤 편집자들이 짧은 편지로 이루어진 한 장의 마지막 부분을 두 절로 나누고, 그 내용 그대로 찬가라는 이름을 붙였다. 내용은 다음과 같다.

> 하느님은 여러분을 넘어지지 않도록 지켜주시고 영광스러운 당신 앞에 흠 없는 사람으로 기쁘게 나서도록 해주실 능력이 있는 분이십니다. ―우리를 구원하여 주신 오직 한 분이신 하느님께서 우리 주 예수 그리스도를 통하여 영광과 위엄과 권세와 권위를 천지 창조 이전부터 이제와 또 영원토록 누리시기를 빕니다. 아멘. (유다서 1:24~25)

성육신(하느님의 현현)은 부분적으로 소크라테스에 의해 진실이 입증되며, 그것은 플라톤의 『파이드로스』 말미에 나오는 기도문에 기록되어 있다.[4] 체포되기 바로 직전, 예수는 사도들을 위해 기도하면서 이렇게 말한다. "내가 그들로 말미암아 영광을 받았나이다."(요한복음 17장 10절) 사도들에 대한 믿음을 지닌 사람들에게 가장 핵심적인 의문은 이것이다. 어떻게 하느님에게 영광을 돌릴까? 찬양하는 삶, 셈족의 후손 아브라함의 믿음과 행위를 본보기로 삼는 삶에 어떻게 참여해야 할까?

플라톤의 『파이드로스』는 더 깊은 논의를 불러온다. 언어의 실재와 성육신 뒤에 더 분명해진 것처럼 보이는 그 진실성은 찬양에서 나온다는 것. 찬양의 언어 즉, 신을 칭송하는 말들은 모든 언어의 궁극적이고 존재론적인 근원이다. 긍정적이든 부정적이든 찬양과 연관되지 않은 언어는 존재하지 않는다고 말하고 싶다. 내가 하는 말은, 만약 그것이 찬양이라면, 저 세상으로 향할 것이며 무한에 '닿을' 것이고, 그곳에서 존재를 성취할 것이다. 무한이 나의 말에 실재를 부여할 테니까. 나는 언어가 글보다 훨씬 앞서 존재한다는 깨달음에 이르렀다. 나는 이 사실을 납득할 수는 없지만 그것이 진실임을 강하게 느낀다.[5] 얼음송곳 청년 사건은 이것이 진실임을 나에게 확인해주었다.

그 청년의 죽음이 지닌 매우 혐오스러운 성질 때문에 그것이 확인되었다. 그러한 죽음을 통해 그는 예수의 케노시스kenosis—비워내는 것—에 동참하는 신비로운 특권을 부여받았다. 그는 버려진 갈보리의 예수와 함께 하는 한 사람이 되었다. 이러한 동참을 통해서 그는 하느님에게 영광을 돌린다. 물론 믿는 사람들만이 이러한 기회를 잡게 된다. 그러나 한스 우르스 폰 발타자르는 "신학적 미학"을 구성하면서, 다음과 같이 지적한다.

만약 십자가가 근본적으로 모든 세속적 미학에 대해 종지부를 찍었다면, 정확하게 그 끝에는 신성한 미학이 모습을 드러낼 수밖에 없다. 그러나 이렇게 말할 때, 우리는 세속적인 미학 속에서 추하고, 비극적으로 분열되어 있으며, 악마적인 요소를 배제할 수 없음을 잊어서는 안 되며, 그것을 받아들여야만 한다. 존재의 이러한 야행성적인 측면을 단순히 무시하려는 모든 미학은, 시작부터 일종의 유미주의로 치부될 수 있다. 그러한 측면은 아름다움이라는 현상에 근접하여 속해 있는 모든 아름다운 형상이 지닌 한계와 불안정성일 뿐만 아니라, 그것 자체가 분열이기도 하다. 왜냐하면 오직 분열된 존재를 통해서, 아름다움은 그것이 담고 있는 종말론적 전망의 의미를 진정으로 드러내기 때문이다. [6]

십자가와 얼음송곳 청년 둘 다에 담긴 진실에 접근하기 위해, 나는 발타자르의 말 속에 있는 "드러냄과 숨김의 변증법"을 깨달아야만 한다. [7] 각각의 사례에서 어둠 속으로 하강하는 것은 죄의 실재를 드러내며, 역설적으로 구원의 영광도 보여준다. 주님이 고통을 당하는 추함이 '이해 가능할' 수 있는 건 오로지 그것이 주의 사랑으로 작용할 때이다. 십자가 위에서의 섬뜩한 죽음에 이르게 되는 그리스도의 존재와 가르침은 그것이 오직 구원의 역사에 뿌리박고 있음을 이해할 때만 있음직한 일이 된다. 또한 미니버스 사건에 이르면, 십자가는 독특한 광휘를 내뿜으면서 빛난다. 종말론적 계시는 여전히 현존한다.

이런 모든 것들이 놀랍게도 역사 속에서 이어지는 바보들의 기록에 의해 입증된다. 그리스인들 가운데는 시노페의 디오게네스가 있다. 아리스토파네스의 풍자적 재치에 의하면, 소크라테스 역시 그런 개념에 들어맞았다. [8] 복음을 믿는 사람들이 인식하는 가장 전형적인 형태는 십자가의 바보스러움이다. 증거하는 많은 사람들이 최상의 바보를 본보기로 삼아 그 흉내를 내려고 시도했으나, 아시시의 성 프란체스코가 아마도 가장 완벽하게 신성을 육화한 사례일 것이다. 나는 이따금 지식이 많은 심리 분석가들이 성스러운 바보들을 '설명한' 글을 읽는다. 얼음송곳 청년도 분명 피상적인 사회학 학술 이론가들에게 언급될 것이다. 그러나 자연의 질서에 스스로를 국한시키는 사유자들은, 새로운 섭리의 첫 번째 바보가 마지막 날 멕시코시티의 바보를 끌어안는 초월적이고 영원한 영역에 이를 수 없다.

요한 게오르크 하만John Georg Hamann은 예수와 얼음송곳 청년 둘 다의 케노시스 앞에 서 있는 나의 위치를 잘 서술하고 있다.

최고의 영광과 가장 철저하게 자신을 비우는 일이 다르지 않음을 보여주는 한 가지 증거가 있다! 동일한 하나의 기적은, 한편으로는, 하느님이 무(無)와 동일시하는 무한한 침묵으로 드러난다. 그래서 사람은 자신의 존재를 의식적으로 부인하거나 아니면 바보가 되지 않을 수 없다. 다른 한편으로, 이 동일한 기적은 모든 것을 이루는 무한한 힘을 지니고 있다. 그래서 사람은 이러한 힘의 열렬한 작용 앞에서 피할 길을 찾을 수가 없다. [9]

내가 자아의 형상에서 벗어나 이렇게 참혹한 죽음의 두 가지 사례에서 보이는 하느님의 형상으로 바뀌기 위해서는, 나는 깊이 참회하는 신앙인이 되어야만 한다. 그렇게 되려면 죄인으로서의 나는 오직 저 두 바보의 숨겨진 요체 속에서만 완전히 드러나거나 인식된다는 회심과 깨달음이 요구된다. 그 때 나는 다음과 같은 진실에 이를 수 있다. 얼음송곳 청년은 나를 대신해 고통당했고 죽었다는 것. [10] 그 일요일 아침 신문을 읽으면서, 나는 서서히 현재 멕시코시티에 내가 존재하는 것의 숨겨진 목적을 깨닫고 이해하게 되었다.

소리 없는 웅변으로, 얼음송곳 청년은 위僞디오니시오스 Pseudo-Dionysisus가 찬양하는 진리를 구현했다. 그는 역설과 부정apophatic에 의해 하느님을 증거하는 사람으로 산다. 바로 그 자신의 침묵으로, 그는 "스스로 알아차리지 못하는 진정한 신비인 어둠"을 나에게 드러내 보였다. 왜냐하면 그는 "모든 빛을 넘어서는 어둠" 속으로 들어갔기 때문이다. 11) 비례의 법칙으로 유추하면 위僞디오니시오스가 암시하는 수수께끼의 진실에 가까이 다가갈 수 있다. 내가 얼음송곳 청년이 지닌 내면의 성향을 탐지할 수 없듯이, 나는 신의 숨겨진 실재를 꿰뚫어 볼 수 없다. 이 둘에 대한 앎은 얼마나 노력하느냐에 달려 있는 게 아니라, 얼마나 사랑을 가지고 관심을 기울이느냐에 달려있다. 나는 그들이 스스로 나에게 모습을 드러내리라는 희망을 갖고 있다.

청년의 짧은 생애 속에서, 찬양의 말들이 그에게 떠오른 적이 있기나 할까? 한 번이라도 모든 선과 은총의 근원인 천국을 향해 눈길을 돌린 적이 있을까? 그저 환희에 북받쳐 소리를 질러본 적이 있을까? 나는 그가 큰소리로 웃을 수나 있었는지 의심스럽다. 평생 동안 순수하고 자유로운 기쁨이 있음을 알기나 했을까? 쾌락의 역설에 대해 고민해본 적이 있었을까? 시의 아름다움을 음미하면서 외경 속에서 걸음을 멈춰본 적이 있었을까? 시몬 베유가 그랬던 것처럼, 세상의 아름다움이란 물질로 나타난 예수님의 온화한 미소임을 의식하면서, 하느님의 영광이 깃든 풍경 속에 눈길을 둔 적이나 있었을까?12) 우정과 사랑의 기쁨을 경험한 적이 있었을까?

의문을 가지면 가질수록 청년은 나에게 더 멀고 비현실적으로 느껴졌다. 그의 세상이 나에게는 철저하게 낯선 곳임을 안다. 나는 청년과 나 사이에 감지할 수 있는 연결 고리를 찾으려 애썼다. 그는 진실로 곤궁한 영혼의 구체적 심상으로 나타나 나를 혼란스럽게 했다. 그는 세상에서 가장 가난한 사람 가운데 하나였다. 한 사람의 가슴과 정신, 영혼이 단 한 번도 찬양의 말과 기쁨 속으로 들려 올라가지 못한 것, 이것이 바로 가난이다.

나는 그런 사람을 한 번도 알지 못했다. 그리고 아마도 알려고 하지 않았을 것이다. 그러나 세상에는 그런 사람들, 즉 사회 밑바닥에 있으면서 절망의 가장자리를 향해 서서히 혹은 신속하게 움직이거나 멀어져 가는 사람들이 많을 것이다. 나는 절망이, 자포자기에 빠진 그 청년을 가장 정확하게 포착할 수 있는 개념이라고 계속 생각했다. 예전에 나는 언제나 절망과 자살을 연관지었다. 그러나 자살은, 몇몇 혹은 많은 사람들에게는, 일종의 비겁함 같다. 자살하는 사람은 절망으로 고통을 받기 보다는, 복잡한 열정이나 감정에 사로잡히는 것일지도 모른다. 그 청년은 완전한 절망, 즉 그를 그렇게 무모한 행동과 위협으로 몰고 갔던 절망을 느꼈던 게 틀림없다. 그는 움직이는 미니버스 속에서 누군가를 얼음송곳으로 찌르려 하면 어떤 일이 벌어질지에 대해 실제로 생각해 보기나 했을까? 다른 승객들이 어떻게 행동할지를? 얌전히 앉아 있거나 극도의 두려움에 사로잡혀 가만히 있을 거라고 생각했을까? 정말 얼음송곳으로 비협조적인 승객을 찌를 수 있었을까? 만약 그가 누군가를 찌르려고 했다면, 그런 위협을 행동으로 옮기기도 전에 분명히 다른 사람이 그를 공격할 기회를 얻었을 것이다.

청년 자신을 가해자로, 그리고 다른 승객들은 그 행위를 피하거나 방해하는 잠재적 희생자라는 관점에서 보면, 그가 강도로 성공할 수 있는 방법이 전혀 없어 보인다. 그 사건 전체가 오직 한 가지 결말을 가질 수밖에 없다. 처음부터 끝까지 벌어진 사실 그대로다. 불만과 격정에 사로잡혀 행동했던 승객들이 그 가난한 청년을 덮쳤고, 그를 때리고 발로 차다가 결국 누군가 그 얼음송곳을 빼앗았다. 그리고 그 가엾은 청년이 쓰러질 때까지 찌르고 또 찔렀다. 그는 얼마나 오랫동안 의식이 있었을까? 친절하게도 얼마나 빨리 죽음이 찾아왔을까? 궁극적인 의문을 갖는 게 불가능한 것처럼 보인다. 사랑의 하느님은 그 장면을 어떻게 지켜보았을까?

나는 유다서의 송가로 다시 돌아갔다. 나는 그것을 전유하고 싶고, 그것을 나에게 가져오고 싶고, 그 속으로 들어가고 싶었다. 그 말들과 나 사이에 어떤 공명이 느껴지는 것 같았다. 제럴드 메인리 홉킨스Gerard Manely Hopkins의 시를 읽었을 때 또는 기도문을 외울 때와 비슷한 느낌이었다. 나는 영광송의 세계는 하나이고, 상상적인 문학 작품을 내포하고 있다고 믿는다. 더 나아가, 나는 그 세계, 즉 일요 예배에서 부르는 영광송과 홉킨스의 시의 세계에 실재가 있다고 믿는다. 그리고 기도문 속에서도 같은 울림을 발견한다. 또한 그 세계는 내가 보고 느끼고 그 속에서 숨 쉬는 감각적인 세계와 어떤 방식으로든 연결되어 있다. 이 감각적 세계가 멕시코시티의 그 일요일 아침 나에게 새로운 방식으로 다가왔다. 그러나 나는 얼음송곳 청년을 보거나 만지지 못했다. 아마 나의 상상을 통해 그를 느낄 수 있었을 것이다. 마침내 나는 찬양의 세계와 감각의 세계, 두 곳 모두에서 살도록 초대받았음을 깨닫는다. 두 세계는 하나이니까.

감각 이미지와 예배의식의 행위 사이에, 그리고 자연 속에서 하느님을 지각하는 것과 구원의 역사 사이에는 서로 대립이 없다고 홉킨스는 말한다. 예배의식에서 낭독되는 말들과 시적인 언어를 통해, 내 영혼에 순수한 감정이 일어난다. 이러한 감정은 나 그리고 나의 지각에 의존하지 않는 실재에 대한 증거가 된다. 그 실재는 관습적인 문학의 유미주의에서 발견되는 것보다 훨씬 더 현실로 느껴진다. 이렇게 영원이 나에게 암시적으로 인식될 때, 나와 거기 존재하는 것, 즉 궁극적 현실 사이의 관계가 굳건해진다. 따라서 그러한 접촉을 통해 나는 어느 정도 내 자아 밖으로 끌려 나온다. 나는 새로운 차원으로 "들어올려"지고, 한 순간일지라도 초라한 내 자아의 밖이나 또는 그 위에서 살게 된다. 만약 내가 중세에 렉시오 디바나lectio divina(거룩한 독서)라고 불리던 것을 습관적으로 실행할 수 있다면, 나는 영구불변하는 세계 속에서 거주하게 될 것이다. 신성한 영감을 지닌 말들이 그들의 근원으로 나를 가까이, 더 가까이 데려가는 방식으로 내 속에 들어와 그곳에 살게 할 것이다. 내가 희미하게 감지하던 나 자신과 또 다른 세계 사이의 그 '자연스러운' 어울림이 현실이 될 것이다.

그러나 소위 이런 고결한 생각들의 와중에, 얼음송곳 청년이 내 삶으로 들어왔다. 그는 현실이었고, 내 밖에 있었으며, 단순한 말들보다 더욱 구체적이고 살아있는 그 무엇이었다. 일단 내가 그에 대한 이야기를 듣고 그에 대해 어느 정도 알게 되자, 우리 둘 사이에 무엇인가가 구축되었다. 그것은 무엇이었나? 그것이 나에게 무엇을 했나? 이런 경험이 홉킨스의 시를 암송하는 것과 연관되어 있나? 만약 그렇다면, 어느 하나가 다른 하나보다 더 현실적인 것인가? 하나가 나에게 다른 하나에 대한 가르침을 주는가? 어느 쪽이 다른 것에 대해 가르침을 주는가? 혹은 계속 이어지고 이어지는 변증법적 관계 같은 것이 존재하는가? 나는 이쪽에서 저쪽으로 갔다가 다시 돌아오면서 항상 자아로부터 점점 더 멀어진다. 그리고 그 움직임은 죽을 때까지 멈추지 않는다. 이것이 무한의 또 다른 경험이자 영원 속으로 들어가는 시작일 것이다.

어쩌면 나는 가슴 속에 두 가지 실재, 즉 얼음송곳 청년과 기도문의 이면에 숨겨져 있는 것의 진실을 동시에 담고 있어야만 할 것이다. 둘 다 현실이지만 내가 지금 앉아서 글을 쓰고 있는 책상의 실재와는 분리되어 있다. 나는 세 가지 모두를 동등한 현실로 느낀다. 또한 지금 이 순간 나를 둘러싸고 있는 환경이나 찬양의 광휘보다는 얼음송곳 청년과 나의 관계에 더 큰 중요성을 두는 시도를 해야만 한다고 느낀다. 나는 예배의식이나 시를 경험하는 데 집중하는 것이 그릇된 자아의 고양에 이르게 하거나 또는 위험한 망상을 키우는 게 아닐지 의심스럽다.

나 자신을 고양된 영역에 머무는 사람으로, 순수한 유미주의자로, 기도에 헌신하는 사람으로 상상하는 것은 얼마나 흥분되는 일인가! 그러나 다른 한편 내가 얼음송곳 청년과 어떤 연결이 되어 있다고 생각하는 것은 옳지 않고, 거짓말처럼 보인다. 그와 나 사이에 관계가 있다고 말하는 것조차 터무니없거나 그릇된 가정 같다. 그러나 어떤 의미에서 그는 내 삶으로 들어왔고, 여전히 그곳에 붙박여 있다. 내가 보기에 그는 내가 멕시코에 있는 중요한 이유이다. 그를 통해, 나는 내가 누구인지, 어떻게 살아야 하는지 깨닫고 있다. 지금 나에게 주어진 과제는 이러한 통찰이 지닌 의미와 그 외연을 탐색하는 것이다.

나에게 일어나고 있는 일에 반드시 이유가 있고 의미가 있다고 나는 믿는다. 실재는 우연히 발생하지 않는다. 나에게 우연처럼 보이는, 예상치 못한 모든 미래는 하느님의 섭리라는 사랑의 통제 속에서 미리 정해진 것이다. 이것은 믿음이다. 따라서 내가 이것을 이해하거나 증명할 수 없음은 분명하다. 그러나 믿음 뒤에 따라오는 정신적 작용들 가운데 하나는 이러한 섭리의 경이로움을 탐색하는 것, 즉 내 삶 속에 있는 신성한 사랑을 확실히 경험하는 것이다.

일요일 아침, 나는 식탁에 놓여 있던 신문을 집어 들었다. 표면적으로는 앞으로 몇 주를 지내게 될 멕시코가 어떻게 돌아가고 있는지 살펴보기 위해서였다. 그 신문이 내 감성에 남긴 오직 한 가지 자극은 모르던 청년을 알게 해준 것이다. 그리고 청년은 이제 나를 떠나지 않는다. 왜? 나는 그를 위해 기도하기 위해, 그를—타자를—만났다는 사실을 새롭게 깨달았다. 더나아가, 나는 내가 만나는 사람들, 직접 만나거나 매체를 통해 알게 되거나 상관없이 그들 모두를 위해 기도하는 사람이어야만 한다는 사실을 예전보다 더 강렬하게 알게 되었다.

기도를 실천하는 것은 내가 누구인지 알게 한다. 내가 그것을 깨닫고 계속해 나가면 나는 존재하게 될 것이고, 실존하게될 것이다. 왜냐하면 이것이 내 존재의 실재이고, 이것이 나의존재론적 진실이기 때문이다. 그것이 모자라게 되는 것만큼,그만큼 나는 존재에 적게 참여하는 것이고, 나는 적어지고 도덕적으로 공허한 방향으로 추락한다.

모든 피조물들은, 그들이 피조물이기 때문에, 오로지 참여하는 존재임을 즐거워한다. 그들은 스스로 그 자체의 존재이유raison d'etre가 아니다. 나 자신처럼 의식이 있고 성찰을 할 수 있는 이들은 더 존재하거나 덜 존재하며, 더 현실적이거나 덜 현실적일 수 있다. 얼음송곳 청년은 내가 멕시코에 있어야 하는이유에 대한 비밀을 쥐고 있다. 그 이유는 존재론과 관계가 있어야 하며, 오히려, 존재론을 넘어서는 것이기도 하다. 또한 자아를 찾으려는 단명한 시도나 나의 운명을 깨닫는 식의 애매모호한 것과는 아무 상관없다.

그러나 나는 주의해야만 한다. 청년을 이용하지 않도록! 그를 도구로 삼지 않게 조심해야 한다. 나는 다음과 같은 시몬베유의 말이 진실이라고 믿는다. 이 세상에는 궁극성이 없다.모든 것은 도구일 뿐…… 아름다움을 제외하고는. 그러나 그녀가 말하는 도구가 아닌 아름다움은 온 우주의 아름다움이다. 내 주의를 끄는 특정한 아름다움—풍경이나 혹은 매력적인 여인이 아니다. 이렇게 특정한 혹은 부분적인 아름다움은

우주적 아름다움의 문을 열게 하는 데 좋다. 그러나 내가 그것
들 앞에서 멈추고 만다면 그들은 걸림돌이 될 뿐이며, 내 욕망
을 부패하게 한다. 그러나 우주적 아름다움은 그 자체로 선하
다. 스콜라철학의 의미에서는 초월적이다. 그럼에도 저 얼음송
곳 청년은 나에게 아름다움에 대해 좀 더 깊은 무엇인가를 보
여주었다고 생각한다. 그는 아름다움은 유추적 개념임을 나에
게 분명히 알려 주었다. 또한 시몬 베유가 언급한 우주적 아름
다움이 무엇인지 내가 직감하기 시작할 수 있게 해주었으며, 지
금 여기에서 나는 초월적인 것의 한 부분을 파악할 수 있게 되
었다. [13]

그는 절망 속에서, 자신의 끔찍한 죽음을 내보이며 나에게
왔다. 그리고 피로 얼룩진 상태로 내 앞에 놓여 있다. 또한 그
는 자신을 찌르고, 때리고, 상처를 입히고, 발로 차고, 난자해
서 마침내 죽음에 이르게까지 한 사람들의 폭력성을 나에게 보
여주었다. 앞서 언급한 대로 그 장면은 어떤 심상이나 상상보
다 더 지독하게 추하고 기괴했을 것이다. 미니버스 바닥에서
벌어진 그 일은, 수백만이 사는 도시에서는 거의 주목을 받지
못할, 몇 안 되는 사람들만 목격한 사소한 사건일 뿐이다. 그
러나 얼마 안 되는 몇몇 사람들은 기억 속에서 그리고 꿈속에
서 그 일을 보고 또 보게 될지도 모른다. 어떤 이들은 그 광경
에서 벗어나기 위해 몸부림치게 될지도 모른다. 서너 명이나 혹
은 그보다 조금 더 많은 사람들이 보게 되는 것은 우주적 아름
다움의 반대편 극단에 위치한 것이다. 그것이 진정한 추함이 아
닐까?

시몬 베유가 썼듯이, 세상에서 볼 수 있는 진정한 아름다움은, 결국 전 우주의 아름다움이다. 그러나 그것은 감지될 수 없고 볼 수 없는 실재다. 그러나 나는 얼음송곳 청년이 베유의 견해를 세세하게 설명하고 있다고 생각한다. 자신의 소름끼치는 죽음으로, 그는 지구상에서 우리가 볼 수 있는 가장 숭고한 아름다움을 드러내보였다. 그러나 그것은 역설과 부정의 아름다움이다. 말해질 수 없는 것을 유추하게 하는 아름다움이다. 나는 미니버스 속에서 아름다움의 진실에 접근할 수 있었다. 왜냐하면 그 사건은 창조된 아름다움으로 통상 이해되는 것의 반대편 극단에 있는 것이기 때문이다. 피조물 속에는 여러 종류 그리고 여러 층위의 소소한 아름다움들이 있다. 예를 들어 어린 아기의 미소, 들꽃, 조각 작품, 구름이 만든 형상, 음악의 아름다움 같은 것이다. 그러나 우리가 그 속에서 창조된 아름다움의 현현, 즉 우주적 아름다움을 볼 수는 없다.

얼음송곳 청년의 죽음은 성상聖像일지도 모르며, 그 죽음을 통해 나는 아름답게 창조되지 않은 것의 아름다움을 볼 수 있다. 내가 그것을 보면 올바르고 진실한 선에 이르게 되는 그런 아름다움을 나는 보고 싶다. 그런 아름다움을 먼저 보거나 지각한 다음에야 비로소 나는 감동을 받는다. 아마도 위僞디오니시오스가 하느님을 아는 것, 하느님의 '속성'을 명명하는 것에 대해 썼을 때 의미한 바는 그런 것이었으리라. 그는 우리가 하느님의 무엇인가에 대해 서술할 때 높고 고상한 것들이 아니라 반드시 하찮고 평범한 것들에 비유해야 한다고 말했다.

성 토마스 아퀴나스는 이러한 가르침을 인정하면서 왜 그래야 하는지 이유를 설명했다. 이러한 비유를 통해, 인간의 정신은 오류에서 벗어나 향상한다. 왜냐하면 그런 비유들이 신성하지 않다는 게 명백하기 때문이다. 만약 신성한 실재들을 가장 숭고한 이미지로 묘사한다면 사람들이 그 형상을 진짜로 착각하게 된다. 게다가 그렇게 미천하고 저열하게 말하는 것이 이 세상의 삶 속에서 하느님을 아는 방식으로 더 적합하다. 그런 말들은 하느님을 보여주는 게 아니라 하느님이 아닌 것을 보여주기 때문이다. [14]

아리스토텔레스와 성 토마스에 의하면, 모든 지식은 감각지각에 근거하고 있다. 그러나 우주적 아름다움을 감각지각할 수는 없다. 나는 아름다움의 매우 작은 조각만을 지각할 수 있다. 커다란 세쿼이아 나무, 웅장한 대성당, 태평양으로 저무는 장엄한 일몰 같은 것들이다. 간단히 말해, 그럴 때 나는 그릇된 믿음에 감동을 받는다. 그러나 그것은 착각이다. 나의 지각은 그렇게 많이, 그렇게 멀리 아우를 수 없다.

그러나 나는 고통 속에 있는 얼음송곳 청년을 상상할 수 있다. 나는 얼음송곳을 본 적이 있고 잡아본 적도 있다. 또한 나는 어떤 사람이 맞는 것을 본 적이 있다. 나는 두려움과 분노를 느껴본 적이 있다. 나는 무슨 일이 일어났는지 알기 위해, 물리적으로는 그곳에 있을 필요가 없다. 나의 상상력이 잘 작동할 것이라 생각한다. 그리고 내가 진정으로 본다면 나는 추함이 아니라 아름다움을 볼 것이다. 얼음송곳 청년은 이러한 진실을 나에게 드러내 보였다. 왜냐하면 성경이 나에게 그 엄청난 사건을 어떻게 이해하고 해석해야 하는지 알려주었으니까.

아름다움을 보는 것은 진실과 선이 광채를 내보이며 동시에 빛날 때, 그것을 지각하는 것이다. 믿는 사람들에게 그리스도는 진정한 아버지의 이미지다. 그가 우리 사이에서 걸어 다니는 것을 본다면 우리는 하느님의 광채를 보게 될 것이다. 그러나 그리스도 안에는 어둠과 빛이 둘 다 들어있다. 십자가를 통해 그는 가장 최악인 죄의 추함으로 들어섰다. 나의 죄를 반성하면서 그리고 과거 이천 년에 걸쳐 증거 하는 많은 이들의 증언에 집중해서 알게 된 것처럼, 내가 만약 그 추함을 볼 수 있다면, 그것을 보는 행위 속에서 나의 자아에서 멀어지고 그 밖으로 끌어내질 것이다. 그것이 내 삶의 실재일 수 있다. 발타자르가 썼듯이, "하느님의 현현은 모든 피조물들의 존재론과 미학을 완전하게 만든다."[15] 그러나 미니버스 안에서 일어난 바로 그 몸서리치는 장면으로 인해서 나는 이러한 진리, 십자가에 매달린 피조물의 진정한 완성을 깨닫게 되었다.

기독교의 전통 속에서 다양한 필자들이 케노시스, 즉 수난과 죽음 속에서 예수님이 자아를 비워내는 것에 대해 언급해왔다. 이러한 순명의 행위는 인류를 구원해줄 뿐만 아니라 아름다움에 대한 중요한 것을 알려 준다. 기독교 사상가들은 예수님의 죽음이 세상에 일어날 수 있는 가장 끔찍한 일이라는 인식을 공유하고 있다. 그 누구의 죽음도 그보다 더 나쁠 수 없다. 왜냐하면 십자가 위의 죽음은 신인神人의 죽음이기 때문이다. 나는 얼음송곳 청년의 고통과 죽음이 예수의 고통과 죽음을 밝혀주고 있으며 그 역도 성립된다는 것을 알게 되었다.

하느님의 아들인 주님은 초라한 신인神人이라는 신비를 통해, 자신의 고통과 죽음 속에서, 스스로를 낮추는 신의 사랑이라는 가장 근본적인 영광을 드러낸다. 우리는 예수와 예수의 죽음에서 가장 영광스러운 장엄함과 가장 철저한 자기 비움을 본다. 내가 이 도시에서 본 것은 케노시스라는 (신성한) 영광이다. 무無를 관통하는 창조주의 사전 조치를 성찰하는 것에 의해, 그리고 히브리어와 그리스어 성경이라는 "쓰레기" 속에 숨어 있는 성령에 의해, 나는 그것을 볼 준비가 되어 있었다. 그러한 차광막을 통해 빛나는 천국의 광채와 같은 빛을 알아차리기 위해서는 연인의 눈이 필요하다.

십자가의 어리석음을 통해 나는 인간이라는 존재의 본보기가 되는 아름다움에, 그리고 모든 실재의 신비한 핵심에 다가갈 수 있다. 그리하여 나는 얼음송곳 청년의 진실을 볼 수 있도록 허락을 받았다. [16] 믿음의 신비는 두 사람이 겪은 고통과 죽음의 아름다움을 믿는 사람들이 보도록 허용한다는 것이다. 그러나 결정적인 자질이 반드시 있어야만 한다. 오직 회심이 일어난 뒤에야 보이는 것이다. 예수는 사람이 완전히 뒤바뀌는 전환, 즉 "사람의 모든 존재가 자기 자신과 멀어져 그리스도를 통해 신에게 향하는 움직임"이 일어나도록 요구했다. [17]

믿는 사람들에게, 주님은 모든 사람 안에, 모든 사람의 육체 안에 현존한다. 이것이 바로 성 바오로가 우리는 하나의 몸의 모든 부분이라고 가르쳤을 때의 의미다. 그리고 그 몸은 그리스도이며 교회이다. "이제 너희는 그리스도의 몸이요, 지체의 각 부분이라."(고린도전서 12장 27절) 따라서 멕시코시티의 그 금요일 저녁 미니버스 안에 타고 있던 모든 사람들 속에도 주님은 현존하고 있었다. 지극한 고통 속에서 그는 그 자리에 있었다. 만약 내가 그 사람들의 어떤 의식의 실재, 그들의 고통, 그들의 괴로워하는 육체에 도달할 수 있다면 나는 괴로움에 시달리는 주님께 가까이 갈 수 있을 것이다. 그러면 앞에서 언급했듯이, 그런 의식은 변증법적인 방식으로 앞으로 뒤로 움직여야만 할 것이다.

한번 움직일 때마다 주님의 사랑과 고통의 실재가 나에게 가까워질 것이며, 동시에 주님이 사랑하는 사람들, 그래서 주님이 그들을 위해 목숨까지 바친 사람들의 고통에 대해 커다란 연민을 느끼게 될 것이다. 내가 다른 사람을 볼 때 반응은 이러한 맥락 안에서 그 사람을 보는 것이다. 이것은 내가 주님의 지극한 고통 속에서 다른 이들을, 모든 타인을 본다는 의미다.

다른 사람들을 그렇게 보는 것은 내가 경험해온 것들과 말해온 것들을 명확하게 하고 의미 있게 만든다. 내가 아는 모든 사람들은 각각 어떤 종류의 고통 속에서 살고 있다. 만약 내가 고통 속에 살고 있지 않은 누군가를 만난다면, 아마도 그건 내가 그 사람을 속속들이 알지 못하거나, 아니면 그 사람이 정신이 나갔거나, 약에 취해서 감각 능력이 거의 남아 있지 않은 존재이기 때문일 것이다.

성 바오로는 말했다.

아직도 남은 그리스도의 고난을 그의 몸이 된 교회를 위하여 내 육체에 채우노라. (골로새서 1:24)

어떤 신비로운 방법으로 "아직도 남은 그리스도의 고난"을 이 세상 역사 속의 모든 고난으로 채우는 것은 진실임에 틀림없다. 성육신 이후에는 신체를 지닌 어떤 사람도 동일하지 않다. 하느님이 인간의 육체를 떠맡은 사실이 모든 육체에 영향을 미쳤기 때문이다. 그렇지 않다면 예수가, "내가 주릴 때에 너희가 먹을 것을 주었기 때문"(마태복음 25:31~46)이라고 말하지 않았을 것이다. 따라서 예수는 얼음송곳 청년이고, 예수는 미니버스 안에 있던 운전기사이자 다른 승객들이고, 예수는 세상이 시작될 때부터 그가 영광 속에 다시 이 세상에 올 때까지, 고통 속에 있는 바로 그 사람이다. 이런 모든 사람들이 아직도 남은 그리스도의 고난을 채우고 있다. 이 지점에서 나는 지성으로 이해할 수 없는 지역에 들어선다. 그러나 그것은 여전히 진리의 영역이라고 나는 믿는다.

얼음송곳 청년은 또한 엔도 슈사쿠가 그의 소설 『침묵』에서 말하고자 한 것으로 내가 이해하고 있는 것을 확인시켜 준다. 그러나 솔직히 말하면, 나는 그 이야기의 연관성을 정확하게 설명할 수 없다. 엔도의 재능과 능력이, 어떻게 그리스도가 유다가 될 수 있으며, 어떻게 유다가 그리스도가 될 수 있는지를 표현했는지는 소설을 읽어봐야 알 수 있다.[18] 미니버스 안에서 얼음송곳 청년은 같은 차에 탄 승객을 죽일 준비가 되어 있었다. 만약 사마리아 사람 같은 인물이 오늘날 그리스도를 감동시킬 수 있다면 유다와 같은 인물도 같은 일을 할 수 있다. 각각의 경우에 희생자는 반드시 주님이어야 한다.[19] 만약 주님이 한 사람이라면, 다른 이 또한 주님이다. 왜냐하면 그는 항상 모든 희생자이기 때문이다. 그러나 밝혀진 대로 얼음송곳 청년은 칼에 찔렸고 살해되었다. 그는 그리스도 살해자에서 그리스도 희생자로 나아갔다.

내가 왜 얼음송곳 청년을 위해 기도까지 하게 되었는지, 왜 그가 내 기억 속에서 떠나지 않는지 더 잘 이해하게 되었다. 시몬 베유의 글에서 무엇인가를 읽었기 때문이다. 시몬 베유는 다음과 같이 썼다.

이 세상 밖에 어떤 실재가 있다. 다시 말해서, 공간과 시간 밖에, 사람의 정신적 우주 밖에, 그것이 무엇이든 인간의 능력이 접근할 수 있는 차원 밖에 어떤 실재가 있다는 것이다. 이러한 실재에 상응해서, 인간의 가슴 한 가운데에는 절대적 선에 대한 갈망이 있으며, 그 갈망은 언제나 그 자리에 있고, 이 세상의 어떤 대상에 의해서도 수그러들지 않는다. 지구위에 나타나는 이러한 실재의 또 다른 현현은, 그것이 오직 이 세상 속에서만 움직일 때는, 언제나 인간의 사유가 막히는 지점인 터무니없고 풀리지 않는 모순들 속에 놓인다.[20]

만약 내가 "오직 이 세상 속에서" 그날 밤 미니버스 속에서 일어난 일을 이해하려고 시도한다면, 그리고 나아갈 수 있는 한계까지 내 생각을 밀고 간다면, 나는 "터무니없고 풀리지 않는 모순들" 속에 놓이게 된다. 그러나 내가 이 세상을 넘어설 수 있다면, 나는 그녀가 한 말의 의미에 가까이 다가갈 수 있다.

가슴속 깊은 곳에 절대적 선에 대한 갈망이 있다는 사실, 그리고 비록 그것이 잠재적이라고 해도, 세상을 넘어서는 실재를 주목하고 사랑하도록 이끌어서 그것으로부터 선을 받아들이게 만드는 힘이 있다는 사실—이런 두 가지 사실을 합하면, 또 다른 실재를 배제하지 않으면서 모든 사람을 연관 짓는 연결 고리를 만들 수 있다.

그 실재를 인식하는 사람은 누구나 그 연결고리도 인식한다. 그렇기 때문에, 그는 자신이 경의를 표해야만 하는 신성한 어떤 것과 마찬가지로, 아무런 예외 없이 모든 인간과 연결된다.[21]

만약 내가 얼음송곳 청년과 나를 묶는 연결고리를 본다면, 내가 어떻게 그에게 경의를 표해야만 하는지, 어떻게 그를 사랑해야 하는지 알 것이다. 왜냐하면 우리는 절대적 선에 대한 갈망 안에서 하나이기 때문이다.

이러한 연대는 그리스도의 몸인 교회의 실재를 구성하는 것이다. 일단 그리스도가 왔고, 죽었으며, 무덤에서 일어났다. 그는 우리 모두를 그의 몸, 즉 교회로 만들었다. 사마리아 사람의 이야기를 들었으므로, 우리는 도랑 속에 빠진 다른 사람들에게 손을 내미는 것을 통해 우리 각자가 그의 몸으로 사는 삶을 함께 나누도록 초대되었음을 알게 된다. 내가 하는 행위는 주님이 하는 행위의 연장일 수 있다. 그러한 선행을 함께 나누는 것은 예수가 우리들 하나하나에게 주는 과제이며, 우리에게 주는 선물이기도 하다. 매순간, 어떤 타인이, 육체를 가진 몸으로 혹은 상상 속에서 우리 앞에 서 있다. 만약 그렇지 않다면 나는 오직 자아에만 몰두하고 있는 것일지도 모른다. 자아 안에 갇혀 있는 것일 수도 있다. 아마도 거울이 적합한 비유가 될 것이다. 나는 그것을 두려워해야만 한다. 그것은 결국 자아 안에서 길을 잃어버리는, 상실을 보장하는 것이다.

사람이 보는 방법은 오직 두 가지 뿐이다. 밖을 향하는 것과 안을 향하는 것. 밖을 보면 다른 사람을 위해 기도하거나 사랑할 수 있게 된다. 이것이야말로 정말로 보는 방법이다. 우리는 이런 방식으로 보게 만들어졌다. 도덕적으로, 다른 방식은 없다. 그러나 나는 비뚤어질 자유가 있고, 진리를 저버릴 자유가 있으며, 존재하는 것을 거부할 자유가 있다. 이제 나는 시에나의 성 카타리나의 『대화』에서 읽은 것을 이해할 수 있다. 과거에 나는 멕시코나 바티칸에서 본 어떤 사람들의 행동에 대해 가끔 비판적이었다. 내 불만이 지닌 전적인 불쾌감의 원인이 무엇인지 이제 분명해졌다. 카타리나는 영적인 황홀경 속에서 받아 적은 책 속에서, 스스로를 3인칭으로 지칭하면서 말한다.

그녀의 깊은 지혜로부터 비롯된 신성한 정의가 그녀 자신에 대한 증오와 불쾌함, 자신의 불완전함에 대한 부끄러움을 불러 일으켰으며, 그것은 이 세상의 모든 악의 원인처럼 보였다. 이러한 지혜와 증오 그리고 정의 속에서, 그녀는 죄의 얼룩을 씻어냈다. 그녀는 그렇게 느꼈고, 정말로 그러했다. 그녀의 영혼은 이렇게 말했다. "오, 영원하신 아버지여, 당신 앞에서 저의 죄를 고백하노니, 당신께서 이번 삶에서 저의 죄를 벌하여 주소서. 그리고 저의 죄로 말미암아 제가 이웃들이 견뎌야만 하는 고통의 원인이 되었으니, 저를 가엾게 여겨 그들을 위해 저를 벌하여 주소서."

영원한 진리인 주님은 그녀에게 이렇게 대답한다.

죄와 그에 합당한 벌을 받는 진정한 회개는 네가 겪는 유한한 고통에 의해서가 아니라 너의 무한한 소망에 의해 이루어진다. 무한한 존재인 하느님은 무한한 사랑과 무한한 슬픔을 지니고 있을 것이다. 죄는 단순히 고통스러운 고통으로 속죄가 되지 않는다. 그것은 오히려 소망과 사랑, 가슴속의 회개로 인한 고통에 의해서만 씻긴다. 중요한 것은 고통 속에 있는 게 아니라 영혼의 소망 속에 있다. 이와 마찬가지로, 십자가에 매달린 나의 독생자를 통하지 않고서는 어떤 소망이나 미덕도 가치나 생명을 갖지 않는다. 왜냐하면 영혼은 그에게서 사랑을 얻었고 그의 발자국을 따라가 미덕을 얻었기 때문이다. 오직 이와 같은 고통만이 가치 있는 것이며 다른 것은 그렇지 않다. [22]

교회를 개혁하고자 아비뇽에 있는 교황의 궁정까지 가기도 했던 카타리나는, 14세기 무렵의 교회 성직자들의 부패에 대해 분명하게 알고 있었으며 생생하게 묘사하기도 했다. 그녀는 순수해진 예지력의 명료함으로, 예수의 몸인 교회의 케노시스를 보았다. 그러나 이것은 서양 신앙의 역사에 대한 그녀의 독특한 공헌이기도 한데, 그녀는 자신의 사랑이 모자라고, 자신이 불완전하고, 자신이 죄인이기 때문에 이러한 흠집들에 대해 스스로 책임이 있음을 인식하고 있었다. 이러한 사고와 정서의 진실성은, 그녀가 지녔던 신앙의 영역에 이르지 못하는 한 접근할 수도, 이해할 수도 없다.

고통을 당하고, 살해되고, 멕시코시티의 거리에 버려진 쓰레기처럼 미니버스 바닥에 방치된 얼음송곳 청년이 나를 그 영역까지 끌어올렸다. 그는 나에게 책임감이 무엇인지 새롭게 알게 해주었다. 나는 많은 재능을 부여받았고, 태어날 때부터 그리고 사회적 제도들에 의해 특권을 누려왔다는 의미에서 그 청년에게 책임이 있으며, 교회에 책임이 있다. 그러나 이런 은총은 장식품이 아니고, 나의 개인적 쾌락을 위해서 또는 내 허영심을 충족시키기 위해 주어진 것이 아니다. 그것들은 예수가 행동한 것처럼 행동하고, 예수가 사랑한 것처럼 사랑하라고 주어진 것이다. 예수가 타자들을 향해 손을 내밀지 않았던 적이 있나? 예수는 얼음송곳 청년의 존재와 충격을 통해 오늘날 나를 향해서도 손을 내밀지 않는가?

　내가 해야 할 일, 나의 의무, 나의 책임은 성 카타리나가 그랬던 것처럼, 안과 밖 양쪽으로 움직이면서 보고 행동하는 것이다. 자아를 들여다 볼 때, 나는 나의 장점과 축복받은 점을 염두에 둔다. 그러나 심각한 불순함이 반복되는 것으로 인해 스스로를 가장 낮고 비참한 자로 인식할 수 있다. 밖으로 시선을 돌릴 때면, 연민과 기도로 다른 사람들을 포용할 수 있다. 이렇게 준비가 되면 기회가 주어질 때 나는 행동하기 위해 움직일 것이다.

　멕시코시티의 그 일요일 아침, 신문을 집어든 것은 내가 일상적으로 하는 행동은 아니었다. 일반적으로 나는 신문이나 잡지, 라디오나 텔레비전 어느 언론 매체도 보지 않으며, 인터넷도 거의 사용하지 않는다. 그날 아침 신문을 읽고 나서, 나는 얼음송곳 청년에 대한 기사가 객관적인 정보라는 차원에서 조심스럽게 씌어졌음을 알아차렸다. 그 글 속에서 편집의 흔적이나 이념적 색채는 보이지 않았다. 하나의 객체가 나에게 제시되었다. 그리고 그것은 지성적이고 또는 사회적인 표현에서 주로 사용되는 객관성이라는 개념에서 볼 때 이상적인 일이다. 생각을 멈추고, 얼음송곳 청년이 보여준 것을 보고, 그를 포용하기 위해, 나는 객관적 정보 이상의 것을 알아야만 했다. 이러한 가능성에 대해 곰곰이 생각하면서 나는 객관성과 싸워야만 한다는 사실을 깨달았다.

객관성이라는 개념은 서양에서는 길고 복잡한 역사를 지니고 있다. 중세에는, 철학자들과 일반적인 사람들도 표상되는 객체의 실재가 있음을 믿었다. 내가 얼음송곳 청년의 어떤 부분을 이해하는 데 도움이 되는 역사의 한 측면은 그 속의 종교적 이미지들, 특히 성상논쟁 같은 것들이다. 726년, 비잔틴 제국의 황제 레오3세는 콘스탄티노플에 있는 황제의 궁전 문에서 그리스도의 성상聖像을 제거했다. 그의 행위는 신성을 나타내는 이미지의 사용에 대한 다층적 논쟁을 최고조에 달하게 했다. 유대인들과 무슬림들은 신을 표현하는 어떤 것에 대해서도 완강하게 반대의 입장을 취했던 반면에, 기독교인들은 양가적인 태도를 보였다. 소위 우상 파괴를 위한 교회 회의에서는, 성상과 그것을 사용하는 것을 옹호했던 다마스쿠스의 성 요한을 파문하면서, 신성함을 보증할 수 있는 단 하나의 이미지는 오직 그리스도를 총체적으로 나타내는 성체성사뿐이라고 선언했다.

두 종파 사이의 피 튀기는 전쟁은 이레네 여제의 통치기간 중 2차 니케아 공의회에서 다마스쿠스의 성 요한의 명예를 회복시키고, 그리스도와 성모 마리아, 천사들과 성인들, 구원의 역사에서 일어난 사건들을 나타내는 아이콘(이미지의 그리스어)을 사용하는 게 정당함을 선포했다.

750년 무렵에 세상을 떠난 다마스쿠스의 성 요한은 예배의식에서 아이콘을 사용하는 것에 대한 세 가지 기술적 논의를 정교화 했는데, 그것은 유추에 근거를 두고 있다. 그리스도가 지닌 인간의 몸과 그의 신성과의 관계가 아이콘과 그 뒤에 있는 실재와의 관계에 적용된다는 것이다. 예수 그리스도의 인성을 통해 우리가 신을 이해하게 되는 것처럼, 신앙심이 깊은 기독교인들은 물리적 이미지를 통해 성자나 그리스도의 신성에 가 닿을 수 있다. 아이콘을 꿰뚫어 보는 것으로 우리는 성자나 그리스도가 거하는 "이면"을 본다.

아이콘은 교부철학의 공식인 "신이 인간이 되었으므로 인간이 신이 될 수도 있다"를 가시화한 표현이다. 이것은 눈에 보이는 형상 속에 있는 신학이며 그 자체로 신성하게 생각되는 것이다. 아이콘은 두 세계 사이에 상호작용을 매개하는 것이라고 말할 수 있다. 동방교회에서는 말과 이미지를 신의 계시의 두 측면으로 본다. 듣는 것과 보는 것 모두 신자들이 계시를 믿기 위해서는 필수적인 것이다. [23]

천재적 예술가 조토Giotto(~1337)의 스타일이 기본적인 특징이 된 서양 교회는 동방의 아이콘들과 빠른 속도로 분리되었다. 서양의 종교 예술에서 이미지의 본질은 달라졌다. 신성한 인물들의 초상들이 더 묘사적이 되고, 더욱 "진짜처럼 보이게" 되면서, 지속적으로 발전하는 것이 가능했다. 결과적으로 사람들이 보는 방식이 변했다. 사람들의 시선이 이미지에 머무르게 되었다. 그 너머를 보려면 억지로 노력을 해야 했다. 현대적 의미에서 인간이 창조한 첫 번째 객체들은 서양 예술의 커다란 혁신으로 여겨졌다. 왜냐하면 이미지를 보는 방식이 변하자 육체를 지닌 타인을 보는 방식도 변했기 때문이다. 어떤 객체를 창조하는 일은 관습적 과학의 발전에 필연적이었다. 20세기의 그리스정교회 수녀인 마더 마리아 스코브초바Maria Skobtsova는 이렇게 말했다. "각 개인은 바로 하느님이 이 세상에서 육신을 갖춰 현현한 아이콘이다."[24] 이러한 진술이 서구 사람이 아니라 동방 사람의 목소리라는 것은 매우 의미심장하다.

나는 얼음송곳 청년에 대해 알게 해준 신문 기사의 언어 뒤에 숨어 있는 객관성과 나름대로 싸워야 했다. 만약 내가 다른 사람들을 객관적으로, 하나의 객체로 받아들이면, 그 때 모든 것은 허용된다. 예를 들어 나는 언론 매체에 보도되는 얼음송곳 청년 이야기 같은 것들을 동요 없이 읽거나 볼 수 있고, 아침식사나 저녁 식사를 계속 할 수 있다. 적에게 폭탄을 투하했다는 기사도 냉정하게 읽을 수 있다. 왜냐하면 궁극적으로 그들은 객체이기 때문이다. 또한 나노테크놀로지나 유전자 조작의 발달을 열렬히 염원할 수도 있다. 왜냐하면 나는 객체들을 다루고 있기 때문이다. 원자 단위의 소립자 그리고 유전인자는 나와 같은 존재로 창조/참여를 함께 할 수 없다. 그것들과 나 사이에는 근본적인 차이가 있으니까.

이미지에 대한 서양 역사의 기록을 보면, 객관화 즉 가장 흔한 예로 다른 사람을 객체로 보는 것과 같은 일은, 사람들의 의식과 행동 그리고 존재 속에서 기독교적 계시의 표상을 왜곡하는 형태로 나타나는 것처럼 보인다. 객체를 창조하는 것은 조토에서부터 시작되었다. 이러한 역사를 주의 깊게 들여다보면 객체로 보는 일은 죄악, 그리고 이 세상에 존재하는 악의 불가사의로 들어가는 중요한 진입로 가운데 하나다. 만약 우리가 객체라는 문제를 처음부터 끝까지 탐색해 본다면, 어둠의 중심, 악의 불가사의에 다다를 수 있을 것이다. 오늘날 과학/테크놀로지의 최첨단은 불쾌하고 기괴한 괴물—학문적 관심—이 숨어서 도사리고 있는 다른 세상의 문턱이 아니라 사탄을 받아들이라고 손짓하는 치명적 유혹이다.

얼음송곳 청년의 끔찍한 죽음이 보여주듯이, 사람들이 휘두를 수 있는 악은 진실로 소름끼친다. 이러한 악의 성격은 예수가 지구 위에 나타나기 전보다 훨씬 더 심각해졌다는 결론을 내릴 수밖에 없다. 예수가 다른 사람들을 사랑하고, 또 다른 쪽 뺨도 내주라고 가르친 뒤, 그리고 그 가르침이 역사 속으로 들어오고 난 뒤, 세상은 달라졌다. 나는 질문을 던질 수밖에 없다. 장엄하고 숭고한 그의 사랑이, 다른 한편으로 어둠에 상응하게 되면 지독한 악의를 필요로 하는 것인가?

앞에서 나는 아름다움을 볼 수 있는 가능성에 대해 논의했다. 이제 나는 초월적인 것으로서의 아름다움에 대한 생각 또는 개념을 어떻게 형성해야 할지 이해하게 된 것 같다. 비록 이러한 진실을 어떻게 표현해야 할지는 확실하지 않지만. 위僞디오니시오스의 통찰을 더 밀고 나가다 보면, 그의 생각이 가능해지는 방식에 이르게 될 것이다. 추함을 통해 아름다움에 접근할 수 있게 되리라고 생각한다. 가장 빛나고 눈부신 아름다움을 보려면, 상상할 수 있는 가장 혐오스러운 것을 들여다 볼 필요가 있다. 얼음송곳 청년에게 일어난 모든 일들이 나에게는 그러한 것의 적절한 사례처럼 보인다. 버스에 오르기 전에 그가 느꼈을 절망에 대해 생각할 때, 격앙된 감정과 난폭한 행동에 사로잡혔던 승객들과 죽을 때까지 그들을 괴롭힐 기억들을 생각할 때, 나는 그보다 더 추하고 나쁜 일은 상상할 수 없다. 아름다움과 정반대의 것이라고 생각할 수밖에 없다.

백장미단

반역행위

뮌헨 법정의 모든 좌석이 꽉 찼다. 대부분은 갈색과 검정색 제복을 입은 독일군, 나치의 친위대, 나치돌격대원 그리고 경찰들이었다. 법정에 있는 사람들 모두 초청을 받은 이들이었다. 피고인 학생들, 한스 숄, 조피 숄 그리고 크리스토프 프롭스트의 가족들은, 재판이 1943년 2월 22일에 열린다는 소식을 공식적으로 전달받지 못했으며, 재판이 시작될 때 그들 가운데 아무도 그 자리에 없었다.

판사들이 입장했다. 무시무시한 인민 법정의 재판장인 롤란트 프라이슬러 박사Dr. Roland Freisler가 선두였다. 그는 베를린에서 비행기를 타고 날아왔다. 히틀러를 비난하고 저항을 부추기면서 감히 현재의 통치시스템에 충격을 주었던 주제넘은 젊은이들에게 신속한 판결을 내리기 위해서였다. 프라이슬러는 나치의 기라성 같은 권력자들 가운데 "가장 역겨운 인물중 하나"라는 평을 들어왔다. 그는 히틀러의 범죄에 헌신적이고 열광적으로 동참하는 것처럼 보였다.[1] 재판을 주재하는 동안 그는 피고인들을 향해 고함을 질러댔고 그의 법복은 분노로 휘날렸다. 프라이슬러의 행동으로 인해 검사는 그 자리에 있을 필요조차 없어 보였다.

믿을 수 없게도, 웃음거리가 되어버린 재판이 진행되는 동안 스물 한 살의 조피가 침착한 어조로 그의 미쳐 날뛰는 행태를 가로막았다. "누군가는 시작해야만 했어요. 우리가 말하고 쓴 것들은 지금 많은 사람들이 생각하고 있는 것들입니다. 그 사람들은 큰 소리로 말할 용기가 없을 뿐이에요!"[2] 그 젊은 여성은 내면의 평정을 잃지 않는 태도로 위협적이고 악의적인 환경에 굴하지 않는 놀라운 용감함을 보여주었다. 그녀는 아마도 그 법정에서 가장 나이가 어린 사람이었을 것이고, 단 한 명의 여성이었을 것이다. 나중에 조피는 목소리를 높여 프라이슬러와 제복을 입은 사람들의 면전에 도전적인 비판의 말을 던진다. "당신들도 전쟁에서 지고 있다는 것을 알고 있어요. 왜 그것을 똑바로 바라볼 용기를 갖지 못하죠?"[3] 조피는 열렬한 국가사회주의 신봉자들의 정신 나간 의견을 정면으로 반박한 것이었다. 거의 모든 독일 사람들이 육군과 해군의 승리를 축하하고 있었으니까.

프라이슬러와 다른 판사들은 붉은 핏빛의 법복을 입고 있었고, 국가주의적 열정의 현란한 도구이기도 한 검은색과 붉은색의 卍자 십자장 깃발이 뻔뻔스럽게 벽에 걸려 있었다. [4] 조작된 온갖 행사들이 나라 전체에서 국가사회주의와 아돌프 히틀러 총통을 찬미하기 위해 기획되었다. 이러한 장면들은 천재적인 레니 리펜슈탈Leni Riefenstahl이 1934년의 전당대회를 기록한 영화 〈의지의 승리〉를 만들고 난 뒤, 또 다른 선전·선동 영화를 만들기 위해 교묘하게 만들어졌다.

한스와 조피의 누이인 잉에 숄은 1952년에 처음 출간된 책에 이렇게 썼다. "그들을 조롱하고 비난하는 사람들도 있었고, 그들을 자유의 영웅이라고 부르는 사람들도 있었다." [5] 그러나 아무도 그들의 항거가 전적으로 무모했음을 부정할 수는 없었다. 잉에 숄은 덧붙였다.

일반적인 열정도, 대단히 이상주의적인 감동도, 높은 목표도, 지지해 주는 조직도, 그리고 아무런 강제도 없을 때, 한 마디로, 외롭게 고립된 상태에서 자신의 생명을 걸어야 할 때, 훌륭한 대의를 지키는 일은 훨씬 더 어렵다. [6]

많은 독일인들이 베르사유 조약의 보복적인 성격에 분노하고 상처를 입었으며 바이마르 공화국에 실망하고 있었다. 이렇게 혼란스럽고 의기소침해져 있는 국민들 속으로 히틀러는 그의 교활함, 약속, 사람들을 사로잡는 매력과 간헐적인 폭력성을 무기로 침투해 들어갔다. 나치는 많은 이들에게 타락한 것처럼 보였던 독일의 도덕적, 정신적 가치를 원상복구하는 것처럼 보였다. [7] 히틀러는 국민들에게 위대함과 번영을 성취할 것이라고 장담했다.

> 그는 모든 독일인이 그의 조국에서 독립적이고, 자유롭고, 행복하게 될 때까지 쉬지 않을 것 같았다. 우리[잉에 솔이 쓰고 있다]는 이것이 좋았다. 우리는 공동의 노력에 헌신하기 위해 할 수 있는 모든 일을 기꺼이 하려고 했다. 그러나 우리를 알 수 없는 힘으로 끌어당기고 정신없이 빠져들게 하는 뭔가 다른 것도 있었다. 북소리와 노랫소리에 맞춰, 시선을 똑바로 앞을 향한 채, 깃발을 흔들면서 똘똘 뭉쳐 행진하는 젊은이들. 이러한 동지애에 압도당했던 것은 아닐까? 우리들, 그러니까 한스, 조피 그리고 다른 형제자매 모두 히틀러의 청소년단에 가입했던 것은 놀라운 일이 아니었다. [8]

대단히 대중주의적인 지도자였던 히틀러는 독일을 대공황에서 벗어나게 해주겠다는 약속을 했다. 그의 정부는 국가 경제가 번성하도록 이끌었다. 그 무렵, 독일은 폴란드를 침공했고 제3제국은 전체적으로 번창했다. 몇몇 학자들은 만약 히틀러가 1938년에 죽었다면 독일 역사에서 가장 위대한 지도자로 기억되었을지도 모른다고 믿었다. [9] 또 다른 주장은, "독일인들은…… 총통을 숭배했다." 히틀러 주위에는 사이비 종교를 추종하는 듯한 분위기가 감돌았다. [10] 그러나 나는 제3제국에 대한 '국제주의자'의 해석, 즉 아돌프 히틀러의 성격과 천재성에 커다란 비중을 두는 해석을 권하고 싶지는 않다. 또한 '기능주의자'의 관점, 즉 상품과 서비스 부문에 적용되는 산업 생산 시스템이라는 넓은 맥락에서 국가사회당이 통치하던 독일 사회의 구조와 방향성을 강조하는 관점 또한 채택하고 싶지 않다. [11]

역사를 서술하는 것은 객관적일 수도, 과학적일 수도 없다. 그러한 개념은 그저 이름표에 지나지 않는다. 또한 나는 서류나 자료들을 문자 그대로 옮겨서 저술한 역사 기록은 있을 수 없다고 생각한다. 그것이 내가 언어적 환원주의라고 부르는 것이다. 백장미단 단원들의 죽음은 중요한 원본이다. 모든 해석은 원본과 더불어 저자의 해석에 초점을 맞춘다. [12] 결국, 저자는 하나의 개인이자 어느 정도 물리적 역사 속에 포함되는 참여자이다. 특정한 관점에서 한정된 목적을 가지고 쓸 수밖에 없다.

잉에 숄이 언급했다시피, 나치 정권은 독일 젊은이들을 선동하기 위해 엄청난 노력을 했다. 인생에 대한 더 높은 목표를 주고, 조국에 대한 커다란 자부심을 불어넣고, 제3제국에 절대적이고 맹목적으로 헌신하도록 부추겼다. 따라서 프라이슬러와 나치의 고위층 관료들이 당황할 수밖에 없었다. 독일 젊은이들을 위해 그토록 많은 일을 했고 그들의 미래를 위해 그토록 많은 국가 자원을 쏟아 부었음에도, 소수의 매력적이고 지적인 학생들이 정권을 신랄하게 비난하면서 도전했기 때문이다. 한스와 그의 동료들이 움직인 것은 히틀러가 그의 성공과 권력의 정점에 올랐을 때였다. 그 젊은이들은 정부가 붕괴되는 것이 확실할 때까지 기다리지 않았다. 전쟁에서의 패배가 예견되던 시기에, 독일군 장군들이 1944년 7월 20일의 음모에 동참했던 것처럼. [13] 그 일은 가장 유명한 히틀러 암살 음모이기도 했다.

그로 인해 많은 사람들이 처형을 당하거나 자살을 하도록 내몰렸다. "히틀러에 대한 상류층들의 저항이라는 신화를 부채질하기 위해" 희생되었다.[14]

나치에 반대했던 독일 국민들은 분열된 시나리오를 갖고 있었다. 몇몇 사람들은 연합국이 전쟁에 승리하고 독일을 해방시킬 때까지 국가사회당을 견뎌야만 한다고 믿었다. 다른 사람들은 독일 사람들 스스로 행동해야 한다고 확신했다. 한스 그리고 백장미단에 참여했거나 연관된 사람들은 나치를 악마로 규정했고, 따라서 사람들이 봉기해 저항해야만 악마를 몰아내는 데 성공할 수 있다고 믿었다.

처음 뿌려진 전단지에서, 한스와 그의 친구 알렉스 슈모렐은 이렇게 썼다.

오늘날 정직한 모든 독일인들은 명백히 독일 정부를 수치스럽게 여기고 있다. 우리 가운데 누가 우리와 우리 후손들 앞에 닥칠 수치의 규모를 상상이나 할 수 있을까? 언젠가 우리의 눈을 가리고 있던 베일이 벗겨지고, 가장 끔찍한 범죄─모든 인간이 측정할 수 있는 정도를 무한히 뛰어넘어 버리는 범죄가 대낮처럼 환하게 드러나게 되었을 때?

이 젊은이들은 열정적으로 독일 국민들에게 저항하기를 호소하면서 말했다. "……너무 늦기 전에 ……이 나라의 마지막 젊은이가 인간 이하인 자의 자만심을 위해 전쟁터의 어디에선가 피를 흘리며 죽어가기 전에."

두 번째 전단지에서 그들은 더욱 강하게 비난한다.

독일 국민들은 몽롱하고 어리석은 잠에 빠져 비틀거리고 있으며, 이런 파시스트들의 범죄 행위를 고무하고 있다. 그들은 파시스트들에게 약탈을 계속할 기회를 주고 있다. 당연히 그들 스스로도 약탈을 자행하는 것이다.

네 번째 전단지에서 이 무모한 젊은이들은 무한에까지 이르렀다.

히틀러의 입에서 나오는 모든 말은 거짓이다. 그가 평화를 말할 때, 그것은 전쟁을 의미하는 것이다. 그가 불경스럽게도 신의 전지전능을 말할 때, 그것은 악마, 추락한 천사, 사탄의 힘을 뜻하는 것이다. 그의 입은 지옥의 역겨운 냄새가 풍기는 창고이며, 그의 권력은 근본적으로 저주받았다.

청년들은 독일 국가사회주의자들의 실재를 신학적 관점에서 표현하기 시작했다. 그러나 이것은 국민들이 그들과 공범관계임을 부인하거나 대단치 않게 생각한다는 것을 의미하지는 않았다. 그들은 이렇게 말하면서 전단지를 끝맺는다. "우리는 침묵하지 않을 것이다. 우리는 당신들의 나쁜 양심이다. 백장미단은 당신들이 평화롭게 살도록 내버려두지 않을 것이다!"[15] 자신의 숭배자를 거느렸던 히틀러는, 오직 특정한 애국심만을 상징하고 긍정하는 대중주의적인 민족주의자였다. 한스와 조피 숄은 그들의 동족인 독일인들에게 나라에 대한 사랑과 역사 속에서의 선을 강조하는 전통적 의미의 애국심으로 돌아오라고 종용했다. [16)]

동시대 사람인 프리드리히 레크 말레체벤Friedrich Reck-Mal-leczewen은, 그들의 암살 시도 한 달 뒤, 비밀 원고에서 한스와 조피 숄에 대해 언급하면서 이렇게 썼다.

숄 남매는 독일에서 처음으로 진실을 목격할 용기를 가졌던 이들이다. 그들의 죽음에도 불구하고 그들이 남긴 과업은 계속되었고, 순교자들이 늘 그러하듯이, 그들은 때가 되면 자라나 열매를 맺게 될 중요한 씨앗을 뿌렸다. [17)]

조피 숄의 심문관이었던 로버트 모어는 그 젊은 여성의 소박함과 무구함에 감동을 받았던 게 틀림없었다. 조피 숄이 처형당하기 며칠 전, 그는 죽음만은 피하게 하기 위해 그녀를 도울 방법을 찾으려고 시도했다. 그는 그녀가 무슨 일을 하고 있는지 확실히 알지 못한 채 그저 오빠가 시키는 대로 했다고 말하도록 설득했다. 조피는 그의 제안을 가로막았고, 그 자리에서 반박했다. 그녀는 오빠 한스에게 현혹된 것이 아니었다. 그녀는 무슨 일을 하고 있는지 알고 있었다. 그녀는 오빠와 전적으로 뜻을 같이 했다. 모어는 그녀가 어떻게 속고 있는지 알려 주려고 애썼다. 그러자 그녀가 재빨리 맞받아쳤다. "그릇된 세계관을 가지고 있는 사람은 제가 아니라 당신이에요, 모어씨. 저는 똑같은 일을 다시 할 거예요."[18)]

부모인 로버트와 막달레나 숄은 친구들로부터 그들이 체포되었다는 말을 전해 듣고 뮌헨으로 황급히 달려왔다. 그리고 재판이 이미 시작된 뒤 기어코 법정 안으로 들어갔다. 프라이슬러는 그들을 내보내라고 명령했다. 그들이 끌려 나가기 전, 로버트 숄은 소리쳤다. "언젠가는 또 다른 정의의 심판이 있을 것이다!" 그리고 문이 닫히기 전, 그가 덧붙였다. "저 아이들은 역사에 기록될 거야!"[19]

법이 제대로 지켜지지 않았기 때문에 부모는 재판이 끝난 뒤에 슈타델하임 형무소에서 짧게 자녀들을 만날 수 있었다. 한스가 먼저 면회실로 들어왔다. 간단한 이야기를 나누면서 그는 부모들을 안심시켰다. "저에게 증오심은 없어요. 저는 모든 것을, 모든 것을 잊고 갑니다." 한스가 다시 감방으로 끌려간 뒤, 조피를 데려왔다. 그녀는 미소를 띤 채 면회실로 들어왔다. 제 정신이 아닌 어머니가 적절한 말을 찾지 못했다. "이제 네가 다시는 집에 돌아오지 못하겠구나." 조피가 조용히 대답했다. "오, 겨우 몇 년이 무슨 큰 문제겠어요, 어머니?" 그러더니 한스와 마찬가지로 신념을 가지고 단언했다. "우리가 모든 멍에를 질 거예요, 모든 것에 대해."

그녀와 한스는 실제로 그렇게 했다. 그들은 다른 사람 어느 누구의 이름도 대지 않았다. 모든 전단지들과 도시의 벽에 적힌 구호들(예를 들어, "타도 히틀러!")에 대해 오직 그들만이 책임이 있다고 주장했다. 어머니에게 조피는 단 한 가지 소망을 말했다. "그 일(우리가 했던 일)은 앞으로 반드시 영향을 미칠 거예요." 크리스토프 프롭스트는 죽기 전에 가족들을 만나지 못한 채

격리되어 있었다. 그의 가족들은 그가 처형을 당한 뒤에도 그 사실을 알지 못했다.

정치범인 엘제 게벨은 조피와 같은 감방에 있으면서 그녀를 지켜보았다. 전쟁이 끝난 뒤 그녀는 숄 가족에게 편지를 써서, 조피와 한스 그리고 크리스토프에 대한 세세한 정보와 인상을 이야기했다. 그녀는 조피를 향해 말하는 것처럼 편지를 써내려 갔다.

나는 너에게 놀라기 시작했어. 그렇게 오랜 시간 동안 심문을 받아도 너의 침착하고 평온한 태도는 전혀 달라지지 않았어. 흔들리지 않는 믿음이 있었기에 너는 다른 사람들을 위해 스스로를 희생할 힘을 지니고 있었던 거야.

체포된 지 이틀이 지난 토요일에, 조피는 또 다시 오랜 시간 심문에 시달렸다. 엘제는 조피를 편안하게 해주려고 노력했다.

너는 월요일 아침까지는 평화롭게 지낼 수 있었어. (그러나 그것이) 너는 하나도 기쁘지 않았지. 너는 심문을 받는 것이 활기를 주고 흥미롭다는 것을 알았어. 적어도 너는 얼마 안 되는 괜찮은 심문관[로버트 몰]을 만나는 행운은 누렸던 거야.

그다음 날 조피는 '상냥하고 침착한 목소리로' 이런 성찰을 남겼다.

정말 햇빛이 좋은, 찬란한 날이야. 그리고 나는 (죽음을 향해) 가야만 해. 하지만 지금 얼마나 많은 사람들이 전쟁터에서 죽어가고 있는지, 젊고 유망한 많은 목숨들이 말이야. 우리의 행동이 수많은 사람들에게 위험을 알리는 경고가 된다면, 내가 죽는 게 무슨 문제가되겠어. 학생들의 시체 사이에서 반드시 봉기가 일어날 거야.[20]

조피의 소망은 백장미단이 체포되기 몇 주 전에 모든 단원들이 염원했던 것이었고, 죽기 직전까지 바라던 것이었지만 실현되지는 않았다. 오직 고립된 몇몇 행동들, 예를 들어 그들이 처형된 지 며칠 뒤 대학에 다음과 같은 새로운 벽보가 붙었을 뿐이었다. "숄 만세! 너희들은 그 몸을 파괴할 수는 있으나, 그 정신은 결코 파괴할 수 없다!" 히틀러의 생일인 4월 20일, 그의 초상화가 반항적인 비판과 함께 내걸렸다. "독일 제1의 적."[21]

재판과 처형이 이루어진 뒤 얼마 되지 않아 정부는 대학에서 행사를 열 계획을 잡았다. 국가와 그 지도자에 대한 충성을 과시하는 특별한 집회였다. 수백 명의 학생들이 참석했고, 한스와 숄이 대학 본관 발코니에서 전단지 뿌리는 것을 보고 경보를 울렸던 건물 관리인 야콥 슈미트가 박수갈채를 받았다.

잉에 숄은 그녀의 책에서 한스와 조피, 그리고 크리스토프가 간수들에게 깊은 인상을 남겼다고 기록하고 있다.

그들은 놀라운 용기를 가지고 행동했다. 감옥에 있던 모든 사람들이 그들에게 깊은 인상을 받았다. 바로 그 이유 때문에 우리는 그들 세 사람을 한 자리에 모이게 하는 위험을 무릅썼다―처형을 당하기 바로 전 마지막 순간에. 만약 우리의 행동이 알려지게 되면, 그 결과는 우리에게 심각한 일이었을 것이다. 우리는 그들이 죽기 전에 담배라도 함께 필 수 있기를 바랐다. 그들에게 주어진 것은 불과 몇 분이었지만, 나는 그들에게 커다란 의미였을 것이라고 믿는다. "죽어가는 일이 이토록 쉬울 줄은 몰랐어." 크리스토프 프롭스트가 덧붙였다. "몇 분 뒤에 우리는 영원 속에서 만나게 될 거야."

그리고 나서 그들은 사형장으로 끌려갔다. 젊은 여성이 가장 먼저였다. 그녀는 눈썹 하나 까딱하지 않고 걸어갔다. 우리 가운데 누구도 이런 일이 어떻게 가능한지 이해하지 못했다. 사형집행인은 그녀처럼 마지막을 맞이하는 사람을 한 번도 본 적이 없다고 말했다. [22]

백장미단에 대한 모든 이야기들은 모두 하나로 일치한다. 아직 서른이 채 되지 않은 세 젊은이들은 체포된 순간부터 단두대의 칼날이 그들의 목을 내려칠 때까지 사람들이 경외심을 가지게 될 수밖에 없는 침착함과 용기를 보여주었다는 것. [23] 레크 말레체벤은 비밀 원고에서 한스와 조피에 대해 이렇게 썼다. "그들의 빛나는 용기 속에서 잘 살아온 삶의 최고봉을 획득했다." 그는 그들의 묘비에 이런 말들을 새겨 넣기를 바랐다. "죽는 법을 아는 사람은 결코 노예가 될 수 없다Cogi non potest quisquis mori scit." 그리고 덧붙였다. "언젠가는 우리 모두가 그들의 무덤에 성지순례를 하게 될 것이다. 그리고 그 앞에 서서 부끄러워할 것이다." 그는 또한, 그들이 "정신이 위대하게 부활할 최초의 독일인"이 되기를 희망했다. 그러나 그는 자신의 희망이 산산이 부서지는 것을 볼 때까지 살지 못했다. 그는 전쟁

이 끝나기 바로 직전 1945년 2월 23일 다하우에서 목 부분에 총을 맞고 처형당했다. [24]

체포됐을 때 그들의 침착한 행동, 오랫동안 심문을 받으면서도 잃지 않았던 선명성과 일관된 정신, 위협적인 재판 기간 동안 보여준 평정심과 솔직담백한 진술, 감옥 안에서의 행동, 그리고 마지막으로 죽음 앞으로 걸어갈 때의 숭고한 믿음을 생각해 볼 때, 나에게 많은 질문들이 떠오른다. [25] 예를 들어, 그들의 태도에 주요 근원이 있었나? 그들의 삶과 죽음에 어떤 의미가 있었나? 1943년보다 지금이 그들을 지켜보는 일의 중요성이 더 크지 않을까? 특정한 부패함이 만연하고 있는 지금 이 시대의 중심에서 그들의 통찰이 무엇인가를 드러내고 있지 않나? [26]

존재 이유Raison d' Etre

나는 사람들이 불가능한 일을 시도할 거라고 생각하지 않는다. 즉, 그 젊은이들이 비밀리에, 그리고 스스로의 일상생활이 위험에 처하는 것을 무릅쓰고 나치에 저항할 수밖에 없었던 동기부여가 되는 요소를 알고자 했다. 몇 년 동안 그 젊은이들은, 제3제국이 지속되었던 이십 년 내내 독일국민들이 "내면적 이주" 혹은 정신적 저항이라고 불렀던 상태 속에서 살았다. 그것은 내면에는 오직 가장 신뢰하는 친구들에게만 표현할 수 있는 혐오감을 지닌 채 외부적으로는 순응해야 하는 복잡한 태도였다. 한스는 누군가를 만나면 그 자리에서 그 사람을 평가할 수 있었고, 새로 알게 된 이에게 무슨 말을 해야 할지 무슨 말을 하지 말아야 할지 알 수 있었다고 말했다.[27] 조피, 한스 그리고 그들의 친구들은 처음에는 정신적 저항을 하면서 살았고, 그 다음에는 내면적 이주로 넘어갔으며, 스무 살을 막 넘기고 나서는 명시적으로 반대했다. 그렇게 함으로써 그들은 우리에게 "비밀스런 독일의 존재"에 대해 순교한 사람들을 증언할 수 있는 영광을 베풀어주었다.[28] "비밀스런 독일"을 만들었던 사람들은 아마도 거의 없었을 것이다. 존 루카스는 다음과 같이 언급했다. "대부분 독일 사람들의 죄책감(또는 오히려 시민으로서의 책임감 결핍)은 그들의 이상이 환경에 매우 쉽게 적응한다는 사실을 알게 된 것이었다―정말 많은 사람들이 그렇게 할 의향이 있었다."[29]

미국인인 나로서는, 오십 년이 흐른 뒤 백장미단이 남기고 간 것을 살펴보면서 중요한 사실에서 시작해서 그들의 죽음까지 내가 결코 이해할 수 없는 것들이 많음을 깨달았다. 그러나 많은 기록들, 일기나 편지 같은 중요한 것들이 남아 있었다. 이러한 기록들은 용감하게 일어나 외쳤던 사람들의 내면에 있던 의심이나 의문들, 확신과 희망을 드러내고 있다. 게다가 매우 위험하고 힘들게 씌어지고, 인쇄되고, 배포된 그 전단지들은 처형된 사람들의 인식이나 사유에 대해 많은 것을 말해준다.

성 토마스 아퀴나스에 의하면 종교라는 미덕은 정의라는 미덕의 한 부분이라고 한다. 한 마디로 만약 내가 정의라는 미덕을 실천하려면 나는 모든 빚을 갚아야 한다. 대체로 종교적 빚은 세 가지 차원에서 청산해야 한다. 첫째로, 나는 존재라는 선물을 받은 것에 대해 부모와 가족에게 빚을 지고 있다. 두 번째, 나는 과거의 숭고하거나 비열한 행위들인 역사라는 선물을 받은 것에 대해 내가 태어난 곳, 나의 조국에 빚을 지고 있다. 세 번째, 나는 사람들이 신이라고 부르는 존재에게 모든 것의 궁극적인 실재, 창조의 선물에 대한 빚을 지고 있다. 이 각각의 영역에서 나는 그 빚을 완전히 갚을 수는 없지만 그렇게 하려는 노력이 내 삶에 많은 도전과 활기를 불어넣어 준다. 이기적이기 보다는 감사하는 사람으로 살아가려는 노력을 할 수 있게 한다.

솔 남매에 대한 기록들을 보고 느낀 것으로부터 나는 백장미단의 핵심은 이러한 세 가지 빚을 갚으려는 복합적인 투쟁, 즉 자기 삶의 주체로서 치러야 할 행동이었다는 결론을 내렸다. 유추해 보자면, 그들 각자는 잘 살아가는 삶으로 시작해서, 나머지 우리들에게 통찰을 주는 삶으로 역사에 큰 공헌을 할 수 있었다. 그러나 누군가는 이의를 제기할지도 모른다. 그들이 죽어간 방식이, 오래도록 존경할 만한 삶을 산 뒤 노년에 죽는 것보다 우리에게 무한한 가르침을 주었다고 말이다. 내 생각으로는 내가 해야 할 일은 그들이 종교라는 미덕을 지니고 어떻게 살았을 것인지, 그 삶이 현재의 시간과 공간 속에서 우리에게 어떤 의미를 지니고 있는지 조금이라도 보여주는 데 일조하는 것이다.

성 토마스 아퀴나스의 도식은 인위적이라, 사실, 이해하기는 쉽다. 성 토마스가 탐구한 실재는 하나이고, 초월적이며, 독자적이고, 현실로 '존재한다.' 그러나 우리는 천사가 아니라서 단순하지 않고 좀 더 복합적이다. 나는 무엇이 하나인지 나눠봐야만 알 수 있고, 그리고 이것을 환원주의나 구체화의 오류에 빠지지 않고 할 수 있기를 바란다. 1999년 '숄 남매 상'을 받은 뛰어난 역사학자 피터 게이Peter Gay는 수상소감에서 이렇게 말했다.

그들(한스와 조피 숄)은 영웅들입니다. 많이 오염된 단어지만 그 충만한 의미에서 그렇습니다. 즉 신성한 본성인 무구함을 지닌 채 실패할 게 당연한 행동을 했던 사람들, 너무 이르고 잔혹한 죽음이 예견되었음에도, 독일의 대량 학살에 대항해서 슬프게도, 전혀 아무런 해도 끼치지 않을 무기를 들고 투쟁을 지속했던 사람들입니다. 30)

게이가 연설을 잘 했고, 백장미단의 안팎에 대해 그의 책 『독일인이 독일에게 묻는다My German Question』에서 능숙하게 잘 엮어서 언급하고 있지만, 그는 백장미단이 지니는 심오함의 실재, 즉 "슬프게도, 전혀 아무런 해도 끼치지 않을 무기"를 훨씬 뛰어넘는 진실을 인지하지 못했다.

백장미단을 살펴보면서, 모든 사람들이 한스가 그 집단의 지도자였고 조피는 그의 가장 가까운 조력자라고 했기 때문에, 나는 한스와 조피 숄에게 관심을 집중했다. 게다가 다른 사람들이 남긴 기록을 비교해볼 때, 한스와 조피는 좀 더 분명하게 행동이나 말로 백장미단의 의미를 표현했다. 조피가 남긴 편지나 일기로 미루어볼 때 이것은 사실이다.

한스와 조피는 우리 각자가 이기심의 진창에서 빠져나가기 위해 무엇을 해야 할지 생각할 때 본보기가 되는 인물들이다. 그들은 자아를 완벽하게 버리고 인간의 역사를 풍요롭게 하는 것으로 그 일을 성취했다.[31] 그들은 신과 관계를 맺음으로써 그 일을 해낼 수 있었고, 그렇게 높이 올라갔다. 이것이 그들의 편지와 일기에 기록되어 있는 기도와 성찰을 연구한 뒤 내가 내린 결론이다. 그들은 신성함에 대한 그들의 추구를 행동으로 더욱 풍요롭게 구현했다. 예를 들어, 조피는 나라를 위해 징집되어 노동을 하게 되었을 때, 일요일 아침마다 이웃마을의 미사에 참여하기 위해 이른 시각에 기숙사를 몰래 빠져나왔다.[32] 러시아의 점령 지역에 투입되었을 때는, 한스는 예배를 보기 위해 러시아정교회 안으로 들어갔다가, 그곳에서 떠오른 생각과 느낌을 기록해 놓았다. 그 기록을 읽어보면 그의 영혼을 짧게나마 이해할 수 있다.[33] 그들 각각의 삶에서 일어난 이런 많은 사건들을 언급할 수 있다.

한스와 조피가 특별히 강렬하게 타인을 경험했다. 나는 그들의 삶에 존재했던 '타인들'을 크게 두 범주로 나눌 수 있다고 생각한다. 그것은 책과 사람들이었다. 두 젊은이 모두 훌륭한 독서가들이었다. 즉, 글로 쓴 말들이 그들의 삶에 큰 영향을 미쳤다. 그들은 피상적으로 독서하지 않았고 책을 읽으면서 스스로 변화했다. 책의 내용에 대한 성찰적 사고가 없었다면, 그들은 언어와 그리스도의 복음 사이에 있는 존재론적 차이를 그대로 살았을 것이다. 아래에서 상세하게 설명할 것이지만, 그들이 읽은 책들은 그들 자신과 다른 사람, 역사 그리고 초월적인 것에 대한 특정한 분별력을 형성하는 데 보탬이 되었다.

가장 중요한 것은 그들이 사람들을 통합하고 통찰하는 뛰어난 능력을 지닌 것으로 보였고, 사람들과 친밀한 우정을 형성했다는 것이다. 이러한 사람들 가운데 주요 인물들은 탄압받는 언론인 『고원지대Hochland』의 편집장 칼 무드, 그리고 번역과 저술을 통해 독일인들이 키에르케고르를 아는 데 도움을 준 테오도르 헥커가 있었다. 또한 그들의 부모인 로버트와 막달레나 숄이 한스와 조피의 삶에 중요한 역할을 했다는 이야기도 있다. 그러나 이러한 영향에 대해서는 거의 알 수 없다. 그러므로 나는 사실에만 주목할 수밖에 없다.

나는 한스와 조피가 역사 그리고 특히 그들의 조국인 독일과 어떤 관계를 맺었는지 검토하는 주요 지점 가운데 하나는 전단지에 대해 주의 깊게 관심을 기울이는 것에서부터 시작해야 한다고 생각한다. 한스는 전단지의 가장 중요한 작성자였으므로, 이것을 근거로 그들이 선이라고 생각한 의미, 서구인으로서 과거 역사에서 무엇을 칭찬할 만하다고 보았는지, 기독교적 윤리의 파괴자로서 나치와 히틀러에 대해 무엇을 혹독하게 비판했는지, 또한 타협하지 않는 그들의 국가에 대한 충절, 애국심, 그리고 마침내 무엇 때문에 국가에 의해 그들이 살해되었는지 확실히 알 수 있다.

현실 그리고 기도의 강렬함

조피와 한스는 행동과 죽음에 있어서 서로 밀접하게 얽혀있기는 했지만, 그들의 개성은 믿음과 기도에 대한 개인적 언급과 성찰에서, 그리고 각자의 욕망을 통해 하느님을 찾는 것에서 뚜렷하게 차이가 난다. 그러나 절대적 필연성, 그들의 행적에 통합성과 내면적 아름다움뿐 아니라 바로 그 존재를 이루는 절대적 필연성은 하느님의 움직임 앞에서 모든 것을 받아들이는 수동성이었다.

그들의 행동은 궁극적으로 그들의 믿음에서 나왔다. 그러나 믿음에 대해 무엇인가를 아는 것은, 그것이 자신의 것이든 혹은 다른 사람의 것이든, 지극히 어려운 일이다. 그러나 어떤 사람이 무심코 어떤 것을 말할 때, 주의 깊게 듣는 사람은 그 속에서 많은 것을 깨달을 수 있다. 예를 들어, 1941년 12월 재림절에 한스가 로제 나겔에게 보낸 편지에, 그가 예배의 계절을, "내 인생에서 처음으로 온 마음으로 기독교인이 되어" 경험하고 있다고 썼다. 그는 계속해서 그 당시 자신이 머물고 있는 꼭 맞는 새로운 자리에 대해 묘사했다:

나는 오직 하나 가능하면서도 지속적인 가치를 발견했어요. 콕토 Cocteau의 표현에 의하면, 결코 차가워지지 않는 베개 위의 자리죠. 바깥세상에서는 납득할 수 없지만, 내면적으로는 납득이 가는 것들이 있어요. 나는 이성의 길을 따라 멀리, 가능한 멀리 여행을 하고 싶어요. 하지만 나는 자연과 은총, 그러니까 자연을 내포하고 있는 은총으로부터 태어난 피조물임을 알고 있어요.

한스와 조피의 편지들과 일기들을 모아서 편집한 잉에 젠스는, 한스가 쓴 글의 성격을 강조하기 위해 저 편지보다 며칠 먼저 로제에게 보낸 다른 편지에서 두 문장을 인용해서 덧붙여 놓았다.

우리 주의 탄생은 숭고한 종교적 경험을 드러내는 거예요. 왜냐하면 그는 나를 위해 다시 태어났기 때문이죠. 유럽은 그 길을 따라 변화하거나, 그렇지 않으면 멸망할 거예요.

한 달 뒤 로제에게 보낸 또 다른 편지에서 이 문장을 다시 발견할 수 있다.

나는 이제 가장 좋은 의미에서 여행하는 인간homo viator, 변화하는 인간이에요. 나는 언제나 그렇게 되기를 바랐어요. 많은 세월을 쓸모없이 보내버린 뒤, 마침내 나는 다시 기도하는 법을 배웠어요. 그것이 나에게 얼마나 큰 힘을 주었는지! 드디어 나의 끔찍한 갈증을 가시게 할 마르지 않는 샘물을 찾았어요.

사람들이 자신의 기도에 대해 말할 때, 그것은 그들의 믿음에 대해 무엇인가를 드러낼 수 있다. 역으로도 마찬가지다.

한스와 조피 둘 다 토리노의 수의 사진을 보고 강렬한 감동을 받았다. 잉에 젠스에 의하면 두 사람 다 그 수의가 진짜라고 믿었고, "그리스도의 수난에 대한 오직 단 한 가지 구체적인 증거"로 여겼다. 한스는 『등불*Windlicht*』이라는 잡지에 수의에 대한 에세이를 썼다. 조피는 1942년 1월 20일, 한스에게 그 사진을 보게 해준 것에 대해 고맙다는 편지를 썼다:

나는 그 사진이 충격적이지 않았어요. 그보다는 기독교인들이 그것을 자기 눈으로 인지할 수 있는 하느님의 얼굴로 받아들이지 못한다는 사실에 놀랐어요. 믿기 어려운 일이에요. 그리고 그 사진이 세상에 공개된 것이 테크놀로지와 그 모든 것들 덕분이라는 것을 생각하면요.

한스의 멘토인 칼 무드가 1942년 1월 2일에 숄 집안의 친구인 오틀 아이헤에게 편지를 썼다. 그리고 그에게 에서가 요청한 그 유물의 사진을 보내주었다. 무드는 그것을 직접 본 조피의 반응을 언급했다:

나는 오늘 조피 숄이 내가 이곳에 갖고 있는 원본에 있는 큰 사진을 볼 때처럼 집중하는 모습을 누구에게도 본 적이 없네. 그 모습은 나에게 깊은 인상을 남겼어. 그녀는 매우 사려깊고 진지한 소녀처럼 보이네.[34]

위에 쓴 대로 한스와 조피의 차이점은 그들이 각자 기도에 대해 언급한 데서 명확해진다. 조피는 좀 더 상세하고 열려 있어서, 그녀의 비밀스런 공간으로 우리를 훨씬 쉽게 들여보내 준다.

그녀가 열아홉 살이었을 때 1940년 성령강림절이 지난 직후에 프리츠 하르트나겔에게 편지를 썼다. 그녀는 자연의 찬란한 아름다움—풀, 들꽃, 시냇물 그리고 알을 품는 새들에 대해 묘사했다. 그날부터 나치에게 체포된 1943년 2월 18일까지, 그녀는 기도에 있어서 진정으로 괄목할만한 성장을 했음이 분명했다. 다행스럽게도 그녀는 기록을 남겼다. 일기와 편지에 자신의 경험을 썼다.

6월에 프리츠에게 보낸 편지에서, 그녀는 기도하기 시작한 사람들이 공통적으로 느끼는 기분에 대해 이야기 한다. "무료함이 나의 중요한 재산이에요."[35] 약 일 년 뒤, 그녀가 1941년 4월 6일 크라우센비스Krauchenwies에서 전국노동봉사단(RAD) 일을 시작했을 때, 그녀는 오틀 아이헤가 보내준 자끄 마리탱의 글을 베껴 놓았다. "정신은 단단하게 마음은 부드럽게 가져야 한다."[36]

조피의 편지들과 일기를 보면, 크라우센비스에서 보낸 6개월이 그녀에게 힘든 시간이었음을 알 수 있다. 어떤 종류의 금욕주의를 끊임없이 수행해야 했으니까. 그녀는 두 가지 다른 사회적 계층에 속했고, 그녀와 다른 젊은 여성들 모두 계층이 다르면 날마다 일어나는 많은 일들에서 같은 방식으로 느끼거나 행동하면 안 된다는 것을 깨달았다. 종종 그녀는 리지외의 성녀 데레사 옆에 서 있던 수녀가 세탁실에서 더러운 물을 얼굴에 끼얹었을 때처럼 행동하기를 요구받기도 했다.[37] 아직 성녀 데레사만큼 자신에 대한 사랑을 완벽하게 내려놓지 못했던 조피는 자신의 실패담을 기록해 놓기도 했다.

비록 개신교 전통 속에서 자랐고 죽을 때까지 개신교도로 남았지만, 그녀는 이웃 마을에 있는 개신교 교회보다 가톨릭 성당에 가는 것을 더 좋아했다. 그녀는 친구와 함께 노래를 하거나 오르간 연주를 하면서 미사를 도왔고, 성당에 머물러 있고 싶어 했다. 정부 당국에서 그녀를 블룸베르크로 옮겨가게 했을 때도 그녀는 계속 가톨릭 성당에 나갔다.[38]

그 다음에 그녀는 그 도시에 있는 유치원에서 보조로 일했다. 그곳에서 그녀는 다시 영혼을 뚜렷하게 느끼는 경험을 했다고 기록했다. "나에게 남은 것은 오직 우울, 무능력, 무기력 그리고 가느다란 희망뿐이다."[39] 이러한 위기들 그리고 그녀의 편지들에서 드러난 사실로부터, 적어도 그녀 인생의 마지막 삼 년 동안, 그녀는 십자가의 성 요한이 "낙타 산의 오르막길"이라고 불렀던 현저한 상승을 했다. 조피는 자신이 무엇을 찾고 있는지 알지 못했고, 예수 그리스도가 성경(마태복음 20:22)에서 언급했던 성배가 자신에게 요구되고 있음을 깨닫지 못했다. 조피가 선택했던 길에 대해 성 요한은 매우 분명하게 묘사하고 있다. "이 성배가 뜻하는 것은 한 인간의 자연스런 자아가 완전히 발가벗겨지고 파괴되어 마침내 죽음에 이르게 되는 것을 말한다."[40]

1941년 초겨울에 그녀는 기도하는 일에 대해 썼다.

토요일 오후에 나는 교회에 갔다. 표면적으로는 오르간을 연주하기 위해서였다. 교회 안은 텅 비어 있었다. 그곳은 알록달록하게 꾸며진 작은 예배실이었다. 나는 기도하려고 노력했다. 나는 무릎을 꿇고 기도하려고 노력했다. 그러나 그렇게 하면서도 나는 이렇게 생각했다. 누군가 오기 전에 서둘러 일어나서 나가는 게 나을 거야.

며칠 뒤 그녀는 다시 같은 주제로 돌아갔다. 매번 기도에 대해 쓸 때마다 그녀는 더욱 영혼을 드러냈고, 더욱 나아갔다. 비록 그녀 스스로에게는 영원한 좌절처럼 보이고 점점 더 후퇴하는 것처럼 느껴졌겠지만.

한 순간 하느님에게 이르는 길을 구축할 수 있을 것 같은 기분이 들 때가 있다. 단순히 그것을 열망하는 것으로—내 영혼 모두를 드리는 것으로. 만약 내가 하느님에게 간구한다면, 만약 내가 다른 모든 것들보다 하느님을 훨씬 더 사랑한다면, 만약 하느님과 멀어지는 것으로 내 가슴이 찢어질 것처럼 아프다면, 하느님은 나를 받아주셔야만 할 것이다. 그러나 그것은 많은 계단, 매우 세밀하고 작은 계단들이 필요하고, 그리고 그 길은 아주 길다. 그 마음을 잃지 말아야 한다. 언젠가 뒤로 미끄러져서 마음을 잃어버렸을 때, 더 이상 기도를 할 엄두를 낼 수 없었다. 내가 다시 하느님의 현존으로 들어설 수 있을 때까지, 아무것도 부탁하지 않기로 했다. 하느님에 대한 근본적인 열망은 저절로 이루어졌다. 그러나 나는 언제나 부탁할 수 있다. 이제 내가 그렇다는 것을 안다.[41]

십자가의 성 요한은 조피에게 어떤 일이 일어났는지 이렇게 묘사한다. 그녀의 영혼이 "어두운 밤을 벗어나 하느님에게 매혹되었다. 그리고 오직 하느님에 대한 사랑만으로 불을 밝혔다." 그러나 하느님이 저 너머의 곳으로 이끄는 길 위에 서 있는 많은 사람들이 그렇듯이, 조피도 알지 못했다. "처음에는 사랑의 불꽃이 보이지 않는 게 보편적이라는 사실을."[42]

그 길의 어둠은 그녀에게 두려운 경험이었다. 그녀는 그저 자신이 어디에 있는지 이해하지 못할 뿐이었다.

내가 기도를 하려고 애쓸 때, 그리고 누구를 향해 기도하는 것인지 생각해 볼 때, 나는 거의 미쳐버린다. 나 자신이 한없이 작음을 느낀다. 나는 정말로 겁이 나서, 겉으로 드러낼 수 있는 감정은 오직 두려움뿐이다. 나는 보통 엄청난 무기력함을 느끼며, 내가 그렇다는 것을 확신한다. 그저 기도할 수 있게 해달라는 기도밖에는 아무것도 할 수 없다.

하느님에 대해 생각할 때마다, 나는 충격을 받아 눈이 멀어버린 것 같다는 것을 아는가. 나는 아무것도 할 수 없다. 나는 하느님에 대해 전혀 모르고, 내가 그 사실을 안다는 것 외에는 아무런 연결도 느낄 수 없다. 그래서 오직 단 한 가지 처방은 기도뿐이다.

그녀는 기도에 대한 자신의 경험을 계속 기록했다. 예를 들면 다음 해(1942년) 2월에 이렇게 썼다.

나는 매일 교회에 가서 기도를 하기로 결심했다. 하느님이 나를 저버리시지 않도록. 비록 내가 하느님을 알지 못하고, 하느님에 대한 나의 생각이 모두 그릇되었다고 해도, 내가 간구하면 하느님은 나를 용서해줄 것이다. 내 영혼을 다해 하느님을 사랑할 수 있다면, 나는 하느님에 대한 잘못된 생각들을 버리게 될 것이다. 그래, 하느님에 대해 최소한 내가 이해하고 있는 것은 그의 사랑이구나. 그러나 만약 내가 그것조차 모르고 있었다면! 오, 주여. 간구하노니, 저는 기도가 절박하게 필요합니다. [43]

조피는 자신의 글에서 여러 번 꿈에 대해 언급했다. 나치에게 처형당하기 전날 밤, 그녀는 감방 동료인 엘제 게벨에게 가족들에 대한 이야기를 했다. 형무소 당국은 밤새도록 방에 불을 켜 놓았고, 간수가 삼십분마다 "모든 것이 여전히 제대로 되어 있는지 보기 위해" 확인하러 왔다. 엘제는 이렇게 썼다. "나에게 그날 밤은 끝없이 연장되는 것 같았다. 너는 늘 그랬던 것처럼 조용히 잠들어 있었지." 아침이 되어 간수들이 조피를 법정으로 데려가기 전, 그녀는 엘제에게 그 전날 밤의 꿈 이야기를 했다. 그리고 엘제는 숄 가족에게 보내는 편지에 그 내용을 담았다.

햇살이 빛나는 아름다운 날에, 너(조피)는 세례를 받기 위해 길고 하얀 드레스를 입은 어린이를 데려 가고 있었다. 교회로 가는 길에 경사가 급한 언덕이 있었지만, 너는 그 아이를 안전하고 믿음직스럽게 안고 갔다. 뜻하지 않게 네 앞에 빙하의 갈라진 틈이 입을 벌리고 나타났다. 다행히 네가 그 심연 속으로 빠지기 전에 그 아이를 반대편 쪽에 안전하게 내려놓을 시간이 있었다. 네 꿈을 너는 이렇게 해석했다. "하얀 드레스를 입은 아이는 우리의 이상이야. 모든 장애물에도 불구하고, 그것은 승리할 거야. 우리는 선구자로 승인받았지만, 그

352

이상을 위해 일찍 죽어야만 해."[44]

나는 조피가 강렬한 소망이기도 한 또 다른 꿈을 꾸었다고
생각한다. 그녀는 오빠인 한스와 함께 뮌헨 대학의 학생이 되
기를 바랐다. 정부 당국이 의무로 강요한 여러 가지 일들로 인
해 그녀의 좌절은 점점 심해졌다. 마침내, 1942년 초에 그녀는
한스가 다니는 루드비히 막시밀리안 대학(뮌헨 대학)에 입학할
수 있었다. 그녀는 생물학과 철학 공부를 선택했다.[45]

하느님을 찾기 위한 고독한 투쟁은 더욱 강렬해졌다. 1942
년 6월 29일의 일기를 보면 더욱 분명히 알 수 있다.

하느님, 저는 단지 머뭇거리면서 당신께 말을 걸 수 있습니다. 당신
께 제 마음을 드릴 수 있지만, 그것은 수많은 욕망 때문에 당신에게
서 떨어져 나가려 합니다. 자유의지로 당신을 마주보기에는 너무 나
약하기 때문에, 저는 당신에게 집중하지 못하게 하는 것들을 파괴하
고, 나 자신을 당신에게만 향하도록 강제합니다. 왜냐하면 당신과
홀로 있을 때 제가 행복하다는 것을 알기 때문입니다. 오, 저는 당신
으로부터 얼마나 멀리 떨어져 있나요. 저에게 가장 좋은 일은 그 때
문에 제가 고통을 느끼는 것입니다. 그러나 저는 종종 매우 무기력하
고 무관심해집니다. 제가 일관된 마음을 갖도록 도와주시고, 저와
함께 머물러주십시오. 만약 제가 오직 한번 당신을 아버지라고 부를
수 있다면, 그러면 저는 당신을 "당신"이라고 부르기는 힘들 것입니
다…… 기도하는 법을 저에게 가르쳐 주세요. 무감각한 상태로 무위
도식하는 것보다는 차라리 견딜 수 없는 고통을 당하는 게 낫습니

다. 공허함을 느끼거나 진정한 느낌이 전혀 없는 것을 느끼는 것보다는, 갈증으로 바싹 말라가는 게 낫고, 고통을 간구하는 것이 더 좋습니다. 고통, 더 많은 고통을. 그것이 제가 저항하는 의미입니다. [46]

십자가의 성 요한의 책에 나오는 또 다른 문장이 조피의 글을 납득하도록 도와준다. 왜냐하면 그녀는 끊임없이 그의 가르침을 자신의 행로에 구현했기 때문이다. 성 요한은 다음과 같이 주장했다.

순수한 정신은 하느님 안에서 즐거운 것보다는 혐오스러운 것을 찾으며, 위안에 기울기 보다는 괴로움으로 기울고, 소유하기 보다는 하느님을 위해 모든 것을 버리고, 달콤한 위로 보다는 무미건조함과 고통을 향한다. 이것이 그리스도의 뒤를 따르고 자아를 버린다는 의미라는 것을 순수한 정신은 알고 있다. [47]

5월 초에 한스와 알렉스 슈모렐은 첫 번째 전단지를 인쇄해서 뿌렸다. 그들은 모든 독일인들에게, "인류의 재앙(나치)에 대항하여, 파시즘 그리고 전체주의와 유사한 어떤 시스템에도 대항하여 싸우기"를 호소했다. [48] 조피는 곧 오빠가 무슨 일을 하고 있는지 알아차렸고, 자신도 참여하겠다고 주장한 것처럼 보인다. 그녀는 선을 넘어섰고 나중에 체포된 뒤 법정에서 "심각한 반역을 꾀하는" 행위라고 일컬어졌던, 죽음을 무릅쓰는 활동을 적극적으로 했다. [49] 1942년 8월 6일, 한스와 그의 친구들이 공개적으로 히틀러와 그의 정부에 맞서는 동안 그녀는 일기장에 이렇게 역설적인 글을 남겼다.

> 나의 의지는 매우 약해져서 내 지각에 의해 어떤 일을 수행하거나 행
> 동할 수조차 없으며, 나의 자유의지를 포기하기조차 힘들다. 이것
> 이 경솔하고 자기 본위적임을 알고 있다. 나는 하느님에게 무릎을
> 꿇는다. 여전히 나는 매일 밤 기도하고 싶다…… 하느님께서 나의
> 의지를 빼앗고, 나를 굴복시켜주시기를—내가 나의 길을 가로막지
> 않았으면 좋을 텐데. 나의 무기력한 사랑이 강해지도록 하느님의 손
> 에 맡긴다. [50]

또 다시 십자가의 성 요한이 조피의 경험을 명확하게 설명한
다. 그는 이렇게 썼다.

> 하느님에게 이르는 길은 오직 한 가지만을 필수적으로 요구한다. 그
> 것은 진정한 자기 부정이다. 그것은 외부적으로나 내면적으로나, 그
> 리스도를 위한 고통과 모든 것들 속에서 절멸하는 것 두 가지 모두
> 에 자신을 복속시켜야 얻어진다 ……(그리고) 오로지 믿음에만 의지
> 해야 한다. [51]

조피는 죽기 6년 전부터 프리츠 하르트나겔에게 편지를 쓰
기 시작했다. 그는 그 당시 군대에 있었고 곧 장교로 임관되었
다. 그녀가 처음에 보낸 편지들은 자신보다 네 살 많은 젊은
남성에 대한 사춘기 소녀의 흥분으로 가득 차 있었다. 그러나
오 년이 지난 뒤 처형을 당하기 석 달 전에 보낸 편지들은 그

통찰과 진실에 있어서, 경험에서 얻은 놀랄 정도의 성숙함을 드러내고 있다. 예를 들어 1942년 11월 18일에 그녀는 이렇게 썼다.

나는 여전히 하느님으로부터 너무 멀리 떨어져 있어서 기도할 때 그 현존을 느낄 수 없을 정도입니다. 때때로 내가 하느님의 이름을 중 얼거릴 때, 사실, 나는 허공 속으로 빠져 들어가는 기분입니다. 무섭 거나 현기증이 나는 게 아니라, 전혀 아무 것도 없습니다. 그리고 그 게 더 끔찍합니다. 하지만 그것에 대해서는 기도가 오직 하나뿐인 처 방입니다. 아무리 많은 악마들이 제 내면에서 종종걸음 치면서 돌아 다닌다고 해도, 저는 하느님이 예수 그리스도를 통해 저에게 던져준 밧줄에 매달릴 겁니다. 제 마비된 손가락이 더 이상 밧줄을 느낄 수 없다고 할지라도.[52]

조피는 십자가의 성 요한이 정화라고 부른 과정을 경험하고 있었다. 성 요한은 이렇게 서서히 스며드는 수행은 "모호하고, 어둡고, 소름끼치는" 것이라고 설명한다.[53] 그가 소위 금욕적 이며 신비적인 신학의 함정과 은총에 대해 복잡한 사항들을 체 계적으로 상세하게 설명할 때, 그 말들은 매우 추상적으로 들 린다. 그러나 그의 가르침이 특정한 개인에게 생생하게 적용되 는 것을 목격하면, 그것이 얼마나 놀랍고도 굉장한지 알게 된 다. 도스토예프스키의 『카라마조프가의 형제들』에 나오는 조 시마 장로는 이렇게 강변한다. "행동하는 사랑은 꿈속의 사랑 과 비교할 때, 가혹하고 소름끼치는 것이다. 꿈속의 사랑은 즉각적인 행동을 갈망하기에, 재빨리 실행에 옮겨 모든 사람들이 보는 앞에 드러난다."[54] 조피의 고통과 괴로움을 통해 우리는 이렇게 가슴 아픈 실재를 가까이 들여다볼 수 있는 행운을 누린다.

성 요한은 이렇게 썼다. "처음에 영혼은 경험하지 못한다. …… 맛과 기쁨을, 단지 무미건조함과 혐오감만을 느낄 뿐……"[55] 게슈타포에게 체포되기 한 달 전, 조피는 이런 느낌을 일기에 표현했다.

혼자 있게 되면, 그 즉시 우울이 내 안에 있는 욕망을 제압해서 아무 것도 할 수 없다. 단지 신체적인 것이라 할지라도, 극단적인 고통이 이런 공허한 무기력보다는 훨씬 더 나을 것이다.[56]

체포되어서 감옥과 법정에서 오랜 시간 심문을 받는 동안, 그리고 죽음이 점점 가까이 다가오고 있을 때 조피의 행동을 보면, 마지막 닷새 동안 그녀가 믿음의 빛 속으로 들어가기 위한 여정의 출발점에 서 있었던 게 아니라는 사실을 알 수 있다. 많은 사람들이 목격한 그녀의 고요와 힘, 저항과 용기는 그녀가 이미 다윗왕이 찾던 그 영역, 믿음이 있는 모든 이들이 갈망하는 그 평화의 영역에 이르렀음을 보여주고 있다.

나는 한스가 지닌 믿음의 실재를 보여주는 글을 이미 앞에서 인용했다. 그러나 그 속에서는 조피가 보여준 파스칼 같은 절규나 당혹감과 유사한 내용을 찾아볼 수 없다. 가파른 낙타의 산을 오른 흔적 같은 것도 거의 없다. 그러나 기독교인으로서 그가 지닌 믿음의 성격은 쉽게 확인할 수 있다. 예를 들어 러시아에 있는 야전병원에서 일하는 동안 그는 계속 일기를 썼는데, 그 속에 도스토예프스키에 대해 이야기하면서 이렇게 언급했다.

그는 어둠을 들여다보고 알았다. 왜냐하면 그의 눈은 가짜 태양에 현혹되지 않았기 때문이다. 그는 죄에서 그리스도로 향하는 길을 찾았다. 한 사람의 뉘우치는 죄인이 수만 명의 올바른 자보다 하느님에게 더 소중하기 때문이다.

이러한 생각은 믿음이 없더라도 문학적 비판 능력을 지닌 지성인이 할 수 있는 생각이다. 며칠 뒤인 1942년 8월에 한스는 신앙인으로서 그가 서 있는 자리에 대한 의심이 사라질 만한 강렬한 개인적 경험을 묘사했다.

내가 밤낮으로 듣는 것은 오직 고통 속에 있는 사람들의 신음 소리들이다. 그리고 꿈을 꿀 때는, 황량한 풍경만 보인다. 생각을 하면, 내 생각은 고뇌 속으로 사라져 버린다.

만약 그리스도가 살아나지 않고 죽었다면, 탈출구는 정말로 없을 것이다. 눈물을 흘리는 것도 모두 헛된 일이다. 나는 가장 가까운 벽을 향해 전속력으로 달려가 머리를 부딪쳐 박살을 내야 할 것이다. 그러나 상황이 그렇게 되지 않는다.[57]

한스는 폴 클로델의 『비단구두 *The Satin Slipper*』를 "현대 유럽 문학의 가장 큰 사건"으로 생각했다. 1943년 2월 16일 체포되기 이틀 전 로제 나겔에게 보낸 편지에서, 그는 클로델을 인용해서 자신이 그 순간 처해 있는 상황을 표현했다.

> 요즘 나는 나 자신으로 존재해야만 해요. 왜냐하면 나 스스로 선택한 위험이니까요. 나는 내가 자유의지로 어떤 강제도 없이 선택한 운명을 밀고 나가야만 합니다. 나는 여러 번 길을 잃곤 했어요. 내가 압니다. 깊은 골짜기와 어두운 밤이 의문에 가득 찬 나의 가슴을 뒤덮곤 했어요. 하지만 나는 개의치 않고 떨쳐 일어났어요. 클로델이 이토록 빛나는 문장으로 쓴 것처럼. "삶은 빛을 향해 나아가는 위대한 모험이다."[58]

조피와 마찬가지로 한스도 명백하고 확실하게 그의 영혼, 그의 정신적 상태에 대한 진술을 보여주고 있다. 그것은 그가 체포되어 심문을 받을 때, 감옥과 법정에서 그가 보여줬던 행동 그리고 그의 죽음의 방식을 설명하는 것이다. 그가 사형 집행인 앞에 머리를 내려놓기 전 형무소 전체에 울려 퍼진 그의 마지막 외침은 이것이었다. "자유여, 영원하라!"[59]

사람과 책들

우리들 하나하나는 모두 죽어야 한다. 어떤 사람들은 단지 짧은 순간, 누군가는 이따금 몇 시간 동안 또 누군가는 일정하게 습관적으로 죽음에 대해 생각한다. 다시 말해서, 잘 죽기 위해서는 오늘 나는 어떻게 살아야만 하는가? 한스와 조피 숄은 우리에게 가치 있게 살아가는 것과 죽어가는 것을 증거해주는 본보기이다. 그들이 죽기 전 닷새 동안의 삶은 가장 의미 있는 표본이기도 하다. 이 짧은 지구상에서의 마지막 순간에 그들은 죽음의 역사상 거의 드물게 높은 곳까지 올라갔다.

나는 그들이 기도했다는 사실과 기도의 특성 때문에 그들의 삶과 죽음의 방식이 빛을 얻었음을 강조해왔다. 이 말의 의미는 저 너머의 곳을 지향하라는 것이다. 나는 그들이 영원과 맞닿는 경험을 했다고 주장한다. 나는 그들이 역사와 신앙을 훌륭하게 결합했고, 그래서 더할 나위 없이 귀한 유산을 물려주었다고 믿는다. 그들은 고통스럽게 시간에 동화되는 것을 통해 시간을 초월한 무한에 이르렀다.[60]

몇몇 사람들이 키에르케고르가 시도했다고 주장하는 것들을 조피와 한스가 명백히 해냈다. 그들은 삶과 죽음 속에서 철학과 신비주의를 통합했고 직관과 논증적 이성을 연관시켰다.[61] 영원을 믿었기에 그들은 특정 시간에 얽매인 모호한 사실들, 즉 로마 제국의 변두리에 살았던 방황하는 셈족이자 아브라함의 자손, 갈릴리 사람인 예수 그리스도에 대한 가상을 바탕으로 한 이야기들을 기반으로, 시간을 뛰어넘는 초월성 그리고 무한한 행복을 발견했다.

그들이 만났던 어떤 사람들, 그리고 그들이 읽었던 글들, 그 모든 것들에 의해 그들은 큰 도움을 받았다. 그들은 특별히 집중력이 강했다. 내가 앞서 말했던 것처럼, 가족들, 특히 그들의 부모 또한 커다란 영향을 미쳤을 것이다. 그 시대와 그들 자신의 적확한 도덕적 지각능력으로 인해 그들은 자기 또래의 젊은 친구들과 서구 역사와 국가사회주의로 표상되는 전적인 사악함에 대한 인식을 함께 나누는 데 거리낌이 없었다. 이 정당과 운동의 핵심적인 측면은 히틀러가 정권을 잡은 직후인 1933년에 녹음된 연설 속에 생생하게 표현되어 있다.

> "역사적으로 이야기하자면, 기독교는 단지 유대교의 한 종파에 지나지 않는다. 유대교를 파괴하고 난 뒤에는, 그 뒤를 따라 기독교 노예들의 도덕이 소멸할 것은 논리적으로 당연한 일이다. 내가 바로 그대가 믿는 신의 주인이다! 누구? 아시아의 독재자? 아니! 내가 이러한 십계명에 맞서 새로운 법을 세울 날이 반드시 올 것이다."[62]

1933년에 한스는 열다섯 살이었다. 따라서 그와 그의 어린 친구들은 더 나이 든 사람들, 그러니까 디트리히 본회퍼, 프리드리히 레크 말레체벤, 칼 무드, 테오도르 해커 그리고 통찰력 있는 다른 사람들처럼 히틀러 정책의 본색과 영향을 빨리 알아차리지 못했다. 그러나 뉘른베르크 전당대회(1936년 9월)에 참가하고 난 뒤 한스는 의문과 의심을 갖기 시작했다. 그리고 비타협적이고 근본적인 반대 입장을 취하는 데 있어서 나이 많은 사람들을 능가했다.

특히 한스는, 그리고 그와 어울리는 다른 젊은이들도, 기독교와 가톨릭의 전통을 삶의 기반으로 굳게 받아들인 어른들에 대해 특별한 존경심을 가지고 순종했다. 이러한 사람들 가운데 첫 번째가 칼 무드(1867~1944)인데, 그는 독실한 로만 가톨릭 신자들과 뛰어난 예술가, 학자들 사이의 논쟁을 주로 다루는 잡지인 『고원지대』(1903~1941)의 창립자이자 편집자였다.[63] 한스와 조피는 친구인 오틀 아이헤를 통해서 1941년 가을에 무드를 만났고, 만나자마자 곧 그의 인격적이고 지적인 가르침을 따르게 되었다. 나이 차이는 전혀 장애가 되지 않았다. 그들은 가까운 친구가 되었다.

무드를 통해서 그들은 테오도르 해커(1879~1943)를 만났는데 아마도 그는 무드와 마찬가지로 이 젊은이들에게 결정적인 영향을 미쳤을 것이다. 주로 그의 비밀 원고인 『밤의 일지*Journal of the Night*』를 통해서. 이 원고는 전쟁이 끝난 뒤 유작으로 출간되었다. 죽기 전에 해커는 백장미단원들에게 원고의 일부를 읽어주었다.[64] 무드의 집에서 한스와 조피는 나치에 반대하는 다른 사람들도 만났다. 역시 가톨릭 신자인 지기스문트 폰 라데키 같은 사람인데, 그 또한 그들에게 깊은 인상을 남겼다.[65]

때로는 주도적으로, 때로는 무드나 다른 사람들의 권고로, 젊은 숄 남매는 주의 깊게 여러 저자들의 책을 읽었다. 그들은 문학과 철학을 매우 사랑했다.[66] 그들이 했던 말이나 이어진 행동들로 미루어 보면, 그들이 많은 책들을 읽으면서 일종의 성스러운 독서lectio divina[67]를 실행했다고 볼 수 있다. 말이 그들 속으로 들어가고, 그들이 말 속을 들어가는 것으로, 그들은 독서를 통해 그들 개개인이 변화했다. 아마도 근본적인 전환이 일어났다고 말하는 게 정확할 것이다. 그러나 이렇게 말하는 것은, 그들에 대한 책의 상대적 영향력 그리고 책에 대해 알려준 사람과의 관계, 또한 한스와 조피의 역사 — 개인, 가족, 서구 사회의 역사까지 설명하고 그 비중을 가늠해야 하는 게 불가능한 일이기도 하다. 덧붙여서, 절대로 계산할 수 없는 또 다른 요소인 신성한 은총이 있다. 이것은 모든 일시적 요인들을 통해 작용한다. 그들은 문학과 철학, 신학에 대한 책을 읽는 것으로 그리고 그들의 기도를 통해, 적확한 통찰에서 시작해서, 저 너머의 신비 속에서 살기 위해, 동시대 사회 속으로 들어갔다.

그들에게 중요한 영향을 미쳤던 작가들 가운데, 특별히 관련 있는 다섯 명이 있는데, 파스칼Pascal, 클로델Claudel, 베르나노스Bernanos, 블루아Bloy, 베르다예프Berdyaev가 그들이다. 주로 블레즈 파스칼의『팡세』를 읽으면서 생긴 의문들과 그 책의 표현 방식 때문에, 파스칼의 생각은 두 젊은이들의 생각과 감정에 결정적인 영향을 미쳤을 것이다. 앞서 인용한 한스의 생각들로 미루어 볼 때 폴 클로델의 시들은 한스와 조피의 감성에 특별히 강렬하게 와 닿았음을 알 수 있다.

조지 베르나노스의『시골 목사의 일기』와『사탄의 태양 아래서』를 읽으면서, 이러한 성스러운 희곡들은 고결한 젊은이들에게 믿음이 있는 삶이야말로 진정으로 활기찬 모험이며, 나이와 경험에 의해 경직되거나 쓰디쓴 것이 되지 않는 것이라고 믿게 했다. 레옹 블루아의 문학적 능력과 삶의 힘이 어떤 것인지는 주요 작품인『절대자를 찾는 순례자』라는 책, 그리고 가톨릭 신앙에 대해 자끄와 라이사 마리탱과 나눈 대화를 보면 잘 알 수 있다. 블루아는 또한 다음과 같은 유명한 말을 했다. "성자가 되지 못하는 것만이 단 한 가지 불행이다."[68] 니콜라이 베르다예프는 기독교적 전망으로 역사를 보았던 철학자이다. 그의 사상은 해커의 관점을 포용하면서 더 폭이 넓어진다.

여러 증거들이 보여주고 있듯이, 아마도 네 명의 프랑스인과 파리에 살고 있던 러시아인 한 명이 독일인 작가 누구보다도 한스와 조피에게 커다란 자극이 되었던 것 같다. 또한 모든 작가들이 기독교를 자기 삶의 중심에 두고 있고, 그들 가운데 네 명은 로마 가톨릭 신자라는 사실도 매우 의미심장하다.[69]

다른 사람들도 조피와 한스에게 영향을 미쳤다. 히틀러와 그의 아첨꾼인 나치당원들. 이런 사람들에 대한 두 젊은이들의 의견에 대해, 아마도 그들이 이름조차 들어보지 못했을 낯선 사람인 프리드리히 레크 말레체벤이 잘 설명하고 있다. 그는 히틀러가 스탈린그라드에서 3만 명의 병사를 잃고 패배한 뒤, 다음과 같은 별명을 붙였다. "그뢰파즈Gröfaz, '역대의 가장 위대한 야전 원수'의 줄임말."[70] 역설적이라고 할 것도 없이, 레크 말레체벤 또한 히틀러를 적그리스도로 지칭하고 있는데, 이는 백장미단의 젊은이들에게 직접적인 영향을 주었던 해커에 의해 더욱 정교화 되었다.

독실한 가톨릭 신자였던 해커는 자신이 현실을 숙고함에 있어서 중요한 무엇이가를 빠뜨리는 커다란 잘못을 저질렀다고 믿었다. 『밤의 일지』에서, 그가 진리를 바로 가리키는 개념이라고 믿었던 것을 통해 신앙과 역사, 영원과 시간 같은 양분된 개념들과 직면한다. 그는 모든 인간이 직면하는 궁극적 문제는 형이상학과 역사의 대립을 개념화할 수 있게 되는 것이라고 생각했다. 해커에 따르면, 건너는 것이 불가능해 보이는 그 간극은, 그리스적인 전통과 유대적인 전통의 통합에 의해, 개개인의 사유로만 극복할 수 있다고 했다. 그의 일지를 주의 깊게 읽어보면, 그가 그러한 해결 지점을 향해 많이 나아간 것을 알 수 있다. 우선 그 근거를 명료하게 하기 위해, 그는 독일식 그리스도교herrgott-religion가 나치에 의해 장려되면서 기만, 배신, 살인 또는 폭력을 독일식 그리스도가 은총을 내린 증거로 받아들이는 것에 대해 언급한다. 그는 이렇게 주장했다. "독일식 그리스도교herrgott-religion는…… 한 번도 신성모독적인 얄팍함과 단순한 야수성을 동일시한 적이 없었다."

독일식 그리스도교의 뒤에는 멍청함과 공허함이 있고, 다른 아무것도 없다. 독일식 이상주의의 뒤에도 똑같거나 그보다 더한 지속적인 공허함만 있을 뿐이다. 오로지 그 허울만 미세한 인상을 남길 따름이다.[71]

한스의 일기와 편지들에서 이러한 사상의 영향을 찾아볼 수 있다. 또한 네 번째 전단지인 하느님과 사탄의 힘겨루기를 보면, 악마적인 힘의 실재에 대해 말하면서 나치를 "적그리스도의 하수인"이라고 주장한다.[72] 해커는 옥스퍼드에서 재림절에 적그리스도에 대한 설교를 했던 존 헨리 뉴먼의 제자이다.[73]

존 루카스John Lukacs나 프리드리히 히어Friedrich Heer 같은 많은 학자들이 히틀러를 악마에 사로잡혔고, 적그리스도가 인격화된 것이라고 주장한다. 교황 비오 12세는, 1945년 6월 2일, 히틀러가 자살하기 한 달 전에, "국가사회주의는 사탄의 현현"이라고 말했다. 이러한 해석에 대해 히어는 다음과 같이 논평했다. 교황은 "형이상학적 태도를 취하면서, 역사와 역사에 대한 책임에서 중요한 부분을 제거했고, 가톨릭이 져야 할 책임에 대해 무죄 방면했다." 루카스는 이러한 비판에 동의하면서, 히틀러에 대해 다음과 평했다. "다가오는 대중들의 시대에 ……첫 번째로 나타난 적그리스도적인 대중적 인물일 뿐"이라고.[74] 백장미단 청년들은 신학적 의견, 기독교적 전통, 도덕적 감수성, 정치 그리고 1942~1943년에 연속적으로 일어난 독일 시민들의 행동들 사이를 연결하는 중요한 고리 역할을 했다.

결론

1943년 2월 22일 백장미단 세 사람이 처형을 당했다. 조피와 한스 숄 그리고 크리스토프 프롭스트였다. 알렉스 슈모렐과 쿠르트 후버는 7월 13일에 단두대에 올랐다. 빌리 그라프의 목은 10월 17일에 잘렸다. 백장미단의 활동에 연루되었던 열 한 명과 함부르크 모임에 속했던 여덟 명도 살해당하거나 자살해야 했고, 감옥 또는 수용소에서 죽었다. 많은 사람들이 체포되었고 형무소에 보내졌다.[75] 감옥형을 언도받지 않고 풀려난 유일한 사람은 팔크 아르나크Falk Harnack였다. 그는 한스와 알렉스 그리고 디트리히 본회퍼가 1943년 2월 25일에 만날 수 있도록 모임을 주선한 사람이었다. 아르나크는 한스가 처형된 것을 알지 못한 채 그날 베를린에서 한스를 기다렸다.

인민재판의 기소장에서 볼 수 있듯 게슈타포는 매우 철저하고 신속하게 백장미단과 관련된 모든 세부 사항들을 알아냈다. 예를 들어, 한스, 조피 그리고 크리스토프에 대한 선고가 기록되어 있는 문서에 다음과 같이 나온다.

> 지금과 같은 전쟁의 시기에 피고인들이 전단지를 통해 국민들에게 전쟁 노력과 군비에 대한 사보타주와 국가사회주의자로서의 삶의 방식을 타도하라고 호소한 것은 패배주의적인 관념을 퍼뜨리는 것이었으며, 가장 저열하게 총통을 비방하는 행위였다. 그들은 결국 제국의 적을 이롭게 했고 국가의 힘과 안전을 저해했다. 이러한 이유로 해서 피고인들은 사형에 처해야 한다.
>
> 시민으로서 피고인들의 명예와 권리는 영원히 박탈한다.[76]

증거하는 자로서의 백장미단은 1943년의 독일 민중에게 매우 중대한 일이었다. 나치에 의해 주요 참여자들은 사형을 당하거나 투옥됐다. 그들이 뿌린 각각의 전단지에는, 한스 숄과 그의 동료들이 히틀러와 국가사회주의를 신랄하게 고발한 내용들이 공개적으로 나타나 있다. 더욱이 그들은 동족 독일인들에게 도덕적 타락을 떨치고 일어나라고 요청했다. 그들의 마지막 전단에는 동료 학생들이 앞장서기를 바라는 희망이 담겨있다.

독일 젊은이들이 마침내 일어나 복수하고, 속죄하고, 고통을 주는 자들을 쳐부수고, 새로운 유럽의 정신을 세우지 않는다면, 독일의 이름은 영원히 더럽혀질 것이다. 학생들이여! 독일 민중들이 우리를 보고 있다…… 스탈린그라드에서 죽은 이들이 우리에게 행동하라고 간청하고 있다.

"일어나라, 일어나, 나의 민족이여, 연기와 불꽃이 우리의 깃발이 되게 하라!"

우리 민중들은 일어나, 자유와 명예라는 새롭고 열정적인 돌파구 속에서, 국가사회주의자들이 유럽을 노예로 만드는 것에 대항할 준비가 되었다. [77]

그러나 거의 아무 일도 일어나지 않았다. 학생들은 움직이지 않았다. 몇몇 어른들은 고뇌의 껍질 속으로 퇴각했고 다른 이들은 그저 살아남으려 애썼다. 오직 얼마 안 되는 몇몇 사람들이 일어났고, 1944년 7월 20일 히틀러를 암살하려는 시도와 같은 노력 덕분에 죽음과 억압이 끝났다.

학교들과 다른 공공장소들에 숄 남매의 이름을 붙이곤 한다. 그리고 사람들은 일반적으로 백장미단을 용기 있는 사람들로 우러러보지만, 전시의 독일에 대해 헛되고 또 실패할 수밖에 없는 호소를 했다고 생각하기도 한다. 그들이 공산주의나 사회민주주의와 연결되어 있지 않았기 때문에 그들이 정치에 관심이 없었다고 생각하는 이들이 있다. 또한 그들이 국가사회주의에 반대한 여호와의 증인이나 메노파 교도, 고백교회의 일원이 아니었기 때문에 비사교적이고 폐쇄적이었다고 생각하는 이들도 있다. 전체적인 계획과 저항의 구조를 서서히 전개해 나갔기 때문에 그들은 낭만적인 초심자로서 때로는 포기하기도 했다. 관습적인 의미에서, 그들은 확실히 종교적이지는 않다. 처형되던 날 빌리 그라프가 편지에 쓴 감상적인 표현이 그 증거이다. "신의 사랑이 우리를 감싸고 있고, 우리는 그의 은총을 믿는다……"[78] 아마도 그들의 증언이 잠자고 있고 산만해져 있으며, 겁에 질려 마비된 독일과 그 이후 사회를 깨어나게 하는 것은 오직 우리 시대 속에서이다.

한스 조피 그리고 그들의 동료들은 그들이 사는 세상의 현실을 지각했다. 그들은 무한에 이르려는 악마의 존재가 세상에 종말을 가져오는 파괴를 시도하고 있음을 인지했다. 오늘날 우리—모든 사람들이라는 의미—가 비슷한 존재와 맞서고 있다고 믿는 사람들이 있다. 그러나 매우 커다란 차이가 있다. 1938년 11월 9일 크리스탈나흐트의 밤 이후, 마을이나 읍내, 도시에 사는 최소한의 도덕적 분별력이 있는 독일인이라면 누구나 국가사회주의의 본질과 방향을 볼 수 있었다.[79] 그러나 오늘날, 부패와 뒤틀림, 사악함은 놀랄 만큼 위장하고 있다. 많은 이들이 어떤 불안을 느끼지만 인간으로 존재할 수 있는 바로 그 가능성이 공격당하고 있음을 인식하는 사람은 거의 없다. 국가사회주의는 서구의 인본주의적 전통 위에서 폭력을 완성했다. 백장미단 사람들은 통찰력, 논리적 일관성 그리고 흔들리지 않는 용기로 폭력에 직접 맞섰다. 그러나 그 위험은 오늘날 더욱 근본적이 되었으며 또한 더 깊이 숨어버렸다. 우리는 좀 더 성실하게 명료함을 찾아야만 한다.

많은 목소리들이 우리 시대의 지배적 특성을 설명하고자 시도한다. 그리고 몇몇은 우리 시대의 악마적 성향을 인정한다. 자끄 에롤(~1994)은 삶과 저작이 명백히 하나의 지침이기도 한 가장 예리한 증인이다. 많은 이들이 그를, 우리 모두가 그 밑에서 살고 있는 테크놀로지 시스템의 중요한 비평가로 생각한다. 그는 많은 저작을 통해 테크놀로지의 부정적인 성향과 영향에 대해 묘사하고 분석했다. 그는 테크놀로지가 전체적인 것을, 즉 모든 것을 포괄한다고 믿는다. 그것은 "일어나는 모든 현상에 자기 자신을 통합한다." 그것은 또한 모든 움직임들이 궁극적으로 그 안에 통합되고, 아무것도 그것을 벗어날 수 없다는 의미에서 동화력이 있다.

인본주의적인 미래라는 허울을 뒤집어쓰고 점점 증가 일로에 있는 테크놀로지는 실제로는 인간을 파괴하는 일을 한다. 테크놀로지가 모든 것을 포괄한 이래로, 에롤은 그 손아귀에서 벗어나기 위한 초월의 필요를 보여주었다. 우리는 "역사나 이세상에 속하지 않은 어떤 것"을 필요로 한다. 우리들 각자 절대적인 이것이냐/저것이냐에 직면해 있다. "우리는 테크놀로지를 우리의 운명으로 받아들이거나 아니면 초월적 존재를 받아들여야 하는 선택에 직면해 있다."[80]

한스와 조피 숄은 동족인 독일인들이 그들 사이에 존재하는 엄청난 악을 보려하지 않고 인정하지 않으려 한다는 사실, 그리고 일어나 그것과 싸우려 하지 않는다는 사실에 좌절했다. 오늘날의 테크놀로지 사회에 살고 있는 대다수의 사람들은 실제로 에롤이 악으로 간주하는 것을 숭배한다. '시스템'에 대한 비판은 오해와 거부를 만나게 된다. 한스와 조피는 순응과 두려움에 직면했다.

모든 사람들 속에 깊숙이 침투한 소비라는 동시대의 열병은 다양한 테크놀로지 시스템 속으로 번져서 그것을 지탱하는 보조역할을 하고 있다. 많은 사람들이 자기 자신을, 그리고 자신의 노동—보통은 오직 고용에 의해 경험하는 노동—, 자신의 여가 그리고 다른 사람들과의 관례를 팔고 있다. 공상적 박애주의자, 광고업자들이 모든 사람들의 취향에 맞춰 제아무리 세련된 것이든 천박한 것이든 끊임없이 다양한 기분전환용 상품을 제공한다. 현실을 보고 인지하려면, 침묵 그리고 모든 사람들에게 허용된 것처럼 보이는 과잉된 상품과 서비스로부터 멀어지는 어떤 태도가 필요하다.

조피, 한스, 크리스토프 그리고 빌리와 마찬가지로, 에롤은 초월이 실제로 존재하며, 그것은 예수 그리스도라는 입장을 취한다. 그러나 나는 백장미단의 젊은이들이나 에롤이 기독교 신앙을 면죄부로 여겼다고 생각하지 않는다. 오히려 한스, 조피 그리고 그들의 친구들은 우리에게 오늘날의 세상을 질식시키고 있는 악을 인지하고, 그것을 악마적인 악으로 보라고 촉구한다. 우리들 사이에 형체를 갖춘 적그리스도가 걸어 다니고 있다고 믿는 이들도 있다.[81]

조피와 한스 그리고 크리스토프의 삶은, 첫 번째 전단지를 뿌리고 9개월 뒤에 체포되어 죽음에 이르기까지의 시간 동안, 믿을 수 없을 만큼 엄청난 성장을 했다. 사람은 기도와 성찰로부터 자신의 고난, 믿음의 힘, 사유의 순수성의 높이를 감각할 수 있다. 백장미단 젊은이들이 자신의 신성을 향해 나아갔던 때와 거의 비슷한 시기에 자신의 성찰을 기록했던 시몬 베유는 우리가 그들의 영혼을 들여다 볼 수 있도록 도와준다. 그녀는 이렇게 썼다.

만약 우리가 신의 존재에 대한 사유에서 충만한 기쁨을 찾는다면, 우리는 우리 자신이 존재하지 않음을 아는 것에서 같은 기쁨을 찾을 수 있다. 그것은 같은 사유이기 때문이다. 이러한 앎은 오직 고통과 죽음을 통해서만 우리의 감각으로까지 확장된다.

시몬 베유는 스스로의 방식으로 우리가 십자가의 성 요한이 쓴 글에서, 그리고 실제 존재에서는, 백장미단 젊은이들의 삶에서 발견한 것을 표현하고 있다. 그녀는 이렇게 살아있는 의식을 "소멸"이라고 부른다. "우리는 자신을 소멸시키는 것으로 세상의 창조에 참여한다."

시몬 베유는 하느님의 창조에 대해 가톨릭의 전통, 특히 성 토마스 아퀴나스에 매우 깊이 동조하면서 언급한다. 그녀는 이렇게 말했다.

창조는 ……사랑의 행위이며 그것은 영속적이다. 우리가 존재하는 매순간 신의 사랑이 우리에게 깃들어 있다. 그러나 신은 오로지 스스로만을 사랑할 수 있다. 우리에 대한 그의 사랑은 우리를 통해서 스스로를 사랑하는 것이다. 따라서 우리를 존재하게 만든 신은, 우리가 존재하지 않게 됨을 받아들이는 것을 사랑한다.

조피, 한스 그리고 크리스토프는 젊고 재능 있는 사람들이었기 때문에 그들의 미래, 그들의 삶을 소멸시켜 버리는 일을 했다. 자신의 죽음에 고요히 직면하는 것으로, 그들은 시몬 베유의 소멸에 대한 사유를 훌륭하게 구현했다. "무엇인가를 창조하게 만드는 것은 소멸의 일부가 되는 것이다."[82] 백장미단을 처형했던 사람은 나중에 미국인들을 위해서 일하면서 나치의 권력자들을 처형했다. 그는 세 젊은이들처럼 용감하게 죽음을 맞이하는 사람들을 이전에도 이후에도 한 번도 본 적이 없다고 말했다.[83]

죽음을 감싸 안는 것

오코테펙은 멕시코의 전원 지대인 모렐로스 주에 위치하고 있다. 그런데 이곳은 어떤 곳일까? 거리, 길, 집, 그리고 작은 가게들—어떤 가게는 지붕 아래 있지만, 어떤 가게는 그냥 길거리에 나와 있다—이 옹기종기 모여 있다. 우뚝 솟아 있는 교구 교회가 있고, 마을을 쿠에르나바카에서 테포츨란까지 두 부분으로 가르는, 늘 차로 붐비는 고속도로가 있다. 오코테펙은 네 개의 구역barrios으로 나뉘는데, 12년 동안 나는 매해 여름마다 이 구역 중 하나인 배리오 델 세뇨르 데 로스 라모스the Barrio del senor de los Ramos에서 살았다. 매년 내가 잠시 머물렀던 까이예 데 로스 돌로레스Calle de los Dolores는 여전히 자갈과 먼지가 가득하지만 그 세월 동안 가로등들이 설치되었고, 덕분에 밤에도 길이 밝아졌다. 특히 비가 내려서 길이 젖은 밤에는 많은 도움이 되었다.

콘크리트 벽돌과 주름진 양철, 플라스틱으로 지어진 좁고 빽빽하게 들어선 집들 옆 여기저기에 누가 봐도 부유한 사람들의 새 집이 이전보다 더 많이 세워졌다. 로스 돌로레스 거리를 따라 수백 미터 걸어가면 도시를 한눈에 내려다볼 수 있는 높은 곳에 도착한다. 아열대 기후의 풍부한 강우량 덕분에 녹색 잎들이 시야를 가득 채운다. 대부분의 집과 가게들은 나무와 부겐빌리아들로 둘러싸여 있었다.

각각의 구역은 저마다의 이름과 작은 성당 혹은 카피야가 있다. 내가 살던 구역의 이름은 예수가 예루살렘에 입성해서 이제는 종려ramo 주일로 불리는 날을 기념해서 지어졌다. 그곳 성당은 내가 살던 집에서 반 블록 정도 떨어져 있었다. 성당의 작은 탑에는 확성기들이 달려 있었다. 그래서 때때로 주일과 축일에 종소리나 녹음된 음악, 사람들의 기도문 외우는 소리가 지붕들을 넘어서 들려왔지만, 내가 집중하는 것을 방해하거나 산만해질 정도로 소리가 크진 않았다. 종은 규칙적으로 이따금 울렸다. 하지만 내가 멕시코에서 지냈던 그 모든 시간들 내내, 나는 30미터 거리 즈음 떨어진 성당에 간 적은 없었고, 내 머릿속으로 퍼져나가는 그 소리들에 관심을 기울이지 않았다.

그러나 1999년 여름 어느 일요일을 기점으로 오코테펙에서의 내 삶이 급격히 변했다. 이른 아침 무렵 내 방에서 책을 읽다가 나는 고개를 들고 주의 깊게 귀를 기울였다. 그 날 나는 부드럽게 공기 속에서 흐르고 있는 목소리를 간신히 알아차릴 수 있었다. 그것은 해마다 나를 편안하게 보살펴주던 그 집 관리인이자 잡부인 크루즈의 목소리 같았다. 해가 질 즈음 나는 그에게 물었다. "크루즈, 아침에 기도문을 인도하는 소리를 들었는데, 당신이었나요?" 그는 평소처럼 상냥한 미소를 지으며 대답했다. "네."

크루즈는 읽고 쓸 줄 알았지만 나는 그가 그 능력을 많이 사용한다고 생각지는 않았다. 그가 집에서 TV를 시청하는 것을 본 적이 있었다. 그러나 책이나 신문을 읽는 것은 한 번도 보지 못했다. 나는 그가 이른 일요일 아침에 하는 일에 대해 호기심이 생겼다. "일요일 아침에 성당에서 뭘 하세요?" 그에게 물었다. "묵주기도를 해요." 그는 간단하게 대답했다. "매주 일요일마다 외우시는 건가요?" "네, 한번 오실래요?" "제가 가도 되나요?" "물론이죠. 일곱 시에 시작해요."

다음 일요일 아침, 그 날을 찬양하게 되길 간절하게 바라며 새삼스럽게도 신비롭게 느껴지는 작은 성당으로 다가갔다. 거기서 나를 기다리고 있는 것은 무엇이었나? 처음 내 눈에 들어온 것은 건물을 둘러싸고 있는 2미터 높이의 회벽이었다. 벽에서 10미터쯤 뒤 마당 한가운데에 성당이 자리 잡고 있었다. 열려있는 철문을 지나 몇 걸음을 옮기자마자 곧 성당 입구에서 회랑으로 이어져 있는 둥근 지붕 안으로 들어설 수 있었다.

건물 안에 들어가자 중앙 통로 양측에 단순한 신도석이 세 줄 놓여 있었다. 이제는 그 자리에 어울리지 않아 보였다. 그 바로 앞에는 깨끗한 하얀 천이 덮여 있고, 큰 양초 두 개가 놓여있는 소박한 제단이 있었다. 옛 제단을 여전히 지탱하고 있는 앞쪽 벽에는 여섯 개의 긴 양초와 글라디올러스가 꽂혀 있는 꽃병들, 그리고 과달루파나의 그림—멕시코시티의 성지 라 빌라에 전시해서 기념하고 있는 성 처녀 그림—의 복사본이 걸려 있었다. 성당의 전면에 위압적인 모습으로 서 있는 2미터 높이의 거대한 당나귀 조각상은 진짜 천으로 된 좋은 옷을 입은 그리스도를 태운 채, 성큼성큼 걸어서 나에게 다가오는 것처럼 보였다. 그 아래 크기만 작은 똑같은 조각상 역시 걸어오는 것 같았다. 거대한 십자가상이 더해져 신성한 이미지의 모음을 완성하고 있었다. 앞에 있는 새 제단 앞에는 두꺼운 부활절 양초가 바닥에 세워져 있었다.

한 젊은 여성이 성구 보관실에서 나와 촛불에 불을 밝혔다. 잠시 후 그녀는 불붙은 숯이 담긴 자기 그릇을 가지고 돌아왔다. 그릇에는 향 알갱이들이 뿌려져 있었다. 소박한 향로를 천천히 흔들면서 그녀는 진지하게 각각의 이미지 앞에서 향을 피웠고, 부활절 양초 앞쪽 바닥에 향로를 내려놓았다. 그 사이 몇 사람이 와서 신도석에 앉았다.

일곱 시가 조금 지나자 크루즈가 앞으로 나와 마이크를 조정했다. 그리고 이미지를 마주 보면서 한쪽 구석에 서서 기도문을 외우기 시작했다. 오십 년 동안 매번 묵주기도를 하고 난 다음, 그는 사람들이 찬양하는 것을 인도했다. 묵주기도, 찬송가, 그리고 다른 기도문이 마무리되면 그는 성모 마리아의 호칭 기도를 시작했다. 그와 신자들은 호칭 기도의 모든 부분을 노래했다. 라틴어로! 나는 그들의 능력에 경탄했다…… 그들이 간신히 스페인어를 읽고 쓸 줄 안다는 사실을 알고 있었기 때문이다. 예배의식 내내 어떤 나이 든 여성이 우리의 기도문을 천국으로 데려가 줄 향기로운 연기를 계속 만들기 위해 숯에 향을 더 채워 넣었다.

한 시간 동안 지속된 의식이 끝나고 모든 사람들이 서로 악수를 했다. 어린아이와도 악수를 했다. 나는 사람들이 정문 밖 지붕이 있는 입구에도 서 있는 것을 알게 되었다. 그들은 예배가 시작된 이후에 도착했고 작은 성당 안에 들어올 수가 없었다. 나중에 보니 그들은 안에 있는 사람들보다 훨씬 많은 숫자였다.

모두가 파티오로 나가 남자들은 플라스틱 의자에 둥글게 둘러앉았다. 여자들은 또 여자들끼리 모여 앉았다. 곧이어 우리는 따뜻한 아침식사와 음료를 대접받았다. 간단한 음식이었지만 따뜻했고 잘 차려져 있었다. 크루즈는 다른 사람들에게 나를 소개해주었다. 서로를 잘 알고 있는 게 분명한 남자들은 식사를 하면서 한 주 동안 일어났던 사건들을 논의했다. 외국인 앞에서 수줍어하지 않는 것처럼 보이는 몇몇 사람들은 나에 대해 정중한 질문을 몇 개 던졌다. 그들은 외국인이 자신들과 함께 일요일 아침 기도에 참여했다는 사실에 깊은 인상을 받은 것처럼 보였다. 그들이 말하는 방식과 말하고 묻는 내용에서, 그들이 내가 자신들을 구경하러 온 게 아니라고 생각하는 것을 깨달을 수 있었다. 그들은 내가 함께 기도하러 왔다고 믿고 있었다.

비록 그 성당에는 성체가 없었지만(그런 곳에는 성찬식 빵을 비축해놓지 않는다), 찬송가의 가사는 몇 번씩 그리스도의 현존을 언급하고 있었다. 나는 조심스럽게 귀를 기울였고 그러한 모든 찬양의 말들이 신학적으로 들린다는 사실을 깨달았다. 그 사람들은 호소력 있는 찬양이 담겨 있고 전통적인 교리에 충실한 좋은 찬송가를 골랐다. 게다가 묵주기도가 동반되는 모든 기도문이 숭고하면서도 격식에 맞았다. 모두 아름다운 기도문들이었고 무미건조하지도 감상적이지도 않았다.

매주 일요일 아침 나는 이른 시각에 시작하는 묵주기도를 드리기 위해 성당에 갔다. 그러던 어느 주일날, 마치 누군가 죽어가고 있거나 이미 죽은 것을 알리기 위한 것처럼 종이 울렸다.

나는 크루즈에게 물었다. "무슨 일이에요?" 그는 한 젊은이가 자살했다고 말해주었다. 그 젊은이는 바로 전 주 일요일 묵주기도에 참석했었다. 아침 식사 시간에 남자들끼리 둘러앉은 자리에서 그는 바로 내 옆에 있었다! 크루즈의 좋은 기억력 덕분에 나는 그를 기억해낼 수 있었다. 그는 벽과 나란히 놓여 있는 콘크리트 벤치에 앉아 있었고, 나는 그를 원 안에 집어넣기 위해 내가 앉아 있던 플라스틱 의자를 옮겼다. 거의 원 밖으로 나가 있던 그의 위치가 그가 한 행동과 맞아떨어졌다. 그가 대화에 참여했는지 기억나지 않지만, 내가 집으로 돌아가려고 자리에서 일어났을 때 그와 악수를 했다. 식사를 마치고 성당을 떠날 때, 나는 늘 모든 사람들과 악수하면서 인사를 나누는 것을 잊지 않았다. "다음에 또 만나요."

나는 크루즈와 그의 아내 루시나에게 그 젊은이가 죽은 이유를 아는지 물었다. 아니요, 마을을 떠돌아다니는 이야기들은 많지만, 어느 게 다른 것보다 더 정확하다는 증거는 없어요. 그들은 섣부른 추측과 소문을 피하기 위해 아무것도 믿지 않으려 했다.

그 날 저녁, 성당에서는 고인의 시신을 모시고 추도의식을 올렸다. 내 방에서 사람들이 슬픈 마음으로 나무들 사이로 걸어가며 부르는 기도문과 찬송가를 들을 수 있었다. 하지만 나도 그 의식에 참석해야 한다고 느끼지는 않았다. 나는 정말 외부인이었다. 그곳에서, 그를 아는 사람들 사이에서, 나는 다른 이들의 생활을 엿보는 사람일 뿐이었다. 그 마을에서 오랜 시간 동안, 어쩌면 한 세대 이상을 살아야 슬픔을 함께 할 수 있을 것이다. 슬픔을 더욱 친밀하게 나누기 위해서는 이웃이 되어 이 공동체에 소속되어 살아야 한다.

나중에 나는 중심가와 고속도로에서 몇 블록 떨어진 교구 교회에서 장례 미사가 있고, 여섯 블록에서 일곱 블록 정도 떨어진 묘지를 향해 걸어가는 장례 행사가 있음을 알게 되었다. 크루즈는 또한 칠일 밤 동안 자신의 장모 집에서(그 젊은이의 집은 사람들이 모이기에는 너무 좁았다) 묵주기도가 있다는 것도 알려주었다. 이틀 동안은 크루즈가 기도를 이끌었는데 그날 함께 가보자고 나를 불렀다. 또한 자신과 루시나가 저녁에 한 블록 거리에 있는 이웃집으로 꼼쁠레아뇨스cumpleaños를 기념하기 위해 가는데, 나도 함께 가자고 했다. 나는 그 단어가 '생일'을 의미한다는 것을 알고 있었지만, 그럼에도 그런 축하를 하러 가는 게 아니라는 것을 직감했다. 실수하지 않기 위해 나는 크루즈에게 무엇을 기념하는 것이냐고 물었다. 그는 한 남자가 죽은 뒤 한 해가 흐른 것을 기념하는 날이며 밤 열 시쯤에 추모식이 있을 것이라고 대답했다.

같이 가자는 말을 들었을 때 나는 기쁨 비슷한 감정을 느끼며 자동적으로 즉시, "갈게요." 하고 대답했다. 나중에는 걱정을 좀 했지만. 이것은 해도 좋은 일일까? 그가 나를 초대하도록 지나치게 눈치를 주었나? 이방인이자 외국인인 내가 어떻게 주제넘게 고통의 경험을 나누는 가족들의 사적 공간에 침입할 것인가? 하지만 나는 지금까지 크루즈와 루시나를 오랜 시간 알고 지냈다. 그리고 나는 사람들과 함께 기도하기 위해 일요일마다 묵주기도에 참석했다. 같은 마음으로 그들의 집에 들어가기를 희망할 수는 없을까? 크루즈가 나에게 민속문화를 관찰하라고 초대하는 게 아니라 함께 기도하자고 나를 초대하는 거라는 확신이 들었다. 나는 평화로운 마음으로 갈 수 있다고 결론을 내렸다.

그 날 저녁, 걸어서 5분 정도 거리에 있는 어느 집에 도착했다. 임시로 만든 대문을 지나 마당으로 들어섰다. 백열전구가 한 줄로 매달려 있었다. 사람들은 무리지어 조용히 대화하면서 돌아다니고 있었다. 루시나, 크루즈, 그리고 나는 집 안으로 들어갔다. 낡은 접의자들이 놓여 있었다. 좁고 매우 평범한 방에 15명에서 20명 정도 되는 사람들이 모여 있었고 우리는 그 사이에 끼어 앉았다. 천장이 없었기 때문에 골이 진 석면이나 펠트로 만든 지붕이 안에서도 보였다.

우리가 앉아 있는 곳에서 2미터 떨어진 곳에 관대가 있었고, 그 위 일 미터 높이의 단에 시신이 누워 있었다. 천으로 덮인 머리는 반대편에 있었다. 발은 우리를 향해 똑바로 뻗어 있었다. 그러니까 시신은 우리가 나란히 앉아있는 의자들과 거의 직각을 이루고 있었다. 십자가가 바느질된 검은 천이 관대 전체를 감싸고 있었다. 십 자로 교차된 나무 판에 하얀 글라디올러스를 고정시켜 만든 커다란 십자가가 바닥에 세워진 채 관대에 기대 있었다. 꽃으로 장식된 십자가의 팔에는 폭이 3인치 정도 되는 나일론인가 비단 천이 늘어뜨려져 있었다.

양편에 세 개씩 놓인 여섯 개의 양초들은 글라디올러스가 담겨있는 화병들과 나란히 관대 옆에 엄숙하게 늘어놓았다. 아마도 나무로 만들어졌을 긴 촛대는 알루미늄 호일로 감싸여 있었다. 또한 유리등잔 속에 양초를 세워 넣은 철야용 등들이 열 개에서 열다섯 개 정도 바닥에 불규칙하게 세워져 있었다. 십자가 근처 밝은 색으로 칠한 의자 위에는 우리가 추모하는 당사자인 호세 어거스틴의 커다란 컬러사진이 놓여 있었다. 십자가 주위에는 음식이 담긴 큰 그릇들 몇 개가 배열되어 있었다. 그릇 속에는 빵, 그리고 커다란 콜라병, 와인이나 술이 들어 있는 것처럼 보이는 병, 말보로 여러 갑이 들어 있었다. 한쪽 구석에 몰(mole, 초콜릿과 후추를 많이 넣어 만든 고기에 뿌리는 소스)을 담은 거대한 도자기 가마솥이 있었고, 그 위에 큰 나무 국자가 가로로 걸쳐 있었다. 바닥 위의 도자기 향로는 아직 불을 붙이지 않은 상태였다.

하얀 천으로 덮여있는 시신은 관대 위에 누워있는 것처럼 보였다. 선홍빛 사과들이 관대 위 시신 주위를 둘러싸고 한 줄로 놓여있었다. 정말로 시신이 놓여 있는 것처럼 보이게 하기 위해, 잘 다림질된 셔츠와 바지가 천으로 덮인 불룩한 단 위에 펼쳐져 있었다. 머리 위치에는 유행하는 스타일의 멕시코 밀짚모자가 놓여 있었다.

관대 뒤에 있는 벽 위에는 더 많은 꽃병과 긴 촛대들, 그리고 성자들의 그림들이 있었다. 붉은 장미 꽃다발들이 화려함을 더해주고 있었다. 하얀 국화가 있는 도자기 덕분에 단조로움을 피할 수 있었다. 사람들은 계속 도착했고 많은 이들이 커다란 꽃다발을 들고 왔다. 나는 바닥에 놓인 물이 담겨 있는 컵에 카네이션처럼 보이는 꽃 한 송이가 꽂혀 있는 것을 눈여겨보았다. 나중에 반복되는 축복 의식에서 그 꽃이 물뿌리개처럼 사용되는 것을 보았다.

자리에 앉고 나서 얼마 뒤에 우리는 카페 데 올라(a cafe de olla, 멕시코 향신료를 넣은 커피)와 큰 롤빵을 대접받았다. 몸집이 작고 구부정한 미망인이 대문 근처에 앉아 아직 마당으로 들어오지 못한 새로운 방문객들과 인사를 나누면서 꽃다발을 받는 동안, 사람들은 조용히 다른 이들과 대화를 나눴다.

추모식을 주관하고 있는 것처럼 보이는 청년이 관대로 다가갈 수 있는 길을 만들기 위해 흩어져 있는 꽃들을 한쪽 구석으로 치우라고 소란스럽지 않게 조용히 지시를 내렸다. 방 안과 밖에 있던 참석자들 모두가 성호를 그으면서 시신을 축복하기 위해 한 명씩 관대로 다가갔다. 모두가 같은 방향으로 다가가 똑같은 일을 했다. 크루즈가 나에게도 한번 해보라고 정중하게 제안했으므로, 나도 그렇게 했다.

모든 사람(약 백 명에 가까운)들이 묵념을 마치자, 행사를 주관하는 청년이 묵주기도를 시작했다. 각각의 묵주기도 사이에 그는 사람들이 찬송가 여러 소절을 부르도록 인도했다. 매번 다른 노래들이었다. 그는 또한 관대의 머리 부분에 물에 담가두었던 카네이션으로 물을 뿌리면서, 여러 기도문과 교독문을 인용했다. 그 사람들 모두 기도문들을 잘 알고 있었다. 그런 다음 젊은 사회자는 성모 마리아의 호칭 기도를 하기 시작했고 특별히 호세 어거스틴에 대한 신의 자비를 구하는 기도문을 함께 외웠다.

그 다음에 사회자는 꽃들 대부분을 밖으로 옮기라고 지시하고 유리 촛대들을 보이지 않게 치웠다. 우선 관대 위에 놓여 있던 남자 옷들을 조심스럽게 개켜서 선반에 정리해 넣은 뒤 관대를 덮고 있던 천들을 걷어냈다.

그는 바구니에 모든 사과들을 모아 다른 음식들과 함께 마당으로 내보냈다. 나는 내심 흥분하고 있었다. 어느 정도는 눈치를 채고 있기도 했다. 나는 천 밑에 무엇이 놓여있든 그것을 보고 싶었기에 그가 하얀 천을 걷어내고 개키기 시작할 때 가까이 다가가 지켜보았다. 그는 큰 덩어리의 빵과 바나나 다발로 이루어져 있는 시신의 형태를 나에게 보여주었다. 그것들은 정말 음식이었다! 이 모든 것들을 박스에 넣어 여러 조각으로 분해된 관대와 함께 밖으로 내보냈다.

호세 어거스틴의 컬러 사진은 방의 뒤쪽 벽에 있는 일종의 제단 위에 성자들의 그림들과 나란히 놓였다. 꽃으로 만들어진 십자가는 제단에 기대어 세워져 있었다. 불 붙은 숯이 담긴 향로는 십자가 옆 바닥에 놓였다. 사람들이 기도하는 동안 줄을 계속 흔들어 향기로운 연기가 피어오르도록 일정한 간격으로 향로 속에 향을 집어넣었고, 그래서 우리 모두 향기의 축복을 받았다. 긴 촛대들은 십자가의 양쪽에 배열되어 있었다. 믿음의 가능성에 대한 덧없는 증거처럼 촛불은 조용히 깜빡였다.

방 한가운데를 깨끗이 치우고 나자 한 남자와 한 여자가 들어와 십자가의 팔을 각각 하나씩 잡았다. 그리고 나서 그들은 거친 콘크리트 바닥에 무릎을 꿇고 우리를 마주보았다. 참석한 사람들이 한 명씩 십자가에 다가가 그 앞에 무릎을 꿇고 입을 맞추었다. 하지만 사람들이 줄을 서지는 않았다. 서두르거나 기다리는 사람도 없었다. 사람들이 무리 속에서 자연스럽게 걸어 나와 십자가와 마주하여 존경을 표한 뒤 다시 무리 속으로 돌아갔다. 그러면 다른 사람이 걸어 나왔고 모두들 십자가에 숭배를 표할 때까지 그렇게 이어졌다. 그 동안 내내 모두들 십자가의 영광과 힘을 기리는 찬송가를 불렀다. 나는 크루즈가 알려주지 않았음에도 이웃들이 오고 가는 흐름 사이에 틈이 생겼을 때 십자가 앞으로 나갔다.

젊은 사회자가 오랜 시간 동안 딱딱하고 거칠게 굳은 콘크리트에 무릎을 꿇고 있어서 피곤할 게 틀림없는 두 사람으로부터 십자가를 다시 받아서 도로 제단에 걸쳐놓았다.

사람들이 많은 찬송가들을 노래했다. 아디오스(adios, 안녕히 가시오)라는 단어가 자주 반복되었다. 밤늦은 시간이었다. 비록 가사와 멜로디는 용감한 헌신과 강인한 정서를 표현하고 있었지만 나는 점점 더 피곤해졌고 도대체 이 일이 언제 끝나는지 궁금해지기 시작했다! 마침내 추모식은 끝났고 크루즈가 집에 돌아가자고 했다. 하지만 문 근처로 갔을 때, 미망인이 우리를 불러 세워 또 다른 커피 한 잔을 마시고 가라고 고집을 부렸다. 우리는 의자로 돌아가 다시 큰 롤빵과 함께 카페 데 올라를 대접받았다.

나는 더 이상 음식을 먹을 수 없었다. 크루즈가 나에게 롤빵을 셔츠 안에 넣어두고 내일 먹으라고 말했다.

더욱 조용하고, 친근하고, 자연스러운 대화가 이어졌다. 사람들은 신성에서 세속으로 쉽게 이동했다. 그들은 예배의식에 친숙했고, 그에 따르는 노래, 감정, 움직임, 그리고 죽음의 공포를 누그러뜨리는 일에 익숙했다. 커피를 거의 다 마신 뒤(나는 자야 할 시간이 한참 지났고 아무리 마셔도 커피는 줄어들 기미가 보이지 않았다), 우리는 일어나 몇몇 사람들과 악수를 하고 미망인에게 작별인사를 했다. 그녀는 다음날 성당에서 열릴 남편을 위한 미사에 꼭 참석해 달라고 우리에게 부탁했다. 자정이 막 지난 시각이었다. 우리는 두 시간 내내 알차게 그 자리에 딱 맞는 찬양을 하면서 고인을 기억했고 언젠가는 우리 모두 그와 만날 것을 기약했다. 그리고 그날 밤의 추모식을 통해 그러한 믿음을 희망적으로 표현했다.

매우 늦은 시각이었음에도 나는 곧장 잠자리에 들지 않았다. 너무 많은 인상들과 생각들이 머릿속에 지나가는 바람에 나는 예민한 상태로 깨어있었다. 잠이 올 것 같지 않았다. 나는 처음으로 어떤 중요한 것을 이해할 수 있는 언저리에 서 있음을 희미하게 느끼고 있었다. 나는 의식 밖에 숨어서 머뭇거리고 있는 그 통찰 혹은 직관을 놓치고 싶지 않았다. 왜냐하면 그것은 특별한 은총이었으니까.

그날 저녁의 추모식과 일요일의 추도의식은 순전한 영광송이었으며, 소박하고 뜻 깊은 말들로 하느님을 찬양하는 것이었다. 나는 영광송이 그토록 풍요롭고 인간적인 요소들로 가득 차 있으며, 나의 욕구 그리고 믿음의 공동체가 지닌 슬픔과 두려움을 잘 표현하는 것인지 전혀 상상하지 못했다. 영향력이 강력한 대중매체의 중심에서 멀리 떨어져 있으며, '더 넓은' 세상에 알려져 있지 않은 멕시코의 오지에 살고 있는 꾸밈없는 사람들 사이에서 내가 경험했던 것은, 초월적인 영혼을 생생하게 불러내는 것, 영원과의 순간적인 접촉이었다.

소리 내어 말하는 기도와 성호를 긋는 동작을 통해 사람들은 하느님을 찬양하고 신학적으로 건전한 교리를 흡수한다. 그리고 죽음을 맞이하고 경험하기에 가장 적합한 신체적, 정서적, 정신적 성향 그리고 영혼을 형성하고 굳건히 한다. 그들이 반복적으로 행하는 예배의식은 매체가 개입하거나 반영된 것이 아니라 경험적이며 직접적인 것이다. 규격화된 커리큘럼에 의한 게 아니라 그들 스스로 주도하면서 그들의 재능으로 진행하는 것이다. 수동적으로 누군가의 지시를 따르는 게 아니라 감각적 행위에 의해, 그들은 죽음에 대한 생생한 준비와 해설을 배운다. 즉 미래, 또는 나중에 언젠가 잘 죽으려면 지금 어떻게 살아야 할지를.

이것은 정말로 풍요로운 의식의 완성으로, 순수하게 육화된 기도와 일상에서의 아름다운 꽃, 평범한 음식, 긴장을 풀어주는 일용품인 담배와 코카콜라를 포함한다. 게다가 중요한 것은 모든 것이 그 사람들의 손으로 이루어진다는 것이다. 어떤 관료적이고 계급적인 권위가 그들을 감시하거나 통제하지 않는다. 공식적이고 제도적인 힘도 전혀 작용하지 않는다. 이웃들의 의견이나 그들 스스로의 믿음 말고는 행동을 강제하는 어떤 압력도 없다.

유럽인에게 정복당하기 전부터 내려온, 아무도 완전히 풀어버릴 수 없는 조밀하게 짜인 전통이라는 그물이 그들에게 활기를 불어넣어 주고 그들을 지탱하고 있다. 제멋대로인 폭력과 화려한 아름다움, 조야한 추함 그리고 상상 속에만 존재하는 환상을 목격할 수 있는 사회에 살고 있는 나에게, 이 사람들은 자신의 발로 땅을 굳건히 딛고 선 채 죽음과 마주하고 있는 것처럼 보였다.

모든 말과 의식이 "소박한 농부"의 고결함, 가난 속에 깃든 부유함을 드러내고 있었다. 그 사람들이 했던 모든 일들은 그들을 둘러싸고 있는 환경과 매우 대조적이었다. 가난한 사람들의 자연스러운 품위, 꽃들의 아름다움, 음식의 온전함이 마당을 가득 채운 싸구려 플라스틱 의자들(행사를 위해 빌려온 것들)과 값싼 재료들로 지어진 조잡한 상자각 같은 집들, 평범한 사람들과 저렴한 옷들, 메스티조 친구들의 모습을 비추던 알전구들 속에 뒤섞여 있었다.

나는 특히 시신이 드러나는 장면이 흥미롭다고 생각했다. 그날 저녁의 행사를 주관했던 사회자는, 마치 정말 시신이 있는 것처럼 고요한 엄숙함을 지닌 채 서서히 천을 벗겨냈다. 억지로 믿는 척 꾸미는 듯한 기미는 조금도 없었다. 결론적으로 그곳에 모인 사람들 하나하나에게 의식 전체가 익숙했다. 사회자는 신중하고도 세심한 동작으로 과일과 빵 같은 기본적인 음식으로 솜씨 좋게 배열된 형태를 천천히 드러냈다. 아는 사람들에 의해 선택된 공동체의 '평범한' 구성원인 그는 잠시 리더십을 떠맡았다. 그는 예의바르고 아름다운 몸짓으로 모두가 알고 있는 구체적 사물들을 다루었고, 추모식에 참석한 사람들의 믿음을 통해 그 사물들은 호세 어거스틴의 죽음을 훨씬 넘어 선 지점에 도달했다. 나는 그 음식들을 가족과 이웃이 함께 나누었으리라고 짐작했다.

이틀 뒤 크루즈는 로베르토, 그러니까 자살한 젊은이를 위한 묵주기도에 오라고 나를 불렀다. 또 다시 크루즈가 기도를 인도할 차례였다. 우리는 여러 블록을 걸어서 저녁 여덟시에 시작되는 의식이 열리는 곳에 도착했다. 모임 장소는 소박하지만 상당히 넓은 차고였으며, 폭은 좁지만 차 두 대가 들어갈 정도로 길었다. 한쪽 벽에는 빈 상자들과 먼지투성이 소다수 병들이 쌓여있었다. 양쪽 벽을 따라 큰 깡통들 혹은 시멘트 블록 위에 거친 판자들이 가로놓여 있었다. 사람들은 서로 마주보며 판자 위에 걸터앉았다. 그리고 차고의 한 쪽 끝에 임시로 만들어진 제단을 바라볼 수 있도록 몸을 돌렸다.

나는 출입문 앞 길가에 서서 잠시 주저했으나 누군가가 나를 데리고 안으로 들어갔다. 나는 판자 위에 앉았다. 판자 위의 자리가 꽉 차자 그 집 남자들이 평범한 하얀 플라스틱 의자를 가져와서 가운데에 놓았다. 나는 문을 통해 파티오를 내다보았고, 집이 정말로 좁아서 사람들을 안으로 들여보낼 수 없다는 사실을 알아차렸다. 제단에는 그다지 싱싱해 보이지 않는 꽃들이 꽂힌 화병들이 세워져 있었다. 묵주기도가 있던 주에서 며칠 지났기 때문이다.

크루즈가 다시 앞으로 나가 중앙에서 약간 왼쪽에 선 채 제단을 마주하고 의식을 인도했다. 묵주기도, 호칭기도, 찬송가, 그리고 기도문은 두 가지를 제외하면 우리가 일요일 아침에 암송하고 인용했던 것과 비슷했다. 각각의 묵주기도가 끝난 후, 크루즈는 이틀 전 추모식 날 밤 평범한 물컵에 담아두었던 것과 같은 꽃으로 제단에 물을 뿌렸다. 모든 기도문은 죽은 남자에 대한 내용으로 이루어졌고 그의 이름 로베르토를 자주 불렀다. 일요일에 그랬던 것처럼 향로는 계속 향으로 채워졌고 그 향기가 우리 모두를 감싸는 동안 연기는 끊임없이 피어올라 평범한 창고 안의 세속적인 공간을 거의 완전히 변화시켰다.

한 시간 동안의 의식이 끝나고 사람들은 각자 맛있는 음식과 음료를 대접받았다. 직사각형의 스티로폼 접시에 정성스럽게 준비된 세 가지 타코와 장식이 달린 점토잔에 담긴 카페 데 올라였다. 주위를 돌아보면서 약 육십 명 정도의 사람이 모여 있음을 확인했다. 아마 이 가족(아주 제한적인 의미의 가족)은 일주일 내내 매일 밤 이런 음식을 준비해야만 할 것이다. 꽃들은 기대했던 것만큼 넉넉하지는 않았지만 무덤에는 더 많은 꽃들이 있을지도 모른다는 것을 떠올렸다. 오직 새들과 무덤의 유령들만이, 꽃들이 죽고 그리고 썩을 때까지 즐길 수 있을지도 모른다.

나는 묵주기도를 하기 위해 차고에 모이는 또 다른 저녁에 크루즈, 루시나와 동행했다. 매일 밤 죽은 이의 가족은 의식이 끝난 뒤 손님들에게 대접할 음식을 매일 달리 준비했다. 그 날 저녁 그들은 사람들이 좋아하는 수프인 뽀솔레를 대접했다. 맛있었지만 좀 색다른 맛이어서 나는 루시나에게 맛이 왜 이러냐고 물어보았다. 다른 곳에서 뽀솔레를 먹었을 때는 돼지고기의 맛이 났지만 그 날 저녁에 먹은 것은 닭고기 맛인 듯했다. 그녀는 죽은 자를 추모하는 자리에 돼지고기는 어울리지 않는다고 설명해주었다. 어떤 종류의 음식은 금지되었기 때문에 닭고기 육수로 만든 식사가 준비되었던 것이다. 나는 또한 호칭 기도를 할 때의 응답들이 일요일의 기도회와는 다르다는 것을 알아차렸다. "우리를 위하여 빌어주소서" 하고 말하는 대신, 사람들은 "그를 위해 빌어주소서"라고 끊임없이 반복했다. 기도문들은 모두 신학적으로 견실했고, 이곳 사람들 그리고 한 사람, 로베르토에 초점을 맞추고 있었다. 그것들은 가장 가능한 균형을 표현했다. 또한 그 의식과 그곳에 모인 사람들 모두에게 매우 적합했다.

그 해 여름, 나는 로스 라모스 구역 사람들과 성당에서 그리고 그들의 집에서 함께 기도했다. 거의 이십 년 가까운 기간 동안 해마다 이 마을에 왔지만 한 번도 그들의 종교적인 의식에 참여한 적이 없었다. 왜 나는 그 여름에 근본적으로 행동방식을 바꾸었을까? 그 모든 세월들의 기도에, 나의 것이 아닌 그들의 기도에 내가 그토록 감동받아야 했을까? 이것은 기도의 힘에 대한 극적인 사례일까? 내가 입을 닫고 있던 시간들과 이 사람들의 은혜로운 선물은 관련이 있는 것일까? 교육을 받지 못했고 세련되지도 못한 그 사람들이 나에게 기도에 대한 새로운 경험을 선물해주었다. 내가 읽은 모든 책들에서 절대 얻을 수 없던 것을 그들에게 배웠다. 학문의 세계는 그러한 지식 앞에서는 무력했다.

성당과 사람들의 집에서 치러지는 예배의식은 그들 삶의 중심이 되는 장소를 형성하는 것처럼 보였다. 성당은 어느 정도 이웃들 사이의 물리적 중심지였다. 일요일 아침마다 종이 울리는 것은 되풀이되는 하나의 양식이 되었고 죽음을 알리기 위한 종은 다른 리듬으로 울렸다. 이러한 리듬들은 사람들에게 무슨 말을 하는 것일까? 몇 주 전까지만 해도 그 리듬은 나에게 아무것도 말해주지 않았다. 몇몇 마을 사람들에게도 그럴까? 나는 피상적으로는 마을 사람들 모두가 종소리를 들을 때 서로 다른 리듬의 의미를 알고 있으리라고 추측했다. 하지만 나는 그들이 종소리를 듣거나 귀를 기울일 때 그들 마음과 정신 속으로 무엇이 지나가는지 알 수 없었다.

서구에는 종을 울리는 것에 대한 길고 복잡한 역사가 있고, 특정한 경우에 울리는 종소리에 관련된 전통들이 많이 있음을 나는 알고 있었다. 하지만 이곳 성당의 종소리가 환기시키는 공동체의 의미들에 대해 나의 통찰이 도가 지나치다는 것을 이미 느끼고 있었다. 나는 그것이 나에게 이미 보여주고 있는 의미를 흡수하기에 역부족이었다. 더욱 깊이 캐묻는 것은 그들의 세계, 그들의 감성, 그들의 집단적, 개인적 자아를 침해할 수도 있었다.

그럼에도 나는 어떤 것들은 정말로 알고 있다. 오코테펙을 시골 마을이라고 부르는 것은 오해일지도 모른다는 것이다. 오코테펙은 쿠에르나바카의 부속 도시로 보는 게 더 적절하다.

이곳을 시골 마을이라고 부르는 것은 이곳을 오해하게 하고, '시골사람'에 대한 환상과 감상적 관념을 만들어낸다. 얼마나 가난하든, 얼마나 허술하게 지어졌든, 거의 모든 집에는 전기가 들어오고 TV 안테나를 통해 스포츠 경기를 향유하고 있다. 비록 얼마 안 되는 사람들만 자동차를 가지고 있었지만, 근처 도시를 연결하는 택시와 버스는 속도도 빨랐고, 또 빈번하게 오고갔다. 내가 경험한 바에 의하면 정말로 차가 필요한 사람은 아무도 없다는 결론을 확실하게 내릴 수 있었다.

오코테펙에는 사람들의 직장, 학교, 의사, 그리고 병원이 있었다. 상품이 잘 갖춰져 있는 것처럼 보이는 여러 비디오 할인 매장에서는 TV 방송프로가 포함된 오락 패키지를 판매했다. 몇 년 전에는 없던 것들이다. 내가 처음 이곳에 왔을 때는 공중전화가 하나밖에 없었다. 이제 중심가 어디에나 공중전화가 있다. 현대의 크고 작은 상품들 가운데 이곳에 없는 것은 없다고까지 말할 수 있다. 이곳 사람들이 전통을 고수하는 사람들이라고 말할 수는 없다. 하지만 최소한 그들이 물려받은 고대의 지혜 일부는, 조금은 혼합된 양식이지만, 죽음에 대한 그들의 접근 방식과 죽음을 둘러싼 의식들의 형태로 생생하게 살아 있는 것처럼 보였다.

죽음은 궁극적으로 미지의 것이며 개개인이 마주해야 하는 가장 두려운 경험이고, 다른 무엇보다 공포를 불러일으키는 것이다. 오코테펙 구역에서 나는 사람들에 대해 새롭게 알게 되었다. 그곳 사람들은 어린아이부터 노인에 이르기까지 모두 정기적이고 의미 있는 의식들로 죽음을 끌어안았다. 어쩌면 외부인은 그들이 어떻게 죽어야 하는지 배워왔다고 말할지 모르지만, 내 생각에 그런 진술은 매우 부정확한 것 같다. 그들은 걸음마를 하면서 걷는 법을 '배우는' 것처럼 죽음과 마주하는 법을 '배워왔다'. 그들은 이웃이 죽을 때마다, 그리고 기념일마다, 죽음을 상기하면서 죽음을 알아간다. 그들은 어떤 지침이나 일반적인 제도적 지원이 필요하지 않는 것처럼 보였다. 어쩌면 그들은 계속 "죽음과 함께 살아가는" 생생한 방법을 알고 있다고 말하는 편이 정확할 수 있다. 그들은 현명하게도 죽음에 대한 공포를 마주할 수 있는 형식을 고안해냈다. 그들은 죽음을 사라지게 하려는 어리석은 시도를 하지 않는다.

경제학자들의 맹공격 아래, 경제적 인간이 가장 높은 자리에 오르는 자본집약적 사회에서 그들은 어쩌면 다른 전통적 믿음이나 관습들은 포기하거나 과감히 희석했을지도 모른다. 그렇지만 그들은 대단한 투쟁이나 분명한 노력 없이 죽음을 자신들 주위에 두는 일은 고수한 것처럼 보인다. 그것은 아마 현대화로 인한 파괴의 역사에서 가장 특이한 사례일 것이다. 오코테펙 사람들은 내가 한 번도 경험하거나 이해하지 못한 게 분명한 지혜로운 판단을 했던 것일까? 멕시코의 다른 장소에서 그런 기적 같은 일이 일어나고 있는가? 다른 나라들에서도? 그렇게 소박하고 많은 빛들이 어둠을 밝히고 있는 것인가?

관습적이고 일상적이며, 그저 무의미한 행동만 하는 것처럼 보이는 이 세상의 하찮은 사람들 사이에서, 그것은 나에게 반드시 발견할 수밖에 없는 희망의 가장 심오한 신호가 다시 나타난 것 같았다.

인간의 창조물로서 좋은 죽음을 상상하는 것이 가능하다면, 그 모든 요소들이 이곳에 나타나 있는 것처럼 보였다. 시간이 흐르는 동안 오코테펙 사람들은 죽음과 동행하고, 죽음을 기념할 수 있는 행동과 기도를 스스로 선택하고 지켜왔다. 동네 사람들은 자기가 아는 누군가에게 무슨 일이 일어났는지 종소리를 통해 알게 된다. 그런 다음 자기 생각으로 적합하다고 생각하는 바에 따라 자유롭게 의식에 참여하거나 혹은 대처한다. 모든 이들이 자신의 죽음을 성찰해볼 수 있는 자리에 초대된다.

책과 문서들에서 의료적 처치의 나쁜 영향에 대해 의문을 제기하거나 일목요연하게 써 내려간 내용을 볼 수 있다. 하지만 내가 그 해 여름에 목격한 것을 숙고해보면, 의료적 처치야말로 현대의 죽음이 지닌 가장 참혹한 면은 아닌지 의심한다. 오늘날 미국인 열 명 중 일곱 명이 그러는 것처럼 누군가 죽기 위해서 병원이나 양로원으로 실려 간다면, 이제껏 지켜왔던 관습들은 사라져버리기 마련이다. 모든 이들이 빈곤해진다. 죽어가는 사람, 모든 가족과 이웃들, 그리고 의료인들까지. 내가 초대받아 참석했던 의식들은 죽어가는 일 전체를 가능한 한 인지하기 위해, 즉 죽음은 탄생과 마찬가지로 나에게 속해 있음을 인지하기 위해 필요한 일처럼 보였다. 오코테펙에서 행해진 의식들은 각 개인이 반드시 혼자 겪어야 하는 마지막 일을 우리 모두에게 함께 준비시키는 것이었다.

몇 년 동안 나는 내가 죽음을 준비하고 있다고 믿었다. 나는 죽음이라는 사실을 성찰하면서 나 자신의 죽음에 대해 어떤 관념들을 형성했고, 매일 내가 어떻게 살지를 상기시켜줄 좋은 죽음을 위해 기도했다. 하지만 지금은 이 모든 준비들에 본질적인 요소가 결여되어 있다는 생각을 한다. 나는 끔찍하게 깊은 내 고독을 인정하지 않은 채 그저 홀로 준비해왔다. 결정적으로 나는 거칠어 보이는 사람들, 세상이 하찮게 여기는 사람들의 흔하지 않은 특권을 즐기지 않았다.

크루즈, 루시나, 그리고 그들의 이웃들을 보면서 나는 죽음에 대한 나의 유념이, 죽음을 고려하는 나의 행동이, 불충분하다는 것을 깨달았다. 나는 생활 공동체의 예배의식 없이 살아가려고 노력해왔다. 나는 지속적으로 되풀이되는 공동체의 예배의식이 필요하다는 사실을 인지하지 못했다. 오코테펙에 사는 개인들은 그들이 알고 지낸 누군가의 죽음을 이웃들과 함께 기릴 수 있으며, 아마도 평생 동안 천 번 이상 그런 예배의식에 참여할 것이다. 그들은 아주 어렸을 때부터 현실 세계의 공포와 마주한다. 그러나 그 세계는 공동체가 수용하는 신뢰와 희망의 기억과 그것을 기리는 예배의식 안에 죽음을 포괄하고 있는 세계이기도 하다. 반복되어 치러지는 이러한 행사들은 그 사람들과 그들의 감성, 그들의 영혼에 어떤 역할을 해야 하나? 그 장소에는 어떤 사람들이 살고 있는가? 내가 현실을 의식하는 범위는 엄청나게 확장되었다.

사회과학을 접한 덕분에 나는 그런 질문들을 던진다…… 그리고 어리석게도, 고집스럽게도, 내가 대답을 찾을 수 있다고 믿고 싶어진다. 대답을 찾기 위해 그 사람들을 연구할 수도 있다! 나는 연구 설계를 하고, 방법론을 창안하고, 그들의 세계로, 그들의 마음으로, 그들의 정신으로, 그들의 존재 속으로 들어가려 시도할 수도 있었다.

하지만 나는 망설였다. 나는 이미 그 사람들을 알고 있었고, 그들 중 몇몇과는 정말 잘 알았다. 그리고 그들에게 진심으로 애정을 느꼈다. 그들을 지켜보고, 관찰하고, 이용할 수 있을까? 그들을 연구하는 게 무슨 의미인가? 그리고 무엇보다 연구라는 것은 수단으로서의 활동이므로 필연적으로 특징화 될 수밖에 없고, 따라서 나의 '고귀한' 목적을 위해 그들이 누추한 의미로 바뀔 수밖에 없지 않은가? 내가 만약 학자라면 어떻게 그런 연구 없이 경력을 쌓아갈 수 있겠는가?

혼란스러웠다. 그러한 지식에 대한 추구가 적절하지 않은 시대나 장소라는 게 따로 있을까? 그것이 허용되지도 않는 곳이 있을까? 어쩌면 지식에 대한 오늘날의 개념은 도전받아야 마땅할 것이다. 인정받고, 심지어 존경까지 받는 학문적 연구에 대해 근본적인 의문을 제기해야 할지도 모른다. 역사를 포함해서 대부분의 사회과학을 통해 습득한 지식들은 의심스럽다.

성 토마스의 『신학대전』[1]에서처럼, 그런 호기심을 바탕으로 한 글들을 도덕적 실패로 심각하게 받아들여야만 할까? 지식산업이 양적으로 풍부하게 성장한 것을 고려하면 성 토마스의 가르침에 당황하지 않으면서, 그 가르침을 확장하는 게 오늘날 반드시 해야 할 일이 아닐까? 몇몇 문화비평에 따르면, 어떤 의미에서 지식은 엄청나게 증가했지만 무질서는 그보다 더 많이 늘어났다고 한다. 나는 누군가가 균형을 제안할 수 있어야 한다고 생각한다. 사용 가능한 지식이 팽창하면서 학자들 사

이에 어떤 학문으로 교육과정을 구성할 것인가에 대한 의견이
점점 일치하지 않게 되는 것은 당연한 일이다. 오늘날 제대로
된 교육이란 무엇을 의미하는가?

또 다른 균형이 진실처럼 보인다. 역사적으로 서구 대학들에
서 지식이 폭발적으로 증가하면서 중세의 스콜라 철학은 쇠퇴
했다. 성 토마스의 저작들이 도달한 수준에서, 우리는 갑작스
런 중단과 미묘한 구분이 늘어나는 것, 추상적이고 엄격한 형
식주의의 흔적을 발견할 수 있는데, 여러 사람들—데카르트,
비트겐슈타인, 그리고 발타자르—이 그것이 무익하다는 데 의
견을 같이했다.

위의 두 가지와 연결되어 제3의 지식운동이 일어났다. 자연
과학이 발전하면서 대학에서 철학과 신학의 중요성은 줄어들
었다. 이 세 가지 변화들은 서로 독립적인 것이 아니다. 오코테
펙의 사람들과 함께 보낸 경험을 통해서, 지금 나는 이러한 사
회적·지성적 변동 안에 중요한 도덕적 내용이 담겨 있는지 의
심스럽다. 나는 그런 내용을 그저 흘낏 볼 수 있었을 뿐이
다…… 이제까지!

몇 년 전부터 나는 사람들의 고통을 담은 사진—사고나 자
연재해 이후에 신문이나 TV에서 볼 수 있는—이 외설적인 것
이라고 믿게 되었다. 그런 사진들은 받아들이지도, 보여주지
도 말아야 한다. 게다가 그것들은 특별히 끔찍하고 집요한 형
상을 유도한다. 상처 입은 환경 속에 살고 있기에 우리는 다른
이의 불행을 즐기게 된다. 나에게 그 일이 일어나지 않았다는
사실에 은밀하게 행복해 하는 것이다. 하지만 다른 사람들이

처한 상황에 대한 연구, 그들의 행동과 내밀한 삶에 대한 연구는 관음증의 더욱 무신경한 형태와 본질적으로 다른 것일까? 사회과학 그 자체가 의심스럽거나 혹은 사회과학이 도덕적으로 미심쩍은 것일까? 객관적인 지식을 추구하는 것이라서 또는 감정이입을 할 수 있어서 선할 가능성도 있을까? 예외가 존재하는가?

오코테펙의 사람들과 함께 어울린 경험으로 나는 선과 악을 직접 다루는 지식을 습득하는 일에 의구심을 품게 되었다. 나는 어떤 의미에서 다른 사람에 대한 지식을 추구하는 일에는 도덕적 문제가 있다고 느껴야 하며, 몇몇 사례에서는 금지해야 한다고까지 생각한다.

다른 사람들에 대해 알고자 하는 의도나 취지가 좋은 경우는 매우 드물다는 게 분명하다. 알려고 하는 욕망은 어쩌면 먹고 마시려는 욕망과 많이 비슷한지도 모른다. 우리 모두는 감각적 욕구를 통제하고 질서를 부여하는 일에 커다란 어려움을 겪고 있다. 동의하는 사람들이 많지는 않겠지만 앎에 대한 욕구도 비슷한 게 사실이다. 뿐만 아니라 사회과학적 지식을 생산하는 데 유능한 이들은 어쩌면 부도덕하고 잔인한 삶을 가장 열정적으로 사는 이들일 수도 있다. 어떤 이들은 죄악이 되는 호기심에 헌신하는 삶을 부분적으로 받아들인다. 사실 서구 역사에서 구체적인 지식 획득 방법이 발전하면서, 알고자 하는 욕망은 여덟 번째 주요 죄악, 정보의 시대에 유독 만연한 죄악을 이루게 되었다. 그것을 호기심의 죄악이라 부를 수 있을 것이다.

사람은 반드시, 기본적으로 홀로 행동한다. 그것이 필연이고 궁극이다. 그래서 사랑을 한다. 만약 다른 이를 사랑하지 않는다면 나는 죽은 사람이다. 다른 의미에서는, 희망이 없는 사람이다. 모든 지혜는 근본적으로 동일한 가르침을 담고 있다. 일반적으로 그 가르침은 유대교나 기독교에 국한된 것이 아니다.

나는 우정의 발로로 오코테펙으로 왔다. 아마도 우정이 그 모든 시간 내내 나를 호기심으로부터 보호해줬을 것이다. 그러나 그 시간 동안 나는 그 사람들을 늘 알고 지냈던 것이 아니었음에도, 내가 머물고 있는 집 앞을 지나가는 사람들에게 거리에서 만날 때마다 인사를 나누곤 했다. 그리고 내가 복사를 하러 가던 작은 두 가게의 주인들과, 야채와 과일을 파는 남자와, 정기적으로 또띠아를 사러 가서 만나던 젊은 여성과 아주 친해졌다. 나에게 빵과 치즈를 파는 여성 또한 얼굴은 알고 있었지만, 그녀가 가게 일에 너무 바빠서 대화를 나눌 틈은 없었다.

매일 나에게 필요한 것들 때문에 나는 이 사람들을 찾아갔다. 그들에 대한 나의 애정이 그들이 사는 동네와 세상일에 대해 이야기를 나누도록 만들었던 같다. 우리의 대화들을 돌이켜보면 다른 이들에게 그들과 그들의 가족에 대해 말해줄 무엇인가가 있을지도 모른다. 하지만 나는 한 번도 이런 지식을 추구하지 않았다. 나는 그들에 대해 한 번도 호기심을 갖지 않았다. 내가 말할 수 있는 건 나의 애정이 어떤 지식보다 우선했다는 것이다.

해마다 몇 주 혹은 몇 달 동안 오코테펙에 머물렀던 세월이 많이 흐르고 난 뒤, 크루즈가 나를 이웃의 예배의식에 초대했다. 그 일은 '자연스럽게' 일어났다. 하지만 내가 그 초대를 수락해서 성당에 가도록 이끌었던 무엇인가가 있었다. 크루즈가 손을 내민 것과 내가 응답한 것이 우리가 받은 은총 덕분이라고 감히 믿어도 될까? 그 모든 것이 바로 아무 대가 없는 선물이기에?

크루즈와 루시나가 보여주는 여러 태도로, 나는 그들이 나에게 진정으로 애정을 갖고 있음을 알고 있었다. 그리고 나 역시 그들에게 분명히 존경과 애정을 갖고 있었다. 서로에게 품고 있던 우정이 오랜 세월 동안 완전해지면서 양쪽에서 다가가게 되었을 것이다. 그래서 그는 나를 초대했고 나는 받아들였다.

지난날을 되돌아보면서 나는, 일요일 묵주기도에 갈 때마다, 크루즈와 루시나와 함께 죽은 자를 위한 예배의식이 있는 이웃집에 동행할 때마다, 내가 기도를 하기 위해 갔다는 사실을 깨달았다. 다른 동기 역시 있었겠지만, 사람들과 함께 기도하고 싶다는 욕망이 내 정신과 마음속에서 가장 간절했다는 것은 확실하다.

마지막 해나 그 즈음, 나는 기독교인으로서 '안식일'을 관찰하면서 매주 일요일 나의 의식과 행동으로 이 날의 특별한 성격을 인정하고자 했다. 이런 태도는 크루즈가 나에게 이른 아침의 기도회에 가자고 처음 제안했을 때 그가 생각했던 모든 것들과 잘 맞아떨어졌다. 일요일 아침 성당의 기도회와 이웃의 집에서 열린 예배의식에 대한 모든 사유들은 훨씬 나중에 생겨난 것이다.

많은 성찰 끝에, 오코테펙 사람들이 나에게 결코 잊고 싶지 않은 진실들을 가르쳐 주었다는 결론을 내렸다. 으뜸으로 꼽을만한 것은 찬양이 중요하다는 것이지만 그러나 그것은 내가 한 번도 느끼거나 인식한 적이 없던 방식을 통해서였다. 그 여름에 나는 영광송의 언어와 그 행위의 존재론적 최고 층위를 이루는 충만한 증거를 경험했다. 모든 언어는 영광송의 언어이어야만 존재할 수 있었다. 언어는 그것이 어떻게 영광의 말에서 출발하고 어떻게 그것을 향해 가는지에 따라 평가되었다. 뿐만 아니라 찬양은 내가 기대했던 형식들 너머에 있었다. 로마 가톨릭 미사, 동방 정교회의 성체 성사, 서구와 동구의 수도원 예배 형식 너머에 있었던 것이다. 또한 나는 찬양의 완전성은 종종 그보다 더 나아간 특성에 깃든다고 배웠다. 그것은 공동체에 속하는 것이다. 하느님에게 목소리를 높여 찬양하려면 친근한 이웃이 필요하다. 죽음의 고독은 우리에게 타인과 함께 살아갈 것을 요구한다. 영광송의 삶을 살기 위해서는 공동체의 삶을 추구하는 것이 좋다.

그 사람들은 예배의식이 꼭 필요하다는 것을 가르쳐주었다. 그들의 의식은 내가 상상해본 적이 없는 형식을 갖추고 있었다. 예를 들어 예배의식 내내 향이 피어오르는 것이 그러했다. '공식적인' 행사에서는 한번도 그런 것을 보지 못했다. 정확히 말하면 향은 한 번이나 두 번 정도 등장하고 바로 사라졌다.

나는 또한 반복하는 것에 대해 새로운 공감과 존중을 갖게 되었다. 나는 묵주기도에서 아베마리아를 오십 번 되풀이하는 것은, 정말로 집중해서 로사리오 염주의 신비에 대해 명상하지 않는다면, 아무 생각 없는 행위일 뿐이라고 생각하곤 했다. 이제 나는 진짜 혹은 가짜 사색과는 상관없이, 같은 기도문의 반복 그 자체가 핵심이라는 것을 이해한다. 우리는 인간이기에 끊임없이 다시 돌아갈 필요가 있다.

비록 해마다 나는 더욱 세계적이며, 소위 더욱 세련됐다고 하는 도시에서 이곳으로 오지만, 그럼에도 이곳에서 행해지는 죽음의 의식은 직접성이라는 면과 성찰의 측면 모두에서 의미가 있었다. 하지만 나는 그들이 정성들여 치르는 의식의 특별한 비범함은 그것이 계속 일어난다는 점에 있다고 믿는다. 오코테펙의 삶 속에는 평생 동안 예배의식이 끊임없이 반복된다. 나는 이 거듭되는 귀환과 갱신이 죽음에 대한 좋은 준비의 일부분임을 확신한다.

일요일과 죽은 이를 추모하는 예배의식을 경험하면서 나는 찬양에서 중요한 것은 모든 감각들을 집중하는 것임을 다시 한번 깊이 깨달았다. 삶에서도 마찬가지다. 예를 들어, 예배당의 종소리, 기도문과 찬송가를 말하고 노래하고 듣는 일, 꽃들의 아름다움을 보는 일, 향의 달콤함을 맡는 일, 지속적으로 자신의 가슴에 십자가를 긋는 행위, 꼼쁠레아뇨스에서 '시신'을 만지고 십자가에 입을 맞추는 행위, 소박한 점심식사의 맛, 의식들의 끝부분에 펼쳐지는 '담소들'과 악수를 나누는 일. 이 모든 예배의식의 행위들은 영광송의 현실성을 되찾는 데 기여했다. 하지만 이번에는 다시 영광송의 진실성과 현실성이 나의 감각적 삶에 힘을 주고 새로운 활기를 불어넣어 주기 위해 존재하게 된다.

그 여름에 경험한 것에서 나는 또 이런 의문을 갖게 되었다. 왜 보통 교회에서는 예배의식과 교리교육을 분리하는가? 나는 오코테펙에서 두 가지가 동시에 이루어지는 것을 보았다. 기도문의 내용에 대해 깊이 생각하면서 예배에 참여하는 것을 통해, 나는 교실에서 설명을 듣는 것보다 예배의식에 참여하면서 이루어지는 교리교육이 더 의미 있다고 믿게 되었다. 뿐만 아니라 처음에는 이 모든 일들이 간신히 읽고 쓸 줄 아는 평신도들에 의해 이루어지고 있다는 사실에 매우 놀랐다. 어떤 예배의식에도 신부나 성직자는 나타나지 않았다. 그들은 필요하지 않았다.

교회의 형태와 이 세상에서 이루어지는 그 작용이 이제 나에게는 조금 달라 보인다. 예수는 역동적인 삶을 사는 내내 끊임없이 말했다. 그는 알려주고 가르쳐 주었으며, 설교하고, 치료했다. 학자와 해설자들이 예수가 지상에서 보낸 삶 전체의 흔적들을 찾아내기는 했지만, 그는 오직 자신의 삶의 마지막을 향하는 예배의식의 형식과 내용을 우리에게 남겼다. 여러 세기가 지나는 동안, 교회의 다양한 사람들이 서로 다른 많은 예배의식을 정교하게 만들었다. 오코테펙에서 나는 가장 평범한 신자들에 의해 만들어지고 수행되는 보기 드문 의식에 참여했다. 기도를 많이 하는 예배의식에 참여하면서, 나는 이러한 의식들이 진실하고, 감동적이고, 영향력이 크다는 사실을 깨달았다. 그리고 나는 당황했다. 이 놀라운 경험과 관련해서 무엇을 해야 할 것인가? 내가 이 사람들에게 진 엄청난 빚을 어떻게 갚을 것인가?

그 여름 오코테펙을 떠난 이후로, 꾸밈없고 아마 제대로 교육받지 못했을 사람들의 행동에 근거해서, 내 머릿속에 아직 완성되지 않은 주장이 형성되었다. 그전까지만 해도 나는 인간의 그릇된 욕구에 의해 발전된 자연과학, 그 중에서 특히 화학이 오염되고 추악해진 세상이라는 물리적 조건을 만들어낸 제도적 원인이라고 생각했다. 자연과학(hard science—형용사가 적절하다)은 기술을 가능하게 만들고 자만심을 존경하게 만든다.

오코테펙에서의 경험을 반추하면서, 나는 사회과학은 적어도 '명예'를 공평하게 나누는 것이라고 생각하기 시작했다. (부드러운, soft) 사회 과학은 사람들을 대상으로서 바라보게 하고 다른 이들에 대한 정보를 논리적 '필연'으로 만든다.

자연—물리적, 사회적, 그리고 개인이라는 자연—을 객관적으로 이해한다는 개념에는 자신이 지켜본 대상을 도구로 만들고, 관찰이라는 행위를 과학적 관음증으로 변질시킬 위험성이 있다. 그럴 때 연구자들은 타인에게 영향력이 있다는 망상에 사로잡힌다. 그리고 끊임없이 조작을 시도하고 싶은 유혹을 느낀다. 이렇게 행동하게 되면 결국 불가피하게 스스로를 도구로 삼게 된다.

만약 사람들이 주체로서의 그들 자신과 대상으로서의 타자—물건이든 사람이든— 사이에 엄격한 차이와 경계를 만든다면, 우리의 세상 자체가 도구로 존재할 수밖에 없다. 그렇게 되면 다른 모든 사람들은 연구되어야 할, 관찰하고 조사해야 할 파리 혹은 미생물, 바위 혹은 화산과 같은 도덕적 지위를 지닌 대상이 된다. 뉴스에 보도되는 사진들, '사실적인' 영화, 혹은 다큐멘터리를 통해 이루어지는 시각화는, 결코 순수할 수 없는 관음증의 쾌락을 정당화하면서 타자를 천박한 대중화의 대상으로 삼는다.

사회과학이 자연과학의 파괴적 행위와 병행되면서, 연구자 혹은 저자들은 기회주의적인 실용주의자로 변화되어 타자를 자신의 경력 상승을 위한 재료로 생각하게 된다. 아무리 스스로 특별할 것 없고 저속해진다고 해도 연구 대상이 된 사람들은 이름이 널리 알려지고, 유명인사가 되는 것 때문에 자발적으로, 심지어 감사해하며 협력한다. "신문에, 혹은 잡지에, 혹은 책에 저에 대해 실렸어요. 어쩌면 스크린에 잠깐 나올지도 몰라요! 강제 수용소의 피해자들이 증언한 외설성보다 훨씬 더 심한 상황이라고 해도, 저를 비참한 대상으로 바꾸는 것에 협조하려고 애쓰고 있어요."

멕시코에서 지냈던 그 여름은 전에는 내가 한 번도 의심하지 않던 죽어가는 것과 죽음에 대한 어떤 진실을 깨닫게 해주었다. 뿐만 아니라 나는 교회에서 드리는 예배가 그 구성원들의 삶을 풍부하게 만들 수 있는 가능성을 보았다고 생각했다. 세 번째로, 전에는 내 생각 속에서 막 태동하는 단계였던 다양한 과학들에 대한 이해에 잠정적으로 도달할 수 있었다.

하지만 이렇게 비할 데 없는 선물들 외에도, 오코테펙 사람들은 나에게 더할 나위 없이 귀한 '선'을 주었다. 그들은 내가 20여 년 동안 숨기고 억제했던 것을 드러내 보여주었다. 나는 그 사람들 사이에서 매해 수 주나 수 개월 정도를 살았을 뿐이지만, 왜 그런지 그들을 대상으로 삼지 않았고 나 자신이 수치심 모르는 관음증 환자로 변하지도 않았다. 어쩌면 이렇게 말하는 게 진실일 것이다. 나는 호기심을 통제했다!

성인이 된 이후로 나는 통찰력이 있고 예리한 관찰자로서의 위치를 구축하기 위해, 나의 감성과 사유의 많은 부분에 영향을 준 세계인 학계에서 가장 존경받는 인물 중 하나가 되기 위해, 나의 삶 대부분을 바쳤다. 그러나 오코테펙 사람들을 통해서 나는 스스로를 현대의 이방인으로 만들기 위해, 그리고 더욱 중요하게는 나 자신의 이방인으로 만들기 위해, 망설이며 몇 걸음을 걸어갈 수 있었다. 얼마나 감사한 일인가! 얼마나 즐거운 소외인가!

12

건강 추구 : 또 다른 키메라?

나는 프로작과 아스피린의 차이점을, 그리고 비아그라와 그래니 스미스 사과의 차이점을 정확히 모른다. 하지만 나는 그것들 사이에 현실적이고 중요한 차이가 있음을 느낀다. 나에게는 정해진 습관들이 있는데, 예를 들어 절대 청량음료를 마시지 않는다거나 설탕이 잔뜩 들어간 포장 시리얼을 먹지 않는다거나 하는 것들이다. 그러나 그런 행동들이 내가 선택한 다른 행동들, 그러니까 의사를 만나지 않는다거나 해마다 해야 하는 건강검진을 받지 않는 행동들과 정말 다른 것일까?

나는 다음과 같은 문장을 존중해야 한다는 이야기를 들은 적이 있다. "mens sana in corpore sano." 아마도 라틴어 사전을 들춰보면 내가 직면한 혼란을 풀 수 있는 열쇠를 발견할 것이다. "건강한 신체에 건강한 정신이 깃든다." 나는 건전함을 추구해 왔지만 건강을 쫓는 건 경계한다.

노인으로서 나는, 젊은 사람을 질투하게 될까봐 두렵다. 나는 유혹에 넘어가 환상에 불과한 신체 단련을 하려고 애쓰게 될까봐 걱정된다. 더 나쁜 것은 죽음이 두려워 나에게 주어진 이 세상에서의 시간을 연장하려는 시도를 하는 것이다. 다른 사람들은 나에게 자신들이 특정 질병에 걸릴까봐, 혹은 노후에 충분한 보험을 들지 않은 것 같아서 불안하다고 말한다. 비록 그 사람들의 생각을 분명하고 상세하게 표현할 수는 없지만, 혼자 남는 것과 사랑받지 못하는 것을 두려워하는 사람들이 있다. 많은 사람들은 첨단 기술로 신체를 보정하는 성형 수술을 통해 젊음의 대용품을 사기 위해 당당하게 돈을 쓴다. 이제는 정부가 온 나라에 불안을 퍼뜨린다. 나라 전체에, 특히 공항에서, 정치인과 관료들의 테러리스트라는 망령에 대한 불안을 부추긴다. 그 결과 시민의 자유가 무너지고 시민들 사이에 공포가 퍼져나간다.

나는 식품의 성분표를 읽는다. 나는 헬스클럽과 유기농 혹은 '자연' 식품 매장이 급증하는 것을 주목한다. 나는 '건강'이라는 이미지의 폭격을 받고 끊임없이 질병 예방에 대한 경고를 받는다. 점점 더 병들어가는 사회 안에서 매일매일 나의 개인적 건강관리를 상기해야 한다. 먼 옛날, 사람들은 식탐과 성욕에 맞서 싸웠다. 오늘날 나는 다이어트 코크를 마음껏 마시라는 권유를 받고 노령까지 활기찬 성생활을 할 수 있다는 보장을 받는다. 예전에는 많은 이들이 자신의 영혼을 구하기 위해서 일했다. 오늘날에는 그와 비슷한 노력을 몸매를 유지하기 위해 쏟는다. 하지만 비만으로 인해 눈에 띄게 드러난 지방에 대해 언급하는 것을 금지하는 것처럼 보인다. 많은 이들이 혼란스러워한다. 어떤 사람들은 더욱 건강한 식사에 대해 이야기하고, 또 다른 이들은 학교에서 아이들에게 정크 푸드를 제공하는 것에 격분하며, 누군가는 유전자 조작 식품을 비난한다. 과식을 하는 도덕적 성향의 원인일 수 있는 사회적이고 개인적인 장애는 아무도 고려하고 싶어하지 않는다. 비만은 육체적이면서 동시에 정신적이다. 알코올중독을 질병으로 여기는 것처럼 말이다.

부유한 세계를 바라보고 있노라면, 그곳에 엄청나게 다양한 정책과 프로그램, 컨설턴트와 전문가가 있음을 알 수 있다. 그러나 그 밑에는 통일성이 있다. 그것들은 각각 일종의 구원을 제공한다. 뿐만 아니라 특정한 성향을 드러내는 새 이파리도 돋아나고 있다. 약물 혹은 치료의 역할이다. 도시형 만능 의료 센터 혹은 최신 유행의 산속 휴양지를 검색하거나, 카리스마 넘치는 치유자나 혹은 이국적인 종교인을 만나거나, 모두 동일한 측면을 강조한다는 사실을 알게 된다. 그것은 지금 여기서 새로운 삶을 약속하는 것이다. 조언을 따르고 비싼 값을 치르기만 하면 나는 거듭날 수 있고 구원받을 수 있다.

상호보완적(종종 "대안"이라고 불린다) 의술, 대중요법에 대한 투자와 적용, 초자연적이고 종교적인 비전들이 급작스럽게 성장하는 것은 현대 사회와 현대인의 분열에 놀라울 정도로 딱 맞아 떨어진다. 서양 역사상 처음으로 사람들은 스스로의 필요와 개인적 특수성에 '적절한' 구원을 선택할 수 있게 되었다. 만약 충분히 열성적이라면 자신의 분열된 자아가 지닌 각기 다른 상처에 맞게 설계된 여러 식이요법과 프로그램의 혜택을 받을 수 있다. 꼼꼼하면서 고통스러운 운동에서 향기가 나면서 마음을 진정시켜주는 연고에 이르기까지.

나는 외모에 대한 모든 허영을 자유롭게 누릴 수 있다. 나는 알려지지 않은 모든 위험에 대비하는 보험에 가입할 수 있다. 나는 기분을 좋게 해주고 장기를 치료해주는 약들을 얼마든지 제공받는다. 나는 모든 옛 현자들의 지혜를 접할 수 있다. 아무리 기이하거나 잠깐 지나가는 유행이라고 해도 최신식 사제들은 신도들의 개인적 열정에 맞춰 정교하게 변형된 의식을 마련한다. 어떤 이들은 이러한 사제들이 새로운 종류의 숭배cult인 자아 숭배를 제공한다고 주장한다.

광신적으로 종교를 추종하는 숭배는, 거의 천 년에 가까운 오랜 시간 동안 활동했다. 고대의 사람들이 상상력을 발휘하여 더 높은 힘과 자신들을 연결시키는 의식과 방법을 실행했다는 이야기는 개연성이 높아 보인다. 구전을 통해 내려온 신화를 그들은 설명적 형식의 이야기로 정교하게 만든 것 같다. 아마 이런 이야기들은 개인의 삶 속으로 들어가, 사람들의 감정적 두려움을 진정시키고 합리적 경이를 더욱 북돋아주었을 것이다.

소수의 연구들이 서구에 존재했던 숭배와 의식의 복잡한 역사를 보여 준다. [1] 이 연구들을 검토하면서, 나는 요즘 인기를 얻고 있는 부활과 치료라는 개념들이 신화로 감싸여 있지만, 그럼에도 불구하고 진실인, 태근원ur-source으로 거슬러 올라가는 것이 아닌지 의문을 가졌다. 영적 교류를 위한 의식, 아로마 테라피, MRI 스캔은 고대 그리스, 호피족, 트로브리안드 제도에서 유래된 것이 아니다. 그것들의 근원은 정교하게 반복되면서 형식적 행동들을 이끌어내는 고대 서구의 변주된 중심에 있다. 현대 인류학자들의 개념과 이론을 능가하는 중세 사상가들의 눈을 통해 이 근원을 검토하는 것은 현대의 숭배와 종교의식이 가지고 있는 매력과 저력에 대한 통찰을 가능하게 한다. 오늘날의 소위 세속적 종교의식들은 자아에 중점을 두고 있을 뿐 아니라, 비용을 지불할 만큼 부유하기만 한다면 새로운 인간이라는 상품을 획득할 수 있다고 약속하기까지 한다.

역사라는 것의 기원은 유럽인의 사고 속에서 종교로 이해되었던 신화의 기원과 일치한다. 기독교가 헬레니즘의 영향을 받았다고 주장할 수는 있지만 유럽인들의 종교적 믿음과 관습은 대부분 그리스인들이 아닌 유대인들에게서 왔다. 아마도 삼천 년 전쯤에 아브람이 하느님의 부름을 들었고 그에 응답했다. 그렇게 해서 사람들의 상상 속에 고착되어 있던 순환의 관념이 깨졌다. 아브람 이후에 시간은 이제 순환적으로 반복되는 것이 아니라 약속된 미래를 향해 화살처럼 발사되는 것으로 믿어졌다. 아브라함이 된 아브람은 그를 위해 선택된 땅인 가나안에서 한 민족을 발견한다. 자신의 믿음을 '인격적' 신에 투사하면서 그는 명백하게 고대의 세계와 단절했으며, 미래의 세대들에게 종교에 대한 새로운 이해를 물려주었다. 엄격한 계약 관계 안에서 그의 하느님은 구원을 약속했다. 2)

아브라함의 시대에서부터 오늘에 이르기까지 수많은 실패와 일탈이 있었지만, 히브리인들의 믿음과 실천은, 그리고 나중에는 기독교인의 믿음과 실천도, 이따금 아브라함 식의 믿음을 실현하고자 했다. 신의 약속에 대한 증언을 내포하고 있는 이런 믿음은 예수의 출현보다 약 천 년 정도 앞서 있었다. 기독교의 시대가 시작될 즈음, 『히브리서』의 저자는 메시아가 아브라함의 육체와 믿음으로 올 것이라고 인정했고, 예수가 바로 아브라함과 하느님 사이에 이루어진 계약, 즉 선택된 민족에게 하느님이 했던 약속을 실현할 사람이라고 주장했다. 3)

중요한 측면에서 많은 기독교인들은 히브리인 조상들의 믿음과 그들의 예배의식을 따르면서 살았다. 두 전통을 믿는 사람들은 남성과 여성이 신의 모습으로 만들어졌다고 보았다. 그것은 사람들이 어떻게든 신의 영혼을 나눠 갖고 있으며 합리적인 선택을 할 수 있는 힘을 가지고 있다는 의미다. 사람들은 선과 악을 인식할 수 있고 따라서 선과 악 가운데 하나를 선택한다. 이런 관점은 사람들이 인간적으로 행동할 때, 즉 신과 유사한 힘을 완전히 사용할 때, 목표를 가지고 행동한다고 가정한다. 뿐만 아니라 아리스토텔레스는 모든 사람이 행복을 추구하는 본성이 있다고 믿었다. 중세의 사상가들은 축복beatitudo이라는 용어를 선호했다. 그들은 행복이란 궁극적으로 하느님 안에서만, 하느님의 축복 안에서만 발견할 수 있다고 주장했다. 이것이 구원의 의미였고 기독교 신자들의 목적이었다.

그러나 어떤 이들은 사실상 그들 최고의 행복을 외부에서 주어지는 즐거움에 놓는다. 외부에서 오는 선external good이란 전통적으로 돈, 명예, 명성, 그리고 권력이다. 그리고 또 다른 이들은 섹스, 그리고 먹고 마시는 것에서 오는 감각적 쾌락인 내부에서 오는 선internal good을 선호한다. 13세기에 성 토마스 아퀴나스는 축복이 창조된 선created good에서 결코 발견할 수 없는 이유를 설명했다. 궁극적인 목적 또는 최후의 선은 다른 모든 욕망을 진정시켜야만 한다. 그리고 인간이 닿을 수 있는 포괄적인 시각 안에서 누군가의 합리적 욕구의 대상은 보편적 선universal good이다. 그러므로 나는 궁극적 행복을 창조 속에서 찾을 수 없다. 모든 창조된 선은 불완전하고 선한 사람과 악한 사람 모두에게서 발견되며 대부분은 운이 좋아서 생겨난다. 더욱이 창조된 선은 오직 하느님이라는 선 속에 있어야 선이 된다.[4] 실재에 대한 이런 관점은, 결국 모든 관점이 그렇듯이, 믿음에 좌우된다. 궁극적으로 모든 사람은 누구나 어떤 것을 믿고 있는 신자이다.

아브라함과 그를 추종하는 이들은 해방을 추구했다. 그리고 이것은 구원으로, 신성한 치료로 인식되었다. 천 년 간의 오랜 전통 내내, 여성과 남성 모두 구원을 통해서 행복을 추구했다. 바로 그 이유 때문에 최근까지 거의 모든 동유럽과 서유럽의 전통이 플라톤의 그리스보다 아브라함의 유대인들과 궤를 같이 하고 있는 것이다. 치료라는 구원은 회개와 전향을 요구하지 않으면서 이 전통을 출발점으로 삼았다. 그러한 구원이 제공하는 것은 현대적 개념의 건강이며 그것은 스스로를 뒤집는 근본적 전환을 요구하지 않는다. 하지만 여러 세대에 걸쳐 구원을 추구했던 경험은 모든 사람의 마음속에 지워지지 않는 흔적과 욕망을 남겼다.

아브라함을 충실하게 본보기로 삼고자 했던 이들은 종교 즉, 하느님에게 예배드리는 양식을 발전시켰다. 중세의 학자들은 히브리인들의 행동이 정의라는 미덕에 의해 요구되고 명령된 것이라고 이해했다. 만약 아브람에게 처음으로 주어진 은총의 부름을 받아 응답해야 한다고 느끼는 사람이 있다면, 그는 행동해야만 한다. 믿음은, 인간의 행동으로 은총이 현실이 되기를, 진실이 되기를 요구한다. 정의는 다른 이에 대해 의무로 해야 하는 일을 엄격하고 지속적으로 수행하는 것을 습관으로 삼는 것이다.[5] 이런 행동 안에서 사람들은 그들 자신과 다른 이들 사이에 적절한 균형을 만들어 낸다. 아퀴나스는 이것을 균형 잡힌 평등secundum proportionis aequalitatem이라고 불렀다.[6] 정의나 은총의 작용에 대해 논의하든, 감각의 활동이나 예배의식의 구조에 대해 논의하든, 아퀴나스는 균형 잡힌 비율을 핵심 개념으로 보았다.

모든 사람, 그리고 사람이 받은 모든 것은 하느님이 준 선물이기 때문에 사람들은 하느님에게 빚을 지고 있다. 정의는 지불을 요구하는 것이다. 하지만 부모에게 그러하듯이 아무도 자신이 마땅히 갚아야 할 빚을 갚지 못한다. 나는 내가 할 수 있는 것들을 하고, 이 행동들은 모이고, 조직되고, 그러면서 미덕, 종교적 미덕이 요구된다. 서양에서 그러한 숭배의 기원은 가장 직접적이고 단순하게 아브람에 의해 시작되었고, 그는 어떻게 하나의 민족으로 하여금 신의 명령을 따르게 할 수 있는지를 지시받았다. 그가 계약을 받아들이고 실행한 것은 숭배를 통해 표현되었다. 숭배cult라는 단어는 '경작하다cultivate'라는 뜻의 라틴어 cultivare에서 유래되었다. 유대인은 정의를 실천하는 것으로 적극적인 응답을 하라는 요구를 받았다. 그러나 오늘날의 많은 숭배들은 정의를 언급하지 않는다. 유일하게 갚아야 할 '빚'은 자기 자신에게, 자기 이익의 반영으로서만 있다. 따라서 사람들은 미덕의 습관을 획득하기 위해 길고 고된 실천을 할 필요가 없다.

지성과 분별력이라는 두 가지의 본성을 지닌 채 우리는 하느님에게 두 가지의 경배를 드린다. 정신의 능력으로 내적인 헌신을 하는 영적인 경배와 보잘 것 없는 몸으로 외적인 헌신을 하는 신체적 경배이다. 하지만 예배를 드리는 모든 행위들에서, 내면은 외부적인 면에 비해 위계적으로 더욱 중요하게 설정되어 있다. 그러므로 밖으로 나타나는 모든 신체적 행위는 우리의 정신을 알리고 하느님에게 복종하는 것에 대한 애정을 드러내도록 설계되어 있다. [7] 인간적으로 말해서, 나는 한 손에는 하느님의 선과 유익함, 다른 손에는 나의 결점과 실패를 올려놓고 성찰하면서 이런 행동들로 나아갔다. [8]

왜 이런 일을 하는가? 왜 그러한 과정을 따라가는가? 종교적 믿음과 실천을 지지하는 주장을 구성할 수 있나? 물론 그런 일들은 중세 사상가들에 의해 이루어졌다. 그들은 정신의 능력에 대해 강한 확신을 가졌으며, 실재를 알 수 있고, 현실을 이해할 수 있다고 확신했다. 이것은 진실이다. 왜냐하면 매우 중요한 측면에서 현실은 그 자리에 머물며, 움직이지 않고,

변하지 않기 때문이다. 그러므로 본성과 본래적 질서에 대해 말할 수 있는 것이다. '존재하는 것'의 구조가 이러한 질서 안에서는, 열등한 것과 약한 것이 우월한 것과 강한 것에 복종한다. 가장 즉각적으로 들 수 있는 사례는 아기와 부모다. 그러한 현상에 대해 곰곰이 생각해본 중세의 남자들(그리고 몇몇 여자들)은 그러한 사례들이 일반적인 법칙의 개별적 경우라고 결론을 내렸고, 그것을 현상들이 존재하는 방식인 '자연의 법칙'이라 불렀다. 그러므로 법칙이란 한 가지 의미만 지닌 게 아니라 유추적으로 적용되는 것이다. 법칙에는 여러 가지 종류들이 존재한다.

스콜라 학자들은 모든 법칙의 합리성을 강조했다. 그들이 그렇게 한 것은 모든 것 속에서 질서를 보았고, 그 질서는 신성함의 반영이라는 가설을 받아들였기 때문이다. 아마도 누군가는 감히 신성한 합리성에 대해서도 말할 수 있었을 것이다. 그런 이들은 우주와 하느님이 하나라고 상정했다. 하지만 합일과 일치는 연속되는 숫자의 출발점인 현대적 의미의 1과는 완전히 다르다.

모든 법칙은 특정한 규칙이고 인간 행동의 척도이며, 그렇기 때문에 이 행동들의 외부적 원리다. 하느님은 모든 것을 지배하며 시간의 밖에 존재하기 때문에 영원한 법칙을 거론할 수 있다. 이런 믿음 시스템을 따르면 창조는 지배되고 측정되며, 반드시 어떤 방식으로 영원한 법칙에 속해있다. 각각의 피조물은 스스로의 존재와 행동 양식에 따라 자연스럽게 특정한 행동과 목표로 기울어진다.[9] 예를 들어 바위는 안착할 장소를 향해 떨어진다. 꽃은 자라면서 위쪽을 향하고 짐승들은 먹고 성교하며, 인간은 잘못을 용서하는 행위를 선택할 수 있다. 이런 성향을 자연의 법칙이라고 부르게 되었다. 생각해 보면 모든 합리적 창조물들은 자연의 법칙이 제시하는 궁극적 처방을 인지하고 있다. 선은 마땅히 추구해야 하고 이루어져야 할 것이며, 악은 피해야 할 것이다. [10] 인간의 법칙은 역사적 경험을 숙고한 결과이면서, 인간 자신의 합리적 성향이자, 특정한 필요와 사회적 삶의 환경에 적응하려는 시도이다. 타당하다고 여겨지는 권위를 실행하는 개인이나 집단은 이 규율을 개념화하고, 설명하고, 적용한다. 스콜라 학자들은 다음과 같은 성 바오로의 언급을 성찰했다.

> 나의 내면적 존재 안에서 나는 하느님의 법칙에 기뻐한다. 하지만 내 몸의 일부들에서 작용하는 또 다른 법칙을 본다. 그 법칙은 내 정신의 법칙과 전쟁을 벌이고, 나를 내 신체 안에서 작동하고 있는 죄의 법칙의 포로로 만든다. 나는 얼마나 끔찍한 인간인가! (로마서 7:22~24)

그들은 그런 다음 또 다른 법칙인 '육체의 법칙lex fomitis'에 대해 이야기할 수도 있다고 결론 내렸는데, 그것은 동물들에게 적합한 육욕의 성향, 즉 이성이나 문화적 규정, 그리고 신성한 영감에 따라 살고자 하는 인간에게 적합하지 않은 것을 가리켰다. [11]

모든 사람들, 즉 자신의 잘못과 결함에 대해 숙고할 수 있는 존재들은 그들을 돕거나 부족한 점을 보완해 줄 수 있는 사람 (이런 면으로 보면, 더 우월한 존재)에게 의지한다. 예를 들어 만약 열이 나서 체온이 쉽게 내려가지 않으면 나는 의사를 찾아가 보려고 할 것이다. 만약 나 스스로를, 나의 가능성과 능력들에 대해 성찰해보는 데 지속적인 노력을 기울였다면, 결국 나 혼자로는 충분하지 않다는 사실을, 내가 스스로의 존재 이유가 아님을 깨닫게 될 것이다. 나는 질서에 속해 있으며 그 질서에는 위계가 있다. 궁극적 근원이자 선이라고 믿어지는 존재가 있다. 전통적으로 사람들은 이 선한 존재에 신이라는 이름을 붙였다. 그 최고의 실재가 청동 황소이든, 누군가의 아버지든, 돈이든, 악마든 상관없이 말이다. 사람은 신에게 어울리는 방식으로 스스로 굴복하고 경배하려는 자연적인 성향이 있다. 그러므로 신성한 사원에 예배를 드렸느냐 혹은 불룩한 서류가방에 예배를 드렸느냐에 따라 경배의 종류가 달라진다. 하지만 신의 성격이 무엇이든, 사람들은 언제나 내면적 존경과 복종을 나타내는 의미 있는 신호로, 육체적이고 합리적인 행동과 사물들을 사용한다.[12]

아브라함이 죽고 난 뒤 몇 세기 동안 히브리인들은 개인과 공동체의 모든 행동적 측면을 망라하는 광범위하고 상세한 법칙들을 발전시켰다. 중세의 사상가들은 이것들을 세 가지 종류로 나누었다. 자연의 법칙을 표현하는 도덕 계율. 신성한 숭배의 성격, 시간, 빈도를 정교화하는 의식의 계율. 사람들 사이에서 정의가 어떻게 성취될지를 규정하는 사법 계율. 의식의 계율은 신성한 예배의 조직과 구조를 결정했고, 훗날 인류학자들이 의식이라고 부르게 될 세부사항들을 정했다.

법칙의 개념이 히브리 사사기(대략 기원전 1000년)와 같은 시대의 개념과 매우 멀기 때문에, 요즘 사람들은 신성한 법칙과 그것에 수반되는 종교적 의식을 이해하는 데 엄청난 어려움을 겪고 있다. 고대와 동시대 기독교인 모두에게 우주와 그것에 속하는 모든 것은 신성한 섭리에 의해 지배되고 움직이는 것이다. 예수는 이 진실을 가장 단순하고 극적으로 표현했다.

> "두 마리 참새가 한 앗사리온에 팔리지 않느냐? 그러나 너희 아버지가 허락하지 않는다면 그 하나도 땅에 떨어지지 않으리라. 너희에게는 머리털까지 다 세신 바 되었나니."(마태복음 10:29~30)

예를 들어, 가구공은 자신의 기술로 만들 작품에 대한 생각을 미리 갖고 있다. 그와 마찬가지로 지배자(중세 연구자들에게는 '지도자an gubernans')는 자신의 통치 아래 있는 사람들에게 인식시켜야 할 질서에 대해 명확한 개념을 가지고 있을 것이다. 이러한 개념을 법이라고 부른다. 하느님은 가구공이면서 동시에 지배자이다. 그는 중세적 의미에서, 모든 창조물의 모든 행동과 움직임을 통치하는데, 그것은 모든 존재가 그러한 것처럼 모든 행동은 하느님에게 달려 있다는 의미다. 예수는 그러한 진실을 명확히 말했으며 스콜라 학자들은 그것을 철학적으로 설명했다. 이러한 통치의 계획과 방식은, 모든 것을 적절한 목표로 향하게 하는 신성한 지혜의 모범으로서 다른 무엇보다 앞서 존재하며 법칙의 본질이기도 하다. 또한 이 경우에는 영원한 법칙이다. [13]

사람들은 다른 어느 피조물보다 더욱 뛰어난 방식으로 신성한 섭리를 따르는데, 왜냐하면 사람들은 자신과 다른 이들(사람들과 그보다 못한 피조물들)을 돌보면서 섭리에 참여하기 때문이다. 사람은 우선 이 돌봄에 수반되는 것, 즉 선과 악의 구분을 본다. 이런 시각은 사람의 본성인 지적 능력이나 힘이 지닌 빛에서 온다. 그 빛은 내 정신에 신성한 빛이 남긴 자극에 다름아니다.[14]

히브리인들이 숭배 의식을 완전하게 만들어 실행했던 것과 마찬가지로, 기독교인들은 일반적으로 근면성실했다. 중세 사상가들이 아브라함 자손들의 예배의식을 이해한 것과 비교하면, 현대의 어떤 학문들(인류학자)은 숭배의 본성을 충분히 이해하지 못한다고 논박할 수도 있다. 두 가지 어려움이 있다. 첫 번째, 숭배는 신성한 법칙을 지적으로 정교하게 표현한 것이다. 언젠가 사람들이 자신이 누군지에 대한 통찰에 도달하게 되면 그것은 피조물들이 합리적인 선택을 할 수 있게 된다는 의미다. 그렇게 되면 사람들은 자신을 '존재하는 것', 즉 실재의 본성과 통합하고자 할 것이다. 그러므로 그들은 근본적인 위계를 인식하거나 혹은 의문을 가졌기에 적당한 예배의식을 고안해냈던 것이다.

인간 아래에 있는 모든 피조물들이 종교의식을 필요로 하지 않는다는 게 그 증거다. 돌에서부터 늑대에 이르기까지 모두 자연스럽게 영원한 법칙을 구현하고 있다. 하지만 아퀴나스는 그것이 사람과 관련된 법칙일 때는 한 가지 방향, 즉 사람들 사이의 우정, 그리고 하느님과 사람들 사이의 우정을 쌓아가는 방향으로만 가려는 경향이 있다고 지적했다. [15] 오늘날 많은 이들에게 이것은 또 다른 어려움이 된다. 법칙과 우정의 본질적인 관계는 현대인들이 무시하면서 등한시하는 혹은 단순히 깨닫지 못하는 많은 진실 가운데 하나다.

바리새인은 예수를 시험하려고 질문했다. "선생이시여, 법칙에서 가장 위대한 계명은 무엇입니까?" 속임수를 두려워하지 않으며 예수는 기탄없이 대답했다.

> "네 마음을 다하고 목숨을 다하고 뜻을 다하여 주 너의 하느님을 사랑하라 하셨으니 이것이 크고 첫째 되는 계명이요, 둘째도 그와 같으니 네 이웃을 네 자신과 같이 사랑하라."(마태복음 22:37~39)

3000년이 넘는 시간 동안, 유대인들과 기독교인들은 그들의 눈과 마음을 야훼/하느님에게 향하고 있었으며, 영원한 법칙과 일치하는 삶을 살고자 했다. 이 시간 동안 가장 창의적인 종교적 감성을 가진 이들은 우정을 쌓을 수 있는 예배의식을 창안해내는 데 헌신했다. 예수의 가르침은 명확하다. 법칙의 본질적인 부분은 사랑이다. 이웃에 대한 사랑 없이는 신성한 법칙을 따를 수 없다. 오늘날 우리는 우정에 대해서 자주 이야기하게 될 것이다.

몇 세기 동안 종교 개혁가들은, 사람들을 감동시켜 신성한 선물에 대한 빚을 갚도록 하는 적절한 예배의식들을 통해, 우주적 균형을 성취하고자 하는 요건을 충족시키려 노력해왔다. 위에서 지적한 바와 같이, 중세 시대의 사람들은 그러한 모든 행동들이 정의와 직접적으로 관련되어 있으며, 다른 사람에게 마땅히 해야 할 일을 하도록 한다고 이해했다. 다른 사람이 '타자the Other'일 때, 그러한 행동은 종교가 된다. 그 외부적인 실천과 내부적인 실천은 한 사람을 완전하게 치유하고 구원해 준다. 최소 수천 년 동안 사람들은 구원을 추구하는 유럽의 전통에 영향을 받았다. 비록 오늘날 많은 사람들이 유대와 기독교, 이슬람의 신에 대한 믿음을 드러내놓고 고백하지 못하지만, 여전히 구원을 추구하는 분명한 흔적이 보인다.

어떤 이들은 무한히 반복되는 종교의식들이 매우 신화적이라고 주장할 것이다. 사실, 옳지 않은 추측일 수 있지만, 나는 이천 년 동안의 관습이 서양인의 영혼에 지울 수 없는 각인이 되었다고 판단한다. 그러므로 치유의 의식에 대한 욕구는 현대 사람들에게도 강하게 나타난다. 얼마나 '교양 있는지' 혹은 얼마나 자신의 말과 모순되는지 상관없이, 얼마나 세상사를 잘 아는지 혹은 얼마나 자신의 표면적인 모습에 지루해 하는지 상관없이, 많은 사람들의 마음속에는 인식하지 못하는 갈망과 다음과 같은 질문이 항상 존재한다. 어떻게 하면 통합성을 성취할 수 있을까? 어떻게 하면 구원을 얻을 수 있을까? 이 시대에 우리에게 주어지는 답변은 역사적인 근원을 가리키면서 동시에 그러한 전통의 타락을 보여주고 있기도 하다. 아브람은 부르심에 응답했다. 그의 자손은 사람들을 우정으로 이끌 법칙과 예배의식을 발전시켰다. 오늘날 불안이 가득한 현대에서는 영험한 약이 첨가된 의식을 충실하게 수행하면서 구원을 추구한다. 하지만 대부분 고통스러운 외로움으로 끝난다. 다른 사람은 부재한다.

나는 이러한 해석에 대한 증거는 명백하며 주위에서 얼마든지 찾을 수 있다고 믿는다. 부유하고 교육 받은 소위 세속적인 현대인들은, 마치 고대 히브리의 시편 작가 혹은 자기 희생적인 은둔자나 수도승처럼 스스로에 특별한 탐구에 열중한다. 변화를 위해 노력하는 불안한 이들의 숫자가 점점 늘어나면서, 그들은 신체와 영혼에 확실한 식이요법을 제공하는 자력 구제 산업의 광범위한 처방에 열렬히 몰두하고 있다.

오늘날 많은 사람들이 그렇듯이 나는 좋은 식이요법과 나쁜 식이요법을 구별한다. 어떤 활동과 장소는 건강에 나쁘다는 것을 의식하며 GMO가 진보의 신호가 아니라는 사실을 안다. 또 주로 앉아 있기만 해서는 안 된다는 것도 인지하고 있다. 하지만 나는 현대사회의 건강에 대한 추구가 순전히 병적인 집착일지도 모르며, 개인의 안녕에 대한 왜곡된 신성화일지도 모른다고 경계한다. 가장 먼저 생각할 일을 놓치고 있다. 이반 일리치가 언급했듯이, "현재를 향유하는 능력은 건강을 추구하는 일에 의해서 무력해졌다."[16] 현재 속에서 살아가고자 하고, 우정으로 힘을 얻으며, 통합성을 얻을 유일한 방법은 다른 사람이나 친구의 건강을 되찾도록 간호하는 일이라는 것을 나는 깨닫게 될지도 모른다. 그러나 그러한 행동이 '건강의 추구'라고는 생각하지 않는다.

프랑스 사람, 스페인 사람, 그리고 라틴 사람들은 시간의 제약을 받든 혹은 시간과 상관없는 것이든, 안녕과 건강을 의미하는 단어가 같다(salut, salud, salus). 사전에는 이 세상에서 사용하는 의미들이 먼저 나온다. 하지만 나는 저 세상의 의미가 사람들의 감정을 더 깊고 강렬하게 표현하는 게 아닌지 의심을 가져본다. 만약 그것이 참이라면, 이 사실이 사람들로 하여금 건강을 추구하는 일에 몰두하게 만들 것이다.[17]

다른 가능성들 또한 존재한다. 예를 들어 가능한 한 오래 살고 싶고, 죽음을 뒤로 미루고 싶다는 비이성적인 희망 때문에 건강을 열렬히 추구하는지도 모른다. 혹은 사고를 당해도 최첨단 의료 기술이 구해줄 거라는 생각에, 다양한 종류의 위험한 행동에 분별없이 관여하는 경우도 있을 것이다.[18]

모든 이들의 마음속에는 언제나 공포와 의심이 맴돌고 있다. 그러나 현대인으로서 나는, 용기를 내어 스스로에게 위험이 될지도 모를 질문을 던져야 한다. 내가 추구하는 건강이라는 것은 무엇인가? 내가 그것을 추구하는 것은 이성적인가, 비이성적인가? 그것이 마음을 안정시켜주는가? 혹은 온통 소모적이지는 않은가? 나는 비아그라가 있어야 행복한가, 아니면 그래니 스미스 사과로 충분한가? 이 세상에서 나의 만족을 얻을 수 있는가, 아니면 나의 자아를 넘어서야만 기쁨을 찾을 수 있는가? 결국, 내 믿음을 지배하고 있는 것은 망상인가?

오늘날 수많은 유사 종교의 약속들은 기본적으로 치료의 성격을 지니고 있다. 그리고 불길한 의심은 여기에서 비롯될 수밖에 없다. 사람들이 완강하고 끈질긴 힘으로 무엇인가를 추구하는 것은 그러한 구원이 제공하는 비현실성과 역설적이면서도 완벽하게 어울리기도 한다. 어쩌면 우리는 충분히 의심하고 있지 않은지도 모른다.

주석

1. 나 자신의 죽음으로 죽기 위해

1) Illich, *Medical Nemesis*, 206~207.

2) (편집자 주) '죽음의 의사(Dr. Death)'란 별명을 가진 미국의 병리학자이다. 의료(Medical)와 자살(Suicide)의 합성어인 메디사이드(Medicide)란 말을 탄생시킨 인물이다. CBS의 간판 심층보도 프로그램 '식스티 미니츠 (60Minutes)'가 안락사를 시행하는 케보키언의 모습을 방영해 엄청난 파장을 불러일으켰다. 이에 미국의료협회(AMA), 검찰, 종교 관계자는 케보키언을 '돈키호테', '정신이상자'라고 비난했고 이 때 '죽음의 의사'라는 별명이 붙게 되었다. 케보키언이 안락사 상담을 해준 사람이 130명을 넘어서자 그는 살인죄로 기소됐으며 1999년 25년형을 언도받았으나 안락사를 더 이상 돕지 않겠다는 약속을 하고 9년간의 수감생활 후에 가석 방되었다. 그 후로 그는 신의 영역을 침범한 인물로 간주되어 1990년대 남부 기독교도에 의해 공공의 적 1호로 찍히기도 했다. 2011년 6월 3일 83세의 나이로 사망했다.

3) (편집자 주) 17세기 이후 가톨릭과 주류 개신교의 종교 탄압을 피해 유럽에서 건너 온 재세례파 중 일부인 아미쉬파는 주로 미국 펜실베이니아주와 캐나다 온타리오주에 거주하면서 자동차나 전기, 전화 등의 현대문명을 거부하는 것으로 유명하다. 그들은 종교적 이유로 외부세계로부터 스스로를 격리시켜 왔으며 종교적 이유를 들어 양심적 병역 거부를 실천하면서 공적연금을 수령하지 않는 등 정부로부터 어떤 종류의 도움도 받지 않는 것으로 유명하다. 대부분 의료보험에도 들지 않는다. 이는 국가와 종교의 분리를 주장한 재세례파의 교리에 따른 것으로 추정되는데 사용하는 언어도 펜실베이니아 독일어로 불리는 독일어 방언을 쓴다. 단순하고 소박한 검은색 계통의 옷만 입으며 대다수의 교인들이 전통적 방식으로 하는 농·축산업에 종사한다. 어린이들도 자신들이 설립한 마을 내

학교에서만 교육을 시키고 신앙의 교리에 따라 종교와 과학은 가르치지
않는다. 단지, 읽고 쓰기 등 생활에 필요한 기본지식만 배운다.

4) Weil, *The Need for Roots*, 3.

5) (역자 주) 나치 독일의 사업가이다. 생전에 오스카 쉰들러는 술과 파티를
좋아하는 쾌락주의자로 방탕한 성향이었다고 한다. 그 때문인지 결혼
을 여러 번 했고 정부와 애인을 여러 명 두었다. 1939년 2월 10일에 나
치당원이 된 그는 나치가 폴란드를 침공하자 돈을 벌려는 목적으로 독
일 점령 하의 폴란드로 가서 처음에는 나치로부터 유태인 소유의 공장을
불하받아서 그 공장을 키웠다.

1944년 소련군의 침공으로 동쪽의 유대인 수용소가 해체되자 많은 유
대인들이 아우슈비츠로 옮겨지게 되었는데 이 때 쉰들러는 약 1100명의
유대인 노동자를 자신의 고향인 스비타비 지방에 군수공장을 세운 다음
그곳으로 모두 빼돌리는 등 1200명을 구해냈다. 그리고 자신의 재산을
탕진하면서까지 약 7개월간 그들을 보호했다.

쉰들러의 활동은 처음에는 인간애보다는 탐욕스러운 모습이 더 강했으
나 돈을 벌려고 수용소에 갇힌 유대인들을 노동자로 끌어들이면서 내적
인 심경이 변한 것으로 보인다. 유대인들을 보호하려는 쉰들러의 활동은
돈을 벌겠다는 목적으로는 설명할 수 없게 되어갔다. 종전 후 쉰들러는
몇 가지 사업을 했지만 파산했고 1974년 숨을 거둔 다음 예루살렘 기독
교 묘지에 묻혔다. 그의 묘지는 유대인의 성지인 시온산에 있는데, 유일
하게 시온산에 묻힌 나치스 당원이 오스카 쉰들러이다.

1993년 이스라엘 야드바셈에서 오스카 쉰들러와 부인인 에밀리 쉰들러
에게 '세계의 의인'이라는 칭호를 부여했다. 그리고 이에 앞선 1962년에
쉰들러의 이름을 딴 나무가 야드바셈 내 의인의 거리에 심어졌다. 쉰들러
의 묘비명에는 이렇게 적혀 있다.

"오스카 쉰들러는 흔해빠진 기회주의자요 부패한 사업가였다. 그러나
거대한 악이 세상을 점령하는 것처럼 보일 때 그 악에 대항해서 사람의
생명을 구한 것은 귀족도 지식인도 종교인도 아닌 부패한 기회주의자 오
스카 쉰들러였다. 그의 영혼에 안식과 축복이 있기를······"

6) (역자 주) 헨리 포드가 설계해 1908년에 판매한 자동차이다. 그 당시 미

국 노동자의 연평균 소득은 500달러 미만이었는데 자동차 한 대의 평균 가격은 2000달러가 넘었다. 헨리 포드는 T형 모델을 집중적으로 생산해 생산성은 높이고 가격은 낮추었다. 컨베이어 벨트를 기본으로 하고 공정에 맞게 도구와 기계를 배치해 생산성과 가격이라는 두 마리 토끼를 잡았다. 1908년 9월 27일 생산되기 시작한 T형 모델은 1927년 5월 26일까지 18년 반 사이에 1500만 7033대가 판매되었다.

7) Aquinas, *Summa theologiae*, I, q. 29, art. 4, corp.

2. 오후의 선물

1) (역자 주) 예수의 열 두 제자 한 사람인 야고보(에스파냐어로 산티아고)의 순교지로 알려져 있다. 9세기에 에스파냐의 아스투리아스 왕국에 그리스도교를 포교한 사도 야고보의 유체(遺體)가 있는 장소를 가리키는 별이 나타났다고 믿은 국왕 알폰소 2세는 그곳에 성당을 건설하게 했다. 이것을 계기로 산티아고 데 콤포스텔라 시가 만들어졌다. 이후 예루살렘, 로마에 이은 유럽 3대 순례지의 하나가 되었다. 12세기에 건설된 성 야고보를 모신 산티아고 데 콤포스텔라 대성당을 비롯하여 성 프란체스코회, 성 아우구스티누스회 수도원, 성당·교회·대학 등 중세 건물이 많이 남아 있다.

2) Hoinacki, *El Camino. Walking to Santiago de Compostela*.

3) (역자 주) 라틴어로 '육체'라는 뜻의 caro에서 유래했다. 하느님이 인간의 속성을 입고 하느님의 아들이요 삼위일체의 제2격인 예수 그리스도의 모습으로 인간이 되었다는 내용이다. 이 교리에 의하면 그리스도는 참 하느님이요 참 인간이다. 신성과 인성이 따로 떨어져 단절된 채로 존재하는 것이 아니라, 오히려 전통적으로 위격의 일치라고 언급되어온 인격적 일치로 예수 안에서 결합되었다. (브리태니커 사전)

4) Weil, *Waiting for God*.

5) Weil, *Waiting for God*, 107, for both quotes.

6) Balthasar, *Seeing the Form*, 11.

7) Weil, *Waiting for God*, 165~167.

8) Weil, *Waiting for God*, 162~163.

9) (역자 주) Jacques Ellul(1912. 1. 6.~1994. 5. 19.) 프랑스의 정치학자·사회학자·기술철학자. 엘륄의 이론들은 주로 마르크스주의(이후에 포기함)와 개혁교회에서 찾아볼 수 있는 엄격한 신교에 대한 2가지 관심사에 입각하고 있다. 그의 초기 저서로는 『법률의 신학적 기초*Le Fondement théologique du droit*』(1946), 『근대세계의 출현*Présence au monde moderne*』(1948) 등이 있다. 가장 유명한 저서는 『기술과 선전*La Technique, Propagandes*』(1962)과 『정치의 환상*L'Illusion politique*』(1964)으로서 이 책들에서 그는 인간이 국가·기술·근대세계에 대한 통제력을 상실했을 때 수반될 수 있는 위험을 경고했다. 이런 저서와는 달리 그의 작품은 대체로 신학적이며 그리스도교도적인 관점에 기반을 두고 있다. 그밖의 저서로 『자유의 윤리학 *L'Ethique de la liberté*』(1973) 등이 있다. (브리태니커 사전)

10) Ellul, *The Technological Bluff*.

11) Weil, *Waiting for God*, 129.

12) Ibid., 119.

13) Weil, *The Notebooks*, vol. II, 412~413.

14) Kevles, "Grounds for Breeding", 3~4.

15) See Pfaff, "Eugenics, Anyone?", 23~24. 파프는 "몰가치하다고 거짓말을 하는 과학의 결과"라고 논하고, "공포는 더욱 거대해지고 있다. 태어나도록 허락되는 것은 성에 기초하여, 의학적으로 정의된 '결점'에 기초하여, 혹은 어떤 사소한 이유에 기초하여 결정된다. 원칙이나 한계는 없으며, 한계를 인정할 수 있는 방법도 없다"라고 주장한다.

3. 죽어가는 과정은 죽음이 아니다

1) 이 주제를 다룬 여러 많은 책들 가운데 Kolakowski, *God Owes Us Noting*이 처음 읽기 시작하기에 적합하다.

2) Weil, *Gravity and Grace*, 90~98. See also *The Notebooks*, vol. 2, 403.

3) Taylor, "Benefits of Dehydration in Terminally Ill Patients", 271~272.
See also Ganzimi, "Nurses' Experience with Hospice Patients Who Refuse Food and Fluids to Hasten Death", 359~365 ; and a commentary :
Jacobs, "Death by Voluntary Dehydration – What the Caregivers Say",
325~326.

4) Hippocrates, *The Theory and Practice of Medicine*, 42~45. See also :
Levine, *Hippocrates*, 23~29.

5) 그러한 십자가상을 열면 두 개의 양초와 목화(신부의 손가락들에 있는 성유를
흡수하기 위해서)를 찾을 수 있다. 사람들이 집에서 죽으면, 가톨릭 교도들
은 신부가 죽은 사람에게 성유를 바르기 위해 왔던 때에 사용했던 치료
도구들을 간직해둔다.

6) Thoreau, *Walden and Other Writings*.

7) 묵주기도로 말하는 일반적인 방법은 우리 아버지, 아베 마리아, 영광송
을 인용하며 그리스도의 신비와 마리아의 삶에 집중하는 것이다.

8) Illich, *Medical Nemesis*, 179~208.

9) See Aquinas, *Summa theologiae*, I , qq. 27~31.

10) (역자 주) 로마 가톨릭 교회의 전례서(典禮書). 매일 정해진 시간에 시편·
성서본문·찬송을 낭송하는 것으로 이루어지는 매일 예배와 교회의 공식
기도를 싣고 있다.

11) 기도문의 나머지 부분. 영예롭고 성스러운 성모 마리아의 이름으로. 순
결한 배우자 신성한 요셉의 이름으로. 천사와 대천사의 이름으로. 왕좌
와 지배의 이름으로. 공국과 권력의 이름으로. 힘, 천사, 그리고 치품천
사의 이름으로. 가장과 선지자의 이름으로. 사도와 전도사의 이름으로.
순교자와 고해신부의 이름으로. 신성한 수도승과 은둔자의 이름으로.
성처녀와 모든 신의 성자들의 이름으로. 오늘 당신이 평화롭기를, 신성
한 시온에 살기를 기원합니다. 우리 주 그리스도를 통해서. 아멘.

12) Judt, 3 ; Fukuyama, *The End of History and the Last Man*.

13) Polanyi, *The Great Transformation*.

14) Foster, "Peasant Society and the Image fo the Limited Good", 295
~315 ; Mauss, *The Gift : Forms and Functions of Exchange in Archaic*

Societies.

15) (역자 주) 아리스토텔레스는 플라톤의 이데아를 정적인 것으로 파악하고 생성과 운동으로 가득 찬 현실을 설명하기 위해 한 가지 원인을 찾아 헤매었는데 그것이 바로 운동의 원인, 능동인이다. 아리스토텔레스는 『형이상학』 12권 6장에서 "운동과 변화를 낳는 내재적인 힘이 없다면, 영원한 실체를 가정해도 아무런 소용이 없다"고 말했다.

16) Pieper, *Leisure the Basis fo Culture.*

17) Patrick, *Francis Bacon*, 7, 20~21, 28~31.

18) Aquinas, *Summa theologiae.* Ⅱ Ⅱ, q. 161, aa. 1~6. 성 토마스 아퀴나스는 아리스토텔레스가 겸손을 인간의 미덕에 집어넣지 않은 이유를 art. 1, ad 5.에서 설명한다. 연관된 아리스토텔레스의 책으로는, *The Nichomachean Ethics*, Book 2, vii.

19) 나는 그녀의 침대가 위치한 장소 옆에서, 신문과 잡지에서 오려낸 사진들이 벽에 붙어있는 것을 보았다. 암스테르담에서는 안네 프랑크의 집에 방문할 수 있는데, 그곳에 그 벽이 보존되어 있다.

20) Aquinas, *Summa theologiae*, Ⅱ Ⅱ, q. 30, a. 4, corp.

21) 이반 일리치가 이러한 가능성에 대해 자주 언급했다. 이 명제에 대한 가장 폭넓은 논의는 Duden, *Disembodying Women*에서 찾아 볼 수 있다.

22) 에롤의 논의는 그의 저작 다수에서 찾아볼 수 있다. 예를 들어, Ellul, *The technological Bluff.*

23) Cahill, *Desire of the Everlasting Hills*, 136.

24) 일례로 런시맨의 책을 보라 ; *The Medieval Manichee*, 3~25, 171~180.

25) 이 인용은 엘스버그의 책 ; *All Saints*, 145. 마리아에 대한 더 자세한 내용은, *The Rebel Nun.*

26) On the sin of our first parents : Aquinas, *Summa theologiae,* Ⅰ Ⅱ, qq. 82, 85 ; on grace : Ibid., qq. 109~113.

27) Aristotle, *Nichomachean Ethics*, Book 1, iv.

28) Hippocrates, *The Theory and Practice of Medicine,* ⅴ-ⅷ, and the Oath of Hippocrates, 4.

29) Marquard, *In Defense of the Accidental*, 71~89.

30) 몇몇 작가들이 내가 목격한 것에 근접한 경험을 서술했다. 그 가운데 가장 뛰어난 것은 Unamuno, *The Agony of Christianity*, especially 5~6, 16, 79~80.

31) 예를 들자면, 다음과 같다. Weil, *The Notebook*, vol. 1, 49 ; vol. 2, 508.

4. 저물어가는 시간 속의 제리

1) Bellow, *Mr. Sammler's Planet*, 230~231.

2) 예를 들면 레스터 브라운의 작업 : Brown, *The Earth Policy Reader*.

3) One of the most succinct expressions of Illich's argument is found in his essay, "Needs", in Sachs, *The Development Dictionary*, 88~101.

4) Weil, *Gravity and Grace*, 59.

5) Ibid., 58.

6) Weil, *Gravity and Grace*, 59.

7) Jerry lived and died as a faithful member of the Society of Mary (SM), a congregation popularly known as the Marianists. The work of the brothers and priests is principally teaching. For example, they operate the University of Dayton.

5. 나의 죽음과 함께 걷기

1) Plato, *The Dialogues,* vol. 1, 277~278.

2) Lee Hoinacki, *Stumbling Toward Justice : Stories of Place,* especially chs. 7 and 8.

3) Chesterton, *Orthodoxy*, 85~86, quoted in Marlin, *The Quotable Chesterton*, 351.

4) See Zibawi, *The Icon : Its Meaning and History*.

5) 독일로 돌아왔을 때, 나는 카미노를 걸어서 콤포스텔라로 가는 순례에

대한 책자가 수천 권이 있다는 사실을 알게 되었다.

6) Bismarck, *Love Letters from Cell 92 : The Correspondence Between Dietrich Bonhoeffer and Maria Von Wedemeyer, 1943-1945.*

7) Nichols, *Systematic and Philosophical Theology*, 109~231. 또한 시몬 베유는 이렇게 썼다. "하느님은 오직 형상이 부재하는 가운데 일어나는 창조 속에서만 현존할 수 있다." *Gravity and Grace*, 162.

8) 나는 가장 역설적이고 형언할 수 없는 잔혹함을 알게 되었다. 1943년 2월 22일 처형된 한스와 조피 숄의 동료였던 크리스토프 프롭스트의 장인에 의하면, 그는 1945년 4월 25일 독일이 항복하기 바로 몇 시간 전에 나치에 의해 총살당했다. Jens, *At the Heart of the White Rose. Letters and Diaries of Hans and Sophie Scholl*, 321.

9) Zahn, *In Solitary witness : The Life and Death of Franz Jägerstätter* ; Coady, *With Bound Hands : A Jesuit in Nazi Germany : The Life and Selected Letters of Alfred Delp.*

10) 본회퍼는 이렇게 썼다. "우리가 신이 없는 것 같은 세상에서 살아야만 한다는 사실을 인식하지 못하는 한, 우리는 정직할 수 없다. 이것이 바로 우리가 깨달아야 하는 것이다—신 앞에서!" Bonhoeffer, *Letters and Papers from Prison*, 196. 이 글귀는 17세기의 법철학자 그로티우스의 말을 인용한 것이다.

11) 이반 일리치의 논의를 보려면, Hoinachki, *The Challenges of Ivan Illich*, ch. 19 ; Illich, *In the Mirror of the Past*, 218~231 ; Cayley, *Ivan Illich in Conversation*, 256~258, 279~287.

12) Pascal, *Pensées*, 313.

13) Weil, *Gravity and Grace*, 139.

14) Hoinacki, *El Camino : Walking to Santiago de Compostela.*

6. 고통을 견디는 능력

1) Illich, *Medical Nemesis*, 159~160.

2) See Duden, "The Quest for Past Somatics," in Hoinacki, *The Challenges of Ivan Illich*, 219~230. 케일리의 *Ivan Illich in Conversation*를 보라.

3) 이반 일리치와의 대화. 이어지는 모든 일리치의 경험과 의견에 대한 서술은, 출간되었거나 출간되지 않은 문서들에서 인용된 것이 아니라면, 나와 그의 대화에서 나온 것이다.

4) 베르가민의 역설적 표현 방식은 그의 에세이를 모은 책 제목에서 가장 잘 포착된다. José Bergamín, *La importancia del demonio y otras cosas sin importancia.* 베르가민의 사유와 인성을 살펴보고 싶다면, Arana Palacios, "José Bergamín, un hombre de su siglo", *Revista de Occidente*, 29~52.

5) Kellermann, *A Keeper of the Word : Selected Writings of William Stringfellow*, 63.

6) 어떤 이들은 악성종양이 있더라도 전이가 일어나지 않는다고 믿는다. 일리치는 전이가 일어났다고 믿었다.

7) 좋은 친구인 진 부카르트가 이런 의견을 제시했다.

8) 나의 지인에게 어떻게 이런 일이 일어났는지 7장에 자세히 기술했다.

9) Illich, *Gender*, 4.

10) 친구 아론 파벨이 편지로 알려주었다.

11) 네 가지 기질 : 다혈질, 담즙질 또는 화를 잘 내는 성질 , 점액질 그리고 우울질. 이 네 가지의 미묘한 균형이 건강과 성격을 결정한다. 우나니 의학에 대한 정보는 인도의 하이데라바드에 있는 인도 의료 역사 연구소(The Indian Institute of the History of Medicine)에서 얻을 수 있다.

12) Illich, "Do Not Let Us Succumb to Diagnosis, But Deliver Us from the Evils of Health", unpublished speech.

13) 그는 보통 강의하기 전에 특별한 요가 수행을 했다. 한 번은 켄터키에 있는 베리어 대학에서 일리치가 강의를 하기 직전에 몇 분 동안 요가를 하기 위해 강의실 옆에 대기실을 마련해 달라고 부탁했던 기억이 있다.

14) 일리치의 오랜 친구이자 콜럼비아에 있는 타이 소피아 힐링 아트 연구소의 창립자인 로버트 더건 박사가 그 한 사람이다. 연구소에서는 지압,

약초 치료 그리고 여러 치료 요법들을 배울 수 있다. See : www. tai. edu.

15) 친구인 아론 파벨이 나에게 이 말들을 편지로 써 보냈다. 파벨은 일리치가 고통의 이득을 극찬하는 말을 듣고 놀랐다!(July 2003)

16) Illich, *H₂O and the Waters of Forgetfulness*.

17) 내면의 주된 감각은 상상이다. 어떤 이들에 따르면, 상식도 포함된다. 일리치는 내면의 감각에 대해 1980년대에 펜스테이트 대학에서 강의를 했다.

18) Weil, *Waiting for God*, 119~120.

19) Weil, *Gravity and Grace*, 139~140.

20) Ibid., 119.

21) Illich, *Medical Nemesis*, 134.

22) 프랑스어 원본 예루살렘 성경(1961)을 내가 직접 번역했다.

23) Greene, *The Heart of the Matter*.

24) 이런 맥락에서 그린 또한 신의 고통을 받아들인다. 작가가 지닌 상상력 때문에, 그는 겉보기에는 불가능한 것에 대해 사람들이 멈춰 서서 성찰할 수 있게 만드는 방식으로 이야기하고 있다.

25) 주석 달린 참고 문헌은 다음 책을 보라. Farmer, *Butler's Lives of the Saints*, vol. 3, 123~124.

26) "… ars nihil aliud est quam ratio recta aliquorum operum faciendorum." Aquinas, *Summa theologiae,* I Ⅱ, q. 57, a. 3.

27) Illich, "Pathogenesis, Immunity and the Quality of Public Health," unpublished talk.

28) Greene, *Heart of the Matter*, 129.

29) Illich, "Pathogenesis…"

30) Ibid.

31) Illich, "Do Not Let Us Succumb to Diagnosis". 출간되지 않은 대담집.

32) Hoinacki, "Why *Philia*?". 출간되지 않은 에세이.

33) 아론 팔벨이 리 호이나키에게 보낸 편지(July 2003).

34) Silja Samerski and Matthias Rieger in a letter to Lee Hoinacki(February 2004).

35) 이 시는 그의 소설 『카라마조프가의 형제들』 속에 나온다.

36) Camus, *Resistance, Rebellion, and Death*, 25.

7. '아니오'라는 대답의 도덕적 아름다움

1) Synge, *The Aran Isalnds* ; O'Flaherty, *Short Stories* ; Griffith, *The World of Robert Flaherty*, 83~106.

2) Sophocles, *The Three Theban Plays*, 159~212.

3) Undest, *Kristin Lavransdatter*.

4) 현대의 "독서"에 있어서 이러한 독서와 통찰에 대한 뛰어난 해석은, Illich, *In the VIneyard of the Text*를 보라.

5) 현대적 폐단을 다루고 있는 책. Benda, *The Treason of the Intellectuals,* to Lasch, *The Revolt of the Elites*.

6) 종교적 전통에 따르면, 재능은 이해, 의견, 지혜, 과학적 지식, 공경, 용기와 두려움이다. Aquinas, *Summa theologiae*, I II , q. 68, a. 4.

7) Dostoievsky, *The Brothers Karamasov*, 292~312.

8) Aquinas, *Summa theologiae*, II II , q. 13, a. 3, corp.

8. 나는 통과할 수 있는가

1) 『형이상학』의 첫 줄에서 아리스토텔레스는 이렇게 썼다. "모든 인간은 태어날 때부터 알기를 욕망한다."

2) 예를 들어 에롤의, 『우리 세대의 전망』, ix- x ; 33~34; 44~48.을 보라. 또한 에롤의 다른 책, 『기술적인 허세』에서도 같은 내용을 볼 수 있다.

3) Illich, conversation with me, 1980-1992.

4) 이 표현의 출처는 히포크라테스 전집이다. 『의학의 이론과 실제』, 43, 히포크라테스.

5) Illich, *Medical Nemesis*, 174~208.

6) Foster, *The Epic of Gilgamesh*, 60~62. 길가메시가 죽은 친구 엔키두를 애도한다.

7) St. Augustine, *Confessions*, Bk. 10, ch. 27.

8) Illich, "Death Undefeated", 1652~1653.

9) Enright와 Rawlinson 편집, *The Oxford Book of Friendship*, 352.

10) 질적인 변화의 개념, Ellul, *Perspective On Our Age*, 36.

11) 죽음과 맞서는 개인적이며 사람마다 다른 성향의 싸움은 오늘날의 의료시스템의 그것과는 다르다. Unamono, *The Agony Christianity*.

12) Weil, *The Notebook*, vol. 2, 444.

13) Weil, *The Notebook*, vol. 2, 444.

14) Runciman, *The Medieval Manichee*, 13 ; Kaelber, *Schools of Asceticism*, 214.

15) McNeill, *A World History*, 256~257.

16) Kaelber, *Schools of Asceticism*, 176~177 ; Runciman, *The Medieval Manichee*, 171~175 ; Lambert, *The Cathars*, 314~315.

17) Lansing, *Power and Purity ; Cathar Hersey in Medieval Italy*, 10~11.

18) Kaelber, *Schools of Asceticism*. 135.

19) Kaelber, Lambert, Runciman, Lansing의 저서와 그들의 자서전을 보라. 또한 Mundy, *The Repression of Catharism at Toulouse* ; Oldenbourg, *Massacre at Montségur* ; Barber, *The Cathars*, Burl, *God's heretics : The Albigensian Crusade* ; Hamilton, "The Cathars and Christian Perfection", 5~13. Some of these studies print primary documents.

20) Runciman, *The Medieval Manichee*, 184 ; Kaelber, *Schools of Asceticism*, 175~176.

21) Runciman, *The Medieval Manichee*, 136.

22) Ibid., 140.

23) Kaelber, *Schools of Asceticism*, 185~186.

24) Runciman, *The Medieval Manichee*, 130, 174, 179 ; Kaelber, *Schools of Asceticism*, 191 ; Mundy, *The Repression of Catharism at Toulouse*, 10.

25) Runciman, *The Medieval Manichee*, 116, 134~136 ; Lansing, *Power and Purity*, 11.

26) Ibid., 147 ; Lambert, *The Cathars*, 155.

27) Lambert, *The Cathars*, 344 ; Oldenbourg, *Massacre at Montségur*, 43.

28) Lambert, *The Cathars*, 244~245.

29) Oldenbourg, *Massacre at Montségur*, 47 ; Lansing, *Power and Purity*, 5.

30) Lansing, *Power and Purity*, 5.

31) Lambert, *The Cathars*, 240~244.

32) Hildegard of Bingen, *The Letters of Hildegard of Bingen*, vol. 1, 56.

33) Ibid., 58.

34) Hildegard of Bingen, *The Letters of Hildegard of Bingen*, vol. 2, 122.

35) Hildegard of Bingen, *The Letters of Hildegard of Bingen*, vol. 2, 124~125.

36) Hildegard of Bingen, *The Letters of Hildegard of Bingen*, vol. 1, 13.

37) Hildegard of Bingen, *The Letters of Hildegard of Bingen*, vol. 2, 125.

38) Hildegard of Bingen, *The Letters of Hildegard of Bingen*, vol. 1, 58.

39) Bloy, *Pilgrim of the Absolute*.

40) Mounier, *Personalism*.

41) Weil, *The Notebooks*, vol. 2, 412.

42) Weil, *Waiting for God*, 59.

43) Weil, *The Simone Weil Reader*, 82.

44) 다음과 같은 글들을 예로 들 수 있다. Taylor, "Benefits of Dehydration in Terminally Ill patient", 271~272 ; Ganzini, "Nurses' Experiences with Hospice Patients Who Refuse Food and Fluids to Hasten Death", 325, 359~365. 위독한 상태에 있는 환자들에게 영양과 수분을 공급하는 것의 도덕적 측면을 논의하는 문헌들이 증가하고 있다. 가톨릭 언론들 가운데, 미국 주교들을 위한 글을 인용하면, 1992년에 처음 발표된 "영양과 수분 공급 : 도덕적 그리고 영적인 대응"이 있고, 2004년 3월 20

일에 교황 요한 바오로 2세의 언급이 있다. 교황들의 언급에 대한 짧은 기록들은 *America*지, 2004년 4월 5일, 4~5면에서 볼 수 있다. 독일인 친구인 Antje Menk 박사가 나에게 독일에는 *Stiller Suizid*(조용한 자살)이라는 용어가 있다는 것을 알려주었지만, 그것에 대한 출판은 거의 이루어지지 않았다.

45) Weil, *Notebooks*, vol. 2, 444.

46) (역주) 아리스토텔레스의 『형이상학』에 언급된 제1운동자

47) Duden, "The Quest for Past Somatic", 219~230.

48) Ellul, *Perspectives*, 82 그리고 여러 곳에.

49) 우나모노(Unamuno)는 이렇게 기록했다. "모든 정통파들은 이단으로부터 시작되었다." 그의 저작 *The Agony of Christianity*, 84쪽을 보라.

50) 친구인 진 버캇(Gene Burkart)에 의하면, 일리치는 의료 시스템으로 인해 산만해지는 것, 즉 영혼과 육신이 분리되는 것을 두려워했다고 한다. 그렇게 해서 주님을 놓칠게 될지도 모른다고 생각했다.

51) Illic, "The Cultivation of Conspiracy", 233~242.

52) Hopkins, "God's Grandeur", 76.

9. 얼음송곳 청년(The ice pick man)

1) *The Lévinas Reader* ; Buber, *The way of Response*를 보시오.

2) Haraway, *Modest Witness@Second Millennium*.

3) Hoinacki, *Stumbling Toward Justice*, 8장과 9장 133~166. 그리고 이 책의 1장을 보시오.

4) '대화' 편의 가장 아름다운 구절 가운데 하나 :
   "친애하는 판과 이곳의 다른 모든 신들이시여, 저의 내면이 아름다워지도록 허락하소서. 그리고 내면과 외면의 사람이 하나가 되도록 하소서. 제가 지혜로운 자를 부유한 자로 여기게 하소서. 절제 있는 자 말고는 다른 누구도 나를 끌고 갈 수도 없을 만큼 그득한 황금이 제게 있게 하소서."

나는 결코 잊지 못했고, 때때로 그 기도를 떠올렸다. 왜냐하면 선한 삶 그리고 지혜란 무엇인지에 대한 철학이나 사유에 이끌린 사람이라면, 소크라테스의 기도야말로 기독교 이전의 그리스인들이 이 세상에서 빛으로 사는 게 무엇인지, 잘 사는 게 무엇인지를 가장 잘 표현한 것이라고 항상 믿었기 때문이다.

5) 전통에 대한 최근 연구는 분명히 플라톤의 『파이드로스』에서 시작되었다. Pickstock의 *After Writing*을 보시오.

6) Balthasar, *The Glory of the Lord*, 460.

7) Balthasar, *The Glory of the Lord*, 459~469.

8) Aristophanes, *Clouds*.

9) Hamann, *Sämtliche Werke*, vol. 2, 204. Balthsar에 의해 *Seeing the Form*, 82.에 인용되었다. 발타자르는 이렇게 적고 있다. "하만은 영광을, 인간이 된 신에게만 적절한 케노시스로 볼 뿐만 아니라, 창조에 의해 무를 꿰뚫고 있는 창조자에게도 적절하다고 본다. 또한 스스로를 성경의 글자들이라는 '온갖 넝마와 누더기들 아래' '쓰레기들 아래' 숨기고 있는 성령에도 적절하다. '이토록 혐오스러운 옷을 입은 천국의 찬란한 빛을 알아보기 위해서는… 진실로 환하게 열리고 열정적인 신앙을 지닌 눈이 필요한' 방식으로."

10) 이 진실의 근원은 이중적이다 : 첫째, 얼음송곳 청년과 나는, 신약 성경의 내용을 근거로 하는 전통적 기독교인의 가르침인 성도의 교제 속에서 연결되어 있다. 또한 시간과 영원 사이의 상호작용 때문이기도 하다. 성토마스 아퀴나스는 하느님의 인식이 미래의 우연한 사건, 예를 들어, 얼음송곳 청년이 내가 멕시코시티에 도착하기 전날 살해당한 것과 같은 사건까지 포함하는 것인지에 대한 질문을 던지면서, 하느님의 인식은 그의 존재와 마찬가지로 영원으로 판단할 수 있다고 주장한다. 그런데 영원 속에서, 모든 것은 동시에 존재한다. Aquinas, *Summa theologiae*, I, q. 14, a. 13, corp. 추론에 있어서 몇몇 개념은 분명한 의미가 아니라, 유추적이다.

11) Pseudo-Dionysisus, *The Dvine Names*, 214~215.

12) Weil, *Waiting for God*, 165.

13) Weil, *Waiting for God*, 166~167.

14) Aquinas, *Summa theologiae*, I, q. 1, a. 4, ad 3. 이런 곳에서, 성 토마스 아퀴나스는 위(僞)디오니시오스의 견해에 호의적인 언급을 했다. 그는 저자를 디오니시오스로 알고 있었지만, 후세의 역사학자들이 "위(僞)"를 붙였다.

15) Balthasar, *Seeing the Form*, 29.

16) Balthasar, *Seeing the Form*, 82.

17) Balthasar, *The Glory of the Lord*, 121.

18) Endo, *Silence*.

19) 마지막 날에, 사람의 아들은 모든 사람들을 구분할 것이다. "목자가 양떼들을 염소들과 구분하는 것처럼." 자신의 오른편에 있는 이들에게 그는 말할 것이다. "너희에게 진리를 말한다. 너희가 나의 형제들 가운데 가장 낮은 이에게 한 일은 그것이 무엇이든, 나를 위해 한 일이다." 그는 자신의 왼편에 있는 이들, 즉 어려움에 처한 사람들을 외면한 사람들을 저주했다. 어려운 우화. 마태복음 25:31~46.

20) Miles, *Simone Weil*, 201~202. 시안 마일즈는 이 선집에 뛰어난 서문을 붙였다.

21) Miles, *Simone Weil*, 202~203.

22) Catherine of Siena, *The Dialogue*, 27~29.

23) 아이콘에 대한 많은 저작물들 가운데, 처음 접하기에 유용한 것은 Zibawi가 쓴 *The Icon : Its Meaning and History*이다. 원래 논의들은 다마스쿠스의 성 요한이 쓴 *Holy Images*에서 찾아볼 수 있다.

24) Ellsberg, *All Saints*, 145.에서 인용. 완전한 이야기를 보려면, Smith, *The Rebel Nun*을 보라.

10. 백장미단

1) Domback and Newborn, *Shattering the German Night, The Story of the White Rose*, 201.

2) Hanser, *A Noble Treason. The Revolt of the Munich Student Against Hitler*, 21.

3) Hanser, *A Noble Treason*, 274.

4) Hoffmann, *The History of the German Resistance 1933-1945*. 호프만은 프라이슬러와 그가 폭격 속에서 죽은 것에 대해 썼다. 525-527.

5) Scholl, *The White Rose*, 4.

6) Ibid.

7) Nicholls, *Systematic and Philosophical Theology*, 110.

8) Scholl, *The White Rose*, 6.

9) Lukacs, *The Hittler of History*, 95, 258 페이지를 보면, 루카스는 이렇게도 주장한다. "그(히틀러)는 20세기의 가장 위대한 혁명가였다."

10) Deák, "Why did they love him?", 4.

11) Childers and Caplan, *Reevaluating the Third Reich*.

12) Harris, *Louders. Body and Spirit in the Secular Age*, xvi-xviii. 좀 더 심화된 연대기를 보고 싶다면, Graml, *The German Resistance to Hitler*, xv-xx.

13) Hanser, *A Noble Treason*, 131, 187.

14) Smith, "Resistance to Hitler", 19.

15) 인용된 말들은 숄의 저작 *The White Rose*, 73, 74, 79, 85 그리고 88에서 각각 볼 수 있다.

16) Lukacs, *The Hitler of History*, 260, 주 9번을 보시오.

17) Reck-Malleczwen, *Diary of a Man in Despair*, 179.

18) Hanser, *A Noble Treason*, 264~265 ; Scholl, *The White Rose*, 143.

19) Hanser, *A Noble Treason*, 276.

20) 인용된 말들은 숄의 저작 *The White Rose*, 61, 61~62, 142, 143, 144~145에서 각각 볼 수 있다.

21) Dombach and Newborn, *Shattering the German Night*, 213~214.

22) Scholl, *The White Rose*, 62.

23) *New York Review*에 보내는 편지 속에서, 이탈리아의 토리노 출신인 Sergio Sarri는 한스와 조피가 단두대에서 처형된 것이 아니라 도끼로 목

이 잘렸다고 썼다.

24) Reck-Malleczwen, *Dairy of A Man in Despair*, 180~181. 그의 원고는 전쟁이 끝난 뒤 출간되었다.

25) 처음 체포되었을 때, 한스와 조피는 전단지를 담았던 빈 옷가방에 대해 부모님 집으로 세탁물을 보내기 위한 것이라고 주장했다. (내가 대학 신입생이었던 1948~1949년 동안 나도 그렇게 했다.) 경찰이 그 이야기가 사실이 아님을 입증하자, 한스와 조피는 진실을 인정했다. 그러나 그들은 독자적으로 행동한 것이라고 주장했다. 그들의 동료 가운데 누구도 연루시키지 않았다.

26) 이 장을 쓰면서, Aaron Falbel에게 많은 빚을 졌다.

27) Domback and Newborn, *Shattering the German Night*, 29.

28) Franz Joseph Schöningh, Jens에 의해 *At the Heart of the White Rose*, 302, 153번 주에서 인용되었음.

29) Lukacs, *The Hitler of History*, 252.

30) Gay, "My German Question", 21~22. 이 상은 해마다 뮌헨에서 수여된다.

31) 나는 석고상으로 된 성자처럼 살라고 말하는 것은 아니다. 예를 들어, 그들은 다 함께 스키 여행을 갔고, 우정의 기쁨을 나눴으며, 음악회와 펜싱, 기타 등등을 즐겼다.

32) Jens, *At the Heart of the White Rose*, 125번 주.

33) Ibid., 224~225.

34) 인용된 말들은 Jens, *At the Heart of the White Rose*, 305, 주 175, 187, 303, 주 157 ; 308, 주 184에서 각각 확인할 수 있다.

35) Ibid., 76.

36) Ibid., 127. 잉에 젠스는 잉에 아이혜-숄이 마리탱의 책 *Le paysan de la Garonne*에서 인용한 글을 덧붙였다. "언젠가 장 콕토에게 말했다. '정신은 단단하게 마음은 부드럽게 가져야 해.' 그리고 나는 덧붙였다. 슬프게도, 세상은 단단한 마음과 부드러운 '콩'들로 가득 차 있단 말이야." 295, 주 115번을 보시오.

37) "…나는 세탁실에 있었고 어느 수녀님 앞에서 빨래를 헹구고 있었다. 그녀는 자신의 작업대에서 수건들을 들어 올릴 때마다 내 얼굴을 향해

더러운 물을 털었다. 처음에는 나에게 물을 뿌린 그 수녀님이 나를 위해 좀 더 조심하라는 것을 보여주기 위해, 나는 뒷걸음질치면서 얼굴에 묻은 물을 닦았다. 그러나 그 순간, 자비롭게도 나에게 주어진 이러한 보물 같은 순간을 거부하는 게 어리석다는 생각이 들었다. 그래서 나는 물이 튀기는 것을 피하려 애쓰는 모습을 보이지 않도록 조심했다." 리지외의 성 데레사, *Story of a Soul*, 250.

38) 크라우셴비스에 대한 내용은, Jens, *At the Heart of the White Rose*, 130, 147, 296 주 125를 보시오. 블룸베르크에 대한 내용은 같은 책, 173을 보시오.

39) Ibid., 171.

40) St. John of the Cross, *The Collected Works*, 171. 백장미단의 삶과 죽음 그리고 그들의 일기와 편지들에 드러난 것들을 성찰한 뒤, 나는 십자가의 성 요한의 글을 인용하는 것이 그릇되거나 설득력이 없지 않다는 결론에 이르렀다. 오히려 진실 그리고 그들의 헌신의 깊이를 이해하기 위해서는 필수적인 일이다.

41) 두 인용 모두 Jens, *At the Heart of the White Rose*, 173~175.

42) St. John of the Cross, *The Collected Works*, 119, 383.

43) 첫 번째 글은 보내지 않은 편지의 초안이며, Jens, *At the Heart of the White Rose*, 176~177에서 인용. 두 번째 글은 같은 책 191에서 인용.

44) Jens, *At the Heart of the White Rose*, 145, 146.

45) Ibid., 201.

46) Ibid., 207~208.

47) St. John of the Cross, *The Collected Works*, 170.

48) Scholl, *The White Rose*, 74.

49) Ibid., 105.

50) Jens, *At the Heart of the White Rose*, 209.

51) St. John of the Cross, *The Collected Works*, 119.

52) Jens, *At the Heart of the White Rose*, 257.

53) St. John of the Cross, *The Collected Works*, 119.

54) 도스토예프스키, 『카라마조프가의 형제들』, 65. 도로시 데이가 이 구절

을 자주 인용한다. Day, *Selected Writings*, 264.

55) St. John of the Cross, *The Collected Works*, 378

56) Jens, *At the Heart of the White Rose*, 267.

57) Ibid., 133. 그리고 235~236.

58) Ibid., 195. 그리고 279.

59) Hanser, *A Noble Treason*, 284 ; Dombach and Newborn, *Shattering the German Night*, 211.

60) Haecker, *Journal in the Night*, xxxviii. 에 있는 Alexander Dru의 서문을 보시오.

61) Dru in Haecker, xxvi.

62) Robinson, *The Ten Commandments*, vi-xiii. 히틀러의 저 말은 헤르만 라우슈닝이 받아 적었으며, 이 책의 서문에 나온다. 존 루카스와 다른 사람들이 지적하고 있듯이, 라우슈닝의 기억은 조금 의심스럽다. Lukacs, *The Hitler of History*, 8, 121.을 보라.

63) Jens, *At the Heart of the White Rose*, 300, 주 153을 보시오. 『고원지대』는 1903년 무드가 창간했고, 1941년 나치에 의해 폐간되었다.

64) Jens, *At the Heart of the White Rose*, 320. 주 265, 266을 보시오. 1935년에 나치는 해커에게 연설과 저술 금지령을 내렸다.

65) Ibid., 161, 203, 312, 주 210, 216.

66) Large, *Where Ghosts Walked*, 327. 몇몇 저자들은 그들이 음악을 연습하고 감상했던 것에 주목한다. 또한 Willi Graf의 일기를 보시오. Willi Graf, *Briefe und Aufzeichnungen*, 41, 68 그리고 여러 군데.

67) (역주) 베네딕트 수도회에서 하는 수행의 일종으로, 신과 소통하려는 의도를 가지고, 신과 신의 세계를 알기 위한 독서를 하는 것

68) Day, *The Dorothy Day Book*, 97.

69) 위에 언급한 세 사람과 함께 프랑시스 잼, 샤를 페기 그리고 프랑수와 모리악 여섯 사람이 프랑스어 가톨릭 독자들 사이에서 프랑스를 미국이나 독일 보다 훨씬 높은 자리에 위치하게 한 일종의 르네상스를 만든 작가들이다. Jens, *At the Heart of the White Rose*, 292, 주 64. 그리고 이 작가들의 책들을 보시오.

70) Reck-Malleczewen, *Dairy of A Man in Despair*, 173~174.

71) Haecker, *Journal in the Night*, 25 그리고 74~75를 각각 참조하시오.

72) Scholl, *The White Rose*, 86.

73) Newman, "The Times of Antichrist" 또한 McGinn의 *Antichrist*를 보시오. 충분한 개관을 보려면, *Dictionnaire de Théologie Catholique*, col. 179~180. 좀 더 심도 있는 내용을 보려면, *Dictionnaire*, 1903, vol. 1, col. 1361~1365.를 보시오.

74) Lukacs, *The Hitler of History*, 265~266. 루카스는 단지 그 차이를 함축하고 있지만, 악마에 사로잡힌 것과 적그리스도 사이에는 신학적으로 복잡한 구분이 있다.

75) Jens, *At the Heart of the White Rose*, 281. 백장미단 사람들은 뮌헨에서 처형되었고, 학생이 아닌 사람은 오직 쿠르트 후버 교수뿐이었다. 젊은 학생들과 함께 백장미단에 참여했던 그의 행적은 다양한 독일 문서에 남아 있다. 법정에 서기 전에 그가 했던 말들은 Scholl, *The White Rose*, 63~65에 기록되어 있다.

76) Jens, *At the Heart of the White Rose*, 114.

77) Scholl, *The White Rose*, 92~93

78) Graf, *Briefe und Aufzeichnungen*, 199. 종교적인 것과 신앙을 구분할 수 있다. 이 구분은 그레이엄 그린의 몇몇 소설에서 잘 드러난다. 또한 호이나키, *El Camino. Walking to Santiago de Compostela*.

79) 그날 밤 나치의 폭도들이 독일에 있는 유대인들에게 폭행을 시작했다. 거의 이백 군데의 유대교 사원들이 불탔다. 유대인 소유의 상점 칠천 개가 파괴되었다. 약 백 명의 유대인들이 살해됐다. 약 만 명의 사람들이 부헨발트 수용소로 보내졌다.

80) Ellul, *Perspective On Our Age*, 100~101.

81) 예를 들어, 이반 일리치 사후에 발간된 책 : Cayley, *The Rivers North of the Future : The Testament of Ivan Illich*, 59~63. 그리고 여러 곳에서.

82) Weil, *Gravity and Grace*, 78~84.

83) Large, *Where Ghost Walked*, 352. 2004년에 조피 숄에 대한 영화 *Die letzten Tage*가 만들어졌다. 2005년에 그 제작 기록과 백장미단에 대한

짧은 역사, 영화 대본, 커멘터리와 사진들을 담은 책이 출간되었다. Fred Breineersdorfer, *Sophie Sholl-Die letzten Tage*.

11. 죽음을 감싸 안는 것

1) Aquinas, *Summa theologiae* II II, q. 167, aa. 1, 2.

12. 건강 추구 : 또 다른 키메라?

1) 논문과 참고문헌을 살펴보려면, Wiener, *Dictionary of the History of Ideas*, vol. 3, 272~318에 실린 신화에 대한 연구와 연관된 다른 글들을 보시오. 종교의식 이론에 대한 상세한 설명은 Bell의 *Ritual, Perspective and Dimensions*에 나와 있음. 요즘 사상가들을 모아놓은 책은 Grimesd의 *Reading in Ritual Studies*. 인류학의 잡다한 훈련을 받은 연구자들에 의해 수행된, 종교의식에 대한 가장 최근의 연구는 서구가 아닌 곳 그리고 "원시적인" 민족지적 종교의식에 비중을 두거나 그런 쪽을 선호하는 것처럼 보인다. 종교의식과 신화를 문화와 연결시키려 했던 초기 연구들은, 고대 그리스와 히브리를 연구의 시작으로 삼는 경우가 종종 있었다.

2) 유대인들이 서구 문화와 종교에 끼친 다양한 영향을 연구한 뛰어난 책이 있다. Cahill, *The Gifts of the Jews*.

3) 유익하게도 사도서의 열세 장을 모두 읽을 수 있다. 성 바오로는 자신의 편지 속에서 로마 사람들에게 이렇게 일깨웠다. "그[아브라함]는 우리 모두의 아버지입니다."(로마서 4:16) 그러나 만약 신이 신이라면, 왜 그가 이 세상의 다른 모든 민족들 가운데 유대인들을 선택했을까? 이 질문에 대답하려는 시도 끝에, 성 토마스 아퀴나스는 성 어거스틴의 의견이 인간이 가장 잘 이해할 수 있는 것처럼 보인다고 말한다. "오류에 빠지지 않으려면, 신에 대해 추측하려 하지 말라." Aquinas, *Summa theologiae*, I II, q. 98, a. 4. 아퀴나스가 언급한 모든 것들이 중세 사상의 개요서인

이 책에 담겨있다. 아퀴나스보다 앞선 히브리와 그리스, 기독교와 이슬람의 저자들을 통달하고 난 뒤, 자신이 갈고 닦은 질서와 문체로 그들과 중세의 기독교적 사상을 명쾌하게 통합해서 보여준다. 토마스 아퀴나스는 이러한 전통들을 한데 묶은 사상가의 본보기로 두드러진다.

4) Aquinas, *Summa theologiae*, I II, q. 2, a. 8, corp.

5) Ibid., I II, q. 58, a. 1, corp. 정의는, 그 판단의 기준이 객관적이고 사람의 외부에 있다는 점에서, 가장 기본적인 다른 덕목들(신중함, 의연함 그리고 자제력)과 구분된다. 다른 덕목들은 인간의 내면에서 보여지는 것이다. 예를 들어 신중함은 지향하는 적절한 목표에 좋은 방법을 선택하는 신중한 사람에게서 발견된다.

6) Ibid., I II, q. 58, a. 11, corp. 아퀴나스가 말하는 정의는 만원, 이만 원으로 계산할 수 있는 것 이상을 의미한다. 왜냐하면 산술적으로 계산할 수 있는 방법은 이미 충분했기 때문이다. 그는 경제적 인간(homo economicus)의 탄생 이전, 선을 대신할 가치들이 나타나기 이전에 살았다. 즉, 선을 산술적으로 계량하려는 의도가 있기 이전의 사람이다.

7) Ibid., q. 82, a. 3, corp ; Aquinas, *Summa theologiae*, I II, q. 101, a. 2, corp.

8) Ibid., I II, q. 82, a. 3, corp. 그는 (남성적) 지성은 재능이 그들 자신만의 것이라고 생각하는 경향이 있음을 지적했다. 허영은 헌신할 자리를 남겨두지 않는다. (같은 책, obj. 3, and ad 3)

9) Aquinas, *Summa theologiae*, I II, q. 91, a. 2, corp.

10) Ibid., I II, q. 94, a. 2, corp.

11) 자연의 법칙에 대해서는 같은 책, q. 90, 다른 법칙들, 즉 영원한, 자연의, 인간의, 신성한 그리고 육체의 법칙에 대해서는 q. 91.을 보시오. 또한 Wiener, *Dictionary of the History of Ideas*, vol. 3, 13~27을 참고하시오. 이 자료는 법에 대한 칸트의 개념에 큰 영향을 받았다. 즉 법을 규칙으로 본다. 이것은 법을 원리로보는 아퀴나스의 개념과 매우 다르다.

12) Ibid., I II, q. 58, a. 1, corp.

13) Ibid., I II, q. 93, a. 1, corp.

14) Ibid., q.91, a. 2, corp.

15) Ibid., I II , q. 93, a. 1, ad 2.

16) 일리치, 「진단에 굴복하지 맙시다」 출간되지 않은 연설 중에서.

17) 불가타 성성의 시편 107편에서 'salus'에 대한 진실한 계시를 표현한다.
    아마도 그 주제를 다룬 장의 맨 마지막 구절일 것이다.

   Da nobis auxilium de tribulatione :

   Quia vana salus homins.

   오, 주께서 고난 속에 있는 우리를 도우시니,

   사람의 도움은 쓸모없기 때문이다.

18) 친구 Aaron Falbel의 의견.

옮긴이의 말

처음 이 책을 번역할 수 있겠느냐는 제의를 받았을 때, 나는 저자인 리 호이나키나 그의 가까운 친구 이반 일리치에 대해 전혀 아는 바가 없었다. *Dying Is Not Death*라는 책의 원제를 흘끗 보고, 죽음을 눈앞에 둔 노인이나 혹은 말기 암 환자들을 돌보고 위로하는 말기간호(hospitality)를 다룬 내용이 아닐까, 추측했을 정도다.

그렇지만 책을 읽어 내려가면서 내 추측이 완전히 빗나갔음을 알았다. 한편으로는 계속 읽기가 불편하기도 했다. 특히 맥도날드에서 일하는 장애를 가진 여성이 자신에게 베푼 친절에서 완전한 아름다움, 아름다움이라는 목적 외에 다른 아무 목적도 없는 궁극의 아름다움을 보았다는 이야기 뒤에 나오는 다음과 같은 구절들은 쉽게 수긍할 수 없었다.

만약 그들이 첫 번째로 장애인의 아름다움을 제거하는 데 성공한다면, 무한한 전체의 극미하지만 필수적인 부분은 파괴되어갈 것이다. 더 높고, 누구나 동의하는 신비로운 선의 필수적인 부분은 사라질 것이다. 중세의 철학적 진리 안에서, 초월적 요소로서 선과 아름다움은 존재론적으로 하나다. 하느님의 창조 안에서, 그들은 우리 중 누구나 위협할 수 있는 깨지기 쉬운 전체로 여겨진다. 우리의 존재 이유는 그들을 폄하하고 없애버리는 것이 아니라, 그들을 욕망하고 찾는 것이다. 나는 내가 그날 오후 맥도날드에서 봤던 아름다움이 테크놀로지가 지배하는 세상에서 사라질까봐 두렵다. 그 젊은 여성의 아름다움을 보면서, 나는 우주의 아름다움, 코스모스의 아름다움에 대한 영감을 얻었다. 더 나아가, 나는 진실과 선과 아름다움이 그들의 초월적인 성격 안에서 통일되는 것을 보았다…… 그들은 현존으로, 믿는 사람들이 하느님이라고 이름붙인 실재로서 존재했다.

단지 선과 아름다움의 동일함, 혹은 하느님의 존재를 증거하기 위해 장애를 가진 사람들이 이 세상에 반드시 존재해야 한다는 말인가? 이건 도대체 무슨 소리인가? 우리가 장애를 장애라고 부르는 것은, 그것으로 인한 육체적·정신적 불편함 때문이다. 선이니, 아름다움이니, 신이니 하는 문제들을 거론하기 이전에, 장애를 가진 사람들의 육체적·정신적 괴로움을 먼저 생각하고 덜어주기 위해 노력하고 배려하는 게 마땅하지 않은가?

그럼에도 불편함이 호기심을 자극했음을 고백한다. 도대체 이 사람이 믿고 있는 그 막무가내의 믿음, 글의 밑바탕에 깔려 있는 인간과 신에 대한 절대적 믿음이 어디에서 비롯되는지 궁금했다. 요즘 세상 사람들이 완전히 잊어버리고 또 잃어버린 어떤 가치를 여전히 중요하게 여기는 사람들이 있고, 그것을 삶 자체로 구현하고자 하는 삶의 방식이 있음이 놀랍기도 했다.

호이나키의 단호하면서 비약이 심하고, 때로는 너무 급진적이어서 관념적으로 느껴지는 글을 이해하려면, 평생 가까운 벗으로 지냈던 이반 일리치에 대해 언급한 다음과 같은 구절을 늘 염두에 두고 있어야 한다.

> 그의 책이나 논문에서 그가 말하는 내용들은, 어느 정도는, 복음 속의 우화들을 '보는' 것처럼 읽어야 가장 잘 이해할 수 있다. 핵심을 말하자면, 당신은 그것을 이해하거나 아니면 전혀 이해하지 못하거나 둘 중 하나라는 것이다. 그러나 일리치의 말을 "이해하려"면, 두 가지 차원, 즉 앎의 차원과 삶의 차원으로 들어가야 한다. 일리치의 글을 진지하게 읽고 이해하려면, 반드시 의미를 포착하고, 반드시 무엇인가를 해야 한다.

이러한 언급은 호이나키 자신의 글을 읽을 때도 적용된다고 생각한다. 그가 쓴 글과 그가 살아온 삶은 분리되어 있는 것이 아니다. 그렇기 때문에 너무나 근원적이어서 급진적인 그의 글이 사람들의 마음을 사로잡고 설득하는 힘을 갖는다.

리 호이나키는 폴란드에서 미국으로 이민 온 농부의 후손으로 미국 일리노이 주 링컨에서 태어났다. 열여덟 살에 '세상을 보고 싶다'는 마음으로 해병대에 입대해 중국에서 근무했다. 제대한 다음에는 대학에 들어갔고, 대학을 졸업한 뒤에는 도미니크 수도회에 들어가 신부가 되었다. 그리고 뉴욕 빈민가에서 사목활동을 하다가 남미로 가서 신학자이며 철학자인 이반 일리치를 만났다. 보수주의자에게는 '사상의 저격수'로 두려움의 대상이었고, 진보주의자에게는 시대를 앞선 성찰로 불편함의 대상이기도 했던 이반 일리치는 호이나키의 절친한 벗이었으며 많은 영향을 준 사람이기도 하다. 그가 뺨에 자라는 종양에 대해 현대적 의료 진단과 치료를 거부하고 독일에서 숨을 거둘 때 호이나키가 곁을 지켰다.

호이나키는 사제직을 그만둔 뒤, 결혼을 하고 가정을 꾸렸으며, 대학 교수로 일하기도 했다. 그러다가 그는 자신과 가족이 화폐 중심 사회의 구조 밖으로 얼마나 멀리 벗어날 수 있을지 알고 싶은 마음에 교수직을 내놓고 시골로 들어가 농사를 지으며 살았다. 책을 읽어 내려가면 알게 되지만 호이나키는 전화와 컴퓨터, 이메일 같은 것들을 가능한 한 사용하지 않으며 살고 있다.

오늘날에는 감기 몸살만 앓아도 병원에 가서 항생제 주사를 맞는데 해열진통제가 없는 그 시절에는 사람들이 어떻게 병을 견뎠을까 싶고, 컴퓨터나 SNS 없이는 하루도 살 수 없는 내가 결코 호이나키와 같은 삶을 살 수는 없을 것이다. 그렇지만 한편, 정말 그렇게 살 수 없다고 단언할 수 있을까? 나는 사람들의 생각이나 가치, 세상이 돌아가는 형국은 한 극단에서 다른 극단으로 커다란 추가 진동하며 나아가고 있는 꼴이라고 믿는다. 지금 세상을 움직이는 가치의 추가 지나치게 먼 극단까지 밀려가 있기에, 호이나키 같은 사람들이 반대편으로 그 추를 잡아당기고 있다는 느낌이 든다.

　마지막으로 원제인 'Dying Is Not Death'의 의미에 대해 덧붙인다. 도대체 저 제목의 의미는 무엇일까? 한동안 고민했으나, 책을 다 읽고 난 뒤에야 비로소 어렴풋이 깨달았다. 죽음은 의사가 임종을 선언하는 그 순간이 아니며, 죽음은 과정이지 하나의 순간이 아니라는 의미다. 죽어가는 과정은 그 사람이 살아온 삶과 다르지 않은 것이며, 살아온 과정이 어떠했느냐에 따라 죽어가는 과정도 결정되는 것이라고, 나는 이해했다.

　굳이 쓸데없는 말을 덧붙이자면 이 책을 만나게 된 것은 큰 행운이었다.

아미쿠스 모르티스

리 호이나키 지음 / 부희령 옮김

초판 1쇄 발행 · 2016년 3월 21일

지은이 · 리 호이나키
옮긴이 · 부희령
펴낸이 · 황규관

펴낸곳 · 도서출판 삶창
출판등록 · 2010년 11월 30일 제2010-000168호
주소 · 04149 서울시 마포구 대흥로 84-6, 302호
전화 · 02-848-3097
팩스 · 02-848-3094
홈페이지 · www. samchang. or. kr

종이 · 대현지류
인쇄제작 · 스크린그래픽

ISBN 978-89-6655-061-6 03300